전남대 철학연구교육센터 호남유학총서 4

호남의 유학자들 Ⅱ

— 연보집성 —

저자소개

안진오 전남대 명예교수
오종일 전주대 명예교수
최대우 전남대 철학과 교수
박상령 호남대 중국어학과 교수
류근성 목포 유달중학교 교사
장복동 전남대 철학과 강의 교수
안동교 조선대 한국고전번역센터 책임연구원
이향준 전남대 철학과 강의 교수
조우진 전남대 철학과 학술연구 교수

전남대 철학연구교육센터 호남유학총서 4

호남의 유학자들 Ⅱ

— 연보집성 —

인쇄 2018년 1월 10일
발행 2018년 1월 15일

저자 안진오 · 오종일 · 최대우 · 박상령 · 류근성
장복동 · 안동교 · 이향준 · 조우진
발행인 정병석
발행처 전남대학교출판문화원

등록 1981. 5. 21. 제53호
주소 61186 광주광역시 북구 용봉로 77
전화 (062) 530-0571~2
마케팅 (062) 530-0573
팩스 (062) 530-0579
홈페이지 http://www.cnup.co.kr
이메일 cnup0571@hanmail.net

값 25,000원

ISBN 978-89-6849-175-7 (94150) 세트
978-89-6849-457-4 (94150)

이 도서의 국립중앙도서관 출판예정도서목록(CIP)은
서지정보유통지원시스템 홈페이지(http://seoji.nl.go.kr)와
국가자료공동목록시스템(http://www.nl.go.kr/kolisnet)에서 이용하실 수 있습니다.
(CIP제어번호 : CIP2018001046)

전남대 철학연구교육센터 호남유학총서 4

호남의 유학자들 Ⅱ

—연보집성—

안진오 · 오종일 · 최대우 외

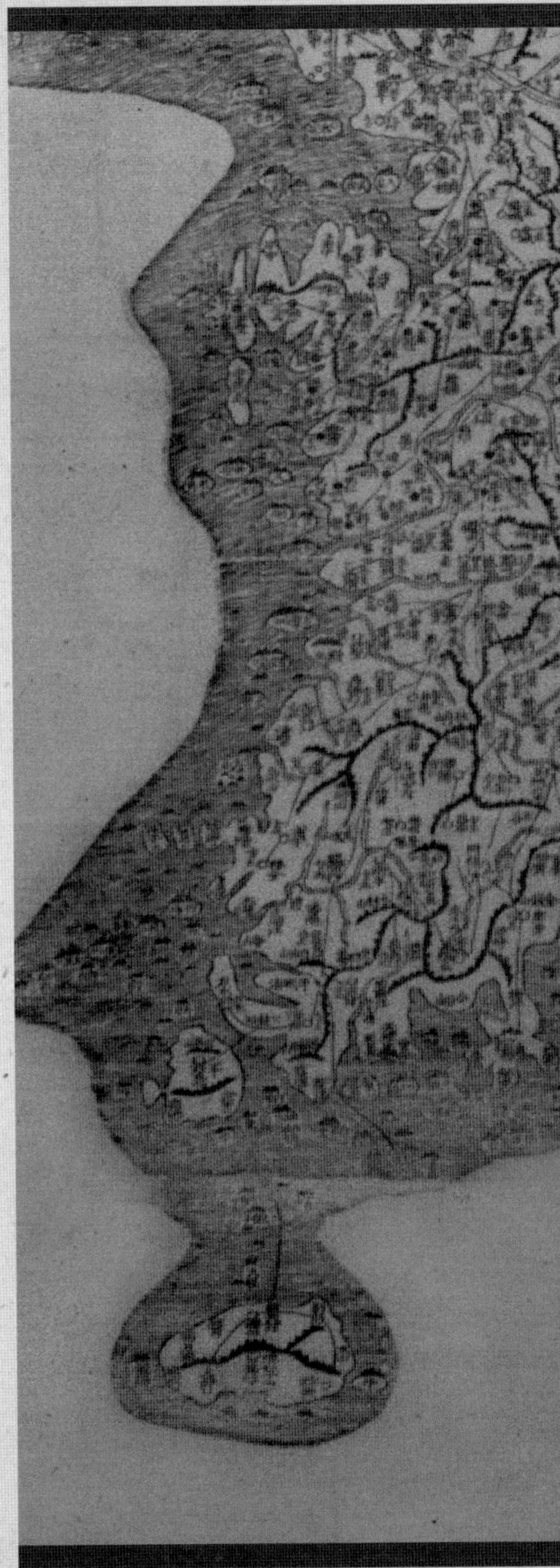

전남대학교출판문화원

머리말

이 책은 전남대 철학연구교육센터(이하 '센터')에서 편찬 중인 호남유학총서 시리즈의 네 번째 권이다. 이 시리즈는 고(故) 현암(玄庵) 이을호(李乙浩, 1910~1998) 선생의 정신적 유산을 이어받아 지역학으로서 호남학의 보편성과 특수성에 대한 철학, 사상적 기초를 제공하려는 의도에서 기획되었다.

이을호 선생은 전남대학교 철학과에 재직하면서 1963년 호남문화연구소를 창립하고 그 시절 낯설었던 호남학의 개념을 정립하고 탐구하는 학술적 기초를 다졌다. 50년이 넘는 세월을 거쳐 오면서 호남문화연구소는 호남학연구원으로 확장 변경되어 명실상부한 호남학의 생산기지로서의 역할을 수행하고 있다. 그러나 철학 사상 분야의 연구와 발전이 상대적으로 더디었던 점은 호남유학을 연구하는 후학들이 못내 선생에게 부끄러운 점이었다. 기존의 연구와 학술적 활동의 결과물들이 학술보고서 혹은 디지털 파일의 형태로 하드 디스크 한 구석에 방치되어 일반인들에게 접근이 곤란한 지경인 것이 대표적인 사례였다. 이러한 자각에 기초를 두고 본 센터에서는 2015년부터 이을호 선생의 호남학에 대한 애정과 개척 정신을 계승하는 차원에서 호남유학총서 시리즈의 편찬 계획을 구체화시켰다.

지금까지 이 시리즈는 모두 세 권이 발간되었다. 첫째는 『19세기 호남유학의 재구성』(전남대출판부, 2015)으로, 이 책은 노사(蘆沙) 기정진(奇正鎭 1798~1879)을 중심으로 하는 노사학파의 개괄적 양상을 탐구한 것이다. 둘째는 『호남의 유학자들』(전남대출판부, 2016)로, 호남 지역을 대표하는 유학자들을 총괄적으로 소개한 것이다. 셋째는 『시대의 삶과 철학, 빙월당에 묻다』(전남대출판문화원, 2017)로, 호남유학의 성리학적 사유를 대변하는 고봉(高峯) 기대승(奇大升, 1527~1572)의 삶과 철학을 다룬 것이었다.

이 책은 호남유학자들의 생애를 「연보」 형식을 빌려 재구성한 것이다. 기본적으로는 금남(錦南) 최부(崔溥, 1945~1504)에서 정재(正齋) 양회갑(梁會甲, 1894~1961)에 이르는 유학자 73인의 「연보」를 연대순으로 발췌해서 국역했고, 「연보」가 존재하지 않는 인물들은 새롭게 「연보」 형식을 빌려 생애를 정리했다. 이 책을 통해 독자들은 호남 유학자들의 생애사와 관련된 기본적 정보를 수월하게 파악할 수 있을 것이다.

이 책의 초고는 1993년에 광주직할시의 학술용역에 의해 연구된 보고서였다. 지금껏 보고서 형태로 일부 연구자들에게만 공유되던 현실은 모두가 우리들의 게으름 탓이었다. 이제야 비로소 전남대학교의 출판지원사업에 힘입어 단행본으로 출판되어 모두가 공유할 수 있게 되었다. 이 자리를 빌려 이 책이 빛을 발할 수 있도록 지원해 준 전남대학교와 전남대출판문화원의 관계자들에게 감사드린다.

2018년 단월(端月) 용봉동(龍鳳洞)에서
저자 일동

일러두기

1. 이 책은 광주권을 중심으로 한 유학자들의 「연보(年譜)」를 간추려 소개한 것이다.
2. 내용은 『문집』에 수록된 「연보」를 중심으로 하였으며, 『문집』에 「연보」가 수록되어 있지 않은 인물은 「행장(行狀)」이나 「가장(家狀)」 등을 중심으로 하여 재구성하였다.
3. 대상은 광주권에서 출생하였거나 활동한 인물을 중심으로 하고, 광주권과 관련되었다고 생각되는 인물도 수록하였다.
4. 편차는 출생 연대를 기준으로 하였다. 목차의 구성도 이 기준에 따랐으며, 색인의 편의를 위하여 가나다 순의 목차를 첨부하였다.
5. 관향(貫鄕)·선대사실(先代事實)·출사(出仕)·사환(仕宦)·저작(著作) 등 중요한 사실은 가능한 수록하고자 하였으며, 색목·당파·배척 등 감정이나 정적(政敵)이 되었던 사건 등은 되도록 생략하였다.
6. 시호(諡號)·배향(配享)·문집의 간행 등 사후(死後)에 관계된 사실도 가능한 수록하였다.
7. 문장의 간결을 기하기 위하여 구체적 사건의 반복이나 『문집』에 중복된 내용 등은 되도록 생략하였으며, 구두나 부호 등도 간략히 표현하였다.
8. 수록하지 못한 인물은 자료의 부족이거나 편집과정의 역량부족에 말미암은 것이며 특별한 선정 기준을 둔 것은 아니다.

목차

금남 최부 錦南 崔溥

금남(錦南) 최부(崔溥 1454~1504)는 자는 연연(淵淵) 호는 금남 이름은 부이고 나주인이다. 최씨의 선대는 탐진(耽津)에서 나왔고 고려 평장사(平章事)였던 사전(思全)의 후예이지만, 사전 이후로는 가계에 대한 기록이 문헌상으로 남아있지 않다. 조부인 정원(井元)은 진의부위(進義副尉)를 지냈는데 나주(羅州)에 장사지냈다는 기록이 보인다. 아버지 택(澤)은 진사(進士)이고, 어머니는 여양 진씨(驪陽陳氏)이다.

1454년 단종 2년 갑술

선생은 나주(羅州) 곡강면(曲江面) 성지촌(性智村)의 집에서 태어났다. 오래도록 주성(州城)의 서쪽 수구(水口) 안에 거주하다가 뒤에 해남현(海南縣)으로 옮겼다. 해남은 예로부터 학문이 별로 없었고 습속이 거칠었는데, 선생의 교화를 입은 후로 문헌의 고장으로 이름이 나게 되었다고 한다.

1468년 세조 14년 무자 15세

세조가 승하하고 예종이 즉위했다.

1469년 예종 원년 기축 16세

11월 예종이 승하하고 성종이 즉위했다.

1470년 성종 원년 경인 17세

해남 정씨(海南鄭氏)인 훈련원(訓鍊院) 참군(參軍) 귀감(貴瑊)의 딸과 결혼하였다.

1476년 성종 7년 병신 23세

가을에 진사 초시(初試)에 합격했다.

1477년　성종 8년　정유 24세

진사 회시(會試)에 남세담(南世聃)의 뒤를 이어 3위로 합격했다.

1478년　성종 9년　무술 25세

태학(太學)에서 신종호(申從濩)와 함께 유학했다. 학문하는 좋은 벗들이 있어서 문예가 세상에 널리 알려졌다.

1480년　성종 11년　경자 27세

6월에 뜻을 같이하는 사람들과 함께 김굉필(金宏弼)의 집에서 만나 뜻을 합쳤다. 이 해 봄에 생원 시험에 합격하였는데 김굉필, 송석충(宋碩忠) 그리고 이어서 선생이었다.

1482년　성종 13년　임인 29세

10월에 알성시(謁聖試) 을과(乙科)에 합격했다.

1483년　성종 14년　계묘 30세

교서관(校書館) 저작박사(著作博士)에서 승진하여 군자감(軍資監) 주부(主簿)가 되었다.

1485년　성종 16년　기사 32세

성균관(成均館) 전적(典籍)으로 명을 받아 서거정(徐居正) 등과 함께 『동국통감(東國通鑑)』을 찬수했다. 이때에 명을 받고 『동국통감』을 함께 찬수한 사람들은 달성군(達城君) 겸 대제학(兼大提學) 서거정(徐居正)·동지광원군(同知廣原君) 이극돈(李克墩)·행호군(行護軍) 정효항(鄭孝恒)·참의(參議) 손비장(孫比長)·행호군(行護軍) 이숙감(李淑瑊)·전도사(前都事) 김준(金準)·교리(校理) 이승녕(李承寧)·사의(司議) 표연말(表沿沫) 그리고 선생과 박사(博士) 류인홍(柳仁洪)이었다. 모두들 사신(詞臣)으로 이름난 사람들이었는데 선생은 나이가 어리고 지위가 낮았으나 선생이 글을 지어 논한 120수의 내용은 명백하고 정확한 당시의 의론이라 할 수 있다.

1486년　성종 17년　병오 33세

정월에 사헌부(司憲府) 감찰(監察)에서 홍문관(弘文館) 부수찬(副修撰)이 되었다. 2월에 명을 받고 김종직(金宗直)등과 함께 『여지승람

(輿地勝覽)』을 편찬했다. 이보다 앞서 무술년 봄에 선성부원군(宣城府院君) 노사신(盧思愼)·우찬성(右贊成) 강희맹(姜希孟)·달성군(達城君) 겸 대제학(兼大提學) 서거정(徐居正)·지중추(知中樞) 성임(成任)·판서(判書) 남원군(南原君) 양성지(梁誠之) 등에게 『여지승람』을 찬수하게 했는데, 4년 동안 교열하다 중단되었으나 이 해 봄에 이르러 다시 김종직·이창신·신종호 등에게 명하여 그 일을 시작하게 했고, 다시 교리(校理) 이의무(李宜茂) 부교리(副校理) 유호인(兪好仁) 그리고 선생을 시켜 같은 일에 종사하게 했다. 9월에 수찬(修撰)을 제수했다. 10월에 중시(重試) 을과(乙科)에 제 2인으로 합격했다.

1487년 성종 18년 정미 34세

정월에 홍문관(弘文館) 부교리(副校理)를 제수했다. 점필재(金宗直)와 동료 3, 4인과 함께 용산강(龍山江)에 유람을 나갔다. 『점필재집』을 살펴보면 점필재가 교리(校理) 이의무(李宜茂)와 교리(校理) 이승건(李承健)과 저작(著作) 허집(許輯)을 용산사로 방문하였다. 이때 세 사람은 이 절에서 '사가독서(賜暇讀書)'를 하고 있었다. 선생과 귀후서 별좌(歸厚署別坐) 김상건(金尙健)이 배를 타고서 유람하였다. 7월에 체직되어 용양위사(龍驤衛司)에 부임했다가 얼마 되지 않아 부사직(副司直)이 되었다. 9월에 제주 등 3읍의 추쇄경차관(推刷敬差官)으로서 조정에 아뢰고 고향에 와서 부모님을 살핀 다음에 길을 떠나 11월에 제주도에 도착하였다. 탐라(耽羅)를 제목으로 읊은 긴 시를 지었다.

1488년 성종 19년 무신 35세

정월에 아버지가 돌아가셨다. 30일에 부음이 제주에 도착했다. 윤정월 3일에 부친상을 위하여 제주를 출발하였는데 태풍을 만나 표류하였다. 임금께서 표류했다는 소식을 듣고 예조(禮曹)에 명하여 각도에 명을 내리게 하고 연해의 각 읍으로 하여금 수색하여 계를 올리도록 하는 한편 대마도·일본국 등으로 교지를 보내어 알렸다. 성희안(成希顔)이 홀로 "최부는 반드시 바다에서 죽지 않고 이르던

늦던 간에 살아서 돌아오리라"고 하였다. 16일에 중국 태주(台州) 임해현(臨海縣) 우두(牛頭)의 외곽 해안에 도착했다. 관리가 표류한 사실을 묻자 선생이 하나하나 글로 써서 대답하였다. 차관이 황도(皇都: 북경)로 보냈는데 이송 도중의 견문은 『표해록(漂海錄)』에 자세하게 실려 있다. 3월 28일 황도에 도착했다. 4월 19일 황제가 각종 의복과 장갑, 버선 및 녹면포(綠綿布) 두 필을 하사했다. 함께 표류한 42인에게도 제각각 물건을 하사했다. 20일 입궐하여 은혜에 감사하는 뜻을 표했다. 중국의 제도는 신하가 상을 당할 경우, 황제가 조의를 표하면 신하는 비록 처음 당하는 상례일지라도 길복(吉服)으로 엎드려 사의를 표하고, 이것을 다시 예부에서 황제에게 감사의 뜻을 전하는 것이었다. 그러나 선생의 표류 사실이 이미 보고되었기 때문에 부득이하게 입궐하여 예를 행한 것이다.

24일에 귀국 길에 올랐다. 좌군(左軍) 도독부(都督府) 차관(差官)이 수행했다. 27일 행렬이 어양역(漁陽驛)에 도착했을 때 본국 사은사(謝恩使) 지중추(知中樞) 성건(成健)과 서장관(書狀官) 윤장(尹璋)을 만나자 선생은 "임금은 평안하신가? 나라에는 별다른 일이 없는가? 집안과 고향에는 근심이 없는가?"라고 물었다. 상사(上使)와 서장관(書狀官)이 모두 갖가지 물건을 주었다. 5월 16일에 광령역(廣寧驛)에 도착하여 다시 본국의 성절사(聖節使) 참판(參判) 채수(蔡壽)·질정관(質正官) 김학기(金學起)·서장관(書狀官) 정이득(鄭而得) 네 사람을 만나 고국의 소식을 들었다. 6월 4일 의주(義州) 압록강(鴨綠江)에 도착했으며, 14일 경성(京城) 남쪽의 청파역(靑坡驛)에 도착했다. 명을 받들어 『표해록』 3책을 지어올리고 마침내 고향의 집에 돌아왔다. 그 동안 행하지 못했던 상례를 치르느라 통곡하고 묘 곁의 초막에 거처하며 상을 지켰다.

1489년 성종 20년 기유 36세

11월에 모친의 상을 당했다. 부친의 묘소에 함께 장사지내고 초막에서 거처하였다.

1492년　성종 23년　임자 39세

4월에 상복을 벗고 사헌부(司憲府) 지평(持平)에 제수되었다. 대간(臺諫)이 부친상을 치르는 동안 명에 의해 『표해록』을 지은 사실을 탄핵하였다. 임금이 그 의론이 지나치다고 여겨 몸소 선정전(宣政殿)에 나와서 표류당한 전말을 질문하였다. 선생이 자세히 진언하자 임금께서 찬탄하여 말하기를 "그대는 사지(死地)를 드나들면서도 능히 국위를 선양하였다"하고 옷 한 벌을 하사하였다. 서장관(書狀官)으로 북경에 갔다.

1493년　성종 24년　계축 40세

세자(世子) 시강원(侍講院) 문학(文學)에 제수되었다. 4월 교리(校理)가 되었다. 대관들이 또 다시 앞서 있었던 트집을 들어 거론하니 옥당(玉堂)의 여러 학자들이 임금께 아뢰기를 "최부는 잇달은 상을 당하여 4년 동안 한 번도 집에 간 일이 없이 초막에서 상을 지킨 사람으로 효행이 남과 다릅니다. 능히 동료와 함께 조정에서 봉사하기를 바랍니다"라고 하였다. 성종께서 공경들과 의논하신 후 마침내 관직을 제수하였다. 5월에 교체되어 승문원(承文院) 교리(校理)가 되었다. 성종이 사가독서(賜暇讀書)하게 했다.

명(命)을 받들어 『모화관기(慕華館記)』를 지어 올렸다. 또 선생은 벼슬에서 물러나 후진을 양성하고자 하였는데 선생을 좇아 배우고자 하는 선비들이 많았다. 그 가운데 박은(朴誾)이 가장 저명하였다.

1494년　성종 25년　갑인 41세

정월에 교리가 되고 얼마 되지 않아 지평(持平)으로 옮겼다. 7월에 다시 교리(校理)를 배수했다. 8월에 홍문관(弘文館) 부응교(副應教) 지제교(知製教) 겸 경연시강관(兼經筵侍講官) 춘추관(春秋館) 편수관(編修官) 예문관(藝文館) 응교(應教) 교서관(校書館) 교리(校理)로 승진하였다. 성종이 승하하고 연산군이 즉위하였다. 선생과 동료들이 선왕의 묘호에 관한 소를 의론해 올렸다.

1495년　연산군 원년　을묘 42세

봄에 생원 회시(會試)에 고관(考官)으로 참석했다. 이장곤(李長坤)

등을 뽑았는데 사론이 인재를 얻었다고 칭찬하였다.

1496년 연산군 2년 병진 43세

5월 호서지방에 큰 가뭄이 들었다. 선생에게 명하여, 나아가 수차를 만들어서 가뭄의 피해를 막도록 했다. 「소심루기(小心樓記)」[누대는 홍산(鴻山)에 있음]를 지었다. 9월 「징청루기(澄淸樓記)」[누대는 목천(木川)에 있음]를 지었다. 같은 달에 한양으로 돌아왔다. 11월 통례원(通禮院) 상례(相禮)로서 사간원(司諫院) 사간(司諫)을 제수받았다.

1947년 연산군 3년 정사 44세

대묘(大廟)에 성종의 시호를 지어 바쳤다. 그 후 선생이 동료들과 더불어 상소를 올려 연산군의 실정을 극간하였다. 또 삼공인 신승선(愼承善)·어세겸(魚世謙)·한치형(韓致亨) 그리고 이조(吏曹)·호조(戶曹)·예조(禮曹)의 3판서를 배격하였다. 이로 인하여 권신 귀족들에게 미움을 받았다. 상례(相禮)로 좌천되었다. 질정관(質正官)으로 북경에 파견되었다. 가을에 예빈시정(禮賓寺正)에 제수되었다. 이종생(李從生)의 「묘비명(墓碑銘)」을 지었다.

1948년 연산군 4년 무오 45세

7월에 사화가 일어났다. 김일손이 일찍이 수사(修史)의 직책에 있을 때 그의 스승인 점필재(佔畢齋)의 '조의제문(弔義帝文)'을 사초(史草)에 실었다. 유자광(柳子光)·이극돈(李克墩) 등이 일찍이 점필재에게 배척당했으므로 점필재를 무고했다. 따라서 점필재가 먼저 부관(剖棺)을 당하고 김일손 또한 저자거리에서 능지처참(凌遲處斬)을 당하는 등 한꺼번에 여러 현신들이 화를 당했다. 선생도 화를 입어 단천(端川)으로 유배되었다. 선생은 일찍이 문과에 급제하여 저명하였기 때문에, 점필재의 뒤를 이어 조사받았고, 『점필재집』을 소장하고 있었기 때문에 장형을 받고 유배되었다. 선생은 유배지에서 처신이 당당하였다. 이보다 앞서 송은당(松隱堂) 오선생(吳先生)의 「행장」을 지었다.

1500년 연산군 6년 경신 47세

단천 유배지에 있으면서 「무염설(貿鹽說)」을 지었다.

1504년 연산군 10년 갑자 51세

단천 유배지에 있으면서 박은(朴誾)의 부음을 들었다. 박은이 일찍이 유자광을 논척했다가 동래(東萊)로 유배를 갔는데 이해 6월에 이르러 극형을 당했다. 나이가 겨우 26세였다. 선생이 부음을 듣고 매우 애통해하였다. 9월에 사화가 다시 일어났다. 10월에 김굉필의 부음을 들었다. 김굉필은 김종직의 문인이다. 무오년 가을에 곤장 80대를 맞고 희천(熙川)으로 유배되었다가 경신년 여름에 순천(順天)으로 이배되면서 죄목이 더해졌다. 무오년의 여러 현신들이 이 달 초에 유배지에서 처형을 당했다. 선생이 김굉필의 부음을 듣고서 통절하게 슬퍼했다. 같은 달 선생도 옥에 갇히게 되었다.

23일 저녁, 명에 의해 처형되었다. 김전(金銓)·홍언필(洪彦弼) 등이 가벼운 죄로 함께 옥안에 갇혀 있는데 전날 밤에 술을 준비하여 위로해 주었다. 선생이 일일이 잔을 받고 신색이 양양하기가 평시와 다름이 없었으며 "공들은 잘 지내라"고 말하였다. 24일 해남현(海南縣) 서안(西岸) 목동(木洞)의 언덕에 장사지냈다. 뒤에 외손인 유희춘(柳希春)이 비를 세웠다.

1506년 중종 원년 병인

9월 반정 후에 무오년에 죄를 입은 여러 유현(儒賢)들이 신원되었다.

1507년 중종 2년 정묘

통정대부 승정원 도승지 겸 경연참찬관 상서원정(通政大夫承政院都承旨兼經筵參贊官尙瑞院正)을 증직했다. 후에 가선대부 예조참판(嘉善大夫禮曹參判)을 증직했다고 전해지나 문헌(文獻) 상의 근거는 없다.

지지당 송흠 知止堂 宋欽

지지당(知止堂) 송흠(宋欽 1459~1547)의 자는 흠지(欽之) 호는 지지당(知止堂) 이름은 흠(欽) 관향(貫鄕)은 신평(新平)이다. 시조는 구진(丘進)인데 문과에 급제하여 판관을 지냈다. 구진의 아들이 예(裔)이니 산원(散員)이요, 그 아들이 의명(義明)인데 주부(主簿)였으며, 의명은 겸(兼)을 낳았는데 정순대부 판전객시사(正順大夫判典客寺司)였고, 그의 아들이 선생의 고조이다. 고조는 판사재감사(判司宰監司)를 지낸 현덕(玄德), 증조는 병조참판(兵曹參判)에 추증된 구(龜)요, 조부는 예조정랑(禮曹正郞)을 지낸 처은(處殷)이다. 아버지는 문소전참봉(文昭殿參奉)을 지낸 가원(可元)인데 승정대부 우찬성 겸 의금부사에 추증되었으며, 어머니는 하동 정씨(河東鄭氏) 생원 필주(弼周)의 딸인데 정경부인에 추증되었으니 선생의 존귀함으로 말미암은 것이다.

1459년 세조 4년 기묘 1세

3월 13일에 영광(靈光) 삼계(森溪: 지금의 장성군 삼계면)에서 태어났다.

1480년 성종 11년 경자 22세

3월 3일에 사마(司馬)가 되었는데 그 때 시관은 서거정(徐居正)·어세겸(魚世謙)이었다.

1492년 성종 23년 임자 34세

과거시험에 합격하여 승정원(承政院)에 임명되었는데 그곳에서 선발되어 옥당 정자(玉堂正字)로 들어갔다.

1501년 연산 7년 신유 43세

병조정랑(兵曹正郞) 전라도사(全羅都事)가 되었다.

1502년 연산 8년 임술 44세

아버지의 상을 당했다.

1504년 연산 10년 갑자 46세

복(服)을 벗었고 남원교수(南原教授)에 제수되었다. 사헌부 지평(司憲府持平)을 제수 받았다가 외직으로 보성군수(寶城郡守)가 되었다.

1506년 중종 1년 병인 48세

중종반정 때 다시 홍문관 저작(弘文館著作)이 되었다. 부름을 받고 다시 옥당(玉堂)에 들어갔는데 중종반정이 일어나고 곧 이 직책에 임명된 것이다.

1510년 중종 5년 경오 52세

보성군수(寶城郡守)에서 옥천군수(沃川郡守)로 옮겼다.

1511년 중종 6년 신미 53세

순천부사(順天府使)로 있을 때 청백리(淸白吏)에 뽑혀 표리(表裏: 옷감의 안과 겉)를 하사받았다.

1514년 중종 9년 갑술 56세

대사헌(大司憲) 최숙생(崔淑生) 등이 상소하여 청백리(淸白吏)로 표장할 것을 청하였다.

1515년 중종 10년 을해 57세

여산(礪山)에서 또 청백리에 뽑혀 표리(表裏)를 하사받았다. 일찍이 여산군수(礪山郡守)로 재직하던 날 군의 옆 큰 길에 손님을 접대할 장소가 없었기 때문에 따로 술을 양조하였는데 그 술이 일품이어서 술 이름을 '호산춘(壺山春)'이라 하였다.

1516년 중종 11년 병자 58세

내직에 들어와서 사헌부 장령(司憲府掌令)에 임명되었고, 첨정(僉正)·판사(判事)·사인(舍人)을 두루 역임하였으며, 특히 통정대부(通政大夫)에 승진하여 승지(承旨)에 임명되었다.

1524년　중종 19년　갑신 66세

통정대부(通政大夫)에 올라 전주부윤(全州府尹)에 제수되었다가 광주(光州), 나주부윤(羅州府尹)으로 옮겼다. 전주부윤(全州府尹)으로서 또 청백리에 포장되어 표리(表裏)를 하사받았으며, 이해 8월 나주목사(羅州牧使)로 부임하였다. 전라감사(全羅監司)에 임명되었다.

1525년　중종 21년　병술 68세

감사(監司) 이사균(李思鈞)이 장계를 올려 "나주목사(羅州牧使) 송흠(宋欽)은 광주목사(光州牧使)를 할 때부터 부역을 가볍게 하고 형벌을 삼가하며 청렴하고 근면함이 이미 뚜렷이 드러나 백성들이 목사가 떠나간 뒤에도 사모하는 마음을 품고 있다"고 하였다. 또 표리(表裏)를 하사받았다.

1527년　중종 23년　무자 70세

승정원 승지(承政院承旨)가 되었다.

1528년　중종 24년　기축 71세

담양부사(潭陽府使)가 되었다. 담양부사로 재직 시에 감사(監司) 조방언(趙邦彦)이 "송흠은 청백하고 근면하며 백성들로 하여금 자기의 일에 편안하게 종사하도록 한다"고 상소를 올렸다. 임금이 이 말을 듣고 또 표리(表裏)를 하사하였다.

1532년　중종 27년　임진 74세

가선대부(嘉善大夫)에 승진하여 장흥부사(長興府使)로 전직하였다. 의정부에서 또 장계를 올려 "장흥부사 송흠(宋欽)의 청백함은 젊어서부터 늙도록 변함없이 한결같다"고 하였다.

1533년　중종 28년　계사 75세

왕명으로 특별히 가선대부(嘉善大夫)에 승진케 하였으며, 교서를 내려 그 아름다움을 포장케 하였고, 9월 본도관찰사(本道觀察使) 겸 순찰사(巡察使)에 임명하였다.

1534년　중종 29년　갑오 76세

전라감사(全羅監司)에 임명되었다. 어머니 정부인(鄭夫人)의 나이가

100세에 가까웠으므로 상소를 올려 고향에 돌아가기를 청하니 허락하였다. 병마절도사(兵馬節度使) 이공(李公)의 「묘갈명(墓碣銘)」을 지었다.

1535년 중종 30년 을미 77세

사직(辭職)의 장계를 올리니 2월 10일 비답(批答)이 내려왔다.

1538년 중종 32년 무술 80세

한성좌윤(漢城左尹)에 임명되었으며 특별히 자헌대부(資憲大夫)로 승진하여 병조(兵曹)와 이조의 판서(判書)에 거듭 임명되었으며, 2월 조정에서 이조(吏曹)와 같이 의논하여 청백리를 선발하였는데 왕명으로 선생에게 가의대부(嘉義大夫)의 품계를 더하도록 하니, 상경하여 임금의 은혜에 사례하였으며 그 벼슬에 종사하였다. 5월에 우윤(右尹)으로서 상소하여 사정을 말하고 사직을 청하니 임금께서 허락하였다. 이해에 특별히 자헌대부(資憲大夫)에 올랐고 병조판서(兵曹判書)로 승진하였다. 말미를 얻어 고향에 돌아갔다.

1539년 중종 34년 기해 81세

8월 21일 소세양(蘇世讓)이 관수정(觀水亭)의 시를 차운(次韻)하고 아울러 서문을 붙였다. 11월 16일 부인 하음 봉씨(河陰奉氏)가 세상을 떠났다.

1540년 중종 35년 경자 82세

이조판서(吏曹判書)에 임명되었고 관수정(觀水亭)을 지었다.

1541년 중종 36년 신축 83세

특별히 의정부 좌참찬(議政府左參贊)에 임명되었다. 몸소 『기행록(紀行錄)』 한 권을 지었다.

1543년 중종 38년 계묘 85세

특별히 숭정대부(崇政大夫)에 승진하여 판중추부사(判中樞府事) 겸 지경연(知經筵)에 임명되었다.

1545년 인종 1년 을사 87세

정월 16일에 가훈을 지었다.

1547년 명종 2년 정미 89세
11월 15일 마을 집에서 운명하였다.

1548년 명종 3년 술신
정월에 선방산(船防山)에 예장하였다.

1683년 숙종 9년 계해
명재(明齋) 윤증(尹拯)이 판중추부사(判中樞府事) 겸 이사(貳師) 송공(宋公)의 「묘갈명(墓碣銘)」을 지었다.

1686년 숙종 12년 병인
정재(定齋) 박태보(朴泰輔)가 처음으로 시호를 추증하는 의론을 제기하였다.

1587년 숙종 13년 정묘
현석(玄石) 박세채(朴世采)가 「서유적후(書遺蹟後)」를 지었다. 지호(芝浩) 이선(李選)이 「지지당송공행록(知止堂宋公行錄)」을 지었다.

1695년 숙종 21년 을해
만휴당(晩休堂) 박태상(朴泰尙)이 시호를 청하는 「행장」을 지었다.

1696년 숙종 22년 병자
7월 판전부(判銓部) 겸 문형(文衡)인 명곡(明谷) 최석정(崔錫鼎)이 시호를 의논하는 장계를 올리니 임금이 낙점을 하였다. 7월 24일 의정부가 시호를 효헌공(孝憲公)이라고 추증하였고, 11월 27일에 영시례(迎諡禮)를 행하였다. 8월에 조대수(趙大壽)가 보덕(輔德)이 되어 영의정(領議政) 박소(朴紹)를 문강(文康), 예조판서(禮曹判書) 김남중(金南重)을 정효(貞孝), 송흠(宋欽)을 효헌(孝憲), 진원부원군(晉原府院君) 류근(柳根)을 문정(文靖), 반성부원군(潘城府院君) 박응순(朴應順)을 정의(靖毅), 이조판서(吏曹判書) 이후백(李後白)을 문청(文淸)이라 시호하였다.

1697년 숙종 23년 정축
겨울 무장(茂長)의 김명혁(金命爀)이 선생의 글을 목활자로 몇 가지 인쇄해서 간행하였다.

1699년　숙종 25년　기묘

함평현감(咸平縣監) 권이진(權以鎭)이 「용암사우 합향제문(龍巖祠宇合享祭文)」을 지었다.

1702년　숙종 28년　임오

화순현감(和順縣監) 홍우익(洪禹翊)이 수강사우(壽岡祠宇)를 따로 세우고 「상량문(上樑文)」을 지었다. 능주목사(綾州牧使) 남정중(南正重)이 「수강신사우 이안제문(壽岡新祠宇移安祭文)」을 지었다. 영광군수(靈光郡守) 판서(判書) 임방(任埅)이 「수강사우 석채축문(壽岡祠宇釋菜祝文)」을 지었다.

1705년　숙종 31년　을유

오와(汚窩) 최계옹(崔啓翁)이 「지지당유고서(知止堂遺稿序)」를 지었다.

1711년　숙종 37년　신묘

덕촌(德村) 양득중(梁得中)이 「수강사우기(壽岡祠宇記)」를 지었다.

1717년　숙종 43년　정유

남학명(南鶴鳴)이 「지지당유고발(知止堂遺稿跋)」을 지었다. 선생의 7세손 옥강(玉崗) 명현(命賢)이 『지지당유고(知止堂遺稿)』를 수강사(壽岡祠)에서 5권 1책으로 간행하였다.

1725년　영조 1년　을사

숭정 기원 후(崇禎紀元後) 60년 을사 여름 수강서원(壽岡書院)에서 유고를 간행하였다.

1791년　정조 15년　신해

성담(性潭) 송환기(宋煥箕)가 「지지당유고서(知止堂遺稿序)」와 「관수정중건기(觀水亭重建記)」를 지었다.

옹천 김석홍 甕泉 金錫弘

옹천(甕泉) 김석홍(金錫弘 1473~1546)의 자는 대이(大而) 호는 옹천(甕泉) 이름은 석홍 관향은 부안(扶安)이다. 조부는 김회윤(金懷允)이고 부친은 김직손(金直孫)이다. 최계원(崔繼元)의 딸과 결혼하였다. 고봉(高峰) 기대승(奇大升)의 아들인 효증(孝曾)의 처(妻) 큰할아버지가 된다. 선대는 신라 경순왕이며, 고려 말 김구(金坵)의 후손이다.

1473년 성종 4년 계사
부안(扶安) 옹정하리(甕井下里) 옛 집에서 출생했다.

1476년 성종 7년 병신 4세
어려서부터 남다른 점이 있었다.

1477년 성종 8년 정유 5세
비로소 『효경』을 배웠다. 동생 석옥(錫沃)이 태어났다.

1478년 성종 9년 무술 6세
마치 성인과 같은 풍모가 있었다.

1479년 성종 10년 기해 7세
행동거지가 진중(鎭重)하고 말이 가볍지 않았다.

1480년 성종 11년 경자 8세
비로소 『소학』을 읽었다.

1484년 성종 15년 갑진 12세
『대학』을 배웠다.

1485년 성종 16년 을사 13세

격물치지(格物致知) 공부에 전념하였다.

1486년 성종 17년 병오 14세

『논어』와 『맹자』를 읽었다.

1487년 성종 18년 정미 15세

승지공(承旨公)이 한산(韓山)군수로 부임하면서 선생에게 친히 명하여 집에서 공부에 힘쓰도록 하였다.

1488년 성종 19년 무신 16세

학문에 뜻을 두어 돈독히 하였다.

1489년 성종 20년 기유 17세

전주 최씨(全州崔氏) 충순위(忠順衛) 계원(繼元)의 딸과 결혼했다. 『시전(詩傳)』을 읽었다.

1491년 성종 22년 신해 19세

『서전(書傳)』을 읽었다.

1492년 성종 23년 임자 20세

승지공(承旨公)이 한산(韓山)에서 사도시(司導寺) 첨정(僉正)이 되어 입궐하였다. 큰 아들 서운(瑞雲)이 태어났다.

1493년 성종 24년 계축 21세

부친의 명으로 한훤당(寒暄堂) 김굉필(金宏弼) 선생을 가서 뵈었다. 선생이 마침 신병이 깊었는데 그 때 조금 나아졌으나, 기력이 아직 소생하지 않아 감히 찾아 뵐 수가 없어서 계속해서 며칠을 머물렀다. 일두(一蠹) 정여창(丁汝昌) 선생이 마침 문병을 와서 배알하니 학문에 힘쓰도록 격려하고 함께 교유할 것을 허락하였다. 동숙하면서 두 선생과 성명이기(性命理氣)의 오묘한 뜻을 담론하였다

1494년 성종 25년 갑인 22세

이 해 2월에 양례(襄禮)를 지냈다. 석동산(席洞山) 동쪽 기슭 서편에 계좌원(癸坐原)이었다. 여막을 치고 동생 석옥(錫沃)과 함께 기거하

며 동(洞)을 나가지 아니하자 문인들이 모두 감탄하여 '효려동(孝廬洞)'이라 하였다.

1495년 연산군 1년 을묘 23세

묘에서 곡하면서 지내는 동안의 관심은 오직 『상례(喪禮)』『가례(家禮)』『예기(禮記)』 뿐이었다.

1496년 연산군 2년 병진 24세

정월에 담제(禫祭)를 마치고 동생과 함께 한 방에서 촌음(寸陰)을 아껴 쉼없이 힘써 공부하고 옛 성현의 훈계하는 말을 발췌하여 한 책으로 만들어 때때로 살펴보았다. 自强不息

1497년 연산군 3년 정사 25세

둘째 아들 서성(瑞星)이 태어났다.

1498년 연산군 4년 무오 26세

유자광(柳子光)이 점필제(佔畢齊) 김종직(金宗直) 선생을 모함하여 사화에 연루시켰다는 소식을 들었다. 화(禍)가 죽은 사람에게 까지 미치고, 한훤당(寒暄堂) 김굉필 선생 등 제현들에게까지 연루되었는데 참상은 이루 말로 할 수 없었으므로 선생이 종일토록 음식을 끊고 피눈물을 흘렸다.

1499년 연산군 5년 기미 27세

더욱 분발(憤發)하여 문을 닫고 학문에 힘썼다. 셋째 아들 서진(瑞辰)이 태어났다.

1500년 연산군 6년 경신 28세

날마다 경전의 뜻을 취하고 성리(性理)의 오묘함을 탐구하여 『통서(通書)』·「심학도(心學圖)」·「성심도(誠心圖)」·「태극도(太極圖)」·『관물편(觀物篇)』·『근사록(近思錄)』 가운데서 긴요한 말을 차기(箚記)하여 네 벽에 걸어두고 아침저녁으로 완미(玩味)하였다.

1501년 연산군 7년 신유 29세

눌재(訥齋) 박상(朴祥)이 새로 문과에 급제한 뒤 찾아와서 함께 경서의 깊은 뜻을 강론하였다 넷째 아들 서규(瑞奎)가 태어났다.

1503년 연산군 9년 계해 31세
모재(慕齋) 김안국(金安國)이 과거에 급제하였다는 말을 듣고 "조정이 인물을 얻었다"고 하였다. 다섯째 아들 서벽(瑞璧)이 태어났다.

1504년 연산군 10년 갑자 32세
어머니의 명으로 시험에 응하여 사마시(司馬試)에 합격하였다. 함께 진사에 오른 사람들은 강수(江叟) 박훈(朴薰)·신재(新齋) 최산두(崔山斗)·양곡(暘谷) 소세양(蘇世讓) 등이다. 모두 한 시대의 뛰어난 준재들로 이들과 함께 강마(講磨)하여 도의지교(道義之交)를 맺어 왕래가 끊이지 않았다. 한훤당(寒暄堂) 김굉필 선생이 화를 입었다는 소식을 듣고 영위(靈位)를 설치한 뒤 곡했다.

1505년 연산군 11년 을축 34세
우상(右相) 박원종(朴元宗)이 모의하여 연산군을 폐위시키고 먼저 좌상(左相) 신수근(愼守勤)을 살해하여 반정(反正)하니 선생이 축하하는 모임에 참석했다.

1506년 중종 원년 병인 35세
충암(沖庵) 김정(金淨)이 과거에 급제했다는 소식을 듣고 오래도록 칭송하고 찬탄했다.

1508년 중종 3년 무진 38세
이 해에 정암(靜菴) 조광조(趙光祖)가 사마시(司馬試)에 수석으로 합격하였으며 선생이 함께 태학(太學)에 나아가 경의(經義)를 강론하였다. 이어서 모재(慕齋) 김안국·충암(沖庵) 김정(金淨)·안당(安塘)·정광필(鄭光弼) 등을 두루 방문하였다.

1509년 중종 4년 기사 39세
성균관(成均館)에서 조정암(趙靜菴)과 선생 그리고 황택(黃澤) 3인을 천거하였으며, 임금이 이조와 병조에 등용하도록 명하였다.

1510년 중종 5년 경오 40세

정암이 상중(喪中)에 있다는 소식을 듣고 가서 위로하였다.

1511년 중종 6년 신미 41세

동생 석옥이 사마시(司馬試)에 합격했다.

1512년 중종 7년 임신 42세

이 해 가을에 정암이 조지서(造紙署)의 사지(司紙)에 오르고, 가을에 알성시(謁聖試)에 급제하여 성균관 전적(典籍)을 제수 받았으며 곧 부제학(副提學)에 전직되었다. 선생이 정암의 관직이 급작스럽게 뛰어오른 이유를 힘써 설명하였다.

1513년 중종 8년 계유 43세

장경왕후(章敬王后) 윤씨(尹氏)를 중전에 모시려 하자 김정·박상이 소를 올려 신씨(愼氏) 복위(復位)의 일을 주청하여 조정의 의론이 서로 대립되니 선생이 이를 듣고 깊이 우려하였다.

1514년 중종 9년 갑술 44세

정암이 선생을 유일(遺逸)로 천거하였다.

1515년 중종 10년 을해 45세

조정에서 유일로 천거하여 선생을 경기전(慶基殿) 참봉(參奉)에 제수하였다.

1516년 중종 11년 병자 46세

희릉(禧陵) 참봉(參奉)으로 옮겼다.

1517년 중종 12년 정축 47세

사화(士禍)가 크게 일어나 선생과 여러 군자들이 모두 삭탈관직 당하였다. 선생은 향리로 돌아와서 관직이 낮아 유배당하지 못하게 된 것을 항상 분하게 여겼다. 그러나 조금도 좌절하지 않고 노자(路資)를 마련하여 말을 구해 타고 귀양처를 두루 찾아다니며 도의(道義)를 담론하였는데, 기준이 준엄하고 정연하여 부월(斧鉞)도 두려워하지 않는 기상이 있었다.

1519년 종종 14년 기묘 49세

문을 닫고 조용히 구용(九容)·구사(九思)·시청언동(視聽言動)·사무사(思無邪)·무불경(毋不敬)·유정유일 윤집궐중(惟精惟一 允執厥中) 등의 말을 써서 벽에 걸어놓고 항상 완미하였다. 호남 방백 모재(慕齋) 김안국이 내방하자 나라를 경륜하고 백성을 편안하게 하는 방도와 세상을 유지하고 풍속을 밝게 인도하는 방법을 상론하니, 모재가 선생이 기거하는 향리를 가리켜 '군자의 고을[君子鄕]'이라 불렀고 또 행동하는 데 법도를 지키고 자신을 청고(淸高)하게 지킨다는 칭찬이 있었다.

1521년 중종 16년 신사 51세

『주역(周易)』의 하도락서(河圖洛書)를 대단히 좋아하여 괘효(卦爻)의 이치를 끊임없이 연구하였으며 홀로 그 묘의(妙意)를 깨우쳤으나 다른 사람에게는 말하지 않았다. 양곡 소세양이 진하사(進賀使)로 중국에 들어가 회동관(會同館)의 의례(儀禮)를 보고 돌아왔다는 말을 듣고 가서 위로하였다.

1522년 중종 17년 임오 53세

2월 3일에 모부인(母夫人) 윤씨의 상을 당했다. 깊이 상심하여 마음이 찢어지는 것처럼 아파하였다. 4월에 승지공의 묘 아래 계좌원(癸坐原)에 양례(襄禮)를 받들어 행했다. 아들 서성이 문과에 등과했다. 임억령(林億齡)이 문과에 급제하여서 방문하고 안부를 물었다.

1523년 중종 18년 계미 54세

묘에서 여막을 치고 곡하며 지내는 동안 동생과 함께 상례(喪禮)·장례(葬禮)·제례(祭禮)의 의식을 토론하였다.

1524년 중종 19년 갑신 55세

위무공(衛武公)의 억계시(抑戒詩)를 날마다 암송하며 만년의 절조를 지켰다.

1525년 중종 20년 을유 56세

기묘사화(己卯士禍) 이후로 벼슬에 나아가는데 뜻이 없었고 오직 위기지학(爲己之學)에 힘써 단단하고 굳세어서 흔들리지 않는 지조가 있었다. 선생이 다시 천거되었으나 물리치니 정광필(鄭光弼)이 애석하게 여겼다.

1527년 중종 22년 정해 58세
사옹원(司饔院) 참봉으로 부름 받았다. 태학(太學)으로 퇴계(退溪)를 방문하였다.

1528년 중종 23년 무자 59세
선릉참봉(宣陵參奉)으로 옮겼다.

1529년 중종 24년 기축 60세
사옹원 직장(直長)으로 옮겼다.

1530년 중종 25년 경인 61세
동부주부(東部主簿)로 옮겼다.

1531년 중종 26년 신묘 62세
사헌부(司憲府) 감찰(監察)로 횡성 지역을 감독하였다. 아들과 동생이 뵈러 왔으나 하루 이상을 머무르지 못하게 하고 말하기를 "내가 먹는 것은 국록이요, 국록은 백성이 바친 것이다"고 하였다.

1532년 중종 27년 임진 63세
횡성(橫城)에 머물렀다. 아들 서운이 곡성현감으로 처음 관직에 나아갔다. 아들 서성이 사헌부 감찰을 제수받았다.

1533년 중종 28년 계사 64세
횡성에서 다스리고 교화하니 풍속이 크게 흥기하였다. 아들 서성이 지평(持平)을 제수받았다.

1534년 중종 29년 갑오 65세
횡성에 머물렀다. 휴암(休庵) 백인걸(白仁傑)이 과거 급제하였다는 소식을 듣고 글을 써 보내 축하하였다. 아들 서성이 장령(掌令)을 제수받았다.

1535년　중종 30년　을미 66세

군자판사(軍資判事)로 부름을 받아 입궐하였다. 미암(眉巖) 유희춘(柳希春)이 과거에 급제하였다는 소식을 듣고 서찰을 보내 치하하였다. 아들 서성이 장령을 제수 받았으며 상으로 『소학편몽(小學便蒙)』 1질을 하사받았다.

1539년　중종 34년　기해 67세

한성판관(漢城判官)에 올라 한결같이 공정한 정사를 행하였으나 권세를 가진 간사한 무리들에게 미움을 사서 임피(臨陂)에 좌천당하여 보임(補任)되었다. 아들 서성이 문학(文學)과 필선(弼善)이 되었다.

1540년　중종 35년　경자 68세

임피에 출보(出補)되었다. 아들 서성에게 홍문관(弘文館) 부응교(副應敎)의 벼슬이 내려졌다.

1541년　중종 36년　신축 69세

임피에서 정치를 관대하게 하고 빌려준 세도 받지 않았으며 백성들의 오래된 채권을 취합하여 모두 불에 던져버리고 자신의 녹봉으로 그 수를 셈하여 대신 충당하였다. 아들 서성에게 홍문관 응교(應敎)의 벼슬이 내려졌으며, 교리(校理), 수찬(修撰), 헌납(獻納)을 제수받았다.

1542년　중종 37년　임인 70세

임피에 머물렀다. 아들 서성이 교리, 정랑(正郎)을 제수 받고, 3월에 사간원(司諫院) 사간(司諫)에 오르는 은총을 입었다. 상으로 『송조파방록(宋朝播芳錄)』 1질을 하사받았으며, 또 의정부(議政府) 검상(檢詳), 사인(舍人) 벼슬이 내려졌다.

1543년　중종 38년　계묘 71세

임피에서 노환을 이유로 사직서를 올렸으나 윤허되지 않았다. 아들 서성이 집의(執義) 겸 교리(校理)를 제수받고 또 세자시강원(世子侍講院) 보덕(補德)을 제수받았다.

1544년 중종 39년 갑진 72세

임피에서 조정으로 돌아오자 곧 수안(遂安)으로 가라는 명이 있어 선생이 병 때문에 군사(郡事)를 감당할 수 없다고 사직하는 소를 올렸다. 임금이 교명(敎命)을 내려 깨우치고 타일러 말하기를 "비록 병이 있다고 할지라도 홀로 백성과 고을을 위하여 잠시라도 힘쓰지 않을 수 있겠는가?"라 하니 선생이 감격하여 명을 받들고 나아갔다. 중종(中宗)이 승하했다. 아들 서성이 재감(宰監) 정감(正監)이 되었으며 산릉(山陵)의 일을 다마치자 당상관(堂上官)에 올랐다.

1545년 인종 원년 을사 73세

수안에 머물렀다. 인종(仁宗)이 승하했다.

1546년 명종 원년 병오 74세

정월 16일 병으로 관청에서 죽었다. 하루 전에 자제들에게 부탁하여 이르기를 "기묘사화는 어찌 비극이 아니겠는가? 밝고 총명한 임금을 만나 크게 한번 해보고자 하였으나 불행히도 많은 소인들이 무고하게 모함하여 결국 함정에 빠져서 모두 죽게 되어 동지들이 거의 없어졌으니 말하면 마음만 아프다. 내가 사화로의 핍박받던 날에 죽지 못하였고 또 뭇 소인배들이 활개를 펴던 날에도 신원(伸冤)할 수 없었고, 매양 기회를 보아서 신원을 건의하려 했으나 끝내 뜻을 이루지 못했다."고 하였다. 10월 1일 석동산(席洞山) 중턱 대호군공(大護軍公) 묘 동쪽 계좌원(癸坐原)에 반장(返葬)하였다. 『옹천집(甕泉集)』이 전해온다. 죽은 뒤에 이조참의(吏曹參議)에 추증(追贈)되었고, 1718년(숙종 44) 전라북도 부안(扶安)에 있는 도동서원(道洞書院)에 배향되었다.

눌재 박상 訥齋 朴祥

눌재(訥齋) 박상(朴祥 1474～1530)은 자는 창세(昌世) 호는 눌재 이름은 상 관향은 충주인데, 시조는 고려의 부정(副正) 영(英)이다. 박씨는 대대로 개성에서 살았으며 선생의 아버지 때부터 광주에서 살게 되었다. 고조는 세량(世粱)으로서 광정대부(匡靖大夫) 지도첨의사사(知都僉議司事)이고 증조는 광리(光理)이니 중산대부 민부의랑(中散大夫民部議郎)이다. 할아버지는 소(蘇)로서 성균 진사였으며 아버지는 지흥(智興)인데 성균 진사로서 숭정대부 의정부 좌찬성(崇政大夫議政府左贊成)을 증직 받았다. 어머니는 계성 서씨(桂城徐氏) 생원 종하(宗夏)의 딸이다.

1474년 성종 5년 갑오

5월 18일 광주의 서쪽 방하동(芳荷洞) 집에서 태어났다. 아버지 찬성공이 부인의 고향인 광주 가까이로 옮겨왔기 때문에 광주에서 출생한 것이다. 부인이 입암을 지나다가 입암산(笠巖山)이 치마폭으로 무너지는 꿈을 꾸고 선생을 잉태하였다.

1488년 성종 19년 무신 15세

아버지 찬성공의 상을 당하였다. 방하동 송학산(松鶴山) 오좌원(午坐原)에 장사지냈다.

1489년 성종 20년 기유 16세

큰형 하촌(荷寸)에게 학문을 배우기 시작했다. 기억력이 뛰어났고 문장에 능했다.

1491년 성종 22년 신해 18세

진양 류씨(晉陽柳氏) 현령(縣令) 종한(宗漢)의 딸과 결혼했다.

1496년 연산 2년 병진 23세

봄에 생원 시험에 합격하였다.

1498년 연산 4년 무오 25세

만형 하촌(荷村)이 세상을 떠났다.

1501년 연산 7년 신유 28세

중정시(中庭試) 을과(乙科)에서 오인(五人)으로 합격했다. 교서관 정자가 되고 예에 따라서 박사가 되었다.

1502년 연산 8년 임술 29세

승문원 교검(承文院校檢)이 되고 시강원 사서(侍講院司書)로 옮겼다.

1503년 연산 9년 계해 30세

병조좌랑이 되었다.

1504년 연산 10년 갑자 31세

동생 우(祐: 호는 육봉(六峰))가 생원시험에 일등으로 합격하니 글을 써서 재산을 나누어 주었다.

1505년 연산 11년 을축 32세

전라도사로 나아갔다. 8월에 나주의 금성관에서 우부리(牛夫里)를 매 때려 죽였다. 우부리는 천인으로서 딸이 연산군의 후궁임을 기화로 하여 행패가 심했으나 누구도 이를 징계하지 못했는데 선생이 벌한 것이다. 이로 인하여 화를 당할 것을 각오하고 서울로 가던 길에 입암에 이르렀는데 고양이가 길을 인도하여 금강산으로 가게 되었다. 마침 연산군의 명으로 선생을 붙잡으려고 내려오던 금오랑(金吾郞)과 길이 엇갈리고 때마침 중종반정이 일어나 선생은 화를 면하게 되었다. 11월에 숙인(淑人) 유씨(柳氏)가 죽었다.

1507년 중종 2년 정묘 34세

고관(考官)을 제수하였으나 사양하자 임금의 노여움을 사서 갇힐 뻔 했으나 태학생이 상소하여 풀려나게 되었다. 겨울에 한산군수로 나아갔다가 종묘서령(宗廟署令)을 제수받았다.

1508년 중종 3년 무진 35세

임피현령(臨陂縣令)을 제수받았다.

1509년 중종 4년 기사 36세

석천(石川) 임억령(林億齡)이 와서 학문을 배웠다.

1510년 중종 5년 경오 37세

병을 핑계로 벼슬을 떠나 광산의 집으로 돌아왔다.

1511년 중종 6년 신미 38세

겨울에 홍문관 수찬이 되고 이어서 교리 겸 경연시독관(經筵侍讀官)이 되었다.

1512년 중종 7년 임신 39세

봄에 집에 돌아왔다가 여름에 홍문관 응교(應敎)가 되고 가을에 담양부사(潭陽府使)가 되었다.

1513년 중종 8년 계유 40세

송순(宋純)과 정만종(鄭萬種)이 와서 학문을 배웠다.

1515년 중종 10년 을해 42세

정월에 청백리에 뽑히고 표리(表裏)를 하사 받았다. 8월에 순창군수 김정(金淨)과 함께 상소를 올려 중종의 초비(初妃) 신씨(愼氏)를 복위 시킬 것과 신비(愼妃)를 몰아낸 중종반정 때의 공신 박원종(朴元宗)·성희안(成希顔)·유순정(柳順汀)을 처벌하라고 요구하였다. 그 상소문의 내용을 논척하는 양사(兩司)의 탄핵을 받았으며 정광필(鄭光弼)이 다른 사람과 신원하고 구하고자 했으나 허락되지 않았다. 상소의 책임을 물어서 백 대의 태장(笞杖)에 도형(徒刑) 3년에 처해져 외역(外驛)으로 귀양을 가게 되었다. 11월에 조광조(趙光祖)의 상소로 양사(兩司)의 직책을 모두 바꾸었다. 12월에는 김안로(金安老)가 훈구대신의 입장과 신진사림의 입장이 다 옳다는 의견을 내놓았다.

1516년 중종 11년 병자 43세

2월 무극설(無極說)을 변척(辨斥)하였다. 3월에 죄가 풀리고 직책을 다시 돌려받았다. 직책이 12월에 의빈부(儀賓府) 도사(都事)로서 장악원 첨정(僉正)이 되었다.

1517년 중종 12년 정축 44세

봄에 순천부사가 되었다. 10월에 정경부인 서씨의 상을 당하였다.

1519년 중종 14년 기묘 46세

기묘사화가 일어나고 11월에 조광조가 능주로 귀양 가는 길에 광주를 거쳐 가게 되자 광주의 동쪽 분수원(分手院)에 나아가서 만나고 위로하면서 회포를 풀었다. 12월에 상복을 벗고 의빈부(儀賓府) 경력(經歷)과 선공감역(繕工監役)을 제수하였으나 나아가지 않았다.

1520년 중종 15년 경진 47세

1519년 12월 조광조가 배소(配所)에서 죽고 이 해 봄 그의 상여가 고향으로 돌아가는 것을 보고 시를 써서 위로하였다. 가을에 어사가 되어 호남을 돌아보았다.

1521년 중종 16년 신사 48세

상주목사를 제수 받았으며 여름에 충주목사를 제수받았다. 충주목사로 있으면서 강당을 짓고 김세필(金世弼)·김안국(金安國) 등과 학문을 논했는데 당시에 왕양명(王陽明)의 학문이 처음 들어와서 이를 불교의 학문이라고 배척하였다. 10월에 남곤(南袞)이 신비(愼妃) 복위 상소의 일로 선생을 배척하는 상소를 올렸다.

1522년 중종 17년 임오 49세

도연명의 『문집』을 간행하고 「발문」을 썼다. 매월당 『문집』을 간행하였다.

1523년 중종 18년 계미 50세

관찰사의 추천으로 청백리에 뽑혀 표리를 하사받고 9월에 『인재집(麟齋集)』의 「발문」을 썼다.

1524년 중종 19년 갑신 51세

쌍청당(雙淸堂) 「기문」을 썼다.

1527년 중종 22년 정해 54세

봄에 고향에 돌아왔으나 다시 나주목사가 되었다.

1529년 중종 24년 기축 56세

여름에 벼슬을 버리고 고향에 돌아왔다.

1530년 중종 25년 경인 57세

4월 11일, 방하동 옛집에서 숨을 거두었다. 하서 김인후·석천 임억령 등이 제문을 보내고 문상하였다.

1531년 중종 26년 신묘

「행장」이 이루어졌다. 귤정(橘亭) 윤구(尹衢)가 썼다.

1646년 인조 24년 병술

광주에 덕산사(德山祠)를 세워 선생과 조카 박순(朴淳)을 배향하였다.

1671년 현종 12년 신해

송시열(宋時烈) 등의 건의로 덕산사의 위패를 월봉서원(月峰書院)에 합향(合享)하였다.

1688년 숙종 14년 무진

이조판서에 추증(追贈)되었다.

1694년 숙종 20년 갑술

『문집』이 증간되었다.

1729년 영조 5년 기유

문간(文簡)이라는 시호가 내렸다.

1787년 정조 11년 정미

순창의 화산서원(華山書院)에 위패를 모시고 제사를 드렸다. 화산서원은 본래 신말주(申末舟)를 제향한 서원이었다.

1839년 헌종 5년 기해

담양의 구산사(龜山祠)에 합향했다. 구산사는 면앙(俛仰) 송순(宋純)을 모신 서원이었다.

1859년 철종 10년 기미

6월에 「신도비명(神道碑銘)」이 이루어졌다. 금곡(錦谷) 송내희(宋來熙)가 썼다.

청백리(淸白吏)에 녹선(錄選)되었으며, 성현(成俔)·신광한(申光漢)·황정욱(黃廷彧) 등과 함께 서거정(徐居正) 이후 4가(四家)로 칭송된다.

하천 고운 霞川 高雲

하천(霞川) 고운(高雲: 1479~1530)은 자는 언룡(彦龍) 호는 하천(霞川) 이름은 운 본관은 장택(長澤)이다. 고려조 때 군기감을 지낸 복림(福林)이 장택 고씨의 시조가 되었다. 고조 협(協)은 고려말에 병부시랑 북부상서를 지냈고, 조선조에 들어와 호조참의를 제수했으나 나가지 않았다. 증조 열(悅)은 호조참판에 추증되었는데 덕을 숨기고 벼슬하지 않았으며, 조부 상지(尙志)는 충좌위 부사직(忠佐衛副司直)을 지냈고 좌통례(左通禮)에 추증되었다. 아버지 자검(自儉)은 생원 훈도로 호조참의(戶曹參議)에 추증되었으며 어머니는 남양홍씨(南陽洪氏) 대사헌 자아(自阿)의 딸이다.

1479년 성종 10년 기해

출생했다.

1507년 중종 2년 정묘 29세

생원 진사 양과에 합격하였다.

1519년 중종 14년 기묘 41세

문과에 급제하여 형조좌랑을 제수 받았고 전라도사가 되었으며 다시 옥천현감으로 옮겼다. 그러나 오래지 않아서 기묘사화가 일어나 정암 조광조·눌재 박상 등 많은 어진 사람들이 사사되거나 유배되는 화를 입게 되었다. 선생 또한 이들과 연루되었다. 하여 고향으로 쫓겨났다. 선생은 고향으로 돌아와 박상 등 어진 사람들과 시를 쓰며 소일하였다.

1530년 중종 25년 경인 52세

고향집에서 세상을 떠나니 향년 52세였다. 그해 광주 서쪽 압보촌

(鴨保村) 송학산(松鶴山) 기좌원(己坐原)에 안장되었다. 선생은 시문에도 능하여 그의 작품이 『동문선』에 실려있는데 많은 유고와 가승(家乘) 등은 왜란으로 산실되어 선생의 면모를 찾을 길이 없다. 부인은 광산 이씨로 조산대부(朝散大夫) 교수(教授) 호선(好善)의 딸이다. 아들은 맹영(孟英)·중영(仲英)·계영(季英)이며 맹영의 아들이 제봉(霽峰) 경명(敬命)이다.

신재 최산두 新齋 崔山斗

신재(新齋) 최산두(崔山斗: 1483~1536)은 자가 경앙(景仰) 호는 신재 또는 나복산인(蘿葍山人) 또는 총중자(寵中子) 이름은 산두 본관은 초계이다. 조선조 중기 문신이며 기묘명현 중의 한 분이다. 완주백(完州伯) 순작(純爵: 전주 최씨의 시조)의 8세손인 문숙공(文肅公) 용궁(龍宮)의 후손이다. 고조 호원(灝元)은 첨지사(僉知事)였고, 증조 기연(奇淵)은 통정대부 사헌부집의(通政大夫司憲府執義)에 추증되었으며, 조부 사문(思文)은 자헌대부 동지중추부 판사(資憲大夫同知中樞府判事)에 추증되었고, 아버지 한영(漢榮)은 정헌대부(正憲大夫) 한성부 판윤(漢城府判尹)에 추증되었다. 어머니는 청주 한씨(淸州韓氏) 교리(校理) 경회(敬澮)의 딸이다.

1483년 성종 14년 계묘

광양현 산저리 집에서 출생하였다. 선생이 태어날 때 기이한 형기가 방안에 가득하고 서광이 하늘에 빛나니 마을 사람들이 그 상서로운 기운을 바라보며 칭송하기를 "대현(大賢)이 강생(降生)하였다"고 한다.

1487년 성종 18년 정미 5세

아버지 판윤공에게 글을 배우기 시작하였다. 매일 아침 일찍이 부모님께 나아가 절하고 밤사이 안부를 살폈다. 하루는 별당에서 책을 읽고 있는데 그 때 가노(家奴) 인동(仁同)이란 자가 입에 담뱃대를 물고 뜰아래를 지나가니 선생이 곧 바로 불러 책망하기를 "네가 비록 나이 많으나 상전의 앞에서 거리낌 없이 담배를 피우니 그 죄를 다스린다면 태장(笞杖)을 쳐야 할 것이나 그 정을 보아 한번 용서하니 두 번 다시 범치 말라"고 하였다.

1488년 성종 19년 무신 6세

하루는 진내면에 있는 서당에 가는데 도중에 갑자기 벼락이 치고 폭우가 쏟아지면서 천지가 어두워져서 길가 사당에서 비를 피하고 있었다. 때가 거의 삼경에 이르렀는데 들 귀신이 사당귀신에게 "모야 모처에 제사지내는 집이 있으니 나와 함께 가자"고 하였다. 그러자 사당귀신이 대답하기를 "우리 집에 사인(舍人)선생 행차가 있어서 호위해야 하니 감히 집을 뜨지 못하겠다"고 하였다. 그러나 이 같은 속에서 밤을 세우는 데도 조금도 무서워하거나 꺼리지 않았다.

1489년 성종 20년 기유 7세

학문이 제법 정교(精巧)해지자 마음속으로, 정주(程朱)가 지은 저술들을 궁구하고 이두(李杜: 이백과 두보)와 나란히 이름을 날리기로 결심하였다. 책을 읽는 중에 『효경』을 특히 애독하니 천성이 효자임을 알 수 있었다.

1490년 성종 21년 경술 8세

사서오경(四書五經)을 침잠하여 강구하지 않는 것이 없고, 집에 돌아와서는 효도하고 나가서는 공경하는 도리가 몸에 배어 거동이 조금도 구김이 없었다. 봄날에 산내면에 있는 우두산에 올라 우두(牛頭)를 노래한 시 여덟 구를 지었다.

1491년 성종 22년 신해 9세

하루는 까마귀 새끼가 자라 늙은 어미까마귀에게 먹을 것을 물어다 주는 것을 보고 그 효성에 감동하여 '까마귀를 노래함'이란 절구 한 수를 지었다. 판윤공이 그 시를 보고 기뻐하여 말하기를 "이 아이가 사물을 보고 효를 느껴 이와 같이 속마음을 토로하니 장차 신하가 되면 반드시 충을 말하리라"고 하였다.

1493년 성종 24년 계축 11세

광양현감 이공(李公)이 최산두가 문필과 효성을 겸비하였다는 소문을 듣고 한번 보고자 청하였다. 선생은 "동자로서 관원을 나아가 뵙는 것은 예에 벗어날 듯합니다" 하고 응하지 않았다. 현감이 이 말을 듣고 더욱 기특히 여겨 문방제구(文房諸具)를 보내 칭찬하였다.

1496년 연산 2년 병진 14세
이천 서씨(利川徐氏) 주부(主簿) 극수(克綏)의 딸을 아내로 맞이하였다.

1497년 연산 3년 정사 15세
선생의 자를 경앙(景仰)이라 했다. 광양현 북쪽으로 삼십 리 쯤 떨어진 곳에 송청사(松靑寺)라는 절이 있다. 절 남쪽에 층암절벽이 있는데 그 돌 면에는 큰 글씨로 백류동학사대(白流洞學士臺)라는 여섯 자가 쓰여 있다. 대 아래로는 큰 바위가 하나 있는데 그 형상은 마치 기와집과 같고 그 속에 굴이 있어 마치 방처럼 동편으로는 창이 있고 서편으로는 문이 있어 밝은 빛이 저절로 들어와 비추었다. 선생은 공부를 독실하게 하고 싶은 뜻이 있어 『자양강목(紫陽綱目: 朱子綱目)』 80권을 안고 들어가 천 번을 읽었다.

1498년 연산 4년 무오 16세
굴에 들어간 지 2년이 되어 『주자강목』의 요지를 명확하게 해석하여 조금도 의심됨이 없었고 춘추대의에 통하지 못한 곳이 없었다. 비로소 굴 밖으로 나오니 백운 초목들이 다 강목의 문자처럼 보였다.

1499년 연산 5년 기미 17세
점필재 김종직과 한훤당 김굉필, 두 선생을 사숙하니 문로(門路)가 바르게 되어 도덕(道德)이 더욱 빛났다. 스스로 호를 신재(新齋)라 하였다.

1501년 연산 7년 신유 19세
상경하여 마음과 뜻이 통하는 이들과 더불어 도학으로 사귀었다. 정암(靜庵) 조광조(趙光祖)·송재(松齋) 한충(韓忠)·자암(自菴) 김구(金絿)·충암(冲菴) 김정(金淨)·모재(慕齋) 김안국(金安國)·노천(老泉) 김식(金湜)·사재(思齋) 김정국(金正國)·도원(道源) 박세희(朴世熹) 등과 더불어 매일 서로 방문하여 경학을 강구하니 당시 사람들이 이들을 ‘낙중군자회(洛中君子會)’라 불렀다.

1502년 연산 8년 임술 20세
강목부(綱目賦)를 지어 시험에 합격하였다.

1503년 연산 9년 계해 21세
3월 1일에 송재·노천과 더불어 남산 꼭대기에 올라 휘파람을 불다 유연히 흥이 나서 노래하기를 “남산의 송백은 울울창창(鬱鬱蒼蒼)한데 한강 유수는 호호탕탕(浩浩蕩蕩)하도다” 하니, 노천이 이르기를 “아름답다 신재의 노래여! 인지(仁智)의 즐거움이 산수에 있도다”하였다.

1504년 연산 10년 갑자 22세
8월에 과장에 나아가 진사시에 합격하였다.

1505년 연산 11년 을축 23세
여름에 반궁(泮宮: 성균관)에 유학하니 퇴계 이황(李滉)이 학문을 물었다.

1506년 중종 원년 병인 24세
고향에 돌아와 근친하였다. 당시 사람들이 호남삼걸(湖南三傑)을 일컬었는데 신재가 그 으뜸에 있었고 나재(懶齋) 유성춘(柳成春)과 귤정(橘亭) 윤구(尹衢)가 다음이었다.

1510년 중종 5년 경오 28세
학포(學圃) 양팽손(梁彭孫)이 글을 보내 시험에 합격한 것을 축하여 이르기를 “강목부와 백량대(柏梁臺)라는 시는 과연 옛 사람들이 일찍이 발견치 못한 경지요 천고에 뛰어난 문장”이라 하였다.

1513년 중종 8년 계유 31세
2월에 별시문과에 급제하였다.

1514년 중종 9년 갑술 32세
6월에 홍문관 저작(弘文館 著作)을 배명(拜命)하였다.

1515년 중종 10년 을해 33세

3월 25일 아들 병길(丙吉)을 낳았다.

5월 17일에 신재가 홍문록(弘文錄)에 천거된 데 대해 "출신이 한미(寒微)하다" 하여 대간의 반대가 있었다. 그러나 중종은 "정부와 홍문관에서 선발한 일인데 어찌 일사(一司)의 말을 듣고 고칠 수 있겠는가" 하고 이를 받아들이지 않았다. 이날 이에 대한 사관의 논평은 다음과 같다. "최산두는 비록 한미(寒微)한 집안 출신이나 사람됨이 뛰어나고 학문과 덕행이 있다. 어진 이를 조정에 등용하는 데 일정한 제한이 없으니 안 될 게 무어란 말인가?"하였다.

1516년 중종 11년 병자 34세

7월 박사(博士)에 승진하였다.

1517년 중종 12년 정축 35세

7월 29일 홍문관 수찬(修撰)을 명받았다.

8월 24일 조강 때에 검토관(檢討官)으로서 남쪽지방에서 매를 진상하는 일의 폐단을 아뢰기를 "매[鷹] 본디 남방의 토산이 아니므로 한 마리의 값이 거의 베 4~50필이나 되는데 각 고을에서 감사에게 바치고 감사가 그것을 받아서 진상합니다. 봉진(封進)한 나머지는 인정으로 여러 곳에 나누어 주어 마치 값없는 흔한 물건처럼 여기기 때문에 백성이 받는 폐해가 끝이 없습니다. 양계(兩界) 토산물의 예를 따라 남방에도 아울러 요구하는 것은 온당치 못할 듯합니다." 하였다. 임금이 이르기를 "매의 진상은 생치(生雉)를 천신(薦新)하기 위한 한 가지 일이므로 폐지할 수 없으나 양계는 토산지이지만 남방은 과연 산지가 아니니 굳이 봉진케 하면 백성에게 폐해를 끼칠 것이 틀림없다" 하였다.

10월 20일 사간원 정언(司諫院正言)에 제수되었다가 10월 23일 다시 홍문관 수찬으로 옮겼다. 11월 정언(正言)을 제수하였다.

1518년 중종 13년 무인 36세

정월에 부수찬을 명받았다. 1월 14일 야대(夜對)에서 임금이 정승을 뽑는 일에 대해서 묻자 선생은 마음속에 김전(金銓)을 천거하려는 뜻을 두고 아뢰기를 "정승을 뽑는 일은 중대한 일입니다. 한 세대에 삼공(三公)의 인재가 많이 나오지 않기 때문입니다. 삼공에 결원이 있을 경우 의망(擬望)해서 보직하는 것은 옛날의 방법이 아닙니다. 옛날의 경우로 말하면 정승을 택하는 방법은 사람에게 있고 위계(位階)에 있지 않았습니다. 비록 산 속에 숨어 있는 사람이라도 뽑아 쓸 수가 있습니다. 고구려 때에도 을파소(乙波蘇 또는 乙巴素)라는 자를 산 속에서 맞이하여 정승을 삼았던 일이 있습니다. 정승을 뽑는 데에는 바른 선비와 속된 선비를 잘 진정시키는 사람만으로는 안 됩니다. 모름지기 위로는 성덕(聖德)을 돕고 아래로는 백료(百僚)를 거느릴 만한 사람을 뽑아야 합니다(김전을 가리켜 말한 것임)"하고, 또 아뢰기를 "지금 동배 가운데 만약 허물을 지적하여 충고하는 자가 있으면 듣는 자는 마음속으로 반드시 꺼리고, 술이나 잘 마시는 자 끼리 즐겁게 어울려 호탕하게 노는 것이 이미 습성이 되었습니다. 재상의 반열에도 이러한 사람이 있습니다. 조정에 있는 사람들은 서로 비호하고 그럭저럭 날이나 보내는 것으로 일을 삼습니다. 그 가운데 만일 조금 사리를 분변하여 시속에 끌리지 않고 진심으로 나라를 위하는 이가 있으면 반드시 그를 드러내서 말하기를 '이 사람은 언행이 탁월한 사람이다'고 합니다. 만일 이와 같지 않은 사람을 택하여 재상의 자리에 앉힌다면 사습(士習) 또한 바르게 될 것입니다" 하였다.

야강(夜講) 때에 검토관(檢討官)으로서 재상을 앉히는 도를 간하여 김전(金銓)을 재상으로 천거하였다. 1월 19일 홍문관 수찬을 명받았다. 2월에 돌아가 어버이 봉양하기를 원하니 임금이 허락하고 보은현감(報恩縣監)을 제수하였다. 그러나 영의정 정광필(鄭光弼)이 선생을 머물러 두고자 하여 떠나지 못하였다. 2월 11일 조강(朝講) 때에 검토관으로서 사람을 쓰는데 반드시 문무를 구별해서 쓸 필요는 없다는 뜻을 임금께 아뢰었다.

아뢰기를 "상께서 꼭 문신·무신을 구별할 필요가 없다고 하교하신 말씀은 매우 좋습니다. 옛날 인재를 취한 것을 보면 문예(文藝)가 있는 자는 반드시 무재(武才)가 있어야 할 필요는 없었고, 무재가 있는 자는 반드시 문예가 있어야 할 필요는 없었습니다. 후세에도 문무를 겸비한 인재를 얻기가 어려워서 각각 그의 장점을 취하여 혹은 문 혹은 무로 하였고, 문무 외에 또 문음(門蔭)이 있었으니 이 것이 인재를 취하는 방법이었으며, 이미 취한 뒤에는 다만 그의 장점만을 취하여 임용했을 따름 입니다"하였다.

2월 22일 정언을 명받았다. 2월 26일 정로위(定虜衛) 증설이 실익이 없음을 논주(論奏)하였다. 아뢰기를 "정로위를 설치하자 부역을 하지 않는 곳이라 하여 누구나 여기에 배속되기를 원하니 군사(軍士) 보솔(保率)이 될 자들이 모두 정로위가 되었습니다. 그러니 정병(正兵)·갑사(甲士)로서 보솔을 둔 자는 열에 두셋밖에 되지 않았습니다. 이는 군졸의 숫자만 거짓으로 늘리는 것일 뿐 실익이 없는 일입니다"라 하였다.

3월 11일 조강에서 임금과 세자의 사이가 멀어지면 난정(亂政)의 빌미가 생긴다는 뜻을 아뢰었다. 아뢰기를 "옛부터 제왕이 어찌 처음부터 국본(國本: 태자를 가리킴)의 마음을 흔들고자 하였겠습니까? 주(周)의 유왕(幽王)·혜왕(惠王)과 진(晋)나라 헌공(獻公)이 포사(褒姒)·혜후(惠后)·여희(驪姬)를 얻어 마음이 미혹되었으므로 부자의 사이가 자연 멀어졌고 시기하고 혐의하는 마음이 이로 말미암아 자라났습니다. 그 사이 아첨하고 참소하는 무리가 어느 시대인들 없었겠습니까? 제왕의 마음을 엿보고 안팎으로 결탁하여 국본을 흔드는데 그 국정을 맡은 대신은 또 불굴의 지조가 없이 중간에 서서 광구하지 아니하여 끝내 그 나라를 어지럽혔으니 이와 같은 점을 살펴야 합니다"하였다.

5월 7일 이장곤(李長坤) 등과 함께 태조의 종계(宗系)가 무고를 입었으니 변정(辨正)하여 명나라에 주청해야 한다는 점을 아뢰었다.

6월에 사헌부 지평(司憲府持平)에 승직하였다.

7월에 차례를 뛰어 넘어 승직되었으므로 사직을 청하였으나 전교하기를 "사직하지 말라"하였다.

아뢰기를 "신은 본디 미천한 사람으로 조정에서 거두어 써주는 것도 분에 넘치는데 또 순서에 의하지 않고 순서를 넘으니 마음에 매우 미안합니다. 사직을 청합니다." 하니 전교하기를 "사직하지 말라"하였다.

순창군수 유중익과 담양부사 박이관이 도회취재(都會取才: 지방에서 실시하는 시험의 하나)의 시험관이 되었는데 "맹자는 전국시대의 담사(談士)요 이정자(二程子)는 이락(伊洛)의 당류(黨類)다"라는 내용의 글을 지은 자를 수위(首位)로 뽑았다. 선생은 이러한 사례를 아뢰고 유중익을 파직할 것을 청하였다 아뢰기를 "신이 남방에 있을 때에 들은 것으로 아뢸 일이 있습니다. 요즈음 주상께서 선비의 풍습을 바르게 하고자 하시므로 선비된 이가 앞을 다투어 스스로 흥기하여 추향(趨向)을 바르게 하고 있는데 전라도의 수령 가운데는 더러 다른 의견을 가진 사람이 있습니다. 순창군수 유중익과 담양부사 박이관은 도회취재의 시험관이 되어 부제(賦題)를 '문묘에 종사한 문충공[文廟從祀文忠公]'이라고 냈는데 어떤 유생의 제술(製述)에 '맹자는 전국시대의 담사(談士)요, 이정자(二程子)는 이락(伊洛)의 당류(黨類)이다'라고 하였습니다. 이는 선비가 지향(志向)해야 할 방향을 잃어버린 것인데도 유중익은 억지로 칭찬하여 수위(首位)로 뽑았습니다. 박이관은 뽑을 수 없다고 하였으나 유중익이 듣지 않으므로 박이관이 겨우 이 구절만을 지워버렸다고 합니다. 이 일은 매우 옳지 못합니다. 외방은 조정과 멀리 떨어진 곳이므로 수령으로서 정도(正道)를 보여야 할 것인데 유중익의 한 일이 이와 같으니 유중익의 직을 파면하고 박이관을 추고 하소서"라고 하니 전교하기를 "무릇 학교와 선비의 풍습 등은 수령으로서는 모범이 되어 바르게 해야 하거늘 이제 아뢴 말을 듣건대 유생이 맹자와 정자를 헐뜯었는데도 유중익이 그르다 여기지 않고 도리어 칭찬하였다 하니 그 마음이 어떤지 모르겠다. 유중익은 전에 시종(侍從)을 지냈고 이제 외방의 수령으로 있으니 더욱 이와 같이 인도해서는 안 될 것이다. 또 도회취재는 국시의 예와 다르기는 하나 도내(道內)의 선비가 많이 모였으니 시관을 맡은 이는 진실로 바름을 보여야 한다. 그리고 조정과 멀리 떨어진 곳은 선비의 풍습이 정해지지 않았는데 유중익의 한 일이 이와 같으니 아뢴 대로 파직하라. 박이관이 그를 내치려 한 것은 잘한 일이나 굳이 말리지 못하였고 또 제목을 낼 때 같이 의논해서 하였으니 또한 죄가 없지 않다. 그를 추고하라"고 하였다.

7월 22일 홍문관 교리(校理)를 명받았다. 7월 임금께서 옥홀(玉笏)을 하사하였다. 명(銘)하기를 '일인유경보명유신(一人有慶寶命維新)'이라 하였다. 8월 5일 석강(夕講) 때에 동래 사람 이춘무(李春茂)가 공천(公賤)을 은닉한 죄로 전가사변(全家徙邊: 집안을 먼 곳으로 옮기도록 하는 벌)하게 된 일에 대해 그의 처 송씨의 효행을 아뢰어 죄를 감해 줄 것을 청하였다. 아뢰기를 "동래(東萊)에 사는 이춘무가 공천(公賤)을 은닉한 죄로 전가사변하게 되었습니다. 그의 아내 송씨는 효녀입니다. 여자는 반드시 남편을 좇는 것이므로 효녀일지라도 따라가지 않을 수 없으니 효녀를 입거(入居)하게 하는 것은 온당치 못합니다. 원종공신(原從功臣)의 자녀도 오히려 사유(赦宥)하여 죄를 감하는데 하물며 효도는 모든 행실의 근원이 아닙니까?" 하였다.

8월에 사간원 헌납(司諫院獻納)을 명받았다. 9월 25일 조강(朝講) 때에 대사헌 김정과 함께 이희옹(李希雍)의 일을 아뢰었으나 윤허하지 않았다. 10월 3일 조강 때에 장령(掌令) 임추와 함께 이희옹의 일을 아뢰었으나 윤허하지 않고 유세웅(柳世雄)의 일은 윤허하였다. 10월 21일 조강 때에 병제(兵制)의 폐단을 아뢰었다. 아뢰기를 "남방의 일로 본다면 경오왜변(庚午倭變) 이후 현제 군액(軍額)은 그대로 두고 별도로 한량(閑良)을 가려 군액의 수를 증가하였는데 그 사람이 오래지 않아 혹 다른 소임으로 가게 되면 군에는 봉족(奉足)이 없고 집에는 여정(餘丁)이 없어서 빈궁하여 지탱하지 못할 것이며, 또 온갖 방법으로 침해하므로 자신도 감당하지 못하고 온 집안이 유리(流離)하여 친척과 이웃도 모두 그 해를 받게 됩니다"하였다.

11월에 정원(政院)에서 『성리대전(性理大典)』을 강의할 만한 사람 26인을 뽑아서 아뢰었는데 선생도 그 가운데 들었다. 이때부터 호당(湖堂: 독서당)에 들어가게 되었는데 선생이 으뜸을 차지하였다.

1519년 중종 14년 기묘 37세

3월 5일 사헌부 지평(持平)을 명받았다. 둘째 아들 정길(丁吉)을 낳았다.

9월 24일 사헌부 장령(掌令)으로 승직하였다. 의정부 사인(議政府 舍人)을 명받았다.

11월 15일 기묘사화(己卯士禍)가 일어났다. 조광조·김정·김구·김식·윤자임·기준·박훈 등이 유배되었다.

12월 9일 남곤·심정 등 훈구파들에 의한 신진사류 숙청작업의 일환으로 대간(臺諫)의 탄핵을 받고 파직되었다.

12월 14일 생원 황이옥 등이 선생을 포함한 조광조 등 신진사류들을 극형으로 처단할 것을 청하는 상소를 올렸다.

12월 16일 대사헌 이항이 선생 등 23인을 조광조 일당으로 지목하여 죄주기를 청해 선생은 동복현(同福縣)에 유배되었다.

1520년 중종 15년 경진 38세

12월 14일 아버지 판윤공께서 별세하였다. 선생이 부음을 듣고 가슴을 치며 애통해 하였으나 유배 중에 있어 상장(喪葬)의 절차를 갖추지 못하므로 하늘을 우러러 부르짖으며 통곡하였다.

1521년 중종 16년 신사 39세

유배지에서 강당(講堂)을 설치하니 원근의 유생들이 모여들었다. 이때 하서(河西) 김인후(金麟厚)가 와서 학문을 배우고 초전예법(草篆隷法: 서법)을 배웠는데 그는 종일토록 쉬지 않았다.

1522년 중종 17년 임오 40세

스스로 호를 농중자(籠中子)라 하였다.

1523년 중종 18년 계미 41세

소암(素菴) 허억부(許億富)와 창랑(滄浪) 정암수(丁巖壽) 그리고 하언의(河彦潙)가 차례로 와서 배웠다.

강학 여가에는 자주 물염(勿染)·적벽(赤壁) 사이를 소요하며 시를 지었는데 이 때 선생이 적벽(赤壁)이라는 이름을 처음으로 지었다. 이로 인하여 물염적벽(勿染赤壁)이 세상에 알려지고 지금은 사적과 경치가 좋은 관광명소가 되었다.

1527년 중종 22년 정해 45세

7월 9일 부인 서씨가 세상을 떠났다. 하서 김인후가 와서 학문을 물었다.

1529년 중종 24년 기축 27세

아들 형제가 적소(謫所)로 와서 뵈었다. 이 때 동복현 사마선생(司馬先生)들의 연회가 있다는 소식을 듣고 가보니 아직 선생들이 모이지 않았는데, 선생은 거기에 마련된 술을 다 마셔버리고 돌아오면서 감나무 잎을 따 사마시(司馬詩) 한 편을 지어 적어 놓았다.

1530년 중종 25년 경인 48세

아우 산후(山厚)가 또한 함경도 회령(會寧)에 유배되니 체원지감(棣園之感: 형제가 서로 우애하며 함께 살던 때를 생각함)과 척령지회(鶺鴒之懷: 형제를 그리는 정)가 그치지 아니하여 매양 두보(杜甫)의 「간운(看雲)」 구(句)를 생각하곤 하였다.

1532년 중종 27년 임진 50세

김하서(金河西) 조부의 부음을 듣고 글을 보내 조위(弔慰)를 표하였다.

1533년 중종 28년 계사 51세

동고(東皐) 이준경(李浚慶)과 구수담(具壽聃)이 임금께 극력으로 간하고 문익공(文翼公) 정광필(鄭光弼)이 다시 조정에 들어와 영의정이 되어 기묘죄인들을 용서해 줄 것을 주청하였다. 이 때 강수(江叟) 박훈(朴薰)과 자암(自菴) 김구(金絿)가 은사(恩赦)를 입었으나 오직 선생만이 적소를 떠나지 못하였다. 선생은 매양 깊은 밤이면 반드시 관대를 바르게 하고 북쪽을 향해 손을 모아 임금에게 소원하기를 "어진 신하를 가까이 하고 소인을 멀리함이 치국의 근본이요,

소인을 가까이 하고 어진 신하를 멀리함은 난정(亂政)의 기초입니다."하였다. 이 때 「속이소(續離騷)」 한 편을 지었으나 유고가 세상에 전하여지지 않는다. 야사(野史)나 유록(遺錄) 그리고 『기묘사화초략(己卯士禍抄略)』 등에는 선생이 계사년에 사유(赦宥)를 입었다는 설이 있으나 상세하게 고찰할 수 없다.

3월 26일 영의정 정광필이 기묘죄인(己卯罪人)들을 풀어주기를 청해 이날 박훈과 김구가 방면되었다.

10월 23일 영의정 장순손(張順孫)의 진언으로 14년간의 유배에서 풀려났다. 장순손이 아뢰기를 "김구와 박훈은 동시에 죄를 받았는데 주상께서 이미 그들을 방면하였습니다. 그런데 최산두는 그 죄가 김구와 박훈 같지 않은데도 홀로 방면의 은혜를 입지 못하였으니 이처럼 애매한 일이 없습니다."하니, 임금이 이르기를 "김구와 박훈은 이미 다 방면하였는데 최산두만 방면하지 않은 일은 생각이 미치지 못해서였다" 하였다.

1534년 중종 29년 갑오 52세

4월 18일 어머니 정부인 한씨가 본 집에서 세상을 떠났다. 선생이 애훼(哀毁)하기를 극진히 하여 몸이 야위고 파리해져 보전하지 못할 지경에 이르렀음에도 벽용지통(擗踊之痛: 부모의 상을 당하여 매우 슬피 울며 가슴을 두드리거나 몸부림 침)과 상장지례(喪葬之禮)를 효에 넘치게 하였다. 9월에 장례하기를 광양현 봉강방(鳳岡坊) 화전봉(花田峯) 중턱(中麓)의 판윤공 묘에 부좌하였다.

1535년 중종 30년 을미 53세

7월에 선생이 거상중이라는 소식을 듣고 하서 김인후가 서울로부터 남으로 내려와 미암 유희춘과 함께 조위(弔慰) 하였다.

1536년 중종 31년 병신 54세

선생이 비록 은사(恩赦)를 입기는 하였으나 나라를 근심하여 얻은 병이 해가 오랠수록 고질화 되어 적소(謫所)를 떠나지도 못한 채 4월 14일 세상을 떠났다. 아들 병길과·정길이 아버지의 부음을 듣고 밤을 새워 달려 동복현(同福縣)에 이르러 하늘을 향해 울부짖고 땅에 머리를 부딪치는 비통한 마음[號天叩地]으로 영구를 받들어 발상(發喪)하였다. 이 때 본현(本縣) 현감 석천(石川) 임억령(林億齡)은 모든 장례기구를 관비(官費)로 판출(辦出)하여 제전지절(祭奠之節)을 다 갖추어 주었고, 사림과 이교(吏校: 이서(吏胥)와 군교(軍校))들이 저마다 스스로 와서 예를 극진히 다하였다. 반장지일(返葬之日)에 이르러서는 일곱읍의 수령들이 모두 호상(護喪)하여 함께 큰길까지 나왔다. 가을 9월에 광양현 봉강방 화전봉 중턱(中麓)의 팡윤공묘 우측 간좌(艮坐)에 안장하였다.

1537년 중종 32년 정유

미암 유희춘이 그 때 방백(方伯)이 되었는데 사람을 보내 치제(致祭)하였다.

1538년 중종 33년 무술

4월 12일 기묘년에 환수 당했던 의정부 사인(議政府舍人)의 직첩(職牒)이 다시 내려졌다. 4월에 하서 김선생이 성균관에서 부음을 듣고 가마(加麻: 소렴(小殮) 때에 상제(喪制)가 처음으로 수질(首絰)을 머리에 쓰는 일)하고 사람을 보내 치제하였다.

1576년 선조 11년 무인

광양현에 봉양사(鳳陽祠)를 세웠다. 광양현감 정숙남(鄭淑男)이 선생을 앙모하여 그 장구지소(杖屨之所: 머물며 강론하던 곳)에다 사우(祠宇)를 세운 것이다.

1666년 현종 9년 무신

동복현에 도원서원(道源書院)을 세웠다. 도내 유림들이 선생의 도덕과 문장을 앙모하여 사우(祠宇)를 세우고 제사를 받들었다.

1686년 숙종 13년 정묘

전라도 유생 진사 최운익(崔雲翼)·대사성(大司成) 농암(農巖) 김창협(金昌協)·성균관장 문곡(文谷) 김수항(金壽恒) 등이 도원서원에 사액(賜額)을 내려주기를 상소하니 윤허하였다.

1687년　숙종 14년　무진

2월 15일 임금께서 예조에 비답(批答)을 내려 사액을 명하였다. 4월 26일에 연액제(延額祭)를 행하였다. 임금께서 예조정랑 김상하(金尙夏)를 보내 치제하였는데 창평 현감 박세웅(朴世雄)이 집례(執禮)하고 옥과 현감 윤보(尹普)가 독축(讀祝) 하였다.

1826년　순조 28　무자

봉양사 사적비(鳳陽祠事蹟碑)를 세웠다.

1868년　고종 5년　무진

봉양사가 훼철되었다.

1871년　고종 8년　신미

후손 석구(錫龜) 등에 의해 『신재선생실기(新齋先生實記)』가 간행되었다.

1876년　고종 13년 병자

노사(蘆沙) 기정진(奇正鎭)과 신호(莘湖) 김록휴(金祿休)가 도내에 발의하여 7월에 유림들이 장성 백양사에 모여 선생의 시호를 청하기로 하였으나 마침 그 해 크게 흉년이 들어 그 일을 끝맺지 못하였다.

1911년　신유

후손 종수(鍾秀)가 『신재선생실기』를 중간하였다. 또 『신재선생실기』를 증보하여 『신재선생문집(新齋先生文集)』으로 간행하였다.

1923년　계해

선생에게 문절선생(文節先生)이란 사시(私諡)를 올렸다. 대동사문회(大東斯文會) 유림대표 전 판서 민영휘(閔泳徽)·전 제학(提學) 정만조(鄭萬朝)·전 참서관(叅書官) 어윤적(魚允迪)·송지헌(宋之憲) 등 30여 인과 도내 유생 7천여 명이 서로 호응하여 11월 18일 시호(謚號)를 올린 것이다.

1924년 갑자

순창에 시각(諡閣)을 세웠다.

1925년 을축

봉양재(鳳陽齋) 신도비(神道碑)를 세웠다. 후손 석주(錫柱) 등이 『신재선생문집』을 간행하였다.

1974년 갑인

광양군 문화공보실과 광양유림들이 봉양사를 복건하였다.

1977년 4월

도원서원(道源書院)을 복건하였다.

석헌 유옥 石軒 柳沃

석헌(石軒) 유옥(柳沃 1487～1519)은 자는 계언(啓彦) 호는 석헌 이름은 옥 본관은 문화(文化)이다. 선대는 고려 말부터 문화에 거주했는데 고조 운(沄)은 부사(府使)를 지냈고 증조 면(沔)은 훈련부사(訓練府使)를 역임했다. 조부인 인흡(仁洽)은 성균관 생원이었고, 아버지 문표(文豹)는 순창훈도(淳昌訓導)였는데 선생의 귀함으로 이조판서를 증직 받았다. 어머니는 현맹인(玄孟仁)의 딸이다.

1487년 성종 18년 정미

선생은 창평현(昌平縣) 유곡(維谷)의 자택에서 태어났다. 아버지 판서공이 월출산(月出山)에서 기도한 지 일년이 되어 선생이 태어났는데 타고난 자질이 순수하고 기개가 호방하며 걸림이 없었다.

1494년 성종 25년 갑인 8세

일찍부터 문장에 능해서 여러 가지 문체의 시문을 지을 수 있었다.

1495년 연산군 원년 을묘 9세

광한전부(廣寒殿賦)를 지었다.

1500년 연산군 6년 경신 14세

「영귀정기(詠歸亭記)」를 지었다. 영귀정은 옥과현 동쪽으로 2리 정도 되는 곳에 있다. 그곳의 현감(縣監) 최형한(崔亨漢)이 새로 정자를 만들고 선생의 문장을 전해 듣고서는 기(記)를 짓도록 청하였다. 선생의 문사는 조그만 잡스러움도 드러남이 없었고 문장은 지극히 광대하였다. 그 때의 문사들이 감탄하여 칭찬하지 않는 사람이 없었으므로 판각하여 걸어두었다.

1501년 연산군 7년 신유 15세

사마시(司馬試)에 급제하였다.

1507년 중종 2년 정묘 21세

10월 갑과(甲科)에 수석으로 급제하였다. 일등은 세 명으로 생원 유옥(柳沃), 생원 공서린(孔瑞麟), 진사 나안(羅安)이었다. 이등은 진사 이순(李純)을 포함한 일곱이었고, 삼등은 진사 김선(金琁)을 포함한 23인이었다.

1508년 중종 3년 무신 22세

4월 갑신에 검토관(檢討官)으로 중국의 사신을 안내하기 위해서 관사에 머물렀다. 8월 임오에 바로 옥당(玉堂)에 들어갔다. 「추성부(秋聲賦)」를 지었다.

11월 병신 조강(朝講) 때에 임금이 "대간(臺諫)들이 군주의 뜻을 어기고자 힘쓴다"고 했다. 정언(正言) 이희증(李希曾)의 말을 이어 선생이 "대간이 일을 논할 때 군주로서는 비록 안색을 부드럽게 하여 받아들인다 해도 행여 노여운 기색이 있을까 두려워서 감히 할 말을 다하지 못하는 것인데, 하물며 이제 상의 말씀이 이와 같으니 신하들이 누가 감히 그 잘못됨을 교정하려 하겠습니까?"라고 아뢰어 군주의 실언을 지적했다.

1509년 중종 4년 기사 23세

정월에 사간원(司諫院) 정언(正言)을 제수하였다. 정해에 조강에서 홍경주(洪景舟)를 논척했다. 홍경주는 그의 딸 희빈(熙嬪)이 은총을 얻고 있음을 기화로 비밀리 궁궐과 통하고 남곤(南袞)·심정(沈貞)과 더불어 화를 일으킬 조짐이 있어서 대사헌(大司憲) 안당(安瑭)·지평(持平) 박이관(朴以寬)」·장령(掌令) 김안국(金安國) 등과 여러 차례 논계(論啓)하였으나 중종은 듣지 않았다.

7월 을미에 홍문관(弘文館) 수찬(修撰)을 제수하였다. 8월 임술에 휴가를 얻어 고향으로 돌아갔다. 이때에 홍문관(弘文館)과 대간들이 말하기를, 내수사(內需司)에서 이익을 취하고 기제(忌祭)에서 책임을 맡은 사람이 책임을 다하지 못한다 하고, 이전의 대간이 좌천되어서 해결할 일이 많다고 하였다. 임금은 “유옥이 돌아와서 명백히 밝히는 것이 옳다”고 하였다. 이에 을축년에 부름을 받고 들어와 아뢰어 시비를 가렸다.

1510년 중종 5년 경오 24세

부모의 봉양을 위해 귀향하였다.

1514년 중종 9년 갑술 28세

12월에 정유에 홍문관(弘文館) 수찬(修撰)을 제수하였다. 을묘에 사간원(司諫院) 헌납(獻納)을 제수하였다.

1515년 중종 10년 을해 29세

정월 갑자에 홍문관(弘文館) 수찬(修撰)을 제수하였고 2월 신해에 홍문관(弘文館) 교리(校理)를 제수하였다. 3월 경자에 홍문관(弘文館) 전한(典翰) 겸 예문관(藝文館) 응교(應敎)를 제수하였고 4월 경자에 사헌부(司憲府) 지평(持平)을 제수하였다. 윤 4월 을유에 아뢰기를 전라도(全羅道) 좌수영(左水營) 사둔전(私屯田)을 파하라고 하였다. 5월 신묘에 사가독서(賜暇讀書)하였다. 무술에 사헌부(司憲府) 장령(掌令)을 제수하였다. 7월에 선생이 순창군수(淳昌郡守) 김정(金淨)·담양부사(潭陽府使) 박상(朴祥)과 함께 순창 강천사(剛泉寺)에서 만나 ‘신비복위소(愼妃復位疏)’를 올릴 것을 의논하였다. 선생이 이때에 무안(務安) 현감으로 임명되어 있었으므로 함께 만나 상소문을 지었으나, 부모님이 연로하시고 형제가 없었기 때문에 김정과 박상의 권고에 따라 결국 상소문에는 이름을 쓰지 않고 두 사람만 올렸다. 상소가 조정에 들어가자 대사간(大司諫) 이행(李荇)과 대사헌(大司憲) 권민수(權敏手)가 먼저 잘못된 상소라고 지목하고 양사(兩司)의 의론이 동조하였으나 결국 8월 23일에 김정과 박상 두 분이 모두 유배되었고 선생도 사직을 구하는 계를 올렸다.

1516년 중종 11년 병자 30세

부모님의 연로함 때문에 돌아와 봉양하였다.

1517년　중종 12년 정축 31세

4월에 임자에 중종께서 드러나지 않은 효부와 열녀로써 빠진 사람은 남김없이 사적을 수집하여 책을 만들라고 명했다. 전라도 관찰사 남곤(南袞)이 아뢰기를 "순창군의 관비인 간아(干阿)를 유문표(柳文豹: 선생의 아버지)가 첩으로 삼았는데 문표가 죽은 후에는 삼년상을 입었고 마친 후에도 오늘날에 이르기까지 절개를 온전히 하여 홀로 거처하고 있습니다"고 아뢰어 마침내 정려를 세울 것을 명하였다. 9월 을미에 함경북도 도평사로서 상소하여 다섯 가지 조항의 병폐를 진술하였다.

1518년　중종 13년 무인 32세

정월 을묘에 사헌부(司憲府) 장령(掌令)을 제수하였다. 2월 을묘, 조강 때에 옛 법을 고치는 것과 새로 기록된 법과 능묘의 제사를 그치는 것에 대하여 의논하였다. 선생이 말하기를 "조종의 법은 마땅히 준수하여야지 경솔하게 고치는 것은 불가하다. 그러나 시대가 다르고 일이 틀리므로 시대의 마땅함을 고려하여 갱장(更張)함이 있다면 변법이라 말할 수는 없을 것이다. 백성의 풍속과 민간에서 숭상하는 폐단에 대해서는 다시 교화하지 않을 수 없다. 그러나 한 사람의 말이 가하다고 이것을 세우고 한 사람의 말이 불가하다고 버린다면 이것은 하지 말아야 할 것 가운데 큰 것이다."라고 하였다. 또 새로 기록된 법에 "죄의 대소에 관계없이 죄인의 전 가족을 함경도로 이주시킨다"는 규정이 불가하다는 것을 논하고, 능묘의 제사를 그만두려는 것에 대하여 "만약 정성이 부족해서 하늘이 재변을 나타내 보이려 한 것이라면 오늘 비록 그만둔다 할지라도 다른 날에 어찌 못된 짐승이 나타나지 않겠는가? 일이 생길 때마다 제사를 그만 둔다면 모든 것을 그만두는 것만 못할 것이다. 애초에 작은 일에 구애되어 하지 못하였기 때문에 지금도 역시 머뭇거리며 과감하지 못한 것이니 더욱 소홀히 하고 업신여기는 것이 되었다"고 했다.

경인에 조강에서 백성의 농토를 제한할 것과 노비의 수에 대한 여러 법을 논하였다. 선생은 평소부터 토지 겸병의 폐단에 대해 근심하였다. 말하기를 "신이 가만히 생각해 보건대 무릇 백성의 삶은 그 농토 때문이거늘 토호들이 겸병하니 궁한 자는 비록 아비와 아들이 서로 전하는 농토라도 모두 팔아버리게 된다. 이로 말미암아 부자는 농토가 늘어만 가는데도 가난한 자는 아주 작은 땅마저도 없게 되었다. 부자가 더욱 부유하고 가난한 자가 더욱 가난해지는 것이 지금보다 심한 적이 없다. 옛날에는 한 농부가 농토 백 묘(畝)를 받고 여덟 가옥이 공동으로 정전(井田)을 경작하였다고 하는데 이것은 우리나라에서는 실행하는데 어려움이 있다. 그러나 한전(限田)과 균전(均田)의 법은 삼대 이래의 훌륭한 법이니 대신과 의논하여 행하는 것이 마땅할 것이다. 이 법을 시행한다면 극심한 부와 극심한 가난의 차이로 인한 근심은 없을 것이다"하였다. 중종이 말하기를 "농토와 노비의 일을 말한 것은 모두가 옳다. 그러나 이전에도 이미 이런 논의가 있었지만 시행하지 못했다"고 하였다.

3월 갑신에 복상(卜相: 재상을 선택하는 것)이 있었는데 "대간은 복상에 참석하여 의논하라"는 명이 있었다. 선생이 대사간(大司諫) 김양진(金揚震)·사간(司諫) 공서린(孔瑞麟)·장령(掌令) 민수천(閔壽千)·지평(持平) 이청(李淸)·정언(正言) 최산두(崔山斗)와 함께, 대간의 임무는 시비를 따져 부당함을 탄핵하는 것이요 재상의 인사에 관련된 것을 의논하는 직책이 아니므로 참가하라는 명을 거두어주도록 청하였다. 상이 허락했다.

갑자에 조강에서 함경도(咸鏡道) 호포(戶布)의 횡렴(橫斂)에 관한 일을 논하였다. 선생이 함경도 지방의 민폐 가운데서 특히 호포와 군역에 대한 징발이 무분별하게 이루어지고 있음을 지적하고 그것을 혁파하기를 청하였다.

4월에 중종이 하향대제(夏享大祭)에 참석하고자 하였으나 제사에 쓰일 희생이 묘문(廟門)에서 넘어져 죽는 사건이 발생했다. 선생이 대사헌(大司憲) 이장곤(李長坤)과 함께 아뢰기를, 군주가 재난을 당하면 마땅히 두려워하고 잘못을 살피는 것이니 대제와 같은 것은 역시 행사를 그치는 것이 마땅하다고 하였다.
병자에 부령부사(富寧府使)를 제수하였다. 대간들과 시강관(侍講官) 김정국(金正國)·영사(領事) 정광필(鄭光弼)이 문관에 있는 사람을 무관에 제수하는 것은 불가하다는 것과, 유옥은 대간으로서 직언을 꺼리지 않는 사람이라서 굳은 지조를 가진 대간이라는 시론의 인정을 받고 있는데 갑자기 외직을 제수한다면 이는 바른 말을 하는 선비를 꺼리는 것이라는 이유로 반대하였다. 그러나 중종은 유옥이 비록 문관이지만 북방의 일에 능하여 무관의 직책을 충분히 수행할 수 있으므로 문무를 떠나 적임자를 해당 관직에 임명한다는 뜻에서 부사의 직을 제수했다.
7월, 특별히 당상관(堂上官)으로 승진하였다. 고령첨사(高嶺僉使)를 제수하였는데 얼마 되지 않아 교체되었다. 승정원(承政院)에 명하기를 "고령첨사 박천손(朴千孫)은 무용이 부족하다고 해서 교체하려는 것이 아니다. 오늘날 변고가 있는 때를 당해서 방비와 제어에 능하지 못한 것을 고려한 때문이다. 모름지기 문관과 무관 중에서 그 직분과 서열을 가리지 말고 정밀히 택해서 보내는 것이 옳을 것이다. 내 생각으로는 사인(舍人)인 유옥을 당상관(堂上官)으로 올려 고령으로 보낼 만하다"고 하였다. 병조판서(兵曹判書) 유담년(柳聃年) 등이 아뢰기를 "유옥은 늙은 부모가 있는 까닭에 전번에 부령부사를 제수하였을 때 삼공(三公)이 경연에서 교체할 것을 아뢰었습니다. 신들의 뜻도 유옥은 아마도 적당하지 않을 듯합니다."라고 하였다. 명하기를 "그렇게 하라"고 하였다.
무신년에 함경북도 우후(咸鏡北道虞候)를 제수하였다. 기미에 특별히 통정대부(通政大夫)로 승진하고 종성부사(鍾城府使)를 제수하였다. 독자인데다 어머니가 늙으셨으므로 사직을 구하는 소를 올렸다. 명하기를 "유옥의 어머니는 나이가 아직 칠십이 못 되었으니 법에 의해 돌아가 봉양할 수는 없다. 그러나 또 왕래하여 보고 살피는 것은 가능하니 사퇴하지는 말라"고 하였다.

1519년 중종 14년 기묘 33세

3월 23일 병진에 선생은 고향 집에서 세상을 떠났다. 4월 정묘에 전라도 관찰사 이언호(李彦浩)가 선생의 죽음을 조정에 알렸다.

사신은 말했다. "유옥의 재주는 문무를 겸했다. 또 재주가 능숙하였으므로 사람들이 기남자(奇男子)라 칭했다. 국가가 변방의 진에다 임무를 맡기기도 하였는데 그 때의 사람들이 대부분 그의 기개를 좋아하였다. 종성부사가 되어서 불행히도 병으로 죽었는데 그 나이가 33세였다."

담양부(潭陽府) 원효산(元曉山)의 자좌원(子坐原)에 묻혔다.

1597년 선조 30년 정유

선생의 유집(遺集)과 실적(失蹟)이 모두 변란으로 점점 없어지는 것을 염려하여 현손 동숙(東淑)이 제현의 『문집』 가운데서 유문(遺文)을 모아 겨우 한 권을 만들어 집에 보관하였다.

1744년 영조 20년 갑자

삼인대비(三印臺碑)가 완성되었다. 좌참찬(左參贊) 이재(李縡)가 비문을 지었다.

1788년 정조 12년 무신

순창 화산서원(華山書院)에 배향했다.

1802년 순조 2년 임술

행장(行狀)이 완성되었다. 서령군(瑞寧君)의 후손인 진사(進士) 승(乘)이 지었다.

1807년 순조 7년 정묘

좌의정(左議政) 서만수(徐萬修)와 우의정(右議政) 이경일(李敬一)이 옛 법을 논하여 유옥에게 증작(贈爵)과 시호(諡號)의 법을 시행해 줄 것을 아뢰었다. 대비(大妃)께서 말하기를 "대신들의 의논에 의거하여 시행하라"하였다.

통정대부(通政大夫) 종성도호부사(鍾城都護府使) 종성진 병마첨절도사(鍾城鎭兵馬僉節度使)를 지낸 유옥(柳沃)에게 가선대부 이조참판

(嘉善大夫吏曹參判) 겸 동지경연 의금부사(同知經筵義禁府事) 홍문관 제학(弘文館提學) 동지춘추관 성균관사(同知春秋館成均館事) 오위도총부 총관(五衛都摠府摠管)을 증직했다.

1857년 **철종 8년 정사**

「묘갈명(墓碣銘)」이 완성되었다. 성균관(成均館) 좨주(祭酒) 송래희(宋來熙)가 지었다. 「신도비명(神道碑銘)」이 완성되었다. 승지(承旨) 송달수(宋達洙)가 지었다. 『문집』이 완성되었다. 참판(參判) 기정진(奇正鎭)이 서문(序文)을 지었다.

1859년 **철종 10년 기미**

증직을 추가했다. 자헌대부(資憲大夫) 이조판서(吏曹判書) 겸 지경연(知經筵) 의금부사(義禁府事) 홍문관(弘文館) 대제학(大提學) 예문관(藝文館) 대제학(大提學) 지춘추관(知春秋館) 성균관사(成均館事) 오위도총부(五衛都摠府) 도총관(都摠管)을 증직했다.

1863년 **철종 14년 계해**

시장(諡狀)이 완성되었다. 판돈녕부사(判敦寧府事) 김병국(金炳國)이 지었다. 그 이전 기미에 영의정(領議政) 정원용(鄭元容)이 "온릉(溫陵)이 부활된 해의 갑자(甲子)를 다시 당하여 증직을 더할 것을 아뢰었으므로 참판(參判) 유옥에게 대총재(大冢宰)와 양관(兩館)의 대제학(大提學)을 증직하였고, 특별히 증직을 더했으니 시호를 내림을 허락하여야 한다."고 하였다. 임금이 기뻐하며 "증직이 여기에 이르렀으므로 시호를 내릴 것을 허락한다."고 하였다. 11월에 '정간공(靖簡公)'이라고 시호를 하사했는데 관락령종(寬樂令終)의 정(靖)이요 정직무사(正直無邪)의 간(簡)이다.

1867년 **고종 4년 정묘**

시호를 공포했다. 예조정랑(禮曹正郞) 박기종(朴基宗)이 시호를 내린다는 교지를 전달했다. 10월에 비로소 신도비(神道碑)를 세웠다. 3월에 17대 주손(胄孫) 경중(慶重)이 중종대왕실록에서 선생과 관련된 사실을 뽑아서 책 한 권을 만들었다. 4월에 묘갈추기(墓碣追記)

가 완성되었다. 전비서원(前秘書院) 승지(承旨) 김영한(金甯漢)이 지었다. 곧 신도비 추기(神道碑追記)가 완성되었다. 전동지돈녕원사(前同知敦寧院事) 영가(永嘉) 김용진(金容鎭)이 지었다. 『실기보유(實記補遺)』 발문이 완성되었다. 동래(東萊) 정인보(鄭寅普)가 지었다.

학포 양팽손 學圃 梁彭孫

학포(學圃) 양팽손(梁彭孫 1488~1545)은 자가 대춘(大春) 호는 학포 이름은 팽손 본관은 제주이다. 고조는 제(悌)인데 판서운관사(判書雲觀事)를 지냈고, 증조 사위(思渭)는 직장동정(直長同正)을 지냈으며, 조부 담(湛)은 사복시정(司僕侍正)에 추증되었다. 아버지 이하(以河)는 3형제 중의 장남으로 승정원(承政院) 좌승지(左承旨)에 증직되었다. 어머니는 충좌위(忠佐衛) 사직(司直)을 역임한 해주 최씨(海州崔氏) 혼(渾)의 딸이다. 선생은 두 아들 중 장남이다.

1488년 성종 19 무진

9월 19일 능성현(綾城縣: 지금의 능주)의 쌍봉리(雙峯里 혹은 광주 이장(泥場)이라고도 한다)에서 태어났다.

1492년 성종 23년 임자 5세

뭇 아이들과 함께 길가에 나와 노는데 갑자기 천둥이 치고 비가 많이 내렸다. 다른 아이들은 모두 놀라 흩어졌지만 선생은 홀로 침착한 모습으로 서두르지 않았다.

1493년 성종 24년 계축 6세

비로소 학문을 시작하였다.

1494년 성종 25년 갑인 7세

백일장에서 으뜸을 차지하였다. 현령이 선생의 언행과 용모가 남다름을 기이하게 여기고 탄복하여 말하기를 "내가 여러 주(州)와 고을을 다녔지만 이처럼 뛰어난 아이는 본 적이 없다"고 하고 관아에 머물면서 독서하기를 권했다. 선생이 말하기를 "관아는 독서하는 곳이 아닙니다"하고 사양하고 나왔다. 같은 해 가을에 방백이 순찰하며 능주에 이르러 소문을 듣고 만나보기를 청하여 '천지일월(天地日月)'을 제목으로 해서 시를 지으라고 하였다. 선생이 응대하여 말하기를 "천지는 나의 도량이요, 일월은 나의 밝음이라"고 하였다. 방백이 크게 칭찬하며 상을 내리고 글을 써서 선생에게 주며 말하기를 "해학(海鶴)의 자태요 추월(秋月)의 정밀함이니 나중에 등용되어 크게 이름을 떨치리라"고 하였다.

1495년 연산군 원년 을묘 8세

집에서 학문을 익혔다. 아버지는 성현의 도를 지키는 산림의 선비로 제자를 가르치고 있었다. 선생은 어려서부터 아버지의 문하에서 경사(經史)를 배워 읽어서 그 대의를 능히 이해하였다.

1499년 연산군 5년 기미 12세

쌍봉사(雙峯寺)에서 독서에 몰두하였다. 이 때 이상한 승려가 쌍봉사에 이르러 미친 듯이 절규하며 여러 승려들을 내몰았는데 선생을 보고는 섬돌 아래에서 절을 하며 "세상에 드문 인물이라"고 하였다.

1501년 연산군 7년 신유 14세

부친을 따라 월곡(月谷)으로 거처를 옮겼다.

1502년 연산군 8년 임술 15세

지지당(知止堂) 송흠(宋欽) 선생이 찾아보고 갔다. 송 선생이 선생의 이름을 듣고 와서 더불어 경사를 논하였다. 찬탄하여 말하기를 "우리나라에 도를 전할 책임이 진실로 이 사람에게 있구나"라고 하였다.

1503년 연산군 9년 계해 16세

지지당 송선생의 문하에 가서 수학하였다. 스승의 문하에 있을 때 주야로 배운 것을 질문하고 물러나서는 나세찬(羅世纘)·송순(宋純) 등과 강론하였다.

1504년 연산군 10년 갑자 17세

금산 김씨(錦山金氏) 섬(銛)의 딸과 결혼하였다.

1506년 중종 원년 병인 19세

아들 응기(應箕)가 태어났다. 용인(龍仁)에 있는 정암 조광조 선생을 방문하였다. 선생이 개연히 구도의 뜻을 두고 의리를 궁구하고 연마하여 존심(存心)공부에 열중하였는데 진척이 없음을 안타깝게 생각하고 마침내 정암 선생을 예방하였다. 더불어 경전의 뜻을 강구하고 사물에 대하여 토론하였다. 정암은 선생의 학식과 재능을 매우 칭찬하여 세상에서 필요로 하는 큰 그릇이 되리라고 하였다.

1510년 중종 5년 경오 23세

뒷날 정씨 부인이 된 딸이 태어났다. 봄에 생원시에 일등으로 급제하여 성균관에서 생활하였다. 이때에 정암은 진사들의 수장이었는데 선생과 서로 교유하여 강론하고 질의하며 헛되게 시간을 보내는 일이 없었다. 정암이 일찍이 말하기를 "나는 양팽손과 동년배로 지내는데 그는 난초와 같은 향기가 풍기는 사람이다"라 하였다. 또 선생의 기상을 말하기를 "맑게 개인 후의 가을 하늘이요, 잔 구름이 처음 일어나는 형상이요, 명월이 밝고 밝아서 인욕이 모두 사라지고 깨끗하다"고 하였다.

1511년 중종 6년 신미 24세

정월에 부친상을 당하였다. 3월에 현의 북쪽 호동(虎東)의 뒷산 언덕에 장사지냈다.

1513년 중종 8년 계유 26세

4월에 상을 마쳤다.

1514년 중종 9년 갑술 27세

또 딸이 태어났다.

1516년 중종 11년 병자 29세

봄에 문과에 급제하였다. 홍문관(弘文館) 정자(正字)를 제수하였다. 장흥고(長興庫) 직장(直長)을 배수하였다. 일찍이 서빙고에서 얼음을 보관하는 일을 감독하였는데 의정부의 뜻에 거슬려서 사인들이 곤란에 처하게 되었다. 선생이 갓을 벗어 던지며 말하기를 "내가 이 직책 때문에 욕될까 보냐!"라고 하고 앙연히 나오니 당시 사람들이 그 기개를 우러르지 않음이 없었다. 한성참군(漢城參軍)을 제수하였다. 봉상시(奉常寺) 주부(主簿)를 배수하였다.

1517년 중종 12년 정축 30세

성균관(成均館) 전적(典籍)을 배수하였다. 얼마 되지 않아 공조 좌랑(工曹佐郎)으로 옮겼다. 다시 형조 좌랑(刑曹佐郎)을 배수하였다. 11월에 사간원(司諫院) 정언(正言)을 배수하였는데 조금 지나서 언관의 사건으로 체직(遞職)되었다. 대간들이 이행(李荇)을 망국소인으로 몰아냈다가 이성언(李誠彦)의 상소로 다시 기용한 일이 있었다. 선생이 이 때문에 이성언과 대간들을 꾸짖는 상소를 올렸다가 마침내 체직된 것이다. 윤달 12월에 다시 정언(正言)을 배수하였다.

1518년 중종 13년 무인 31세

2월에 경연에 입시하여 『대학연의(大學衍義)』를 강론하였다. 3월에 장계를 올려 대간들을 너그럽게 용납할 것을 청하였다. 조강(朝講)에 나아가 재상의 실책을 논하였다. 선생이 말하기를 "군자와 소인은 마치 물과 불, 얼음과 숯이 서로 용납하지 못하는 것처럼 어울릴 수 없는 것인데 사람들이 모두 혐의를 두기에 힘쓴다. 먼저 몸을 돌아보고 국사를 뒤로 하는 까닭에 국가의 형세가 위험해지는 것이다. 백관이 모두 그렇게 여긴다면 나라가 어찌 다스려지지 않겠는가? 오늘날에는 그렇지 않으니 만약에 다른 사람이 말하는 것이 핍박하는 것 같으면 중상하여 제거하고자 하니 이 때문에 조정의 신하들이 일상적인 행동을 주선하여 보살펴 보지만 일처리가 어긋나는 것이다"고 하였다. 4월에 종묘에서 하향(夏享)을 모시려던 때에 일어난 변고에 대해서 계를 올려 논하였다. 종묘의 제향 때 희생이 될 소가 죽는 일이 생겼다. 선생이 대사간(大司諫) 김양진(金楊震) 등과 함께 계를 올려 먼저 스스로의 행실을 반성한 연후에 대제를 지낼 것을 청하였다.

9월에 차자를 올려 소격서(昭格署)를 파할 것을 청하고 대간의 잘못을 들어 체직시킬 것을 논하였다. 이보다 앞서 소격서와 관련된 일은 3공과 6경 그리고 시종들이 수차에 걸쳐 계를 올렸으나 허락하지 않았다. 이에 이르러 선생과 육조의 정·좌랑인 김구(金絿)·이청(李淸) 등 28인이 차자(箚子)를 올려 소격서를 파하기를 청하고 대간을 체직시킬 것을 논하였다. 휴가를 얻어 호당(湖堂)에서 독서하였다.

1519년 중종 14년 기묘 32세

정월에 아들 응정(應鼎)이 태어났다. 특별히 사간원(司諫院) 정언(正言)을 제수하였다. 2월에 조강에서 익명의 글을 논하였다. 지나해 8월 21일 저녁, 편지가 달린 화살이 의정부(議政府)와 사간원(司諫院)의 문에 날아들었다. 그 내용은 "김정(金淨)·조광조(趙光祖)·이자(李耔)·한충(韓忠)·김안국(金安國)·권발(權撥)·유인숙(柳仁淑)·신광한(申光漢)·공서린(孔瑞麟)·문근(文瑾)·김구(金絿)·윤자임(尹自任)·정응(鄭膺)·최산두(崔山斗)·이청(李淸)·이약빙(李若氷)·유용근(柳庸謹)·기준(奇遵)·장왕(張王)·김식(金湜)·박훈(朴薰)·박세희(朴世熹)·이희민(李希閔)·양팽손(梁彭孫) 등이 조정을 어지럽히고 장차 사직을 위태롭게 해서 군주는 간신들에 의해 어두워지고 있는데 대신들이 어찌 묵묵히 앉아있기만 하느냐"는 것이었다. 그 때 의정부와 사간원에서는 이것을 무시하였는데 금년 2월 11일에 또 다시 날아든 것이다.

3월에 조강에서 여색과 음악을 물리칠 것을 청하였다. 선생이 정암과 함께 여색과 음악을 물리칠 것을 힘써 극간하였지만 중종은 궁중에서 경사가 있을 때 쓰이는 의식이라며 받아들이기가 어렵다고 했다. 양사(兩司)와 함께 사직하였다. 사헌부(司憲府) 지평(持平)을 배수하였다. 4월, 종계변무(宗系辨誣)에 대한 주청의 의논에 참가하였다. 앞서 『대명회전』에 실려 있는 종계의 무고에 대한 일을 변명하기 위하여 남곤(南袞)·이자(李耔) 등을 보내어 변론하였다. 예부에서 본말을 아뢰자 칙서로 허락하였다. 그러나 개정한 것이 의심스러웠기 때문에 다시 당부(當否)를 주청하여 의논한 것이다.

현량과(賢良科)를 실시하였다. 조정에서는 무인년 겨울 이래로 현량과를 실시하여 인재를 구하고자 하였으나 임금의 뜻이 아직 미정이었다. 조광조가 말하기를 "임금의 뜻이 백성을 다스림에 있는 것이 오래인데도 오히려 이루어진 공효가 없는 것은 인재를 얻지 못한 때문입니다. 만약에 이 법을 시행한다면 인재를 얻을 수 있을 것입니다."라고 하였다. 이에 의정부와 예조에 보내어 절목을 완성하고 중종이 친히 김식 등 28인을 골랐는데 선생도 포함되었다. 이조 정랑(吏曹正郎)을 배수하였다. 홍문관(弘文館) 교리(校理)를 배수하고 다시 홍문관(弘文館) 수찬(修撰)으로 옮겼다.

경연에서 강론하였다. 선생은 대각(臺閣)에 있을 때부터 매번 경연에 들어가 강론하였는데, 지금에 이르러 정광필의 천거에 따라서 기준·박세희·최산두 등과 함께 강관이 되었다. 세상에서는 이를 사학사(四學士)라 불렀다. 나아가 강론할 때는 언제나 의복을 단정하게 하고 용모를 엄숙하게 하며 마음을 감동시켜 마르게 하기만을 바랐다.

10월에 정국공신의 공훈을 삭제할 것을 요청하였다. 앞서서 선생이 정암과 정국공신의 일을 논하여 말하기를 "성희안(成希顔)·박원종(朴元宗) 등은 비록 큰 공이 있지만 모두 학식이 없다. 성희안과 유자광(柳子光)은 서로 아는 까닭에 아무런 공로가 없는데도 공훈을 기록하였으니 이것은 작은 일이 아니다"하고, 선생은 부제학(副提學) 김구·응교(應敎) 기준(奇遵)·수찬(修撰) 심달원(沈達源) 등과 함께 차자를 올려 극론하였다. 정암 역시 연달아 아뢰고 힘써 간쟁하니 임금이 허락하였다. 11월에 여러 현신을 구하는 소를 올렸다. 이때 조광조를 위시한 여러 현신들이 조정에 있으면서 요순의 시대를 실현하려는 이상을 펴고자 하였으나 남곤·심정·홍경주(洪景舟) 등의 구신(舊臣)들에 의해 붕당을 만들어 조정을 농단한다는 배척을 받았다. 중종은 이때에 유신들에게 점점 염증을 느끼고 있었으므로 이에 편승하여 11월 15일 저녁에 공서린을 위시한 여러 사람이 의금부에 체포되는 것을 시작으로 사화가 일어났다. 중종이 마침내 조광조·김정·김식·김구 등을 곤장 일백에 처하고 원방에 안치하라는 명을 내렸다. 선생은 전한(典翰) 정응(鄭膺)과 관료를 인솔하고 상소하였다.

12월에 삭탈관직을 당하였다. 대사헌(大司憲) 이항(李沆)·대사간(大司諫) 이빈(李蘋) 등이 안당·최숙생·이자·신광한 그리고 선생 등 23인의 이름을 나열하여 아뢰기를 "이들은 모두 박세희의 무리들이며 조광조와 더불어 붕당을 지은 자들이니 청컨대 같은 죄를 물으셔야 합니다"라 하고, 또 말하기를 "이들의 죄를 묻지 않는다면 후일에 반드시 큰 일이 있을 것입니다"라 하였다. 그 후 3일째 되는 날 임금의 전교가 내려 안당과 김안국 그리고 선생 등 13인을 지적하여 올리라 하고, 혹은 원방에 부처하고 혹은 파직하고 혹은 관직을 삭탈하도록 하였는데 선생은 삭탈관직을 당하였다. 파직되어 능성의 옛집으로 돌아왔다. 정암은 능성에 유배되고, 김정은 금산(錦山)에, 기준은 아산(牙山)에, 김식은 선산(善山)에, 김구는 개령(開寧)에, 윤자임은 온양(溫陽)에, 박세희는 상주(尙州)에, 박훈은 성주(星州)에 유배되고 나머지는 모두 곤장을 맞았다. 흉당이 다시 계를 올려 선생과 이자를 나치(拿致)하기를 청하였는데 영상이 힘써 신원하였다. 이때 파직되어 능성의 옛집에 돌아 와서 마침내 정암과 더불어 밤낮으로 서로 따르면 친하게 지냈다. 정암이 말하기를 "우리들의 이러한 화는 진실로 시운에 매인 것이요 나에게는 단지 죽음이 있을 뿐이요"라고 하였다. 오래지 않아 이항·이빈 등이 함께 계를 올려 벌을 더하기를 청하였으며 또 현량과를 없애버렸다. 선생과 정암은 매일 곤궁에 처해서도 교류와 면려를 잃지 않았다.

정암이 사사(賜死)되었다. 정암은 사사의 명이 도착하자 선생과 손을 마주잡고 서로 바라볼 뿐 다른 말이 없었다. 다만 "각자 우리의 임금에게 신하로서의 의무를 다할 따름이다"말할 뿐이었다. 이날 바람과 눈이 심해서 사람들이 그 추위를 견디지 못했다. 선생은 홀로 유배된 오두막의 바깥에서 종일토록 통곡하였다. 몸이 스스로 위태로워지도록 슬픔을 다하였다. 선생과 김구·윤자임은 모두 나이가 같고 뜻이 통하며 도가 합하였다. 계합됨이 더욱 독실하여 이때에 '삼무신(三戊申)'이라 칭하였다. 정암이 사사되자 김구에게 편지를 보내어 마음으로 상복을 입는 절목에 관하여 논하였다.

1520년 중종 15년 경신 33세

서자 지둔(知遯)이 태어났다. 봄에 정암 선생의 시신을 용인에 보내어 장례 지냈다. 이 때 선생은 근심과 분개함이 너무 지나쳐 병을 얻었으므로 장례에는 나가지 못했다. 여름에 정암 선생의 사당을 건축하였다. 선생이 매양 정암 선생의 일에 이야기가 미치면 흐르는 눈물을 가누지 못했는데 이에 이르러 사우를 쌍봉의 조산(條山) 아래에 건립하고 문인과 자제로 하여금 춘추로 배향하게 하였다. 11월에 논척을 당하였다. 임금이 조강에 참석했는데 승지 한승정(韓承貞)이 선생을 무고하여 말하기를 "모인(某人)이 미관으로 귀향해 있는데도 도내의 관료들이 우러러 받들기에 분주하다 하니 폐해가 이루 말할 수 없습니다"라 했다.

1521년 중종 16년 신사 34세

아들 응필(應畢)이 태어났다. '학포당(學圃堂)'이 완성되었다. 이 해에 송사련(宋祀連)이 무고하여 옥사가 일어나 기묘사화와 관련된 여러 현신들의 화를 헤아릴 수 없었다.

1522년 중종 17년 임오 35세

김구에게 남해의 유배소로 시를 보냈다. 신잠(申潛)을 장흥의 유배지로 방문하였다. 신공은 한림(翰林)으로 곤장을 맞고 장흥으로 유배되었는데, 선생이 가서 만나고 수일 동안 머물렀다.

1523년 중종 18년 계미 36세

아들 응덕(應德)이 태어났다. 남해로 김구를 방문했다. 최산두가 내방하였다. 이자가 죽었다. 윤구(尹衢)가 내방하였다.

1525년 중종 20년 을유 38세

서자 지명(知命)이 태어났다.

1528년 중종 23년 무자 41세

11월 어머니 최씨의 상을 당했다. 어머니는 사직(司直) 혼(渾)의 따님이다.

1529년 중종 24년 기축 42세

정월에 어머니를 아버지의 묘에 부장했다. 백인걸(白仁傑)이 내방하였다.

1530년 중종 25년 경신 43세

2월에 복을 벗었다.

1531년 중종 26년 신묘 44세

봄에 남원으로 안처순(安處順)을 방문하였다.

1533년 중종 28년 계사 46세

봄에 임금의 은전을 입었다. 심정(沈貞)·이항(李沆)·김극핍(金克愊) 세 사람의 간신이 죽은 뒤에 수찬(修撰) 구수담(具壽聃)·이준경(李浚慶) 등이 입대(入對)하여 기묘의 당인들이 무죄인데도 오래도록 버려져 있음을 극론하여 구하고자 하였다. 임금이 비로소 잘못을 깨달아 유배를 풀고 선생을 신원하였다.

1534년 중종 29년 갑오 47세

신잠이 내방하였다. 부인 김씨의 상을 당했다. 현의 남쪽 쌍봉의 조산(條山)의 손좌원(巽坐原)에 장례 지냈다. 김구의 부음이 전해졌다. 제문을 짓고 곡하였다.

1535년 중종 30년 을미 48세

사제당(思齋堂) 안공이 죽었다. 안공은 세속의 영달을 단념하고 순강(鶉江) 위에 정자를 짓고 살면서 '영사(永思)'라 하였다. 이미 세상을 떠나자 선생은 시를 지어 슬퍼하였다.

1536년 중종 31년 병신 49세

청주 한씨(韓氏)를 부인으로 맞이하였다. 학생 효공(孝恭)의 따님이다. 최산두가 죽었다. 선생과 최공은 경연의 옛 동료였다. 언제나 함께 시강을 하였는데 기묘사화 때 함께 배척되었다. 선생은 그의 죽음을 애통해 하였다.

1538년 중종 33년 무술 51세

2월에 관작이 회복되었다. 경연 뇌사(經筵雷肆)의 명이 있었으나 나가지 않았다. 아들 응국(應國)이 태어났다. 정광필이 죽었다. 정광필의 부음이 전해지자 선생은 실성하여 통곡하였다. "우리들의 화를 당하던 날에 정공이 구해주려고 힘쓰지 않았다면 정암과 충암 등 제공은 반드시 장형을 당하여 죽음을 면하지 못했을 것이요, 나도 역시 어떻게 되었을지 알 수 없었다"라 말하고 오래도록 애통해 하였다.

8월에 사헌부에서 계를 올려 배척하였다. 선생이 자주 임금의 은혜를 입었는데도 산림의 처사로 자처하고 소명에 나아가지 않았다 이로 인해 조정의 의론에 어긋나게 되어 권신과 간신들이 사헌부에 계를 올려 말하기를 "예조 정랑(禮曹正郎) 양팽손은 거스르는 일이 많으니 파직하기를 청한다"하였다.

1539년 중종 34년 기해 52세

낙안(樂安) 백현(柏峴)에 집을 지었다. 선생이 땅을 골라 집을 지은 것이었다.

1540년 중종 35년 경자 53세

아들 응태와 응정이 함께 사마시(司馬試)에 급제하였다.

1541년 중종 36년 신축 54세

정월에 사헌부에 의해서 배척당했다. 사헌부의 계에서 말하기를 "영덕현령(盈德縣令) 양팽손은 지방 수령으로는 불가하니 파직을 청한다"고 하였으나 윤허하지 않았다.

1543년 중종 38년 계묘 56세

김안국이 죽었다. 아들 응태가 문과(文科)에 급제하였다.

1544년 중종 39년 갑진 57세

용담현령(龍潭縣令)을 제수하였다. 선생이 근심하며 말하기를 "나는 일찍이 경연관의 명이 있었는데도 나가지 않았다. 이제 명을 받드는 것이 가능하겠는가? 그러나 군주의 명을 누차에 걸쳐 욕되게 하는 것이 불가하다. 또 지위가 높으면 책임이 중하고 지위가 낮으면 책임이 가볍다"하고 마지못해 부임하였다가 오래지 않아 병을 핑계로 벼슬을 버리고 돌아왔다. 「오류선생찬(五柳先生贊)」을 저술하였다. 11월에 중종이 승하하였다.

1545년 인종 원년 을사 58세

7월에 인종이 승하하였다.

8월 18일에 학포당(學圃堂)에서 세상을 떠났다. 선생은 왕실이 어려움에 임하여 두명의 군주가 연이어 승하하자 눈물을 흘리며 음식을 폐하다가 곧 병을 얻었다. 18일 아침이 되자 일찍이 일어나 세수하고 다시 새 옷을 입고 갑자기 누워 세상을 떠났는데 마치 침상에서 잠자는 것 같았다. 10월에 쌍봉산의 언덕에 장례 지냈다. 김부인과 함께 묻혔다.

1578년 선조 11년 무인

아들 응정이 벼슬이 높아졌기 때문에 가선대부 이조참판(嘉善大夫吏曹參判) 겸 홍문관제학(弘文館提學) 예문관제학(藝文館提學) 동지경연(同知經筵) 의금부 춘추관 성균관사(義禁府春秋館成均館事)를 증직하였다.

1579년 선조 12년 기묘

부인 한씨가 죽었다. 선생의 묘 좌측에 장례 지냈다.

1630년 인조 8년 경오

죽수서원(竹樹書院)에 추향되었다. 앞서 선생이 정암 선생을 위하여 사당을 건립하였는데, 1570년에 사림들이 현의 동쪽 연주산(聯珠山) 아래 천일대(天日臺) 위에 옮겨지었다. 죽수서원에 사액이 내리자 사림들이 조정에 청하여 선생을 함께 배향하였다.

1680년 숙종 6년 경신

「가장(家狀)」이 완성되었다. 현손인 참봉(參奉) 세남(世南)이 지었다.

1775년 영조 51년 을미

호남의 유생인 남언극(南彦極) 등이 상소하여 시전(諡典)을 청하였다.

1785년 정조 9년 을사

신도비(神道碑)가 완성되었다. 홍양호(洪良浩)가 지었다.

1808년 순조 8년 무진

호남의 유생인 송규(宋鍷) 등이 상소하여 시호를 청하였다.

1821년 순조 21년 신사

순천(順天)의 벼슬아치들이 용강(龍岡)에 사우를 건립하였다. 증손인 부사(府使) 신용(信容)을 배향하였다.

1842년 헌종 8년 임인

3월에 호남 유생인 기상풍(奇象豊) 등이 상소하여 증직할 것을 청하였다. 5월에 자헌대부 이조판서(資憲大夫吏曹判書) 겸 지경연 의금부사(知經筵義禁府事) 홍문관대제학(弘文館大提學) 예문관대제학(藝文館大提學) 춘추관 성균관사(春秋館成均館事) 오위도총부도총관(五衛都摠府都摠管)을 증직했다.

1844년 헌종 10년 갑진

7월에 호남 유생 유치영(柳致榮) 등이 상소하여 시호를 청하였다.

1846년 헌종 12년 병오

시장(諡狀)이 완성되다. 정원용(鄭元容)이 지었다.

1863년 철종 14년 계해

혜강(惠康)이란 시호를 내렸다. 베풀기를 권하고 사사로움이 없음을 혜(惠), 깊은 근원이 두루 통함을 강(康)이라 한다.

1897년 고종 34년(광무 1년) 정유

신도비(神道碑)가 완성되었다. 송병선(宋秉璿)이 지었다. 예전의 비문에는 증직과 시호가 없었기 때문에 다시 지은 것이다.

1902년 고종 39년(광무 6년) 임인

학포당(學圃堂) 유지비(遺址碑)가 완성되었다. 최익현(崔益鉉)이 지었다.

1912년 임자

묘표(墓表)가 완성되었다. 조종필(趙鐘弼)이 지었다. 용강사(龍岡祠) 유허비(遺墟碑)가 완성되었다. 기우만(奇宇萬)이 지었다.

1913년 계축

묘지명(墓誌銘)이 완성되었다. 기우만(奇宇萬)이 지었다.

1914년 갑인

『문집』이 완성되었다. 이보다 앞서 활자본으로 월곡(月谷)에서 간행되었으나 이때에 쌍봉(雙峰)에서 인쇄하였다.

1922년 임술

학포당(學圃堂)이 중건되었다.

1940년 경진

『문집』이 중간되었다. 선생이 조정에 들어갔을 때의 사적들이 비로소 『조선왕조실록』에 많이 나타났기 때문에 채집해서 분류하고 이를 추가하여 중간하였다.

면앙정 송순　俛仰亭 宋純

면앙정 송순(宋純 1493~1583)은 자가 수초(守初) 또는 성지(誠之) 호는 기촌(企村) 또는 면앙정(俛仰亭) 이름은 순 관향은 신평(新平)이다. 고려의 서운관정(書雲觀正) 구진(丘進)이 비조(鼻祖)이다. 고조 노송당(老松堂) 희경(希璟)은 문과로 통훈대부에 오르고 판사 재감사(宰監事)를 지냈다. 증조는 수지(壽之)인데 효력부위(效力副尉) 우군(右軍) 사용(司勇)으로서 통정대부 병조참의를 증직 받았으며, 할아버지는 복천(福川)인데 분순부위(奮順副尉)로서 가선대부(嘉善大夫) 병조참판(兵曹參判) 겸 동지 의금부사(同知義禁府事)를 증직받았다. 아버지는 태(泰)인데 학생으로서 자헌대부(資憲大夫) 이조판서(吏曹判書) 겸 지의금부사(知義禁府事)를 증직 받았다. 어머니는 순창 조씨(淳昌趙氏) 사과(司果) 시옹(時雍)의 딸이다.

1493년　성종 24년　계축

전라도 담양 남쪽 기곡면(錡谷面: 속칭 호두모 골짜기) 상덕리(上德里)에서 출생하였다. 이듬해에 성종이 승하하고 연산군이 등극하였다.

1495년　연산군 1년　을묘 3세

영리하고 책읽기를 좋아하였다. 재예(才藝)에도 능했다. 부친이 일찍 아버지를 여의고 가난하여 입신양명을 바랬는데 선생은 그 뜻을 따랐다.

1513년　중종 8년　계유 21세

진사시험에 합격하였다. 이때 눌재 박상(朴祥)이 담양부사로 와 있었기 때문에 정만종(鄭萬鍾)과 함께 글을 배웠다. 또 박 선생은 성격이 엄숙하였으며 선생을 칭찬하였기 때문에 오래지 않아서 문명

(文名)을 떨치게 되었다. 선생은 나중에 이때 일생의 나아갈 바를 알게 되었다고 하였으며, 또한 눌재의 동생 박우(朴祐: 호는 육봉(六峰)이며 박순의 아버지)에게도 학문을 닦았다.

1516년 중종 11년 병자 24세

이때 태학에 유학했는데 학문으로 이름이 있었고, 3월에 장경왕후(章敬王后: 중종의 비)가 승하하니 인종이 즉위한 지 겨우 두 달이었다.

1518년 중종 13년 무인 26세

교리(校理) 취은(醉隱) 송세림(宋世琳)이 능주현감으로 왔는데 평소에 가르침을 게을리 하지 않는 사람이라, 선생을 보고 칭찬하고 선생 또한 따랐다.

1519년 중종 14년 을묘 27세

10월에 별시(別試) 을과(乙科)에 장원을 하였다. 시험관은 안당·조광조·김구·김식 등이었는데 선생을 얻고는 "김일손 이후로 이런 문장은 처음이라"고 칭찬하였다. 조광조 선생이 특히 가까이 하였는데 근친하고 올라오니 곧 기묘사화가 일어나게 되었다. 이해 겨울에 승문원(承文院) 권지부정자(權知副正字)에 예속되었다. 사화 이후에 뜻이 없었으나 부모님을 위해 나아간 것이다.

1520년 중종 15년 경진 28세

승문원에서 면신례(免新禮)가 끝나기 전에 예문관에 천입(遷入)되고 고향에 돌아갔다. 가을에 광주 무등산에 오르고 사화에 화를 입은 박상 선생을 위한 시를 썼다. 겨울에 예문관 검열 겸 춘추관 기사관을 제수하였다. 벼슬길에 나아가 기묘사화의 사실을 상고하였다가 눈물을 흘렸다. 홍문관에 들고 정자(正字)를 받았다. 사가독서(賜暇讀書)하였다.

1521년 중종 16년 신사 29세

봄에 예문관에 있었다. 임금이 승정원 예문관 시강원에 시를 지으라고 명하였는데, 시의 제목은 '남관백설(藍關白雪)', '석문청송(石門

靑松)', '동정황감(洞庭黃柑)' 세 가지였다. 이에 선생이 일등하고 상을 받았다. 기묘사화에 선비들이 배척을 당하여 죽은 사실을 애도하고 시를 쓴 일이 있었는데 이를 중상하는 사람이 있었으나 동료가 말려 무사하였다.

1522년 중종 17년 임오 30세

승정원 주서가 되었다. 이전에 중국사신이 왔을 때 사신을 환영하는 시를 지어 바치도록 하여 선생이 시를 지었다. 이번에 임금의 명으로 시를 잘 짓는 사람 15명을 선발하여 화시(和詩)를 짓도록 하였다. 이 해 봄에 파직하고 남쪽으로 돌아갔다. 본도(本道) 관찰사 신상(申鏛)이 도회 유생들에게 시험을 보였는데 선생이 영광 불갑산에 가서 현감 나안세(羅安世)·광주 교수 형사보(邢士保)와 함께 시관이 되었다. 7월에 정만종(鄭萬鍾)·윤순(尹淳)과 함께 용천사 폭포에 유람 갔다.

1523년 중종 18년 계미 31세

예문관 봉교가 되었다. 8월에 부친상을 당하고 11월에 무량산 북편에 장사지냈다.

1524년 중종 19년 갑신 32세

이 해 가을 금산에서 돌을 가져다가 아버지 묘에 비(碑)를 세웠다. 면앙정(俛仰亭)지을 터를 사들였다. 기촌의 북쪽이니 상덕리 북쪽으로 2, 3리이다.

1525년 중종 20년 을유 33세

상복을 벗고 임붕(林鵬)과 함께 회진에서 뱃놀이하였다. 세자시강원 설서(設書)를 제수하였다.

1526년 중종 21년 병술 34세

홍문관 수찬(弘文館修撰) 지제교(知製敎) 겸 경연 검토관(經筵檢討官)이 되었다. 사간원 정언(司諫院正言)으로 옮겼다가 병조좌랑(兵曹佐郎) 홍문관 수찬(弘文館修撰)이 되었다. 모두 요직이었다.

1527년 중종 22년 정해 35세

고향에 돌아왔다. 가을에 사간원 정언(司諫院正言)을 제수 하였다. 이 때 정시(庭試)에서 문신(文臣)들에게 도원팔경(桃源八景) 칠율시(七律詩)를 짓도록 했는데 선생이 일등을 하였다.

1528년 중종 23년 무자 36세

홍문관 교리(弘文館校理)를 제수하였다. 이 때 장인 설남중(薛南仲)이 청홍도(清洪道) 병마우후(兵馬虞候)였는데 그곳을 찾아가서 청허당(清虛堂)에서 잔치를 받았다.

1529년 중종 24년 기축 37세

이 때 삼종숙(三從叔) 지지당 송흠(宋欽)이 본부(本府)에 있었는데 선생이 일찍이 양팽손(梁彭孫)의 문하에서 놀았기 때문에 매우 가까이 지냈다.

1530년 중종 25년 경인 38세

그 때 김안로를 방환하여 서용하자는 논의가 있었으나 선생은 이를 극력 반대하였다. 그전에 궁중에서 '작서(灼鼠)의 변'이 있었는데 복성군(福城君) 미(嵋)의 어머니 박씨의 소행이었다. 김안로가 여기에 연루되었던 것이다. 경상도 어사로 파견되었다. 돌아와 봉상시 첨정(奉嘗寺僉正)이 되었다. 의정부 검상(議政府檢詳)겸 세자 시강원(世子侍講院) 문학(文學)이 되었다. 이 때 정광필(鄭光弼)이 영의정이었는데 언제나 선생을 존경하였다. 눌재 박상(朴祥)을 곡하였다.

1531년 중종 26년 신묘 39세

동궁에 또 '작서(灼鼠)의 사건'과 같은 이상한 말이 떠돌자 양사(兩司)에서 박씨 모자를 죽이기를 청했으나 선생은 불가함을 말했다. 결국 옥사가 일어나니 인심이 흉흉했다.

1532년 중종 27년 임진 40세

아들 해청(海淸)이 출생하였다.

1533년 중종 28년 계사 41세

김안로가 이미 실권을 잡고 심정(沈貞)·장순손(張順孫)·한효원(韓效

元)·김근사(金謹思) 등이 또한 제상의 자리에 오르니 모두 김안로의 일당이었다. 선생은 이들과 뜻이 맞지 않아서 고향에 면앙정을 지었는데 '면앙(俛仰)'은 우주(宇宙)의 뜻이 있었다.

1534년 중종 29년 갑오 42세

김안로가 제상이 되어서 정광필을 미워하기 시작했다. 세 사람을 지목했는데, 정광필이 첫째요, 선생이 두 번째였다. 정광필은 귀양가고 선생도 파귀(罷歸)하였다.

1536년 중종 31년 병신 44세

임금이 문신들에게 중시(重試)를 보였는데 검열(檢閱)인 송재(松齋) 나세찬(羅世纘)이 대책(對策)에서 조정의 불화를 극렬하게 논하였다. 이에 김안로가 노하여 하옥시키고 문초하였다. 최산두(崔山斗)가 세상을 떠났다.

1537년 중종 32년 정유 45세

김안로의 권세가 날로 성하자 안로를 죽였다. 선생이 홍문관 부응교가 되었다. 홍언필(洪彦弼)·김극성(金克成)이 돌아오고 김안국(金安國)도 돌아왔다.

1538년 중종 33년 무술 46세

사헌부 집의(司憲府執義)로 승진되었다. 홍문관 직제학(弘文館直提學) 지제교(知製敎) 겸 예문관 응교(藝文館應敎)를 지내고 곧 충청도 어사로 나아갔다. 정광필이 죽었다.

1539년 중종 34년 기해 47세

통정대부(通政大夫) 승정원 우부승지(承政院右副承旨) 도승지 지제교(都承旨知製敎) 겸 경연 참찬관(經筵參贊官) 춘추관 수찬관(春秋館修撰官) 예문관 직제학(藝文館直提學) 상서원 원정(尙瑞院院正)에 특진하였다. 4월에 요동도사(遼東都司) 선위사(宣慰使)로 파견되었다.

1540년 중종 35년 경자 48세

가선대부(嘉善大夫) 경상도 관찰사(慶尙道觀察使)가 되어 순수하며 좌병영 남쪽의 대(臺)를 '망선대(望仙臺)'라 하였다.

1541년 중종 36년 신축 49세

내직으로 들어와 동지중추부사(同知中樞府事) 오위도총부 도총관(五衛都摠府都摠管)이 되고 사간원 대사간(司諫院大司諫)이 되었다. 대사간으로 있으면서 양연(梁淵)·황헌(黃憲) 등이 깨끗하지 못해서 선생이 배척했는데 윤허를 얻지 못하였다. 황헌이 이조판서가 되고 친척인 윤원형과 결탁하여 선동하였다. 선생이 대사헌이 되어 황헌을 공격하자 시끄럽게 되었다. 4월에 남쪽으로 돌아가기로 하고 동대분밖 한상에서 선별하였나.

1542년 중종 37년 임인 50세

전라도 관찰사가 되었다. 황헌이 곧 이조판서가 되어 간신들과 함께 선생을 싫어하였지만 선생은 그냥 지냈다. 내종 동생 양산보(梁山甫)가 소쇄원(瀟灑園)을 짓는 일을 도와주었다.

1543년 중종 38년 계묘 51세

질병으로 고향에 돌아왔다. 한성부 우윤(漢城府右尹)을 제수하였다. 어머니의 연세가 많아서 봉양을 위해 광주부윤이 되기를 청하였다.

1544년 중종 39년 갑진 52세

태인군수 신영천(申靈川)·김약회(金若晦) 등과 운주사에 놀러갔다. 11월에 중종이 승하하고 인종이 자리에 올랐다. 기묘사림의 설원에 대한 말이 있었다. 12월에 관아에서 모친상을 당했다.

1545년 인종 원년 을사 53세

모친의 묘소에서 여묘(廬墓)살이를 하였다. 7월에 인종이 승하하고 명종이 임금이 되었다. 문정왕후가 수렴청정을 하게 되자 윤원형(尹元衡)·이기(李芑)·정순붕(鄭順朋)·허자(許磁)·임백령(林百齡) 등이 무고하여 화를 만들었다.

1546년 명종 원년 병오 54세

큰아들 해관(海觀)이 생원 시험에 합격하였다.

1547년 명종 2년 정미 55세

상복을 벗었다. 동지중추부사(同知中樞府事)를 제수하였다. 장례원 판결사(掌隸院判決事)를 제수하였다. 5월에 주문사(奏聞使)로 차출되어 북경에 갔다. 여러 곳의 명승지를 보고 많은 시를 남겼다. 9월에 양재역 벽서사건이 일어나서 많은 선비들이 무고를 당했다.

1548년 명종 3년 무신 56세

2월에 개성유수(開城留守)로 나아갔다. 황헌이 재상이 되었기 때문에 의견이 맞지 않아서였다.

1550년 명종 5년 경술 58세

4월에 대사헌이 되고 이조참판으로 옮겼다. 선생은 일찍이 구수담(具壽聃)과 좋은 사이었는데 구수담이 진복창(陳復昌)을 좋은 사람이라고 말하자 선생이 친구의 의리로 진복창을 매우 꾸짖었다. 진복창은 구수담의 태도가 달라진 것이 선생으로 말미암게 되었음을 알고 이기(李芑)등과 결탁하고 문정왕후에게 말하여 선생과 구수담(具壽聃)·이준경(李浚慶)·이윤경(李潤慶)·허자(許磁) 등 다섯 사람을 무고하였다. 구수담은 사사되고 선생은 충청도 서천(舒川)으로 귀양 갔다가 평안도 순천(順天)으로 옮겼다.

1551년 명종 6년 신해 59세

임금의 은혜를 입어 수원으로 왔다. 양사에서 합하여 계를 올려 이무강(李無疆)·이기(李芑) 등을 탄핵하면서 선생이 무죄임을 강력히 주장했다. 선생은 이에 방환된 것이다.

1552년 명종 7년 임자 60세

선산(善山) 도호부사(都護府使)가 되었다. 토호가 많아 다스리기 어려웠으나 백성들이 크게 감화하고 원근에서 칭송이 일어나자 임금이 표리를 하사했다. 담양부사 오겸(吳謙)과 함께 면앙정에 올랐는데 지붕을 다시 덮도록 권했다. 이 때 면앙정이 이루어진 것이다. 기대승(奇大升)·임제(林悌) 등이 부(賦)를 지었다.

1553년 명종 8년 계축 61세

이기(李芑)·주세붕(周世鵬)이 이해에 죽었다. 부인 설씨(薛氏)의 상을 당했다.

1554년 명종 9년 갑인 62세

거처를 관아로부터 영봉리(迎鳳里)로 옮겼다. 곧 충신 하위지(河緯地)가 살았던 곳이며 박영(朴英)·정붕(鄭朋) 또한 모두 여기 사람이었다. 선생이 돌아올 때 부중(府中)의 백성들이 길을 막고 눈물을 흘렸다. 성문 밖에 송덕비를 세웠는데 목사 송희규(宋希奎)가 썼다.

1555년 명종 10년 을묘 63세

퇴계가 선생을 위하여 면앙정 시 세 수를 지었다.

1556년 명종 11년 병진 64세

선생의 고조인 노송공(老松公)이 쓴 『일본행록(日本行錄)』을 처음에 잃어버렸는데 남원의 노유(老儒) 오상(吳祥)이 발견하고 선생에게 보여주자 그 「서문」을 썼다.

1557년 명종 12년 정사 65세

겨울에 내종 동생 양산보가 죽었다.

1558년 명종 13년 무오 66세

전주부윤을 제수하였다.

1560년 명종 15년 경신 68세

병으로 고향에 돌아왔다. 김인후(金麟厚)가 세상을 떠났고 부모님 묘에 비석을 세웠다. 대제학 홍섬(洪暹)이 짓고 퇴계 이황(李滉)이 글씨를 썼다. 12월에 중국사신이 오는데 대신이 아뢰기를 선생이 시를 잘 짓는다 하여 올라오게 하였다.

1561년 명종 16년 신유 69세

서울에 올라갔으나 사신이 오지 않자 나주목사를 제수하여 돌아왔다.

1564년 명종 19년 임술 72세

성수침(成守琛)이 죽었다.

1565년 명종 20년 을축 73세

문정왕후가 승하하고 윤원형이 귀양 가니 맑은 기운이 있었다.

1568년 선조 1년 무진 76세

한성부 좌윤을 제수하였다. 형조참판이 되었다.

1569년 선조 2년 기사 77세

자헌대부(資憲大夫) 한성부 판윤(漢城府判尹)이 되었다. 의정부 우참찬(議政府右參贊)으로 전직되고 춘추관사(春秋館事)를 겸했다. 선생은 병으로 여러 번 사퇴를 구하고 귀향하고자 하였으나 선조가 허락하지 않았다. 임금이 특히 비망기를 내려서 노재상의 퇴후가 편안하도록 본도(本道)에서 후대하라고 하였다. 선생은 조정에 나아간 지 50년이나 되었다. 그동안 처음에는 김안로 등이 배척했고 나중에는 윤원형·황헌 등이 배척했으며 이기(李芑)·진복창(陳復昌) 등도 배척하였으나 끝내 굽히지 않고 퇴임하였다.

1573년 선조 6년 계유 81세

평소에는 제사와 조상에 대한 예절을 다하고 면앙정에서 애군우국(愛君憂國)의 정성을 다하였다. 선생은 주상가(主上歌)·오륜가(五倫歌)·면앙정가(俛仰亭歌)·장가(長歌)·단가(短歌)·잡가(雜歌)·방언(方言)·속어(俗語) 등을 지어 풍류가 넘쳤으며 농가(農歌)를 있게 한 것은 선생의 공헌이라 하겠다. 또한 이황·기대승 등 명인들과 교유하며 맑은 기상을 일으켰다.

1579년 선조 12년 기묘 87세

면앙정에서 회방연(回榜宴: 과거에 급제한 해가 다시 돌아옴을 축하하는 잔치)을 베풀었다. 임금이 선물을 보냈고 정철·고경명·기대승 등 백여 명의 인사가 모였다.

1582년 선조 15년 임오 90세

갑자기 심기가 불편하더니 곧 운명하였다. 4월 22일 무량산 북쪽 언덕 선영에 장사하였다.

1597년 선조 30년 정유

돌아간 지 16년 만에 정유재란이 일어나서 왜병들이 면앙정을 불태웠다. 이때에 선생의 작품과 남긴 글들이 모두 남김없이 불탔다.

1654년 효종 5년 갑오

선생이 세상을 떠난 지 73년 만에 자손들이 면앙정은 다시 지었으나 『문집』을 간행하지 못하다가 본부(本府) 부사(府使) 김응조(金應祖)가 선생의 외손 이훤집(李萱輯)에게 부탁하여 선생의 남은 글과 선생과 교유가 깊었던 퇴계·하서·제봉 등 여러 사람의 시문에서 선생의 글을 뽑아 책 한권을 만드니 바로 『면앙정 잡가(俛仰亭雜歌)』다.

1704년 숙종 30년 갑신

선생이 돌아간 지 123년 만에 사림들이 목산면에 구산사(龜山祠)를 세우고 선생 등 다섯 사람을 배향하였다.

석천 임억령 石川 林億齡

석천(石川) 임억령(林億齡 1496~1568)은 자는 대춘 호는 석천 이름은 억령 본관은 선산(善山)이다. 선산 임씨는 고려조 때 중랑장을 지낸 양저(良貯)를 시조로 한다. 선생의 선대는 대대로 선산에 거주하였으나 6대조 만(蔓)이 영암(靈岩)으로 옮겼다가 다시 해남(海南)으로 이사하였다. 고조 간(幹)은 동복현감(同福縣監)을 지냈고, 증조 득무(得茂)는 이조참의(吏曹參議)에 증직되었으며, 조부인 수(秀)는 진안현감(鎭安縣監)을 지냈다. 아버지 우형(遇亨)은 이조판서(吏曹判書)에 증직되었으며, 어머니 음성 박씨(陰城朴氏)는 참봉(參奉) 자회(子回)의 딸이다. 5남매 중 셋째로 태어났다.

1496년 연산군 2년 병진

2월 15일 해남(海南) 동문(東門) 외해리(外海里) 집에서 태어났다.

1502년 연산군 8년 임술 7세

숙부 은일공(隱逸公)의 문하에 나아가 학문을 익혔다.

1503년 연산군 9년 계해 8세

시를 지어 산속의 승려에게 주었다.

1506년 중종 원년 병인 11세

이 해에 연산군이 교동(喬桐)에 폐위되어 갇히고 중종이 즉위하였다.

1509년 중종 4년 기사 14세

선생은 일찍이 아버님을 여의고 어머니의 명에 의하여 눌재 박상과 박우의 문하에서 수학하였다. 이해에 『대학』과 『중용』을 읽었는데 문장의 의미에 정통하여 함께 수학하는 아이들이 감복하고 스승인 박상도 찬탄하였다.

1513년 중종 8년 계유 18세

외삼촌 전주 통판(全州通判) 박곤(朴鯤)에게 나아가 수학하였다.

1515년 중종 10년 기해 20세

부인 지례 전씨(智禮錢氏)를 맞이하였다. 감사(監司) 성(晟)의 딸이다.

1516년 중종 11년 병자 21세

봄에 진사 초시(初試)에 합격하였고, 가을에는 진사 회시(會試)에 합격하였다.

1517년 중종 12년 정축 22세

태학에서 김서성(金瑞星)과 함께 공부하였는데, 학문이 크게 진작되었다.

1519년 중종 14년 기묘 24세

남곤(南袞)·심정(沈貞) 두 간신이 고위 간직에 있던 때라 선생은 벼슬에 뜻을 두지 않았다. 태학에서 고향에 돌아오던 때에 「금강루선시(錦江樓船詩)」를 지었다. 눌재 박 선생을 모시고 읍렴당(挹濂堂)에 올라 시를 주고받았다. 이 해에 기묘사화가 일어났다.

1520년 중종 15년 경진 25세

진도에 유람을 갔다가 「벽파정시(碧波亭詩)」와 「영주각시(瀛洲閣詩)」를 지었다.

1521년 중종 16년 신사 26세

조부가 돌아가셨다. 해남 북쪽에 있는 교동(校洞)의 북동쪽 언덕에 장사지내고 상을 치르느라 초막에서 거처하였다.

1523년 중종 18년 계미 28세

상복을 벗고 산을 내려왔다.

1525년 중종 20년 을유 30세

봄에 식년시에서 전책(殿策)으로 등과했다. 선생이 명을 받아 간신들을 꾸짖는 시를 짓고 9월에는 휴가를 얻어 상경하던 때에 박우와 더불어 시를 주고받았다.

1526년　중종 21년　병술 31세

양림산(兩林山) 아래 사직동(社稷洞)에 거처하면서 「청송당기(聽松堂記)」를 지었다. 청송당은 성수침(成守琛: 성혼의 아버지)이 지은 당(堂)이다.

1527년　중종 22년　정해 32세

옥당(玉堂)에 있었다. 6월에 명을 받아 「문선시(聞蟬詩)」를 지었다. 8월에 명을 받아 「중추무월시(中秋無月詩)」를 지었다. 9월에 명을 받아 「명비촌시(明妃村詩)」를 지었다. 가을에 의빈부 경력(儀賓府經歷)에 제수되었지만 휴가를 얻어 고향 집으로 내려왔다.

1528년　중종 23년　무자 33세

봄에 홍문관 부수찬(弘文館副修撰)으로 승진되었다. 춘방계(春坊契)의 모임에서 시를 짓고 시첩(詩帖)을 만들었다. 가을에 의정부 검상사인(議政府檢詳舍人)이 되었다.

1529년　중종 24년　기축 34세

봄에 영광군수에 제수되었다. 3월에 사사로운 여행길에 올랐다가 곧 부임하여 이관(李瓘)과 함께 시를 주고받았다. 4월 11일에 눌재 선생이 하동(荷洞)의 댁에서 세상을 떠나자 선생이 글을 지어 치제하였다. 인순왕후(仁順王后)가 승하하였다. 보현사시(普賢寺詩)를 지었다. 11월에 고향 집으로 돌아왔다.

1531년　중종 26년　신묘 36세

3월에 윤구(尹衢)가 「감춘시(感春詩)」를 보냈다. 4월에 학감(學監) 강흔수(姜欣壽)와 함께 시를 주고받았다. 「영광암천원근시(靈光巖泉園芹詩)」를 지었다. 9월에 고향 집으로 돌아왔다.

1532년　중종 27년　임진 37세

3월에 영광군수에서 해직되고 내직(內職)에 발탁되어 어머님을 뵙고 상경하여 입궐하였다. 사간원(司諫院) 사간(司諫)을 제수받았다.

1533년　중종 28년　계사 38세

봄에 노모를 봉양하기 위하여 동복현감이 되었다(고향집에 이르러 어머님을 뵈었다). 2월에 최산두(崔山斗)와 함께 응취루(凝翠樓)에 올라 점필재의 운을 따서 시를 지었다. 어머니가 병으로 위독하다는 소식을 듣고 약을 지어 달려왔으나 갑자기 해남의 집에서 돌아가셨다. 상을 치루는 의절(儀節)을 모두 『가례』에 의거하여 행하였다. 해남 교동에 있는 부친의 무덤에 함께 장례를 지내되 봉분은 따로 하였다.

1534년 중종 29년 갑오 39세
선생은 초막에서 거처했다. 이해 5월 20일에 명종이 태어났다. 아들 면(沔)이 태어났다.

1535년 중종 30년 미 40세
초막에서 거처했다. 겨울에 상복을 벗었다.

1536년 중종 31년 병신 41세
성균관(成均館) 사성(司成)을 배수하였다. 9월 15일 저녁, 근정전(勤政殿)에서 곽우(廓于)선생과 병조(兵曹)의 정원룡(鄭元龍)·시강원(侍講院)의 임열(任說)·승정원(承政院)의 민중명(閔仲鳴)·예문관(藝文館)의 최양호(崔養浩)·홍문관(弘文館)의 이승효(李承孝) 등 6인과 함께 모여서 시를 주고받았다. 12월 6일 병술일에 원접사(遠接使)의 종사관(從事官)이 되었으나 병이 있어 승정원에 체직되기를 청하였고 박충원(朴忠元)이 대신하였다. 소세양이 원접사가 되고 선생과 홍춘경·조사수가 종사관이 되었다.

1537년 중종 32년 정유 42세
명을 받아 「용산낙모시(龍山落帽詩)」를 지었다. 「탕춘대시(蕩春臺詩)」를 지었다. 창의동(彰義洞)으로 옮겼다. 동지 4, 5인과 함께 한강에 배를 띠우고 유람을 나갔는데 청풍은 천천히 불어오고 물결은 뒤집히는 듯 혹은 그렇지 않은 듯해서 시는 호방하고 흥취가 일어날 만 했다.

1538년 중종 33세 무술 43세
정월 19일에 홍문관(弘文館) 부교리(副校理)에 선임되었고 3월 28일에 홍문관(弘文館) 부교리(副校理)를 배수하였다. 9월에 명을 받아 「종묘사직제문(宗廟社稷祭文)」을 짓고 또 「추림시(秋霖詩)」를 지었다. 박우(朴祐))·엄흔(嚴昕))·권경호(權景祜) 3인과 함께 「북계관추시(北溪觀秋詩)」를 서로 주고받았다.

1539년 6월 27일

사헌부 지평(司憲府持平)이 되었다. 「관어대시(觀魚臺詩)」를 지었다. (관어대는 나주에 있는데 김천일이 지었다) 8월 10일, 사헌부(司憲府) 장령(掌令)에 제수되었다. 9월 4일, 홍문관 부제학(弘文館副提學) 안현(安玹) 등이 차자를 올려 임금이 신하들의 간언을 천리 밖의 외인들이 말하는 것처럼 경솔히 여기고 있음을 책망한 후, 군주가 스스로의 잘못이 없나 돌이켜 뉘우치고 간언을 용납하는데 인색하지 말 것이며, 언로를 확충하고 하늘의 뜻에 감응하는 실질을 극진히 할 것을 논하였다.

1540년 중종 35년 경자 45세

5월 12일, 사간원 사간(司諫院司諫)을 배수하였다. 11월 8일 홍문관 전한(弘文館典翰)을 배수하였다.

1541년 중종 36년 신축 46세

5월 15일에 사헌부 집의(司憲府執義)를 배수하고 9월 10일에 사간원 사간(司諫院司諫)을 배수하였다. 「관이당시(觀頤堂詩)」를 지었다.(관이당은 서울에 있는데 송연이 만들었다) 함경감사 유숙춘(柳叔春)이 사직하기 위하여 조정에 올라왔을 때 이별하는 글을 주었다. 11일, 선생이 대사간 이찬 등과 함께 차자를 올려 군주가 신하의 간언을 가납(嘉納)하지 않은 것이 장차 돌이킬 수 없는 병이 될 수 있으므로 신하들의 간언을 가납하여 몸소 행하고 뭇 신하의 의심을 풀어주어 군주의 덕을 밝히는 데 힘쓸 것을 논하였다. 11월 29일, 홍문관 전한(弘文館典翰)을 배수하였다.

1542년 중종 37년 임인 47세

봄에 선위사(宣慰使)를 배수하여 영남에서 왜사(倭使)를 접대하였다. 4월 24일, 선위사로서 장계를 올렸다. 5월 15일, 한성부 우윤(漢城府右尹)을 배수하였다. 「문귀정시(文龜亭詩)」를 지었다.(이 정자는 문경새재 안에 있다) 최치원이 쓴 시에서 운을 땄다. 「양응정송별시(梁應鼎送別詩)」를 지었다. 「월파정시(月波亭詩)」와 「사문시(沙門詩)」를 지었다. 권철(權轍)과 함께 수각(水閣)에서 시를 주고받았다. 「봉황서루시(鳳凰捿樓詩)」를 지었다. 또 전생서(典牲署)의 계첩을 만들었다. 명을 받아 광성부원군(光成府院君) 김극성(金克成)의 제문을 지었다.

1543년 **중종 38년 계묘 48세**

장자인 찬(澯)이 태어났다.

1544년 **중종 39년 갑진 49세**

6월 26일에 홍문관 응교(弘文館應教)를 배수하였다. 8월 7일에 승정원 동부승지(承政院同副承旨)를 배수하였다. 9월 21일 사간원 대사간(司諫院大司諫)을 배수하였다. 27일 임금의 부르심을 받고 빈청에 나아갔다. 윤임·윤원형을 벌주려는 교지가 내려오자 이를 반대하여 선생이 대사헌(大司憲) 정순붕(鄭順朋)·사간(司諫) 한주(韓澍)·장령(掌令) 정희등(鄭希登)·백인영(白仁英)·헌납(獻納) 성세장(成世章)·정언(正言) 조광옥(趙光玉)·심세림(沈世霖) 등과 함께 계를 올려 조정에서 허론과 사설이 난무하고 있음을 지적하고, 군주는 사설에 현혹되지 말고 공정하고 밝은 도를 지켜야 함을 논했다. 11월 15일 선생이 대사헌(大司憲) 정순붕(鄭順朋)과 빈청에 나아가 홍언필(洪彦弼) 등에게 말하기를 "어제 왕위를 물려주시겠다는 교지에 대하여 대신들이 비록 계를 올리는 것이 불가하다고 하지만 가(可)한지 불가(不可)한 것인지를 지금 다시 분명히 계달해야 할 것인데, 아무 말도 없다는 것은 옳지 않다"고 하였다. 의정부(議政府)·육조(六曹)·양사(兩司)·홍문관(弘文館)과 의론을 같이하여 글로 아뢰었다.

중종이 환경전(歡慶殿) 소침(小寢)에서 승하하였다. 만사와 제문을 지어 곡하였다. 12월 뭇 신하들이 모두 조복을 입고 반열에 나아가 명정전(明政殿)에 도열하였다. 인종이 즉위하는 것을 경하하기 위한 행렬이었다. 저녁나절에 인종이 창경궁 명정전에서 즉위하고 신하들의 하례를 받았다.

1545년 인종 원년 을사 50세

정월 7일, 선생이 사간(司諫) 한주·장령(掌令) 권물(權勿)·지평(持平) 이천계(李天啓)·이담(李湛)·헌납(獻納) 성세장·정언(正言) 조광옥(趙光玉)·김난상(金鸞祥) 등과 함께 명을 받고 들어와서, 대간의 직무는 시비를 규명하는 것이지 조정의 의론에 참석하는 것이 아니므로 대간이 조정의 의론에 참여하지 못하도록 해줄 것을 청하는 장계를 올렸다. 선생이 또한 같은 내용의 장계를 올렸다. 같은 달 10일에 고향으로 돌아왔다. 7월 1일 묘시에 인종이 승하하였다. 만사와 제문을 지어 곡했다. 6일에 명종이 즉위하였다.

11월 7일 선생이 금산군수(錦山郡守)를 제수 받았는데 신병을 이유로 사직을 청하였으나 신병을 조리한 후에 올라오라는 명이 있었다. 「덕조루시(德潮樓詩)」·「사인정시(舍人亭詩)」·「매정시(梅亭詩)」를 지었다. 이해에 사화가 일어났다.

1546년 5월

원종록(原從錄)에 봉해졌으나 선생이 사양하고 받지 않았다. 산골짜기 깊은 곳에서 제문을 지어 불에 던지고 시를 지어 뜻을 나타냈다. 6월 19일 동생 백령(百齡)이 죽었다.

1547년 명종 2년 정미 52세

「경회루시(慶會樓詩)」·「광주동헌시(光州東軒詩)」·「장추대시(藏秋臺詩)」를 지었다. 이 해에 서하당(棲霞堂)을 성산(星山)에 건축하고 「영추범주시(靈湫泛舟詩)」를 지었다. 4월 『눌재유집(訥齋遺集)』을 간행하였다. 윤 9월 28일 박우의 부음을 들었다. 나주 상가에 가서 조문하였다.

1548년 명종 3년 무신 53세

해남·창평·영암을 차례로 왕래하면서 두루 산수를 유람하였는데 시와 문장이 잘 어우러졌다.

1549년 **명종 4년 기유 54세**

3월 9일에 박우를 장례하는 날이었다. 다음 달에 「용추범주구십포교시(龍湫泛舟九十浦橋詩)」를 지었다. 4월에 산수를 두루 유람하고 많은 풍경을 노래하였다.

1550년 **명종 5년 경술 55세**

「이우당시(二友堂詩)」·「요월당시(邀月堂詩)」·「영암동헌시(靈巖東軒詩)」·「대월루시(對月樓詩)」·「죽림정시(竹林亭詩)」를 지었다.

1551년 **명종 6년 신해 56세**

「장춘정시(藏春亭詩)」를 지었다. 장춘정은 이 시가 생기면서부터 소문이 더욱 널리 퍼졌다. 우이정(偶爾亭)이 불탈 때 거기에 걸려있던 현판이 떨어져 물속에 들어갔는데 물이 거꾸로 상류로 흘러 사람들이 몹시 이상하게 여겼다. 6월에 상경하였다. 「정읍군루시(井邑郡樓詩)」와 「금구동헌시(金溝東軒詩)」를 지었다. 7월에 내전에서 빈풍시(豳風詩)를 내려 읽은 후에 연제하도록 승정원에 명을 내렸다. 명을 받들어 『세병연(洗兵宴) 계첩』을 만들었다.

1552년 **명종 7년 임자 57세**

「소렴시(泝濂詩)」와 「관물당시(觀物堂詩)」를 지었다. 7월 18일 승정원 동부승지(承政院同副承旨)가 되었다. 9월 12일 병조참지(兵曹參知)를 배수하였다.

1553년 **명종 8년 계축 58세**

『사옹원(司饔院) 계첩』을 만들었다. 「세심대시(洗心臺詩)」를 지었다. 겨울에 백옥봉(白玉峯)·양송천(梁松川)과 함께 시를 주고받았다. 10월 21일에 강원도 관찰사(觀察使)를 제수받았다. 11월에 이율곡(李栗谷)과 시를 주고받았다.

1554년 **명종 9년 갑인 59세**

정월에 「종각루시(鐘閣樓詩)」를 짓고 2월에 「청허루시(淸虛樓詩)」를 지었다. 3월에 사새진(沙塞津)으로부터 평창(平昌)에 이르렀다. 「죽서루시(竹西樓詩)」를 지었다. 오대산 월정사(月精寺)에서 영주(瀛州)에까지 이르렀다. 「정우정시(淨友亭詩)」·「수월정시(水月亭詩)」·「최석정시(最石亭詩)」·「소양정시(昭陽亭詩)」, 『총마(驄馬) 계첩』을 만들었다. 우계선생(牛溪先生)의 조부인 성세순(成世純)의 비명(碑銘)과 서(序)를 보냈다. 「벽강루시(碧江樓詩)」를 지었다. 성수침에게 시를 보냈다. 수종사시「(水鐘寺詩)」·「청간정시(淸澗亭詩)」·「비선정시(秘仙亭詩)」·「모진정시(母津亭詩)」·「봉의루시(鳳儀樓詩)」·「월송정시(月松亭詩)」·「망양정시(望洋亭詩)」·「경포대시(鏡浦臺詩)」를 지었다. 금강산 구룡연(九龍淵)에서 이율곡과 함께 부(賦)를 지었다. 6월 13일 관직을 사양하고 서울로 돌아왔다.

1555년 명종 10년 을묘 60세

「사선정시(四仙亭詩)」·「이화정시(梨花亭詩)」·「장안사시(長安寺詩)」·「매학정시(梅學亭詩)」를 지었다. 관동팔경을 노래하고 엮어서 편장(篇章)이 완성되었다. 금강산을 읊었다. 구룡폭포 석벽에 '후세천하제일명승지(後世天下第一名勝之地)'라고 새겼다. 8월에 선생이 이퇴계(李退溪)와 송기촌(宋企村)·김하서(金河西)·조남명(曺南冥) 등 제현과 함께 성수침의 청송당(聽松堂)에 모여 차운하여 시를 지었다.

1556년 명종 11년 병진 61세

한성좌윤(漢城左尹) 이찬(李澯)의 묘비와 서(序)를 지었다. 「병조계도서(兵曹契圖序)」를 지었다.

1557년 명종 12년 정사 62세

3월 8일에 담양부사를 배수하였다. 「동헌시(東軒詩)」를 지었다. 9월에 제현들과 정읍 내장산에 올라 유람하였다. 양산보(梁山甫)가 죽었다. 부음이 들리자 곡하고 만장을 지었다. 김양정(金養靜)이 벌꿀 한통을 보내왔으므로 시를 써서 감사하는 마음을 전했다. 12월 7일 단경왕후(端敬王后) 신씨(愼氏)가 승하하였다.

1558년 명종 13년 무오 63세

정월 「죽림당시(竹林堂詩)」를 짓고 2월 15일 「관루시(官樓詩)」를 지었다. 「관어대시(觀魚臺詩)」와 「풍영정시(風詠亭詩)」를 지었다. 7월에 「산수도시(山水圖詩)」를 지었다. 윤 7월 20일 말미를 얻어 전원으로 돌아갔다. 8월에 「쌍취정기(雙醉亭記)」를 지었다. 「피향정기(披香亭記)」와 시(詩)를 지었다. 우이정(偶爾亭) 사정(榭亭)이 불탔는데 사정의 현판이 영벽강(映碧江)에 빠졌으므로 건져내어 보관하였다. 「옥과동헌시(玉果東軒詩)」를 지었다. 이산해(李山海)가 방문하였다.

1559년 명종 14년 기미 64세
용추기우축문(龍湫祈雨祝文)을 지었다. 가을에 벼슬을 버리고 향하였다.

1560년 명종 15년 경신 65세
정월 16일, 김인후(金麟厚)가 죽었다는 부음을 듣자 통곡하며 만장을 지었다. 이때에 성산에 거처하고 있었다. 8월에 관북의 명승지를 관상하였다. 백두산 암벽에 글을 새겼다. 가을에 식영정(息影亭)이 완성되었다. 겨울에 집에서 임헌가(林獻可)의 시에 답하였다. 11월 송순(宋純)과 시를 주고받았다. 12월에 조정의 부름을 받았다.

1561년 명종 16년 신유 66세
「환벽당시(環碧堂詩)」를 지었다.

1562년 명종 17년 임술 67세
「남곽초당시(南郭草堂詩)」를 지었다. 김석홍(金弘錫)의 부음을 들었다. 선생은 강진에 거처했다. 11월 26일 동생 구령(九齡)의 부음을 들었다.

1563년 명종 18년 계해 68세
정월 30일에 동생을 영암에 장사지냈다. 이날 범사를 단속하고 신중하게 처신하여 형의 도리를 극진히 했다. 「환학당시(喚鶴堂詩)」와 「강학루시(降鶴樓詩)」를 지었다. 잠사시(岑師詩)의 『시첩』을 만들었다. 7월 「식영정기(息影亭記)」가 완성되었다. 정철이 「성산별곡(星山別曲)」을 완성하였다. 「곡구당시(谷口堂詩)」를 지었다.

1564년　명종 19년　갑자 69세

「면앙정 삼십경(俛仰亭三十景)」과 「산정 십오경(山亭十五景)」의 시를 지었다. 박백응(朴伯凝)의 조카가 편지를 보내왔다.

1565년　명종 20년　을축 70세

4월 6일, 중종비 문정왕후(文定王后) 윤씨(尹氏)가 승하하였다. 9월 18일, 외척인 정언홍(鄭彦洪)·정언식(鄭彦湜) 형제가 편지를 보냈다. 백광훈(白光勳)이 찾아와 시를 주고받았다. 박우의 「묘비명(墓碑銘)」과 서(序)를 지었다.

1566년　명종 21년　병인 71세

「공북루시(拱北樓詩)」를 지었다.

1567년　명종 22년　정묘 72세

2월에 장손인 극돈(克敦)이 태어났다. 6월 28일 명종이 경복궁 양심당(養心堂)에서 승하하였다. 선조가 즉위하였다.

1568년　선조 원년　무진 73세

3월 9일 세상을 떠났다. 해남(海南) 마포(馬浦) 명봉산(鳴鳳山) 기좌(己坐) 언덕에 묻혔다. 고경명(高敬命)이 만장 50여수를 지었다.

1619년　광해군 11년　기미

정월 윤광계(尹光啓)가 『문집』의 서문을 지었다.

1652년　효종 3년　임진

석천사(石川祠)를 세우고 선생을 배향하였다.

1670년　헌종 11년　경술

도원서원(道源書院)에서 선생을 배향하였다.

1678년　숙종 4년　무오

김수항(金壽恒)이 「행적기략(行蹟紀略)」을 지었다. 『문집』이 완성되었다.

1692년　숙종 18년　임신

6월에 묘표(墓表)가 완성되었다

1795년 정조 19년 을묘

성산사(星山祠)를 세우고 선생을 배향하였다.

1851년 철종 2년 신해

성산사를 석저촌(石底村)에 옮겨 세웠다. 뒤에 환벽사(環碧祠)로 개정하였다.

1898년 광무 2년 무술

11월에 『문집』 7권 3책이 완성되어 다시 간행되었다.

1984년 갑자

3월 15일, 선생의 『문집』 필사본 5책이 발견되었다.

1987년 병인

3월에 「묘비명(墓碑銘)」이 완성되었다. 5월 보름에 「신도비명(神道碑銘)」이 완성되었다.

송재 나세찬 松齋 羅世纘

송재(松齋) 나세찬(羅世纘 1498~1561)은 자는 비승(丕承) 호는 송재(松齋) 본관은 나주(羅州)이다. 선조 총례(聰禮)는 삼한벽상삼중대광 금성부원군(三韓壁上三重大匡錦城府院君)이며, 증조 계(繼)는 사복시정(司僕寺正)을 증직 받았다. 할아버지는 은제(殷制)인데 학행(學行)으로 장성 현감을 제수받았고 돌아올 때 행장이 말 세 필뿐이어서 세상에서 삼마대부(三馬大夫)로 불리었으며, 조정에서는 청백리로 기록하고 뒤에 승정원 좌승지를 추증하였다. 아버지 빈(彬)은 성균 생원으로 이조참판을 증직 받았으며, 어머니 정부인(貞夫人) 해주 윤씨(海州尹氏)는 찰방(察訪) 노겸(勞謙)의 딸이다.

1498년 연산군 4년 무오

5월 21일, 나주 거평편(居平面) 남산촌에서 태어났다.

1502년 연산군 8년 임술 5세

신기(神氣)가 깨끗하고 빼어났으며 보통사람보다 뛰어나게 총명하여 아버지 참판공(參判公)이 매우 기특해 하였다.

1503년 연산군 9년 계해 6세

어른과 같은 장중한 기상이 있어서 쇄소(灑掃)의 절차와 응대(應對)의 거동을 보고 집에 온 손님들이 사랑하고 소중히 여기지 않는 이가 없었다.

1504년 연산군 10년 갑자 7세

저술을 시작하였고 말을 하면 문장을 이루어 명성이 자자하였다.

1505년 연산군 11년 을축 8세

『소학』을 읽었다. 새 버선을 보고 시를 지어 "새해에 새 버선을 보니 날씨가 추워도 추운 줄 모르겠구나. 이 누구의 은혜인가 묻노니 어머니의 은혜가 태산 같구나"라고 읊었다.

1506년 중종 원년 병인 9세
활을 쏘고 나서 시를 지었다.

1508년 중종 2년 정묘 10세
집은 가난하였으나 책 읽기를 좋아하였고 스승의 가르침을 기다리지 않고도 밝게 깨달았다. 경전과 역사에 널리 통하였고 시문(詩文)의 재주가 뛰어났다.

1508년 중종 3년 무진 11세
참판공(參判公)에게서 시를 배웠다. 참판공은 일찍이 공거(公車)를 사양하고 은거하여 덕을 길러 후진을 가르쳐 깨우치는 것을 자기의 책무로 삼았다. 시를 지어 두 아들 감찰공(監察公) 세집(世緝)과 선생을 훈계하였다. 선생은 이를 잠시도 잊지 않고 잘 지켜 학업이 날로 진보하였다.

1509년 중종 4년 기사 12세
성품이 지극히 효성스러워 항상 부모의 곁을 떠나지 않았고 놀러 갈 때에는 반드시 가는 곳을 알렸다. 집이 가난하여 맛있는 음식으로 부모를 공양할 수 없게 되자 몸소 고기를 잡아 아침저녁으로 드리기를 한 번도 거르지 않았다. 형 감찰공과는 우애가 매우 지극하여 출입할 때에는 반드시 동행하였고 침식조차도 함께 하니 마을 사람들이 부러워하고 감탄하지 않는 이가 없었다.

1514년 중종 9년 갑술 17세
어머니 정부인(貞夫人) 윤씨의 상을 당하였다. 장사지낸 후에는 묘 옆에 여막(廬幕)을 지어 아침저녁으로 슬피 울었고, 비가 오고 바람이 불어도 그치지 않아 마침내 묘로 가는 좁다란 길이 생겨나니 보는 이마다 눈물을 흘리며 감복하였다.

1516년 중종 11년 병자 19년
가세(家勢)가 기울어 갔으나 조금도 개의치 않고 부모님을 봉양하는 틈틈이 오직 강독하는 것을 일삼았다. 여러 책들을 읽어 성리학을 깊이 탐구하였고, 문장을 지을 때에는 반드시 경전에 근거하고 빈말을 하지 않았다.

1517년 중종 12년 정축 20세

담양 전씨(潭陽 田氏)를 부인으로 맞아들였다. 원종공신(原從功臣) 세균(世均)의 딸이다.

1518년 중종 13년 무인 21세

안양촌(安陽村)에 터를 잡고 살았다. 성품은 강직하였으나 마음은 온화하였고 일을 할 때에는 의(義)로써 하고 사물을 대할 때에는 인(仁)으로써 하니 마을 사람들이 감화를 받은 이가 많았다.

1519년 중종 14년 기묘 22세

12월에 아버지 참판공의 상을 당하였다. 이때에 정암 조 선생이 남곤·심정에게 무고를 당하여 능성(綾城)으로 귀양을 갔다. 이에 참판공이 해원(解冤)을 구하고 간신을 송사(訟事)하는 글을 올리니 간흉이 크게 노하였다. 정암이 죽은 후에 참판공도 또한 화를 입었다.

1522년 중종 17년 오 25세

봄에 복(服)을 벗었다. 이 때 혹독한 사화가 거듭되어 선비들의 기개와 절개가 꺾였다. 선생이 「병백부(病栢賦)」를 지어 시대의 아픔을 노래하니 한때 사람들에게 회자되었고 굴원(屈原)과 송옥(宋玉)의 유운(遺韻)이 있다고 일컬어졌다.

1523년 중종 18년 계미 26세

남전(藍田) 여씨(呂氏)의 향약을 모방하여 동계(洞契)를 고쳐 향약을 만들었다.

1524년 중종 19년 갑신 27세

칠정사(七精寺)에서 독서하였다 가을에 향시에서 초시에 합격하였다.

1525년 중종 20년 을유 28세

봄에 생원 회시에 합격하였다. 정시(庭試) 초시에 숭절의론(崇節義論)으로 수석을 하였다.

1526년 중종 21년 병무 29세

성균관에 기거하면서 공부했는데 초하루에 보는 시험에서 장원으로 뽑혔다. 「속상책(俗尙策)」으로 뽑힌 것이다. 이 때 기묘사화를 거치면서 선비들의 습속이 부박(浮薄)하여졌으나 선생은 자신을 단속함에 법도가 있었다. 동년배들이 모두 경탄하고 감복하였다.

1527년 중종 22년 정해 30세

정시(庭試) 초시에 「희우부(喜雨賦)」를 지어 수석으로 합격하였다.

1528년 중종 23년 무자 31세

가을에 문과별시(文科別試), 병과복시(丙科覆試)에 「예제책(禮制策)」으로 수석 합격하였다.

1529년 중종 24년 기축 32세

나주(羅州) 훈도(訓導)에 임명되었고 품계(品階)는 종사랑(從士郞)이었다.

1530년 중종 25년 경인 33세

품계가 승사랑(承仕郞)에 올랐다. 나주 훈도의 직책을 수행하면서 선정(善政)으로 교도하니 고을의 백성들이 모두 즐겁게 복종하였으며, 일을 처리함에는 옳고 그름이 분명하였다. 사람을 대할 때에는 성품과 기운이 온화하여 한번 선생의 안색을 본 이는 순주(醇酒)를 마신듯 하였다.

1531년 중종 26년 신묘 34세

윤 6월 27일 나주 훈도를 행하면서 통사랑(通仕郞)으로 승진하였다.

1532년 중종 27년 임진 35세

10월 20일에 황주(黃州) 훈도(訓導)를 수행하면서 계공랑(啓功郞)으로 승진하였다.

1533년 중종 28년 계사 36세

2월 28일에 본직(本職)에 있으면서 무공랑(務功郞)으로 승진하였다.

1534년 중종 29년 갑오 37세

4월 24일, 성균관 학유(成均館學諭)로 선무랑(宣務郎)을 임시직으로 맡았다. 8월 6일, 성균관 학유로 있으면서 선교랑(宣教郎)으로 승진하였다. 사관(史官)에 들어가 예문관 검열(藝文館檢閱) 겸(兼) 춘추관 기사관(春秋館記事官)을 제수받았다.

1535년 중종 30년 을미 38세

봄에 벼슬을 그만두고 귀향하여 「동중팔경시(洞中八景詩)」를 지었다.

1536년 중종 31년 병신 39세

봄에 춘추관 검열을 제수받았다. 조카에게 항상 경계해야 할 내용을 편지로 써 보냈다. 맨 먼저 정좌(靜坐)·구심(求心)의 공부를 열거하였고, 다음으로 주자의 독서(讀書)·응거(應擧)의 방법을 말하였고, 명선(明善)」·성신(誠身)의 학문으로 끝을 맺었다. 중시(重試)에 「예양책(禮讓策)」으로 장원(壯元)을 하였다. 봉교(奉教)로 승진하였다. 김안로(金安老)에게 무고를 당해 하옥되어 고문을 당하였고 겨울에 고성현(固城縣)에 유배되었다. 이 때 김안로가 요직에 있으면서 권세를 마음대로 부려 충신과 현인을 죽이고 탐학한 행위를 자행하였으나 감히 누구도 말을 하지 못하였다. 선생이 중시(重試)를 보면서 당시의 폐단을 논하였는데, 그 내용은 대략 다음과 같다. "지금 조정에 있는 이들을 편당(偏黨)을 지어 휩쓸리고 어떻게 권세를 얻고 지킬 것인가 만을 근심하니 참으로 두려운 일입니다. 전하께서 지금 공평하지도 못하고 정대하지도 못한 이들에 놀아나니 전하의 조정이 불화(不和)에만 그치지 않을 것입니다. 이 간악한 이가 바로 안로입니다." 그러자 안로는 크게 노해 무고하여 하옥시킨 다음 뼈가 부서지는 모진 고문을 가하였다. 그러나 선생이 다시 혈서로 상소하니 임금이 보고 측은히 여겨 고성으로 유배하였다.

1537년 중종 32년 정유 40세

10월 21일에 예문관 봉교(藝文館奉教) 겸 춘추관 기사관(春秋館記事官)으로 소환하니, 궐내에 들어가 임금의 자문에 응하였다. 편전(便

殿)에서 임금이 드는 술을 하사받았다. 선생은 유배 중에도 헛되이 시간을 낭비하지 않고 날마다 『심경』·『근사록』·『중용』·『대학』 등의 여러 책들을 암송하였고, 앉은 자리 모퉁이에 '충신(忠臣)' 두 자를 써 걸어 놓았다. 가사(歌詞)를 지어 나라를 걱정하고 사랑하는 정성을 표현하였고, 때로는 임금이 있는 북쪽을 바라보며 눈물을 흘렸다. 임금이 사람을 보내 그 생활을 살펴보게 하였는데, 돌아가 자세히 보고하니 임금이 크게 감오(感悟)하였다. 이 때 또 간관(諫官) 양연(梁淵)이 글을 올려 선생의 무고를 밝히고 안로를 탄핵하니 안로는 드디어 쫓겨나 죽었다. 임금이 특별히 분부하여 전에 맡았던 봉교(奉教)로 선생을 불렀다. 선생이 돌아가 입대(入對)하니 편전에서 내온(內醞: 임금이 신하에게 내려주던 술)을 내려 회오(悔悟)와 감사의 뜻을 표시하였다.

1538년 중종 33년 무술 41세

탁영시(擢英試)에 「위무공억계론(衛武公抑戒論)」으로 장원을 차지하였다. 9월 24일에 병조좌랑(兵曹左郎)을 제수 받았고 봉직랑(奉直郎)으로 승진하였다. 29일에 홍문관 부수찬(弘文館副修撰) 지제교(知製教) 겸 경연 검토관(經筵檢討官) 춘추관 기사관(春秋館記事官)으로 승진하니, 이로부터 통정(通政)이하의 내직(內職)은 전례대로 지제교를 겸했다.

1539년 중종 34년 기해 42세

2월 25일에 홍문관 수찬(修撰)을 겸하였다. 3월 21일에 병조 좌랑을 제수받았다. 4월 20일에 병조 좌랑, 품계는 통선랑(通善郎)을 제수받았다. 8월 10일에 사헌부 지평(持平)을 제수받았다. 9월 19일에 예조 정랑(正郎)을 제수받았다. 10월 28일에 병조 정랑 겸 춘추관 기사관, 품계는 조산대부(朝散大夫)를 제수받았다.

1540년 중종 35년 경자 43세

2월 1일에 병조 정랑을 겸했다. 18일에 병조정랑을 제수받았다. 3월 27일에 사간원 헌납을 제수받았다. 5월 21일에 홍문관 교리(校

理) 겸 경연 시독관(侍讀官) 춘추관 기사관을 제수받았다. 6월 25일에 홍문관 응교(應教) 겸 경연 시독관 춘추관 편수관 세자(世子) 시강원 필선(侍講院弼善), 품계는 봉열대부(奉列大夫)로 승진하였다. 동료와 함께 상소하여 당시의 폐단을 말하고 『소학』을 강론할 것을 청하였다. 이 때 자식이 부모를 죽이고 아내가 남편을 죽이는 변고가 있었고, 또 기묘사화로 인해 선비들이 모두 『소학』에 대해 이야기하는 것을 꺼렸다. 선생이 동료와 함께 연명으로 상소하여 『소학』을 강론하고 인륜을 밝히며 선비의 습속을 바로잡을 것을 청하였다. 7월 20일에 시강원 필선(侍講院弼善)을 겸직하였다. 9월 9일에 전설사수(典設司守)를 제수받았다. 24일에 홍문관 교리를 겸하였다. 10월 8일에 홍문관 부응교를 제수받았다. 11월 10일에 선공감 첨정(繕工監僉正)을 제수받았다. 30일에 의정부(議政府) 검상(檢詳)을 제수 받았고 사인(舍人) 겸 춘추관 편수관으로 승진하였다.

1541년 중종 36년 신축 44세

3월 21일에 사헌부 장령을 제수받았다. 4월 25일에 홍문관 교리를 겸했다. 호당(湖當)에서 공부할 여가를 하사받았다. 당(堂)은 동호(東湖)에 있었는데 국가의 인재를 기르는 곳으로 문학지사(文學之士)를 선발하여 윤번(輪番)으로 독서하게 하니 선발된 사람은 영광을 입은 것이다. 퇴계 이 선생과 하서 김 선생 그리고 금호(錦湖) 임형수(林亨秀)·임당(林塘) 정유길(鄭惟吉) 등과 수계(修稧)하여 성리학을 독서하고 토론하였는데 『호당수계록(湖當修稧錄)』과 「실학창수시(失鶴唱酬詩)」가 있다. 9월 15일에 의정부 사인 겸 춘추관 편수관 시강원 문학(文學)을 제수받았다. 11월 26일에 시강원 보덕(輔德)을 제수받았다.

1542년 중종 37년 임인 45세

3월 27일에 시강원 보덕을 제수받았고 품계는 봉정대부(奉正大夫)였다. 5월 18일에 사옹원정(司饔院正)을 제수받았다. 교수(教授) 김수남(金粹南)의 묘표를 지었다. 12월 21일에 사복시정(司僕寺)正을 제수받았다.

1543년 중종 38년 계묘 46세

2월 8일에 홍문관 부응교를 겸했다. 28일에 홍문관 전한(典翰)을 겸했다. 3월 28일에 홍문관 전한 겸 예문관 응교(應敎)가 되었다. 임금의 명으로 부여현(夫餘縣)의 형사 사건을 처리하였다. 이 때 옥사(獄事)가 오래도록 해결되지 못하고 있었는데 선생이 안찰(按察)하여 그 실정에 맞게 해결하니 사람들이 신명(神明)하다고 하였다. 하서 김 선생에게 시를 지어 보냈다. 6월 1일에 홍문관 전한 겸 예문관 응교(應敎)가 되었고, 품계는 중훈대부(中訓大夫)였다. 8월 21일에 사헌부 집의(司憲府執義)를 제수 받았고 품계는 중직대부(中直大夫)였다.

재앙이 있어 상소하여 재앙을 물리치는 방법을 말하였다. 이 때 천재(天災)와 인요(人妖)가 해마다 겹치니 선생이 동료들과 함께 연명으로 상소하여 경계해야 할 7조목을 말하였다. 성학(聖學)에 힘쓰고, 궁중을 엄격히 단속하며, 교화(敎化)를 밝히고, 기강(紀綱)을 진작하고, 사람을 신임하며, 사기(士氣)를 배양하며, 절약과 근검을 숭상하려는 것이었다. 이때에 문정왕후의 동생인 윤원형이 임금을 빙자하여 멋대로 일을 처리하였기 때문에 상소의 본뜻이 막혀 드러나지 못하다가 을사년에 이르러 비로소 증험되었다. 14일에 주부시정(主簿寺正)을 제수받았다. 25일에 사헌부 집의(執義)를 제수받았다. 11월 11일에 성균관 사예(司藝)를 제수받았다. 29일에 상의원정(尙衣院正)을 제수받았다. 12월 6일에 상의원정을 제수받았고 품계는 통훈대부(通訓大夫)였다.

1544년 중종 29년 갑진 47세

정월 3일에 통정대부(通政大夫) 이조참의(吏曹參議)로 특별 승진 하였다. 2월 4일에 승정원 동부승지(承政院同副承旨) 겸 경연 참찬관(經筵參贊官)·춘추관 수찬관(春秋館修撰官)을 제수받았다. 6월 28일에 좌부승지(左副承旨)로 승진하였다. 8월 7일에 절충장군(折衝將軍) 충무위 상호군(忠武衛上護軍)을 제수받았다. 12월 20일에 성균관 대사성(大司成)을 제수받았다. 선생이 먼저 성균관의 장을 맡으라는 임금의 명을 받고 사습(士習)을 바로 잡고 교화를 밝히는 것을 자신의 임무로 삼았다.

1545년 인종 원년 을사 48세

3월 27일에 호분위 대호군(虎賁衛大虎軍)을 제수받았다. 8월 16일에 장예원 판결사(掌隸院判決事)를 제수받았다. 24일에 사간원 대사간(司諫院司諫)을 제수받았다. 9월 16일에 가선대부(嘉善大夫)로 승진하였고 사간원 대사간 겸 동지춘추관(同知春秋館)의 일을 맡았다. 이 해 7월에 인종이 승하하고 명종이 즉위하였으나 나이가 어려 모후(母后)가 수렴청정(垂簾聽政)하게 되자 윤원형 등이 선동하여 지기(志氣) 높은 사람들을 모함하고 휴암(休菴) 백인걸(白仁傑)·미암 유희춘·유헌(遊軒) 정황(丁熿) 등 선한 사람들을 하옥하고 장형(杖刑)을 내려 유배하는 화를 입혔다. 이에 선생이 상소하여 이들 현인들의 원통함을 밝히니 그 말이 매우 간절하고 곧았다. 간악한 무리들이 이를 미워하여 드디어 간직(諫職)을 교체해 버렸다. 이에 앞서 중종은 항상 선생을 칭찬하는 말을 하였고 문정왕후는 "이 사람은 나라의 큰 일을 맡을 만하다"라고 하였다. 이때에 이르러 문정왕후가 선왕의 남긴 뜻을 잊지 않고 있어서 차마 중죄로 처벌하지 못하였다. 그리하여 선생은 참화를 면하였다.

해서(海西)를 순무(巡撫)할 때였다. 해서에 큰 흉년이 들어 임금이 특별히 선생에게 명하여 순무하게 하였다. 선생이 마음을 다하여 백성을 규율하니, 해서의 백성들이 선생을 따르고 칭송하였으며 그 모습을 화상(畵像)으로 남겨 제사지내기에 이르렀다.

1546년 명종 원년 병오 49세

11월 20일에 사헌부 대사헌(司憲府大司憲) 겸 예문관 제학(藝文館提學)을 제수받았다. 선생은 사헌부의 장으로 있으면서 전에 상소하였던 말을 거듭하고 을사사화 때 화를 입었던 어진 이들을 구제하기 위해 힘쓰니, 간사한 무리들이 선생을 미워하여 파직시켰다. 돈호(遯湖) 박린(朴嶙)의 묘표를 지었다. 12월 30일에 한성부 우윤(漢城

府右尹)을 제수받았다. 파원군(坡原君) 윤임(尹任)이 화를 당한 후에 이기(李芑) 등이 훈공을 장부에 올리고자 함에 선생이 입시(入侍)하였다. 충순당(忠順堂)에서 회재(晦齋) 이선생과 함께 훈공을 장부에 올리고자 하였다. 선생이 홀로 엄하게 배척하고 힘써 피하여 따르지 아니하니 간사한 무리들이 자신들과 의견이 다름을 미워하고 물리쳐, 선생을 조정에 들어오지 못하게 하였다.

1547년 명종 2년 정미 50세

정월 16일에 한성부 좌윤(漢城府左尹)을 제수받았다. 2월 8일에 오위도총부(五衛都摠府) 부총관(副摠管)을 겸하였다. 26일에 한성부 좌윤 겸 동지춘추관사(同知春秋館事)를 제수받았다. 여름에 임금이 윤허하여 성절사(聖節使)로 중국에 갔다. 선생이 북경에 이르러 공사(公私)에 대해 아뢰는 말이 상세하고 슬기로워 천자(天子)가 크게 칭찬하고 특별히 사서(四書) 네 질과 황옥촉(黃玉燭) 한 쌍 그리고 은잔 한 쌍을 하사하였다. 가을에 조정에 돌아왔다. 윤 9월 16일에 충청도 관찰사 겸 병마수군절도사를 제수받았다. 이 때 을사사화에 연루된 여러 현인에게 다시 죄를 가하고 또 선생을 조정에 들어오지 못하게 하였다.

1548년 명종 3년 무신 51세

10월 14일에 한성 우윤을 제수받았다. 상소하여 문소전(文昭殿)의 일을 논하였다. 간신배들은 인종이 임금이 되어 나라를 다스린 것이 해를 넘기지 못하였기 때문에 문소전에 들어갈 수 없다고 하였다. 선생이 상소하여 이는 의(義)에 어긋나는 일임을 논하였다.

1549년 명종 4년 을유 52세

2월 4일에 한성부 우윤 겸 동지춘추관사를 제수받고 얼마되지 않아 전주부윤이 되었다. 선생이 홀로 문소전(文昭殿)의 논의를 상소하여 반박하고 강경함과 정직함을 굽히지 않았다. 이에 간사한 무리들이 드디어 미워하여 보직에서 척출(斥出)하였다.

1550년 명종 5년 경술 53세

완부(完府)는 땅은 넓고 일은 많아 늘 다스리기 어렵다고 하였다. 너그럽게 정사를 돌보고 겸하여 문교(文敎)를 흥케 하고 공무(公務)를 보는 틈틈이 유생들을 모아 친히 경전을 가르치니 온 고을이 만족해하였다.

1551년 명종 6년 신해 54세

봄에 막내아들 열(悅)이 죽었다. 열(悅)은 총명하고 학문을 좋아하여 재행(才行)으로 천거되어 참봉(參奉)을 제수 받고 돌아와 병으로 죽었다. 선생이 크게 통곡하고 슬퍼하였다. 또 이 때 사설(邪說)이 다시 일어나 나라의 일이 날로 잘못되어 가니, 선생은 걱정과 울분으로 드디어 병이 들었다. 6월 14일에 부아(府衙)에서 세상을 하직하였다. 죽음에 임하여 매우 간절하게 백성과 나라의 일을 걱정하였고, 또 관리와 백성들에게서 부의(賻儀)를 받지 말도록 명하였다. 고을의 선비와 백성들이 친부모가 돌아가시듯 슬피 통곡하였다. 임금은 부음(訃音)을 듣고 몹시 슬퍼하고 부의하였다. 예조정랑(禮曹正郎) 양응태(梁應台)를 보내 제례(祭禮)를 유시(諭示)하였다. 고향 송림산(松林山)의 동쪽 묘좌원(卯坐院)에 장사하였다.

1702년 숙종 28년 임오

사림들이 송림산의 동쪽에 사당을 짓고 제사지냈다. 나주 유생 최신(崔信) 등이 나주 목사에게 글을 올려, 고향마을 선생이 지팡이 짚고 소요하던 곳에 원우(院宇)를 건립할 것을 요청하였다. 목사 이징즙(李徵楫)이 경영하고, 다음해 계미(癸未) 중춘(仲春)에 상량문을 지었고 중추(仲秋)에 위패를 봉안(奉安)하였으며 대사간(大司諫) 임호(林濩)가 제문과 상향축문(上享祝文)을 지어 봉안하였다.

1703년 숙종 29년 계미

한수재(寒水齋) 권상하(權尙夏)가 행장을 지어 완성하였다.

1756년 영조 32년 병자

8월에 묘표(墓表) 음기(陰記)가 완성되었다. 이에 앞서 우암 송시열이 묘표에 '대사헌나공휘세찬지묘(大司憲羅公諱世纘之墓)'라고 대서(大書)하였고, 이에 이르러 윤봉구(尹鳳九)가 석음(石陰)을 추기(追記)하였다.

1777년 정종 원년 정유

『문집』이 완성되었다. 선생의 손자 현감 덕원(德元)은 선생의 저술이 많이 산일(散逸)되어 버린 것을 탄식하고 "조부 도헌(都憲) 송재(松齋)선생은 집에서는 효제(孝悌)가 독실하였고 조정에서는 정성과 충성을 다하셨으니 당시의 행적을 드러낸 후세에 유포하여 사람들의 눈과 귀를 밝히는데 없어져서는 안될 것이 많다"고 하였다. 그 후 7세손 치경(致絅)이 약간의 시부(詩賦)와 소장(疏章) 등을 수집하여 모아 기록하고 편차하였는데 유최기(兪最基)가 교정하였다. 이에 이르러 8세손 성오(星五)가 수정 윤문하여 완성하였다.

1829년 순조 29년 기축

선생문집 간판(刊板)이 완성되었다. 이에 앞서 문집용 활자가 인행(印行)되었는데, 이에 이르러 교정하여 다시 3권과 아울러 부록 1권으로 만들고 목판으로 번각하여 송림(松林)의 원우(院宇)에 보관하였다. 을사년에 서원을 철폐한 후에는 송림의 추원당(追遠堂)으로 옮겨 보관하였다.

1860년 철종 11년 경신

6월 25일에 자헌대부 이조판서(資憲大夫吏曺判書) 겸 지경연 의금부사(知經筵義禁府事)·홍문관 대제학(弘文館大提學)·예문관 대제학(藝文館大提學)·지춘추관 성균관사(知春秋館成均館事)·오위도총부 도총관(五衛都摠府都摠管)을 추증(追贈)하였다. 도학(道學)과 충의(忠義)가 탁월하였으므로 특별히 정랑사승정(正郎事承傳)을 추증하였다.

1861년 철종 12년 신유

시장(諡狀)이 완성되었다. 좌의정 조두순(趙斗淳)이 지었다.

1863년 철종 14년 계해

희민공(僖敏公)의 시호(諡號)를 하사받았다.

1864년 고종 원년 갑자

예관(禮官)을 파견하여 시호를 내렸는데, 예관은 이조정랑(吏曹正郞) 정종학(鄭鐘學)이었다.

1899년 고종 36년 기해

「신도비명(神道碑銘)」이 완성되었다. 연재 송병선(宋秉璿)이 짓고, 교관(敎官) 송병시(宋秉始)가 쓰고, 대제(待制) 조기하(趙夔夏)가 새겼다. 겨울에 묘비가 완성되었다. 면암 최익현이 정면에 '자헌대부 증이조판서 시희민송재 나공선생지묘(資憲大夫贈吏曹判書試僖敏松齋羅公先生之墓)'라고 하였고, 옆면에는 11세손 병식(秉軾)이 찬명(撰銘)하였다.

1903년 고종 40년 계묘

사우(祠宇)와 유허비(遺墟碑)가 완성되었다. 단(壇)을 세우고 경내(境內)에서 유림들이 춘추로 제사를 지냈다.

1912년 순종 6년 임자

봄에 「유사(遺事)」가 완성되었다. 종후손인 전정자(前正字) 경성(經成)이 지었다. 여름에 『문집(文集)』을 중간(重刊)하였다. 이에 앞서 판각(板刻)을 송림의 추원당에 보관하고 있다가 1889년 겨울에 실화(失火)로 판각이 불탔으므로 활자(活字)를 사용하여 간행하였다.

설강 유사 雪江 柳泗

설강(雪江) 유사(柳泗 1502~1571)은 자가 중연(仲沿) 호는 설강 본관은 서산이다. 선생의 시조는 서령부원군(瑞寧府院君) 성윤(成潤)인데 고려조 때에 공이 있어서 서령부원군에 봉해지면서 서령을 관향으로 삼았다. 6세손 방택(方澤)은 공양왕 때 검교밀직부사(檢校密直副使) 판서운관사(判書雲觀事)로 시호는 정숙(靖肅)인데 고려가 망하자 취령산에 들어가 나오지 않았다. 방택(方澤)이 백유(伯濡)를 낳으니 백유는 집현전 대제학으로 시호는 문정(文靖)인데 세칭 저정(樗亭) 선생이라 부른다. 문정공 백유가 미(渼)를 낳으니 사간원 대사간으로 선생의 고조이다. 증조 익강(益江)은 창신교위(彰信校尉), 익위사 좌시직(翊衛司左侍直)을, 할아버지 정(汀)은 수의부위(修義副尉)를 지냈으며, 아버지 희송(希松)은 경흥교수인데 좌통례에 추증되었다. 어머니 청송 심씨(青松沈氏)는 규(珪)의 딸이다.

1502년 연산군 8년 임술

5월 14일 광주 유곡리에서 출생했다. 선생은 용모가 걸출하고 기개와 절개가 있었으며 일찍 문장이 성숙했다.

1522년 종종 17년 임오 21세

사마시에 합격하였다.

1528년 중종 23년 무자 27세

문과에 급제하여 벼슬길에 올랐으며 무장현감 전라도사 낙안군수 삭주부사 종성부사 등을 역임했다.

1545년 인종 1년 을사 44세

윤원형 일파가 반대파인 윤임의 지지 세력인 문신 유인숙(柳仁淑)·

유관(柳灌) 등 많은 문신들을 죽이거나 유배시킨 을사사화가 5~6년 동안이나 계속되고 또 1547년 명종 2년 정미옥사까지 이어지니 선생은 관직에서의 출세를 즐겁게 여기지 않았다. 그리고 권신 이량(李樑)과도 사이가 벌어져 고향에 돌아와 한가롭게 지냈다.

1563년 명종 18년 계해 62세

8월에 이량이 세력을 잃게 되자 선생을 다시 기용하려고 영해부사(寧海府使)를 제수했으나 선생은 나이도 늙고 병이 있어서 사퇴하고 나아가지 않았다. 선생은 자연 속에서 욕심 없이 유유자적하면서 학문에 정진하고 자신이 제례를 제정하여 자손에게 가르치고, 장횡거(張橫渠)의 글을 베껴서 간행하고 자손에 훈계하는 글을 써서 심광언(沈光彦)에게 부탁하여 간행했다.

1571년 선조 4년 신미

9월 29일 향제에서 임종하니 향년 70세였고, 광주 효우동에 장사지냈다가 뒤에 무량산(茂良山) 오좌(午坐)언덕에 천장(遷葬)했다.

1572년 선조 5년 임술

고을 선비들이 사당을 짓고 선생을 배향했다.

하서 김인후 河西 金麟厚

하서(河西) 김인후(金麟厚 1510~1560)는 자는 후지(厚之) 호는 하서 이름은 인후 관향은 울산(蔚山)인데 학성부원군(鶴城府院君) 덕지(德摯)가 시조이다. 고조는 훈도(訓導) 환(丸)이요, 증조는 직장(直長) 의강(義剛)이다. 아버지는 참봉(參奉) 영(齡)이요, 어머니는 옥천 조씨(玉川趙氏)이다.

1510년 중종 5년 경오

7월 19일 장성의 대맥동(大麥洞)에서 태어났다. 태어나면서부터 기상이 뛰어나고 형용이 단정하여 부친의 사랑을 받았다.

1512년 중종 7년 임신 3세

하인에게 업혀 다니면서도 자기의 뜻대로 하고자 하였다.

1514년 중종 9년 갑술 5세

비로소 학문을 배우기 시작했다. 『천자문』을 익히면서 연구(聯句)를 지었다.

1517년 중종 12년 정축 8세

전라도 관찰사 조원기(趙元紀)가 관찰사로 있을 때 그와 더불어 연구의 시를 지었다.

1518년 중종 13년 무인 9세

복재(服齋) 기준(奇遵)이 고향에 내려왔다가 한번 보고 곧 왕자의 사부가 될만한 인물이라고 칭찬하였다.

1519년 중종 19년 기묘 10세

모재(慕齋) 김안국(金安國)을 찾아가서 『소학』을 배웠다. 모재가 호남의 관찰사로 있을 때의 일이다.

1522년 중종 17년 임오 13세

『시경』을 읽었는데 경문과 주(註)에 이르기까지 깊이 이해하였다.

1523년 중종 18년 계미 14세

여흥 윤씨 임형(任衡)의 딸과 결혼하였다.

1527년 중종 22년 정해 18세

신재(新齋) 최산두(崔山斗)를 찾아가서 제자 되기를 청하였다.

1528년 중종 23년 무자 19세

서울에 갔다. 이행(李荇)이 문형(文衡)으로 성균관에서 시험을 보일 때 선생이 응시하여 장원을 하였다. 선생을 의심한 이행이 선생을 성균관에 남게 하여 따로 일곱 가지 제목으로 시험했으나 모두 훌륭하게 답해 이행이 경탄하여 마지않았다.

1531년 중종 26년 신묘 22세

사마시험에 합격하였다.

1533년 중종 28년 계사 24세

성균관에 있으면서 퇴계 선생과 함께 학문을 닦았다. 당시는 기묘사화 이후여서 선비의 기상이 손상되었기 때문에 선비의 기운을 북돋으려 하였다.

1535년 중종 30년 을미 26세

고향으로 돌아왔다.

1536년 주종 31년 병신 27세

신재(新齋) 선생의 부음을 들었다. 제자로서 가마(加麻)했으며 기일(忌日)을 당하면 반드시 치제하였다.

1537년 중종 32년 정유 28세

아들 종호(從虎)가 출생하였다.

1540년 중종 35년 경자 31세

10월에 별시문과(別試文科) 병과(丙科)에 합격하였다. 승문원 부정자(承文院副正字)가 되었다.

1541년 중종 36년 신축 32세

사가독서(賜假讀書)하고 홍문관 정자(弘文館正字)가 되었다.

1542년 중종 37년 임인 33세

홍문관 저작(著作)이 되었다.

1543년 중종 38년 계묘 34세

모재 김안국의 부음을 듣고 제자로서 가마(加麻)하고 기일(忌日)에는 치제하였다. 여름에 홍문관 박사 세자시강원 설서(設書)가 되었다. 나중에 인종이 된 세자(世子)가 동궁일 때 직접 그려준 묵죽도를 받았다. 6월에 홍문관 부수찬이 되어서 차자(箚子)를 올려 시사(時事)를 논하고 기묘명현의 억울함을 논했다. 8월에 휴가를 얻어 근친하였다. 12월에 춘추관의 직함을 가진 채로 옥과현감에 제수되었다.

1544년 중종 39년 갑진 35세

중종대왕이 승하하였다.

1545년 인종 원년 을사 36세

제술관(製述官)으로 부름을 받고 나갔다가 곧 임소로 돌아왔다. 7월에 인종이 승하했다는 소식을 듣고, 병을 핑계 삼아 집으로 돌아왔다. 이때부터 인종의 죽음을 가슴 아파하고 실성한 사람처럼 통곡했다.

1546년 명종 원년 병오 37세

『효경간오발(孝經刊誤跋)』을 지었다.

1547년 명종 2년 정미 38세

성균관 전적에 임명되었으나 나가지 않았고 가을에 공조정랑에 임명되었으나 역시 나가지 않았다.

1548년 명종 3년 무신 39세

순창 정암촌에 물러가 살았다. 초당(「훈몽재(訓蒙齋)」)을 세우고 학동들을 가르쳤다.

1549년 명종 4년 기묘 40세

『대학강의발(大學講義跋)』을 지었다. 여름과 가을에 성균관 전적에 임명되었으나 나가지 않았다. 아버지 참봉공의 상을 당하여 슬픔과 예를 다하였다.

1551년 명종 6년 신해 42세

어머니의 상을 당하였다. 슬픔을 부친상 때와 같이 하였다.

1553년 명종 8년 계축 44세

홍문관 교리로 임명되어 부름에 응하여 길을 떠났다가 중도에서 병을 얻어 전(箋)을 올리고 사임했다.

1554년 명종 9년 갑인 45세

성균직강에 제수되었으나 사퇴하였다.

1557년 명종 12년 정사 48세

『주역(周易)』 관상편(觀象篇)과 『서명(西銘)』 사천도(事天圖)를 지었다.

1558년 명종 13년 무오 49세

겨울에 고봉 기대승과 더불어 태극도설을 강론하였다.

1559년 명종 14년 기미 50세

일재(一齋) 이항(李恒)과 더불어 태극과 음양이 같은 것(一物)이 아니라는 사실을 논했다.

1560년 명종 15년 경오 51세

정월 16일 본집에서 세상을 떠났다. 3월에 장성 대맥동 원당산(願堂山) 자좌원(子坐原)에 장사지냈다.

1570년 선조 3년 경오

순창에 화산사(華山祠)를 건립했다.

1590년 선조 23년 경인

장성 기산에 서원을 건립하였다.

1658년 효종 9년 무술

전라도 유생들이 서원에 사액을 청하여 윤허를 받았다.

1662년 현종 3년 임인

'필암(筆巖)'이라 사액하고 예관을 보내서 제사하게 했다.

1668년 현종 9년 무신

자헌대부 이조판서(資憲大夫吏曹判書) 겸 지경연 의금부(知經筵義禁府) 춘추관 성균관사(春秋館成均館事) 홍문관 대제학(弘文館大提學) 예문관 대제학(藝文館大提學) 오위도총부도총관(五衛都摠府都摠管) 세자좌빈객(世子左賓客)을 증직하였다.

1669년 현종 10년 기유

문정(文靖)이라는 시호가 내렸다.

1672년 현종 13년 임자

「신도비명(神道碑銘)」이 이루어졌다. 송시열(宋時烈)이 지었다.

1675년 숙종 원년 을묘

김수항(金壽恒)이 묘표(墓表)를 지었다.

1771년 정조 원년 정유

김종후(金鍾厚)가 쓴 묘지명(墓誌銘)이 이루어졌다.

1796년 정조 20년 병진

문묘에 배향되었다.

『문집』이 중간(重刊)되었다. 선조 원년에 침간(鋟刊: 목판에 새겨서 간행함)하고 숙종 병인에 중간하였는데 왕명으로 또 간행한 것이다.

미암 유희춘 *眉巖 柳希春*

미암(眉巖) 유희춘(柳希春 1513~1577)은 자는 인중(仁仲) 호는 미암 시호는 문절(文節) 이름은 희춘 본관은 선산(善山)이다. 선생의 선대는 문화 유씨파에서 분파되었는데 고려 중엽에 창(昌)이 은청광록대부(銀青光祿大夫) 상서좌복야(尙書左僕射)를 지냈고, 보(甫)가 도첨의찬성사(都僉議贊成事)로 선주(善州)에 봉해져서 선주 사람이 되었다. 고조 문호(文浩)는 감포만호(甘浦萬戶)이고, 증조 양수(陽秀)는 성균진사인데 통례원좌통례(通禮院左通禮)에 추증되었다. 조부 공준(公濬)은 생원 진사인데 승정원 좌승지(承政院左承旨)에 추증되었고, 아버지 계린(桂隣)은 이조참판(吏曹參判)에 추증되었다. 어머니 귀부인 최씨(崔氏)는 사간 부(溥)의 딸이다.

1513년 중종 8년 계유

12월 초4일에 해남현 본집에서 출생했는데 조숙하여 7, 8세 때 원대한 뜻을 품고 부친 참판공 밑에서 수업했다.

1528년 중종 23년 무자 16세

아버지 참판공의 상을 당하여 장례를 극진히 행하니 모두 감탄했다.

1537년 중종 32세 정유 25세

별과 병과(丙科)에 급제하였는데 시험관인 회재 이언적(李彦迪)이 선생의 문장이 특이함을 보고 선발했으며, 동년 10월에 권지 성균관 학유(權知成均館學諭)가 되었다.

1539년 중종 34년 기해 27세

진선사실록청(眞選仕實錄廳) 겸 춘추관 기사관(春秋館記事官)이 되었다.

1541년 중종 36년 신축 29세

6월에 예문관 겸열(藝文館檢閱)이 되었다.

1542년 중종 37년 임인 30세

1월에 세자시강원 설서(世子侍講院說書)로 전직되었는데 당시 동궁[뒷날 인종]의 보도를 맡게 하였다. 선생은 『대학연의(大學衍義)』를 강하면서 세자의 덕성을 함양시키는데 힘썼다. 그 해 8월 사서(司書)에 오르고, 9월에 부모에게 문안하기 위하여 휴가를 청했다.

1543년 중종 38년 계묘 31세

2월에 홍문관 수찬(弘文館修撰)이 되고 4월에 사서를 겸했다. 그때 모친 최씨가 집에 계셨음으로 보살핌을 다했다. 부모를 봉양하고자 귀향할 뜻을 말하니 중종 특별히 이조(吏曹)에 명하여 무장현감을 제수했다.

1544년 중종 39년 갑신 32세

11월에 중종이 승하하니 선생이 애통하였다.

1545년 인종 1년 을사 33세

5월에 내직으로 불리어 수찬이 되었고, 7월에 인종이 승하하여 명종이 대통을 이었다. 선생이 시무십책(時務十策)을 지어 올렸다. 그 해 8월 사간원 정언(司諫院正言)이 되었다. 이 때 외척 윤원형이 권세를 잡고 앞서 인종의 외숙 윤임(尹任) 등이 인종 재위 때 핍박한 것을 미워하여 사화를 일으켰다. 선생이 임금에게 극진하게 간했으나 윤허하지 않았다.

1547년 명종 2년 정미 35세

양재역 벽서사건(壁書事件)이 일어나 이기(李芑) 등이 많은 문신을 죽이고 귀양 보낼 때 선생도 제주로 유배되었다.

1548년 명종 3년 무신 36세

2월에 종성(種城)으로 이배되었다. 선생은 명종 20년까지 무려 19년 동안 적소에서 저술과 후학교육에 힘써 집에는 언제나 배우러 오는 사람들이 그치지 않았다.

1558년 명종 13년 무오 46세

2월에 모친 최부인이 별세했다.

1565년 명종 20년 을축 53세

문정왕후가 죽자 윤원형이 제거되고, 을사사화 때 죄를 입은 사람들이 원통함을 풀 때 선생도 은진현으로 이배되었다.

1567년 명종 22년 정묘 55세

선생이 복직되어 성균관 직강이 되었다가 곧 홍문관 교리로 옮겼고, 그 해 12월에 응교(應教)로 승진했다.

1569년 선조 2년 기사 57세

1월에 사헌부 장령을 배수받고 2월에 응교가 되었으며, 3월에 사간원 사간, 4월에 부응교, 7월에 집의가 되었다가 응교로 전직되었다. 8월에 의정부 검상이 되고, 사인으로 승급했다가 다시 응교가 되었다. 9월에 전한으로 승진되고 11월에 성균관 사성에 제수되었다. 이는 인망에 따른 것이다.

1570년 선조 3년 경오 58세

1월에 승정원 동부승지가 되고 곧 우부승지로 옮겼다가 3월에 다시 대사성이 되었다. 8월에 다시 좌부승지가 되고 9월에 병으로 사직하고 담양에 귀향했다. 10월에 홍문관 부제학이 되었다가 우승지가 되었으나 병으로 사직하고 다시 담양에 돌아왔다.

1571년 선조 4년 신미 59세

1월에 전라도 관찰사가 되고 9월에 사헌부 대사헌에 발탁되었다. 11월에 동지중추부사로 의금부사를 맡고 12월에 부제학이 되었다.

1572년 선조 5년 임신 60세

8월에 동지중추부사 겸 동지성균관사가 되어 경연을 맡았다. 9월에 예문관 제학이 되었다.

1573년 선조 6년 계유 61세

2월에 대사헌에 전직되고 3월에 오위도총부 부총관을 겸했다가 예조참판에 제수되었고, 11월에 부제학에 전직되었다.

1574년 선조 7년 갑술 62세

7월에 병으로 사직했다가 다시 대사헌이 되고, 8월에 형조참판, 9월에 부제학이 되어 시강했다.

1575년 선조 8년 을해 63세

4월에 대사헌이 되었다가 곧 동지중추가 되었고, 예조참판에 전직되었다가 다시 대사헌을 배수했다. 5월에 공조참판이 되고 6월에 동지경연사를 맡았으며, 7월에 사간원 대사간 겸 동지춘추관사에 전직되었다가 공조참판으로 옮겼다. 8월에 부모의 성묘를 위해 휴가를 얻어 귀향했다. 10월에 이조참판을 제수했으나 나이가 많음을 핑계로 사절했다.

1576년 선조 9년 병자 64세

4월에 대사헌을 제수했으나 고사하였고, 6월에 부제학이 제수되었다.

1577년 선조 10년 정축

봄에 다시 부제학을 제수했으나 사퇴하는 글을 올리니 임금이 허락하지 않고 정2품 자헌대부(資憲大夫)에 특별히 승진시켰다. 5월에 대궐에 나아가 사직을 원했으나 윤허하지 않았다. 수일동안에 병세가 악화되어 15일에 거처하는 집에서 세상을 떠났다. 6월에 담양으로 옮겨와서 8월에 고향집 서쪽 5리 되는 곳의 임좌(壬坐) 언덕에 장사지냈다.

1580년 선조 13년 경신

봄에 의정부 좌찬성에 증직되었다.

1630년 인조 8년 경오

이호민(李好閔)의 시장(諡狀)에 따라 문절(文節)이란 시호가 내려졌다. 그 뒤 호남의 유림들이 담양 목산(木山)의 삼천(三川) 상류에 사당을 지어 배향했고, 무장의 유림들이 충현사(忠賢祠)라는 사당을 지어 배향하였으며, 종성에도 사당을 세워 배향했다. 저술로 『미암집(眉巖集)』과 『일기(日記)』가 전한다.

금호 임형수 錦湖 林亨秀

금호(錦湖) 임형수(林亨秀 1514~1547)은 자가 사수(士遂) 호는 금호(錦湖) 이름은 형수 본관은 평택이다. 선대는 고려조 때 삼중대광 평성부원군(三重大匡 坪城府院君) 충정공(忠定公) 언수(彦修)가 시조이고, 충간공(忠簡公) 성미(成味)가 이름난 조상이다. 종조 종직(宗直)은 수군우후(水軍虞侯)이고, 할아버지 만근(萬根)은 첨정(僉正)이다. 아버지 준식(畯寔)은 북병사(北兵使)이고, 어머니 안동 권씨(安東權氏)는 현감 석(錫)의 딸이다.

1514년 중종 9년 갑술

전남 나주의 솔고개[松峴]에서 출생하였으며, 어려서부터 성품이 호방하고 범상하지 않았다.

1531년 중종 26년 신묘 18세

사마시(司馬試)에 합격하였다.

1535년 중종 30년 을미 22세

문과에 급제하여 사관(史館)에 천입(薦入)되었다.

인종이 동궁으로 있을 때 선생이 시강원 설서를 맡았는데 인종의 특별한 사랑을 받아 홍문관 수찬(修撰)으로 선발되었다.

1537년 중종 32년 정유 24세

주서(注書)가 되고 그해 12월에 박사가 되었다.

1538년 중종 33년 무술 25세

4월에 시강원 사서(侍講院司書)가 되고, 정시(庭試)에 합격한 후 호당(湖堂)에서 사가독서(賜暇讀書)하였으며, 이어서 병조 좌랑(兵曹佐郎)이 되었다.

1539년 중종 34년 기해 26세

4월에 중국의 사신인 설정총(薛廷寵)이 왔을 때, 소세양(蘇世讓)이 접빈사(接賓使)가 되고 선생이 종사관이 되었다. 6월에 부수찬(副修撰), 7월에 회령판관(會寧判官)을 제수받았다.

1543년 중종 38년 계묘 30세

종성부사(鍾成府使)가 되어 북방의 굶주린 백성들을 구제하였으며, 국방에 힘써 문(文)과 무(武)의 지략이 함께 뛰어났음을 보여주었다. 이에 중종임금이 내직으로 불러들여 병조좌랑(兵曹佐郎)을 삼게 되었다. 좌랑에서 정랑으로 승진하고 사헌부장령(司憲府掌令)사간원사간(司諫院司諫)·의정부사인(議政府舍人)·홍문관교리(弘文館校理)·응교(應敎)·전한(典翰) 등을 역임하였다.

1544년 중종 39년 갑진 31세

중종이 승하하고 인종이 즉위하자 명을 받아 「대행지문(大行誌文)」과 「시책(諡冊)」 등을 지어서 올렸다.

1545년 인종 원년 을사 32세

인종이 승하하자 선생은 군기시정(軍器寺正)으로서 도감(都監)이 되어 산릉의 일을 맡았으며, 그해 9월에 제주목사(濟州牧使)가 되었다.

1546년 명종 원년 병오 33세

조정에서 윤임(尹任)과 같은 당(黨)이라 탄핵했고 제주 목사직을 파면하니 모든 도민이 수레를 붙들고 눈물을 흘렸다. 선생은 곧 고향인 나주로 돌아왔다.

1547년 명종 2년 정미 34세

사화(士禍)에 관련되었다는 누명으로 절도(絶島)에 안치하기로 논의되던 중 정언각(鄭彦愨)의 주장이 받아들여져 사사(賜死)하기로 결정되었다. 이 해 9월에 죽임을 당하였다. 선생은 금부도사가 다다랐을 때 당당하게 가족들과 작별하고 조금도 비겁한 기색이 없이 태연히 사사되었다.

1567년　명종 22년　정묘

명종이 승하하고 선조가 즉위하자 그해 11월에 원통함을 풀고 삭탈되었던 관작이 모두 회복되었다.

1796년　정조 20년　병진

이조참판에 증직되었다. 문집으로 『금호유고(錦湖遺稿)』 2권 1책이 전한다.

송천 양응정 松川 梁應鼎

송천(松川) 양응정(梁應鼎 1519~1581)은 자가 공섭(公燮) 호는 송천 이름은 응정 본관은 제주이다. 선생의 선대는 탐라국 개국 3신 가운데 하나인 양을나(良乙那)가 시조인데 양씨로 바꾸었다. 후손 순(洵)이 신라에 내조(來朝)하여 한림학사가 되고 한라군(漢拏君)에 봉해졌으니, 세상에서 12세(十二世) 한림의 문인이란 이를 두고 말한다. 고려조 순(淳)이 장원으로 올라서 문한(文翰)에 오르고 직위는 찬성사였으며, 또 준(遵)과 석재(碩材)가 문한에 오르니 모두 이름난 조상들이다. 고조인 사위(思渭)는 직장(直長), 증조 담(澹)은 사복시정(司僕寺正)이고, 조부는 이하(以河)인데 승정원좌승지(承政院左承旨)이다. 아버지 학포(學圃) 팽손(彭孫)은 홍문관 교리(弘文館校理)인데 중종조 문치의 기운이 일어날 때 활약하다가 조광조 등 기묘명현들과 함께 활동하다가 기묘사화로 말미암아 고향에 돌아와 조광조의 마지막을 지켰으며 27년동안 끝내 지조를 지킨 분이다. 윗대 할아버지의 증직은 모두 학포공의 이러한 공훈에 말미암은 것이다. 어머니 정부인 금산 김씨(錦山金氏)는 진사 경행의 딸이요 섬(銛)의 손녀이다.

1519년 중종 14년 기묘

1월 14일 전남 능주의 월곡리 집에서 태어났다.

1523년 중종 18년 계미 5세

아버지 학포공(學圃公)에 대한 간신들의 모략이 잇달아 상소되자 학포공은 쌍봉리(雙峯里)에 집을 지어 이사했다. 선생은 부친의 밑에서 공부하여 이때 이미 시문을 지을 줄 알았고 계속 학문에 정진하여 경전을 두루 읽었다. 어느 날 휴암(休庵) 백인걸(白仁傑)이 학포 선생을 찾아 쌍봉정사(雙峯精舍)에 들렀다. 시험 삼아 선생에게 『중용』을 읽게 하고 그 뜻을 물으니 막힘없이 대답하므로 백인걸이 돌아가 영천(靈川) 신잠(申潛)에게 "내가 양동자(梁童子)를 보니 문장이 숙성했더라"고 말하였다.

1534년 중종 29년 갑오 16세
모부인 김씨가 세상을 떠나자 한결같이 『주자가례』대로 행하였다. 상례의 기간에도 예를 연구하고 경문을 닦았다.

1538년 중종 33년 무술 20세
문장으로 이름을 떨치게 되었고 문인들 사이에서 으뜸이 되었으며 기대승·김인후 등과 교류했는데 선생의 기상과 학문을 칭찬하지 않음이 없었다.

1540년 중종 35년 경자 22세
형 참의공과 함께 생원시에 합격하여 이름을 떨쳤다.

1544년 중종 39년 갑신 26세
11월에 중종이 승하하고 인종이 즉위했는데 다음 해 7월에 인종이 또 승하하자 부펴함이 지나쳐 마침내 8월 18일 세상을 떠났다. 선생은 장례의 모든 예절을 모친 때와 같이 하였다.

1553년 명종 7년 임자 34세
문과에 급제하여 홍문관 정자에 제수되었고, 곧 한림원에 들어가 시강원(侍講院) 설서(設書)가 되었다. 그리고 호당에 뽑혀 들어가 홍문관 부수찬, 예문관 봉교, 대교(待敎)를 거쳐 수찬으로 승진되었다. 선생은 매일 임금에게 진강하고 응제(應製)하여 임금의 사랑을 받았으며 한 때 지조가 깨끗한 선비들의 촉망을 받게 되자 당시의 벼슬아치들이 시기하는 사람이 많아서 마침내 외직으로 쫓겨 전라도 순창현감으로 체직되었다가 그만두고 귀향했다. 그 뒤 조정에서 다시 불러 사간원 정언·헌납·시강원 필선(侍講院弼善)·사헌부 장령·지평 등을 역임했다.

1557년 명종 12년 정사 39세

5월에 공조정랑이 되었다가 그 해 6월에 파직되었다. 그 뒤 조정에서 다시 불러 이조좌랑·의정부 검상과 사인·사복시정을 임명했으나 이량(李樑) 등의 배척을 받아 관서평사(關西評事)·관북평사(關北評事)로 나갔다. 선생은 벼슬에 나아갈 생각이 없어 귀향한 뒤 능양(綾陽)에서 나주의 박산(朴山)으로 옮겨 거기에 집을 짓고 강학하면서 시와 술로 날을 보냈다. 이 때 송강 정철과 옥봉(玉峰) 백광훈(白光勳)·고죽(孤竹) 최경창(崔慶昌) 등이 선생의 문하에서 공부했고, 교류했던 우뚝한 선비로는 태헌(苔軒) 고경명(高敬命)·건재(健齋) 김천일(金千鎰) 등이었다. 선생은 이때 학문을 강론하는 틈틈이 후원에 대나무를 심고 시냇가에 소나무를 심어, 푸른 대와 소나무가 울창하게 자라 숲을 이루니 학자들은 선생을 송천(松川) 선생이라 불렀다. 이 때 조정에서 그 재능을 애석히 여겨 다시 불러 홍문관수찬·부교리·교리·부응교·응교·예문관 봉교·시강원 보덕·사간원 사간 등을 역임하였으나 다시 이량(李樑) 등 배척을 받아 온성부사(穩城府使) 경원부사(慶源府使)를 지내다가 파직되어 귀향했다. 조정에서 또 다시 불러 홍문관 응교·전한·양관 직제학·홍문관 부제학·승정원 좌우승지·성균관 대사성을 제수하였다.

1564년 명종 19년 갑자 46세

고시관이 되어 율곡 이이를 장원으로 발탁했다. 그러나 조정에서는 선생을 헐뜯는 모함이 계속되었다.

1567년 명종 22년 정묘 49세

광주목사(光州牧使)를 제수받았다.

1568년 선조 1년 무진 50세

선조가 즉위하자 미암 유희춘(柳希春)에게 명하여 역대 유현들의 언행록을 만들게 하니 미암이 선생을 추천했다.

1570년 선조 3년 경오 52세

광주목사에서 진주목사로 전직되었다. 조남명(曺南冥)·이구암(李龜巖) 등과 교제하고 학문을 강론했다.

1571년 선조 4년 신미 53세

파직되어 귀향했다가 곧 조정의 명으로 대사간을 제수 받고 이어 병조참의·이조참의·성균관 대사성·홍문관 부제학·승문원 부제조 겸 동지경연 춘추관사를 역임했다.

1574년 선조 7년 갑술 56세

배척했던 사람들이 선생을 모함하여 경주부윤으로 임명되었다가 곧 파직되니 선생은 전원(田園)으로 돌아와 경전을 깊이 연구하고 후진을 길렀다. 이때 유희춘과 더불어 경전에 관한 토(吐)를 달고 경의(經義)를 밝혔다.

1576년 선조 9년 병자 58세

의주목사(義州牧使)에 제수되었다가 그해 겨울에 파직되어 귀향했다.

1577년 선조 10년 정축 59세

1월에 이조참의를 제수하고 성절사(聖節使)로 중국을 다녀와서 성균관 대사성을 제수받았다.

1578년 선조 11년 무인 60세

4월 파직되어 귀향한 뒤 조정에서 여러 차례 소명(召命)했으나 나가지 않고 경전연구와 후진교육에 전념하면서 유유자적했다.

1579년 선조 12년 을묘 61세

유모 조씨의 상을 당하자 나이 많은 것을 가리지 않고 3년의 제례를 예법대로 집행하였다.

1581년 선조 14년 신사 63세

9월 12일 고향집에서 세상을 떠나니 향년 63세였다. 나주의 북쪽 장본촌 계좌(癸坐)에 장사지냈다. 선생의 저술과 업적이 많았으나 불행하게도 임진·정유의 왜란으로 모두 소실되었고 전 가족이 순절하는 비운 속에서 그나마 수습되지 못했다. 손자 만용(曼容)이 시문 약간과 잡저 몇 편을 보관했다.

1631년 인조 9년 신미

가선대부 예조참판에 증직되었다.

청련 이후백 青蓮 李後白

청련(青蓮) 이후백(李後白 1520~1578)는 자는 계진(季眞) 호는 청련이며 이름은 후백 본관은 연안(延安)이다. 당나라 중랑장 이무(李茂)가 소정방(蘇定方)을 따라 조선에 왔는데 백제(百濟)가 평정된 뒤 신라에 귀화하여 연안 이씨의 시조가 되었다. 고려말 계손(係孫)이 공조전서(工曹典書)를 지냈고 익제 이제현의 사위가 되었는데 이 분이 선생의 7대조이다. 고조 말정(末丁)은 예빈소윤(禮賓小尹)을 지냈는데 후에 연성부원군(延城府院君)에 봉해졌고, 증조 숙감(淑瑊)은 이조참판 부제학인데 성종 조에 문장으로 명신이 되었다. 조부 세문(世文)은 참봉인데 이조판서를 증직 하였고, 아버지 국형(國衡)은 현감이었는데 영의정을 증직 하였으니 모두 선생의 귀함에 따른 것이다. 어머니 정경부인은 나주 임씨이다.

1520년 중종 15년 경진
4월 11일 함양(咸陽)에서 출생했다.

1524년 중종 19년 갑신 5세
글을 배우기 시작했다.

1527년 중종 22년 정해 8세
선생이 산사에서 글을 읽고 있었는데 마침 관찰사가 그곳에 와서 선생의 명성을 듣고 불러 시를 얼마나 잘 짓는지 시험하고자 했다. 마침 탑의 가장자리에 작은 소나무가 있어서 「탑반송(塔半松)」이라는 제목으로 운(韻)을 띄우니 선생이 곧 대답하기를 "한 자 되는 푸른 솔을 탑 가에다 심었더니, 탑은 높고 솔은 낮아 서로 가지런하지 못하다만. 사람들아! 푸른 솔이 낮다고 뭐라 말라. 먼 훗날엔 솔이 높고 탑이 도리어 낮으리니.[一尺靑松塔半栽, 塔高松短不相齊. 傍人莫怪靑松短. 他日松高塔反低])'라 읊었다. 이에 관찰사가 크게 칭찬하였고, 이후로 명성을 떨치게 되었다.

1528년 중종 23년 무자 9세

아버지와 어머니의 상을 거듭 당하자 통곡하고 가슴을 치며 상례를 집행함이 어른과 같아서 사람들이 모두 칭찬했다. 백부집에서 자랐는데 여러 아이들과 함께 웃고 어울리는 일이 없었다.

1531년 중종 26년 신묘 12세

백부형의 명에 따라 표인(表寅)의 문하에 나아가 공부했다. 표 선생은 학행이 있었고 은거하면서 후진을 교육했다. 동문으로 옥계(玉溪) 노진(盧禛)·목사(牧使) 양희(梁喜)·오덕계(吳德溪)·한금산(韓錦山)이 함께 공부하였는데 선생의 나이가 제일 어렸다.

1534년 중종 29년 갑오 15세

「소상팔경가(瀟湘八景歌)」 시 8편을 지었다. 백부 참봉공이 화계와 악양의 강에 배를 띄우자 함께 가서 지은 것이다.

1535년 중종 30년 을미 16세

금릉(金陵: 강진의 옛 이름)에 가서 조모 홍씨를 모셨다. 조부 판서공이 세상을 떠나자 조모 홍씨가 서울로부터 강진의 친정에 내려와 계셨으므로 그곳에 머물면서 봉양했다.

1536년 중종 31년 병신 17세

선생이 조모 홍부인을 지성으로 공경하고 섬기니 마을 사람들이 모두 칭찬했다.

1537년 중종 32년 정유 18세

조모를 섬기면서 시간이 있으면 글 읽기를 일삼았다.

1538년 중종 33년 무술 19세

이기(李芑)가 강진에 귀양살이 하고 있었는데 그가 학식이 있다는 말을 듣고 가서 수학하다가 수일 만에 돌아왔다. 남들이 그 까닭을 물으니 "이기의 사람됨이 무슨 일이나 숨기는 것이 많고 남에게 알리고자 하지 않으니 군자의 하는 일이 어찌 그럴 수 있겠는가"하고 다시는 가지 않았다.

1540년 중종 35년 경자 21세

홍씨에게 장가들었다. 홍씨는 군수 홍처성(洪處誠)의 딸로 조모 홍씨의 친정 조카의 손녀이다.

1542년 중종 37년 임인 23세

향시에 합격하고 서울에 갔다. 문인과 학사들이 선생의 명성을 듣고 모두 와서 만났는데 그 가운데는 이름 있는 벼슬아치도 많았다.

1543년 중종 38년 계묘 24세

강진 박산촌(博山村)에 집을 지어 조모를 모시고 이사했다.

1544년 중종 39년 갑신 25세

간절히 묻고 깊이 생각함에 뜻을 두고 경전과 정주학(程朱學)에 정진하니 원근의 벗들이 배우러오는 자가 많았다.

1546년 명종 1년 병오 27세

아들 선경(善慶)이 출생했다. 사마시(司馬試)에 합격했다.

1547년 명종 2년 정미 28세

같은 고을에서 을사위훈(乙巳僞勳)에 등록된 자가 있었는데 거듭 선생을 만나고자 했다. 선생이 산방에서 글을 읽고 있을 때 그 사람이 사냥을 핑계로 찾아왔다. 선생은 이 사실을 알고 곧 집을 옮겨 피했으니 악을 미워하는 마음이 이와 같았음을 알 수 있다.

1548년 명종 3년 무신 29세

조모 홍부인의 상을 당하자 대를 이을 장손으로 3년 여묘(廬墓)살이를 하면서 비가 오나 눈이 오나 아침저녁으로 무덤에 다녀오니, 미암 유희춘과 석천 임억령이 서로 말하기를 "타고 난 지극한 효심이니 옛날의 효자도 이보다 더하지 않았다"고 했다.

1551년 명종 6년 신해 32세

선생의 학문은 날로 진취함이 있었으며 옥봉(玉峯) 백광훈(白光勳)·고죽(孤竹) 최경창(崔慶昌)·동은(峒隱) 이의건(李義健)·고담(孤潭) 이

순인(李純仁)·남계(南溪) 김윤(金胤) 등과 종유했다. 그중에 백광훈과 최경창은 선생을 스승처럼 모셨다. 청계 유몽정(柳夢鼎)과 건재 김천일(金千鎰) 등 여러 이름난 선비들이 모르는 문장이 있거나 뜻이 불분명한 곳이 있으면 반드시 선생을 찾아와 묻고 선생의 논변이 정확한 점에 감탄했다.

1552년 명종 7년 임자 33세

장성에 있는 하서 김인후(金麟厚)를 찾아가서 강론하고 돌아왔다.

1554년 명종 9년 갑인 35세

광주에 있는 고봉 기대승(奇大升)을 방문하고 함께 경의를 논의하였다. 고봉과는 소년시절부터 친하였다.

1555년 명종 10년 을묘 36세

식년(式年) 을과 명경과(明經科)에 합격하고 승문원에 뽑혀 권지부정자(權知副正字)를 임명받았다.

1556년 명종 11년 병진 37세

세자시강원 설서(說書)와 병조좌랑을 임명받았다.

1557년 명종 12년 정사 38세

사간원 정언을 임명받았다.

1558년 명종 13년 무오 39세

홍문관 부수찬과 이조좌랑을 제수 받고 호당(湖堂)에서 사가독서(賜暇讀書)했다.

1559년 명종 14년 을미 40세

홍문관 교리와 이조정랑으로 옮겼다. 이해에 어사가 되어 호남지방을 순찰하게 되니, 수령 가운데 탐관오리들이 선생의 강직한 성품을 미리 알고 인수(印綬: 인장과 끈)를 풀어놓고 벼슬을 떠나는 사람이 여럿이었다.

1560년 명종 15년 경신 41세

잇달아 삼사(三司)직에 있으면서 경연에 들 때마다 을사사화(乙巳士

禍) 이후 유생들의 사기가 꺾여 있었으므로 유생의 원기를 돋우는 데 힘썼다.

1561년 명종 16년 신유 42세

의정부 검상(議政府 檢詳)을 제수 받고 또 사인에 임명되었다.

1562년 명종 17년 임술 43세

홍문관 응교(應敎)와 사간원 사간(司諫)을 제수받았다.

1563년 명종 18년 계해 44세

홍문관 전한(典翰)을 명받았다.

1564년 명종 19년 갑자 45세

왕명을 받아 『국조등과화첩후제시(國朝登科畵帖後題詩)』를 지어 올렸다.

1565년 명종 20년 을축 46세

다시 사간원 사간에 임명되었다.

1567년 명종 22년 정묘 48세

승정원 동부승지에 발탁되었다. 이해 명나라 목종(穆宗)황제의 황제등극 조서가 반포되었으므로 선생이 중국 사신을 맞이하는 원접사(遠接使) 종사관(從事官)으로 나아가서 맞이했고, 사신이 돌아가자 동부승지에 발탁되었다.

1568년 선조 1년 무신 49세

사간원 대사간을 임명받았다.

1569년 선조 2년 을사 50세

승정원 도승지가 되어서 하루꼬박 정원에 단정히 앉아 집무하니 엄숙한 모습이 범할 수 없었고 장내가 숙연했다. 그 때 임금이 『대학연의』를 강하고자 하니 선생이 먼저 『근사록(近思錄)』을 강하도록 건의하자 임금은 그렇게 하도록 했다. 이무렵 임금의 특명으로 남곤(南袞)의 관직을 추삭(追削)하기 위해 홍문관 양사(兩司)에 남곤의 잘못을 논하도록 하였다. 선생은 임금께 아뢰기를 "소차(疏箚)의 공론을 임금의 명을 받들어서 아래에서 올리게 한 것은 옛사람도 하지 않았습니다. 그 일이 비록 좋고 그 의논이 비록 공정하다 하더라도 뒷날의 폐단이 있을까 걱정되니 다만 옥당과 양사에 명하여 그 죄목을 조목조목 나열케 한다면 무방하겠습니다"하니 임금이 답하되 그 말이 지당하다고 하였다.

1570년 선조 3년 경오 51세

손자 태길(泰吉)이 출생했다. 선생은 왕명을 받들어 『국조유선록(國朝儒先錄)』 서문을 지어 올렸다.

1571년 선조 4년 신미 52세

예조참판에 승진되고 사헌부 대사헌 홍문관 제학이 되었다가 곧 이조참판으로 옮겨 왕명을 받아 「유민도시(流民圖詩)」를 지어 올렸다. 그때 흉년이 들어 유랑하는 백성이 많아 유민도(流民圖)를 그리고 시를 짓게 한 것이다. 이해에 문신들의 정시(庭試)에 장원하여 벼슬이 올랐다.

1572년 선조 5년 임신 53세

동지경연사(同知經筵事)에 임명되고 또 예문관 제학(藝文館 提學)이 되어서 진강했다. 선생은 경연에서 『논어』를 숙독해야 한다고 적극 말하였다.

1573년 선조 6년 계유 54세

종계변무(宗系辨誣: 중국의 『대명회전』에 태조 이성계의 조상을 잘못 기록한 사건)를 바로 잡는 정사(正使)로 북경에 갔다. 이는 중국에서 태조의 조상을 기록할 때 태조를 무고하는 사람이 있어서 그의 조상이 『황조조훈(皇朝祖勳)』과 『대명회전(大明會典)』에 잘못 실려 있었으므로 태종 때부터 명종에 이르기까지 여러 차례 그 잘못을 바로 잡아주기를 요청하였으나 주청할 때마다 바로 잡겠다 하고 고치지 않았으므로 바로 잡으려 한 것이다.

1574년 선조 7년 갑술 55세

형조판서를 제수했다. 이때 임금이 좌상(左相) 박순(朴淳)에게 묻기를 "형조의 장관으로 적합한 인물을 얻지 못해 늘 걱정인데 경이 감당할 인물을 추천하라"하니 박순이 곧 청렴과 근엄을 들어 선생을 추천하였기 때문에 형조판서가 된 것이다.

1575년 선조 8년 을해 56세

특명으로 함경도 관찰사를 제수했다. 당시 선생은 사정이 있어서 그만두고 집에 있었다.

1576년 선조 9년 병자 57세

특명으로 이조판서를 제수했다. 그해 손자 유길(有吉)이 출생했다.

1577년 선조 10년 정축 58세

왕명을 받아 을사삭훈(乙巳削勳) 반교문(頒教文)을 지어 올렸다. 당시 궁중이나 지방에 반포할 글은 대제학 김귀영(金貴榮)을 시켜 지어 올리도록 했으나 글이 잘못되어 뜻이 드러나지 않았으므로 곧 근신들과 의논하여 선생에게 반교문(頒教文)을 짓도록 한 것이다. 또 인성왕후(仁聖王后)의 복제(服制)를 의논하여 결정했다. 당시 인성왕후가 병이 위독하게 되자 곧 위사공신(衛社功臣)의 호를 삭제하도록 명했다.

1578년 선조 11년 무인 59세

호조판서를 제수 받고 휴가를 얻어 함양의 선산에 성묘를 다녀온 후 병이 들어 10월 7일 세상을 떠났다. 임금이 부음을 듣고 놀라 특명으로 운구(運柩)가 지나가는 고을 수령들에게 호상(護喪)하도록 하고 파주 광탄의 선영 곁에 안장케 했다. 그리고 강진의 선비들이 사당을 세우고 배향했다. 뒤에 선조가 청백리로 기록하도록 명하고 문청(文清)의 시호를 내렸다.

1590년 선조 23년 경인

선생이 주청사(奏請使)로 명나라에 가서 종계를 변무(辨誣)한 공으로 수충공성 익모수기 광국공신(輸忠貢誠翼謀修紀光國功臣)이 되고 연양군(延陽君)에 봉해졌다.

사암 박순 思菴 朴淳

사암(思菴) 박순(朴淳 1523~1589)은 자는 화숙(和叔) 호는 청하자(青霞子) 또는 사암(思菴) 이름은 순 관향은 충주이다. 고조 광리(光理)는 고려말에 벼슬이 민도의랑(民都議郎)이었고 사복시정(司僕寺正)에 추증되었다. 증조는 선천군사(宣川郡事)로 이조판서(吏曹判書)에 추증된 소(蘇)이며, 할아버지는 성균진사로 의정부 좌찬성(議政府左贊成)에 추증된 지흥(智興)이고, 아버지는 한성부좌윤(漢城府左尹)으로 의정부 영의정(議政府領議政)에 추증된 우(祐)이다. 어머니 정경부인(貞敬夫人)은 당악 김씨(棠岳金氏)이다. 선생의 아버지 의정공은 호가 육봉(六峰)으로 눌재 박상(朴祥)의 동생이 되니 선생은 눌재 선생의 조카이다.

1523년 중종 18년 계미

10월 나주의 시골집에서 출생하였다. 나면서부터 남다른 데가 있었고, 6세 때에 김부인이 세상을 떠나자 광주의 서모에게 의탁되었다.

1530년 중종 25년 경인 8세

사물을 보는 대로 글로 표현하여 이웃의 훈장이 감히 가르칠 수 없다고 하였다. 부친이 기묘사화로 인하여 술로 세월을 보내다가 시험 삼아 선생에게 글을 짓게 하였는데 내용이 훌륭하여 칭찬하였다.

1540년 중종 35년 경자 18세

진사시험에 합격하여 이름을 날렸다. 그러나 선생은 이에 개의하지 않고 화담(花潭) 서경덕(徐敬德)의 문하로 들어가 학문을 배우기 시작했다.

1547년 명종 2년 정미 25세

아버지 의정공의 상을 당하였다. 슬픔을 다하였고 소상이 지날 때까지 죽을 먹고 여묘(廬墓)살이를 하다가 건강을 상하였다.

1549년 명종 4년 기유 27세
상복을 벗고 귀가하여 곧 책을 싸들고 입산하여 학문을 닦았다.

1553년 명종 8년 계축 31세
가을에 명종임금이 정시(庭試)를 열고 직접 경(經) 한 가지씩을 시험하였다. 선생은 『중용』을 강론하였는데 심기가 명랑하고 행동이 올바르고 강론의 내용이 훌륭했기 때문에 장원으로 급제하게 되었다. 곧 성균관 전적(典籍)이 되었다가 공조좌랑(工曹佐郎)으로 옮겼다.

1558년 명종 13년 무오 36세
이조좌랑(吏曹佐郎)으로 전임되고, 호당(湖當)에서 사가독서(賜暇讀書)하였다.

1559년 명종 14년 기미 37세
가을에 어명을 받들어 제갈공명의 사당을 그린 그림에 시를 지어 바쳤다. 제술에 참여하면 임금은 친히 술을 내려 취하도록 마시게 했고 돌아갈 때는 다른 신하와 함께 촛불을 주었다.

1560년 명종 14년 경신 38세
의정부 검상(議政府檢詳)에 제수되었고 얼마 뒤에 사인(舍人)에 올랐다. 가을에 재해가 들어 어사의 직분으로 호서지방을 순찰하였다. 얼마 뒤에 사복시 부정(司僕寺副正)이 되었다.

1561년 명종 16년 신유 39세
홍문관 응교가 되고 5월에 나주의 옛집으로 돌아갔다. 그때 옥당에서 임백령의 시호를 논하였는데 선생이 시호를 소공(昭恭)이라 할 것을 주장했다. 이는 과오를 저지른 사람이 잘못을 깨닫는다는 뜻이었다. 이때 임백령과 같은 편이었던 윤원형(尹元衡)이 선생을 미워하였기 때문에 벼슬에서 물러나게 되었다.
12월에 한산군수가 되었다. 10년 동안 이량(李樑) 등의 권신을 가까이 하지 않았기 때문에 권신들의 미움을 샀지만 한산군수가 되어서는 어진 정치를 폈다.

1563년 명종 18년 계해 41세

성균관 사성(司成)으로 있다가, 9월에 시강원 보덕(輔德)이 되었는데 순회세자(順懷世子)의 상을 당하여 슬퍼하였다. 겨울에 사헌부(司憲府) 집의(執義)가 되었다.

1564년 명종 19년 갑자 42세

윤 2월 통정대부(通政大夫) 승정원(承政院) 동부승지(同副承旨)가 되고 곧 좌승지(左承旨)에 올랐다. 이때에 휴가를 청하였다. 10월 이조참의(吏曹參議)가 되고, 또 좌부승지(左副承旨)에서 우부승지(右副承旨)로 승진하였다.

1565년 명종 20년 을축 43세

정월에 성균관 대사성(大司成)으로서 대사간(大司諫)대사헌(大司憲) 등과 함께 이량(李樑) 이감(李戡) 윤백원(尹百源) 등의 죄를 논하고 법에 따라 처벌할 것을 요구했다. 하루에 4, 5차례 간청하고 아홉 차례나 직무를 거부하다가 임금의 명으로 다시 조정에 나갔다. 4월에 문정왕후(文定王后)가 승하하자 승려 보우(普雨)를 처벌하라는 상소를 올렸다. 5월에 대사간(大司諫)이 되어 8월에 다른 사람과 함께 윤원형(尹元衡)의 죄를 논하고 윤원형을 시골로 몰아내도록 하였다. 겨울에 사헌부 대사헌이 되고 가선(嘉善)의 품계에 올랐으며, 체직되어 한성부 우윤(右尹)이 되었다.

1566년 명종 21년 병인 44세

6월에 부제학 대사성이 되고 겨울에 체직되었다.

1567년 명종 22년 정묘 45세

정월에 대사헌이 되었다가 부제학이 되고, 6월에 예조참판(禮曹參判)가 되었다. 명종이 승하하니 예를 엄숙히 지켰다.

1568년 선조 1년 무진 46세

명종의 장례에 참석하려고 중국의 사신이 왔는데 선생의 접빈(接賓)이 훌륭하였으므로 사신과 가까이 지냈다. 2월에 대사헌이 되었다. 사신이 돌아간 뒤 양관(兩館: 성균관과 홍문관) 대제학이 되었다.

이때 퇴계에게 양보하는 상소를 올려 곧 한성부 좌윤(左尹)이 되었는데 이를 미담으로 여기는 사람이 많았다.

1569년 선조 2년 기사 47세

고봉(高峰) 기대승(奇大升)과 함께 문소전에 대한 의론을 개진하였다. 문소전(文昭殿)은 세종 때에 만들어진 것인데 인종의 위패를 문소전에 모시지 않고 연은전(延恩殿)에 강등시켰기 때문에 이를 바로 잡고자 한 것이다. 7월에 이조판서가 되었다.

1570년 선조 3년 경오 48세

재상과 뜻이 맞지 않아 다른 직책에서 물러나 예조판서로서 과거를 관장하였다.

1572년 선조 4년 신미 49세

『실록』 봉안관(奉安官)으로 호남에 갔을 때 휴가를 받아 성묘하였다. 6월에 이조판서, 가을에 숭정대부(崇政大夫) 의정부 좌찬성이 되었다.

1572년 선조 5년 임신 50세

7월에 이준경(李浚慶)이 당파의 발생을 막으라는 유서를 남겼는데 선생을 지목한 것이어서 신하들이 이를 변명하였다. 같은 달 대광보국 숭록대부 우의정(大匡輔國崇祿大夫右議政)이 되었다. 8월에 등극사(登極使)로 중국에 갔다. 중국에 가서 궁궐로 들어가려 하는데 외국의 사절들은 옆문으로 들게 하자 선생은 "황제께 바치는 글은 지엄한데 옆문으로 드는 것은 불가하다"고 하여 정문으로 들어갔다.

1573년 선조 6년 계묘 51세

2월에 조정으로 돌아와서 왕양명(王陽明)의 학문이 잘못된 것임을 보고하였다. 다음 달에 좌의정이 되었다.

1574년 선조 7년 갑진 52세

3월에 사퇴하자 중추부사(中樞府事)에 임명했는데 병을 핑계로 체직(遞職)을 호소하기를 다섯 번이나 간청한 끝에 허락되었다. 7월에 다시 좌의정이 되었다.

1575년 선조 8년 을사 53세

정월에 인순왕후(仁順王后)가 승하했는데 선생은 곡(哭)이 끝난 후에 백립(白笠)을 쓰도록 주장하여 그렇게 하였다. 여름에 서화담의 증직과 시호를 청하여 우의정과 문간(文簡)으로 하명되었고, 송도에 숭양서원을 세워 포은(圃隱)과 화담(花潭)을 배향하게 하였다. 가을에 대사간의 탄핵을 받고 물러났다.

1576년 선조 9년 병오 54세

봄에 입시하여 율곡을 보내지 말고 조정에 남아 있도록 하라고 권유했다. 판중추부사(判中樞府事)가 되었다가 얼마 뒤 영중추부사(領中樞府事)가 되었다.

1577년 선조 10년 정축 55세

인종의 비(妣)가 승하했는데 계모의 예로서 3년 복을 주장하여 그렇게 시행되었다.

1578년 선조 11년 무인 56세

영중추부사가 되고 영경연사(領經筵事)가 되었다.

1579년 선조 12년 기묘 57세

영의정(領議政)이 되었다.

1580년 선조 13년 경진 58세

봄에 무지개가 하늘을 가리는 변괴(變怪)가 있어 사임을 청했으나 변괴는 임금의 책임이라 하여 윤허하지 않았다. 선조가 위중했는데 선생이 급히 약을 써서 회생시켰다. 강원도 관찰사 정철(鄭澈)이 장계를 올려 단종의 묘를 개축하고 예를 드릴 것을 청해오자 표석을 세우고 제사하되 일품(一品)의 예에 따르도록 주청했다. 야은(冶隱) 길재(吉再)의 묘에 제사하여 길재의 충절을 가르치도록 청했다.

1583년 선조 16년 계미 61세

경원의 오랭캐 니탕개(尼湯介)가 반란을 일으켜 많은 고을이 함락되었다. 선생은 병조판서 이율곡과 함께 군량을 전달하고 난을 평정하였다. 7월에 병조판서를 겸하게 되었는데 여러 차례 사양했으나 허락되지 않았다.

1584년 선조 17년 갑신 62세
율곡이 갑자기 세상을 떠나자 그의 증직을 청했는데, 율곡의 벼슬이 이미 찬성(贊成)이었으므로 가족을 돌보아 주도록 하는 전교가 내렸다.

1585년 선조 18년 을유 63세
스스로 사퇴하여 영중추부사(領中樞府事)가 되었다. 이때 정여립(鄭汝立)이 조정에 들어와 선생을 헐뜯었고 선생은 여러 차례 물러날 것을 청하여 중추부사직을 버리고 용호에 은거했다.

1586년 선조 19년 병술 64세
초정(椒井)에 휴양하러 갔는데 임금께서 술과 호피를 보냈다. 영평(永平)의 백운산(白雲山) 계곡에 집을 짓고 술과 시로 세월을 보냈다. 마을 사람과 약초를 캐고 학문을 닦으며 벼슬을 떠나 유유자적하였다. 그 때 당론이 날로 거세지는 것을 보고 지난 해부터 아무런 의견도 말하지 않았다. 선생과 현인들이 당파에 밀려났음을 변명하는 상소를 중봉(重峰) 등이 올렸으나 선생은 이에 개의치 않았다.

1589년 선조 22년 기축 67세
백운산에서 세상을 떠났다. 시를 지어 읊다가 홀연히 신음하더니 부인에게 "나는 가오"하고 임종하였다. 부음이 알려지자 조정에서는 3일 동안 업무를 보지 않았다. 승지가 조의를 표하고 예관이 제사를 드렸다. 종현산(鍾賢山) 동쪽 갑향(甲向)에 묻혔다. 인조 때에 문충(文忠)이라는 시호가 내렸다. 화담서원에 배향되었고 광주와 영평에 서원이 있다.

1668년 갑술
특명으로 나주의 덕산서원(德山書院)에 사액(賜額)이 내렸다. 문집은 임진난을 겪으면서 산실되고 인조 24년에 외손에 의해 간행되었다. 또 1978년 충주 박씨 문중에서 간행한 『국역 사암집』이 있다.

죽천 박광전 竹川 朴光前

죽천(竹川) 박광전(朴光前 1526~1597년)은 자는 현재(顯哉) 호는 죽천 이름은 광전 본관은 진원(珍原)이다. 선대는 진원에서 살았는데 선생의 5대조인 휘생(暉生)이 보성(寶城)으로 옮기면서부터 줄곧 보성에서 살게 되었다. 고조 문기(文基)는 사온직장(司醞直長)을 지냈고, 증조 윤원(胤原)은 성균관 생원이었으며, 조부 연(衍)은 선교랑(宣教郎)을 역임했다. 부친인 이의(而誼)는 성균관 진사였으며, 어머니 최씨는 강예원 습독(講隷院習讀)을 지낸 명기(命夔)의 딸이다.

1526년 중종 21년 병술

정월 16일 보성군(寶城郡) 조양리(兆陽里) 자택에서 태어났다. 선생은 나면서부터 아름다운 자질을 갖추었고, 품성이 순수하고 온유했다.

1529년 중종 24년 기축 4세

평소에 장난을 하며 놀더라도 웃거나 말하는 일이 드물었고, 기쁨과 노여움을 밖으로 드러내지 않았다. 우뚝 선 모습으로 홀로 앉아 무리지은 아이들의 잡다한 유희에는 끼어들지 않았다.

1530년 중종 25년 경인 5세

어른과 같은 위의(威儀)를 지녔고 비로소 학문을 닦기 시작했다.

1532년 중종 27년 임진 7세

책을 읽다가 중요한 곳에 이르면 반드시 힘써 뜻을 탐구하고 깊이 기 의미를 물었다.

1533년 중종 28년 계사 8세

부친이 '도(道)'자로 시작해서 '위(爲)'자로 끝나는 운으로 문장을 지을 것을 명하였다. 선생이 즉시 응답하여 말하기를 "도는 천명으로부터 나오는 것이니 어찌 사람이 할 수 있으리오?"라 하였다. 또 '위(爲)'자로 시작하여 '도(道)'자로 끝나는 글을 짓게 하자 선생이 응답하기를 "한번 대성하고자 하는 것은 공자의 도이다"라 하였다. 부친과 형제들이 크게 놀라며 기이하게 여겼다.

1534년 중종 29년 갑오 9세

인재(忍齋) 홍섬(洪暹)에게 나아가 학문을 닦았다. 이때에 홍섬은 흥양현(興陽縣)에 유배되어 있었다. 선생의 집과 홍섬이 머물렀던 곳과는 5리 정도 떨어져 있었다. 선생은 추위나 더위에 아랑곳 하지 않고 걸어서 왕래하며 일과를 폐하지 않았다. 홍섬이 그 독실한 뜻을 가상히 여겨 가르침에 더욱 정성을 기울였다.

1535년 중종 30년 을미 10세

학문이 더욱 독실해지고 비록 유희를 즐기더라도 반드시 바른 것을 택하여 처신하였다.

1536년 중종 31년 병신 11세

감사가 평소에 선생의 소문을 듣고 보성군에 순시하러 왔을 때 선생을 불러 곁에 앉히고서 종이와 붓을 주고 '소상야우도(瀟湘夜雨圖)'를 제목으로 글을 짓도록 하였다. 선생이 즉시 4운으로 된 시를 지어 올렸다.

1537년 중종 32년 정유 12세

부친이 과거를 급선무로 여기고 사장(詞章)에 힘쓸 것을 재촉하였으며, 선생은 『성리대전(性理大傳)』을 구하여 일과가 끝난 여가에 몰래 읽으며 의미를 탐구하였다. 처음에는 이해하지 못하였지만 오래도록 공부를 멈추지 않아 많은 것을 이해할 수 있었다.

1538년 중종 33년 무술 13세

문리가 통하여 스승이나 동료에게 의존하지 않고 능히 『중용』을 읽어 깊이 얻은 바가 있었다.

1544년　중종 39년 갑진 19세

선생이 사는 곳에서 북쪽으로 2리 정도 되는 곳에 정자가 있는 시내가 있었는데 동서로 왕래하는 요충지였다. 행인들이 물을 건너는데 빠져 죽는 경우가 많아 걱정을 하였다. 선생이 말하기를 "이것이 어찌 냇물이 그렇게 하는 것이겠느냐? 반드시 이유가 있으리라"하고 친히 건장한 종 5, 6인을 이끌고 냇가에 이르러서 한 종으로 하여금 시험 삼아 건너게 하였다. 물 가운데 이르자 과연 엎어지며 기절하고 마는 것이었다. 선생이 다른 종들을 시켜 끌어내어 다시 정신을 차리게 하고는 여러 종을 이끌고 물 가운데를 수색하였더니 과연 잔해의 시체가 있었다. 선생이 말하기를 "지금까지의 사고는 반드시 이 사람의 원한이 빚어낸 일일 것이다" 하고 양지바른 땅에 매장하게 하였더니 그 뒤로는 이러한 사고가 없었다.

1545년　인종 원년 을사 20세

부모를 기쁘게 해드리고자 했으나 과거에 이름을 드높인 일이 없음을 한탄하고 과거 공부에 더욱 힘썼다. 입에서 나오는 말이 도리에 맞지 않는 것이 없었으므로 사람들이 모두 큰 인물이 되리라고 하였다. 임백영(任百英)과 함께 과거를 보러 나섰는데도 도중에 길가에서 쉬다가 석천(石川) 임억령(林億齡)을 만나 같이 이야기를 하게 되었다. 석천이 선생의 기품과 재질이 남다름을 아꼈으나 그 언사와 기질이 가벼움을 애석하게 여겨 말하기를 "군자가 몸을 단속하고 자기를 규제하기를 마땅히 중후하게 해야 한다"고 하였다. 선생은 이 말을 듣자마자 그 의미를 수긍하고 언제나 가슴 속에 간직하여 잊지 않았고, 특히 힘을 기울이고 죽을 때까지 계명으로 삼았다.

1546년　명종 원년 병오 21세

장흥(長興) 문씨(文氏)에게 장가들었다. 참의(參議)에 추증된 양(亮)의 딸이었다. 혼례식 날 저녁에 방 안에서 불이 나서 침상에 까지 불길이 미치려 하였다. 선생이 천천히 여종을 불러서 끄게 했다. 선생의 일상생활에서 여유로운 태도가 이와 같았다.

1547년 명종 2년 정미 22세

송천(松川) 양응정(梁應鼎)을 좇아 수학했다. 이 때 사람들이 화를 당한지 오래되지 않았기 때문에 사람마다 이학(理學)을 말하기를 꺼렸다. 여러 선비들이 글짓는 재주가 뛰어남을 다툴뿐, 방탕한 행위 등을 검속하려 하지 않았다. 선생은 모나게 두드러지지 않도록 행동하지 않았으며 일찍이 세속의 때를 몸에 묻히지도 않았다. 홀로 학업에 정진하는 가운데 '위기지학(爲己之學)'이 있음을 깨우치고 개연히 분발하였다. 하나의 문장을 반복해서 이해하고 깊이 숙고하니 조예가 정밀하고 깊어졌다.

1548년 명종 3년 무신 23세

조부의 상을 당했다. 한결 같이 가례(家禮)를 좇아서 상을 치렀다.

1550년 명종 5년 경술 25세

아들 근효(根孝)가 태어났다.

1552년 명종 7년 임자 27세

할머니 김씨(金氏)의 상을 당했다.

1554년 명종 9년 갑인 29세

동당초시(東堂初試)에 1등으로 급제했다.

1555년 명종 10년 을묘 30세

능성(綾城)의 읍재(邑宰)는 선생의 친구였다. 자주 편지를 보내 만나보기를 청하므로 선생이 가서 만나보았다. 읍재가 10여일을 머무르도록 하고 여자를 시켜 침상에서 모시게 했으나 선생은 4, 5일이 지나도록 여자를 가까이 하지 않았다. 읍재가 여자에게 묻자 여자는 사실대로 답하였다. 읍재가 선생의 손을 잡고 불식간에 탄복하여 말하기를 "그대의 본심을 보존하고 지키는 것은 옛 사람에게 비추어도 부끄럽지 않을 것이다"라 하였다.

1556년 명종 11년 병진 31세

한윤명(韓胤明)과 함께 경전의 옛 뜻을 토론하며 1년 동안 함께 수학하였다. 우뚝한 모습으로 단정하게 앉아 밤에는 촛불을 밝히고,

새벽에 닭이 울면 세수하고 서로를 격려하며 책망하여 공부에 몰두했다.

1557년 명종 12년 정사 32세
죽천(竹川) 옆에 정사(精舍)를 짓고 '위기지학(爲己之學)'에 전심했다.

1558년 명종 13년 무오 33세
문인 선정달(宣廷達)이 『초사(楚辭)』를 배우려하자 선생이 오언절구를 책표지에 써주었다.

1559년 명종 24년 기미 34세
천봉산(天鳳山) 대원사(大原寺)에서 강학했다. 선생이 여러 벗들과 강습하는 틈틈이 대를 쌓고 연못을 파서 물러나 휴식하는 곳으로 만들었다. 또 별도의 구역을 만들어 섬돌을 오르는데 차등을 두게 하니 선생과 학생이 순서가 있었고 오르내리고 나아가고 물러가는 사이에 모두 법도를 갖추었다. 의봉(宜峯) 남언기(南彦紀)로 하여금 '우계(遇溪)'란 글자를 커다랗게 쓰게 하고 그것을 '구암(龜巖)'에 새겼다. 선생이 「우계기(遇溪記)」를 지어 전말을 기록했다.

1560년 명종 15년 경신 35세
아들 근제(根悌)가 태어났다.

1561년 명종 16년 신유 36세
이때에 중국의 조사(詔使)가 강을 건넜다. 판서(判書) 윤의중(尹毅中)이 접반사(接伴使)가 되었는데, 유생 가운데 문장에 능하고 예를 아는 사람을 골라 종사관(從事官)으로 삼고자 하는 계(啓)를 올렸다. 임금이 윤허하여 마침내 선생이 천거되었으나 선생은 가지 않았다.

1562년 명종 17년 임술 37세
학문을 배우러 오는 사람이 있으면 선생은 의관을 단정히 하고, 그를 불러 가르치기를 "사람이 배우는 까닭은 단지 외우고 읽는 것을 익히는 것만이 아니요, 위기(爲己)의 도가 있으니 만약 학문을 하고 싶거든 어찌 '위기지학(爲己之學)'의 본뜻을 생각하지 않을 수 있겠는가?"라 하였다.

1563년 명종 18년 계해 38세

큰아들 근효의 나이가 열네 살에 이르렀다. 선생이 몹시 애지중지하였지만 조금이라도 과실이 있거나 예에 어긋남이 있으면 반드시 엄숙한 낯빛을 띤 채 단정한 자세로 불러 앉히고 고인의 행실을 검속하는 도를 설명하였다. 그런 후에 심히 책망하여 조금이라도 사사로운 은혜를 베풀지 않았다.

1566년 명종 21년 병인 41세

겨울에 퇴계(退溪) 선생의 문하에 수학하러 갔다. 퇴계가 한번 보고서 선생의 학문을 깊이 칭찬하고 인정하였다. 퇴계가 『주자서절요(朱子書節要)』를 필사하는 도중에 말하기를 "학문의 근본과 기초를 확립하는 일은 오로지 주자의 문하에 있다"라 하고 수학하는 것을 허락했다. 배움이 끝난 뒤 선생은 오랫동안 머물렀기 때문에 돌아갈 뜻을 아뢰니, 퇴계가 『주자서절요』 한 질을 주며 말하기를 "뒤늦게 좋은 벗을 만났는데 서로 멀리 이별하려 하니 어찌 석별의 말이 없을 수 있겠는가!"라 하고, 시 다섯 편을 지어 그 이별하는 마음을 표현하며 말하기를 "남을 위하여 학문하지 말기를 바란다"고 했다.

1567년 명종 22년 정묘 42세

동당초시(東堂初試)에 합격했다.

1568년 선조 원년 무진 43세

증광회시(增廣會試)에 2등으로 급제했다. 8월에 어머니 최씨의 상을 당했다. 선생이 사마(司馬)가 되어 귀향하려는 날에 어머니가 병으로 누우셨다. 이 때문에 선생은 유가(遊街)하려는 뜻이 없었으나 어머니께서 자식의 유가를 보고자 하셨으므로 의례를 갖추고 여종을 시켜 어머니를 업게 하니 매우 기뻐했다. 선생이 손수 약을 끓여주며 주야로 자리를 떠나지 않고 하늘을 향해 빌었으나, 마침내 돌아가시자 통곡하며 정신을 잃었다.

1570년 선조 3년 경오 45세

어렸을 때부터 평소에 잔병이 많아서 몸이 마치 옷조차도 버티지 못하는 형편이었으므로 사람들이 모두 위태롭게 여겼다. 그럼에도 불구하고 애통해하며 어머니의 상을 주관하고 오로지 『가례(家禮)』에 의거하여 3년 상을 마쳤으나 다른 병은 생기지 않았다. 사람들이 모두 효심에 감동하여 생긴 일이라고 하였다. 미암 유희춘)이 선생을 조정에 천거하였다. 유희춘이 호남을 순찰할 때에 임금을 불러 말하기를 "호남은 선비들이 모인 고장이니 경이 그들을 찾아보라"고 하였다. 미암이 호남의 경계에 이르러 먼저 각읍에 명을 내려 학행과 재덕이 뛰어난 선비를 천거하게 하였다. 진사 선응직(宣應直) 등이 '선생이 부모를 모신 것과 효를 극진히 한 것, 그리고 상을 당하여 예를 다한 것과 몸을 법도에 맞게 처신함 그리고 남을 가르침에 게으르지 아니함' 등을 들어 도에 추천하자 미암이 조정에 천거하였다.

1571년 선조 4년 신미 46세

경기전 참봉(慶基殿參奉)을 제수하였다. 경기전은 전주부(全州府) 안에 있었는데 그 후원에 화초와 과실나무가 많았다. 창기(娼妓)들과 잡다한 무리들이 매일 유희를 즐기며 화원에 와서 노는 일이 오래되었다. 선생이 전(殿)에는 선왕의 유상(遺像)이 있으므로 방자하게 놀 수 없는 곳이라 여겨 일체의 유희를 엄중히 금하자 재중(齋中)이 엄숙하였다.

1573년 선조 6년 계유 48세

헌릉 참봉(獻陵參奉)을 제수하였다. 선생이 정각(丁閣)을 깨끗이 청소하고 능의 사졸들을 돌보고 구휼하자, 같은 관리들 중 선생을 이상하게 생각하는 자들이 있었다. 조정의 의론이 훈유(薰蕕: 향기 나는 풀과 악취 나는 풀)을 한 그릇 속에 섞을 수 없다 하니 선생이 더욱 편안하지 못하였다. 이전에는 읍재와 참봉이 사냥을 하여 서로 나누어 갖는 것이 상례였다. 읍재가 선생에게 사람을 보내 함께하기를 청하자 선생이 말하기를 "능침은 원래 사냥의 장소가 아니요, 이익이 따르는 곳은 더욱 함께할 수 없다"고 허락하지 않았다.

1575년 선조 8년 을해 50세

선생이 관리로서 수년 동안 각지를 돌아다니느라 부모님의 곁에서 멀리 떨어져 있음을 견디지 못해 장차 벼슬을 버리고 고향으로 돌아가려 하였다. 헌릉의 사졸들이 길을 떠난다는 소식을 듣고 서로 노약자를 이끌고 나아와 신원(新院)에서 기다리다가 술을 들고 전별하며 혹은 눈물을 흘리는 사람도 있었다. 돌아와서 의관을 바르게 하고 부친을 모심에 종일토록 오직 부모의 뜻을 받들어 봉양하고 안색을 부드럽게 하는 일로서 시종일관하였다.

1576년 선조 9년 병자 51세

부친이 불안한 기색이 있으면 선생은 근심이 얼굴에 드러나고 잠잘 때도 허리띠를 풀지 않았다. 부친이 그 괴로움을 염려하여 잠깐 동안 물러가 쉬게 하면, 선생은 부친의 뜻을 어긴 적이 없었으나 오래지 않아 다시 돌아왔다.

1577년 선조 10년 정축 52세

10월에 부친상을 당했다. 이전과 같이 상례를 극진히 치렀다.

1579년 선조 12년 기묘 54세

상복을 벗었다. 선생은 벼슬길에 나가고자 하는 생각을 버리고 후진을 양성하는 것을 자기의 소임으로 여겼다. 찾아오는 자 중에 어린 사람을 보면 곧 독서를 권하고 『소학』을 먼저 읽으라고 하였다.

1580년 선조 13년 경진 56세

가을에 동빙고 별좌(東氷庫別坐)를 제수하였다. 선생이 군주의 명령에 대하여 감사하지 않을 수 없다고 여겨 마침내 대궐에 나아가 숙배(肅拜)를 드린 후에 다시 돌아와 버렸다. 친지들이 대부분 벼슬자리에 머물 것을 권하였지만 듣지 않았다.

1581년 선조 14년 신사 56세

왕자사부(王子師傅)를 제수하였다. 왕자사부가 되어 왕자를 가르쳤는데 부사부(副師傅)인 하락(河洛)이 많은 일에 힘쓰도록 가르치는데 비해서, 선생은 학문의 요체는 한 가지라도 정밀하고 밝게 아는

데에 있다고 하였다. 임금이 세자에게 독서하면서 이해되지 않는 부분은 선생에게 질의하라 하고, 또 선생이 왕자가 내린 술을 마시지 않는다는 말을 듣고 "술로 인하여 덕을 잃는 경우가 많으니 술을 마시지 않는 것도 또한 가할 것이다"라 칭찬하고, 자(紫)·홍(紅)·초(綃) 한 단씩을 하사했다.

1582년 선조 15년 임신 57세

선생은 왕자에게 효(孝)와 공(恭)으로 자식의 직분을 다하라 하고, 왕자가 주옥을 머리에 장식한 일을 꾸짖어 고치게 하였다. 또 왕자가 외가에서 함부로 사찰을 점유하여 이익을 도모하는 일을 금하도록 하였다.

1583년 선조 16년 계미 58세

안방준(安邦俊)이 와서 선생에게 수학하였다. 가을에 감찰(監察)을 제수하고, 겨울에 함열현감(咸悅縣監)을 제수하였다. 임지로 부임하러 갈 때 왕자가 슬픈 기색으로 강가에 까지 전송하려고 하자, 선생이 말하기를 "왕자는 사사로운 일로 성 밖을 출입하는 것이 불가하다"하고 사저에서 헤어졌다.

1584년 선조 17년 갑신 59세

함열현에 부임한 이후, 봄에는 친히 동헌을 나와서 민정을 살피고 농사를 권장하며 가을이면 세금을 법에 맞게 내도록 재촉하되 엄하게 하지는 않았다. 검소하고 절약하여 창고를 가득 차게 하고 언제나 "백성보기를 마치 상처 입은 자를 돌보듯 하라[視民如傷]"는 네 글자를 벽에 써놓고 자상하게 살피고 즐거이 다스려 백성들이 모두 친애하였다. 관아의 건물이 낡아 퇴락해도 백성들의 부역을 동원하지 않고 고쳐 새로이 단장하였다. 업무가 끝나면 틈틈이 학교에 들러 여러 선비와 학생들에게 도의를 강론했는데 강론을 들으러 오는 이가 수십 인이었다. 선생의 성품은 온화하고 부드러워 기쁘거나 성내는 감정을 얼굴에 드러내지 않았다. 집에서는 일찍이 어느 노복도 벌준 일이 없었으나 관아에 머무를 때에 만일 외람되이 문밖으로 나서는 자가 있으면 엄하게 다스리니 관아가 숙연하였다. 겨울에 왕자가 편지를 보내고 아울러 약과 필묵 등을 보내왔다.

1585년 선조 18년 을유 60세

선조인 위남공(葦南公)의 필적을 얻고 그 글을 기록했다.

1586년 선조 19년 병술 61세

봄에 왕자가 편지와 함께 약을 보내고, 임해군(臨海君) 역시 편지와 함께 약을 보냈다. 가을에 파직되어 집으로 돌아왔다. 감사가 영내의 여종에게 미혹되어 여종이 하는 말을 모두 따르니 고을마다 다투어 뇌물을 보냈는데 이때에 전주 부윤(府尹)이 그 여종에게 많은 뇌물을 보낸 일이 있었다. 이 일이 어사에게 알려지자 감사와 부윤 두 사람은 선생이 어사와 교분이 있기 때문에 선생이 그 말을 전한 것이라고 의심하여, 다른 일로 선생을 얽어 파직을 청하였다. 선생은 그 날로 짐을 꾸리면서 도중에 먹을 곡식을 헤아릴 뿐 다른 것은 넘보는 것이 없었다. 창고에 있던 곡식은 원래의 수량 외에도 남아도는 여분이 수천 곡(斛)에 달했으므로 사람들은 선생이 관리하지 않았더라면 거의 비어버렸을 것이라고 말했다. 감사에게 보고하고 국가의 비축을 삼으라고 청하였다. 돌아와서는 태연히 즐거워하며 집안의 재물이 궁핍하여도 근심하지 않았다.

1587년 선조 20년 정해 62세

장원(掌苑)을 제수하였다. 도중에 다시 회덕현감(懷德縣監)을 제수하였다. 회덕에 부임하여 공무를 처리하였는데, 선생의 성품이 비록 온화하고 부드러웠지만 공사의 시비에 이르러서는 언제나 그 판결이 엄하고 분명했다. 이때에 정여립(鄭汝立)을 만난 일이 있었는데 한번 보고 "이런 사람은 다시 볼 수 없으리라"하였는데, 과연 정여립이 역적으로 주살되어 사람들이 그 선견지명에 탄복한 일도 있었다.

1589년 선조 22년 기축 64세

파직되어 고향으로 돌아왔다.

1590년 선조 23년 경인 65세

문중의 친족들을 모아 수다원(水多院)에 있는 선조의 묘를 살폈다. 선생이 친족들과 서로 의논하며 말하기를 "선조의 분묘가 수다원에 있은 지 이미 오래되었다. 자손이 소원하게 대하고 각기 자기네 사당에만 제사지내며 먼 선조는 돌아보지 않으니 매우 한탄할 일이다"하고 서로 편지로 알려 노소를 막론하고 각기 제사의 도구를 준비해서 같이 묘소를 살피고, 그 뒤에 광탄천(廣灘川)의 옆에 옮겨 앉아 함께 음식을 먹으면서 화목을 다지니 사람들이 모두 흠모하였으며 다른 성씨를 가진 사람들도 와서 참석하였다.

1592년 선조 25년 임진 67세

갑자기 왜란이 일어나 의병을 모집하였다. 그 때는 태평한 세상이 계속되어 백성들이 전쟁을 몰라 여러 도읍들이 패전하고 무너졌다. 열흘도 지나지 않아 왜적들이 한양에 입성하니 재앙을 이루 헤아릴 수 없었다. 임계영(任啓英)·김익복(金益福)·정길(鄭佶) 등이 와서 시국이 이에 이르렀음을 논하고 장차 출병할 것을 계획하였다. 선생이 이에 격문을 여러 읍에 돌리고 의병을 모집하여 700여인을 확보하였다. 선생이 병으로 통솔하지 못하고 임계영을 의병장으로 추대하였다. 문인 안방준 등을 체부사(體府使) 정철(鄭澈)에게 보내 군무를 의논하게 하고 문인 문위세(文緯世)를 시켜 식량을 담당하게 하였다. 정사제(鄭思悌)를 종사관(從事官)을 삼고, 장자인 근효는 의병장의 참모로 삼았다. 금산과 무주를 왜적으로부터 보호하고 상주와 개령을 지키는데 큰 공이 있었다.

그 뒤에 임계영이 선생이 의병을 일으킨 일로 인해서 공을 논하는 계를 올려 군자감정(軍資監正)을 제수하려 한다는 소식이 들리자 선생이 말하기를 "헛되이 국가의 은혜를 입어 품계가 3품에 이르렀으니 마음이 진실로 편안하지 못하다"고 사양하는 상소를 올리려 하였다. 그러자 사람들이 모두 "함께 상과 관직을 받은 사람들을 불편하게 하는데 그치지 않고 임계영에게도 화가 미칠 것입니다"라 하니 이에 선생은 임계영으로 하여금 상소하여 스스로 사정을 밝히게 하니 마침내 관직을 주려던 일이 시행되지 않았다.

1593년 선조 26년 계사 68세

익위사 익위(翊衛司翊衛)를 제수하였다. 먼저 대가(大駕)가 한양을 떠났는데 선생이 수행하지 못하게 되자 서쪽을 바라보며 눈물을 흘릴 뿐이었다. 이에 이르러 한양으로 돌아오자 상소하여 스스로 감히 궐문에서 어가를 맞이할 수 없다는 뜻을 말하였다. 임금이 명을 내려 이 직책을 제수하였다.

1594년 선조 27년 갑오 69세

선생을 찾아와 동로(銅爐)를 팔려는 삼형제가 있었는데 굶주림에 못 이겨 쌀 4, 5말만 받고자 하였다. 이에 선생이 그들의 굶주린 정상을 보고는 측은히 여겨 음식을 대접하고 동로의 값으로는 쌀 열 말을 주었다. 쌀 열 말은 동로의 온전한 가격이다.

1595년 선조 28년 을미 70세

봄에 다시 익위를 제수하였다. 동궁은 선생이 도성에 왔다는 소식을 듣고 궁인을 보내 두세 차례에 걸쳐 위로하였다. 여름에 신창현감(新昌縣監)을 제수하였으나 나가지 않았다. 갑자기 다시 익위를 제수하니 노환으로 귀향하기를 청했다. 동궁이 작별하는 자리에 참석하였는데, 정의가 간절하고 지극하였다. 선생이 절하며 말하기를 "신은 늙어서 곧 죽을 것입니다. 원컨대 동궁께서는 강학하고 덕을 닦아 왕도를 이루는 기틀을 만드소서"라 하였다. 고향에 돌아와서는 집을 깨끗이 청소하고 『주역(周易)』과 주자서(朱子書) 등을 읽었는데 잠시도 그치지 않았다.

1597년 선조 30년 정유 72세

왜적이 다시 전라도를 침범하자 다시 의병을 모았다. 또 정유재란이 발발하자 생원 박사길(朴士吉)이 말하기를 "국가의 일이 이처럼 급박한 지경에 이르렀는데 신하된 자로서 어찌 앉아서 죽음을 기다릴 수 있겠습니까? 마땅히 의병을 모집하여 죽음으로 왕업을 지키는 것이 옳을 것입니다"라 하였다. 여러 사람들이 "선생께서는 연장자로서 다른 사람에게 신망이 있은 지 오래입니다. 원컨대 추대에 응하여 의병장이 되는 것이 여러 사람의 마음에 호응하는 일일 것입니다"라 하였다. 선생이 말하기를 "난리는 날로 급하고 병은 날로 무거워만 간다. 내가 머잖아 죽으려니와 한 가닥 목숨만 남아 있더라도 적과 한 하늘을 지고 살 수는 없다는 것을 맹세하는 바이다"라 하고 마침내 서로 병정과 양식을 모으기로 약속하였다.

10월에 부인 문씨가 모후산(母后山)에서 죽었다. 부인 문씨는 성품이 온유하고 사려 깊었다. 집안의 어른과 시어머니를 효도로 섬기고 노복들을 부드럽게 다스렸으며 친척들을 극진히 사랑하였으며 궁핍한 자들은 지극히 보살폈다. 사람들이 모두 참으로 선생의 배필이라고 하였다. 선생이 슬픔을 이기지 못하여 병이 날로 깊어갔다. 그러나 나라에 대한 충성이 열렬하여 생사를 염려하지 않고 박사길 등 여러 사람과 더불어 동복(同福)으로 들어갔다. 부장인 전판관(前判官) 송홍렬(宋弘烈)을 시켜 병사를 이끌고 곧장 적의 소굴로 들어가게 하였다. 적을 놀라게도 하고 공격하기도 하여 의병의 명성이 점점 진동하니, 수령으로서 산과 바다에 숨었던 자들이 그 공을 시기하여 마침내 방해하였다.

11월 18일에 세상을 떠났다. 이때에 감사가 수령들의 무고를 듣고 선생을 불러 힐책하였다. 감사에게 갔다가 진원으로 돌아온 지 얼마 뒤에 죽었다.

1599년 선조 32년 기해

10월 6일 보성 사곡(沙谷) 언덕에 장례 지냈다. 난리 중에는 장례를 치를 수 없었으므로 이해 가을에 동궁이 지관을 보내 산을 정하고 시강원(侍講院)에 명을 내려 전라감사로 하여금 조의를 표하도록 하였다.

1607년 선조 40년 정미

보성군 용산(龍山) 아래에 서원을 세웠다.

1610년 광해군 2년 경술

통정대부(通政大夫) 승정원 좌승지(承政院左承旨) 겸 경연참찬관(經筵參贊官)을 증직하고 예관을 보내 가묘에서 제사하였다.

1563년 효종 4년 계사

행장(行狀)이 완성되었다. 안방준이 지었다.

1705년 숙종 31년 을유

호남의 유생 임치당(任致堂) 등이 상소하여 서원의 편액을 내리기를 청하였다. 임금이 특별히 사액을 허락하였다.

1707년 숙종 33년 정미

'용산서원(龍山書院)'이란 편액을 하사하고 예관을 보내 제사하게 하였다.

1738년 영조 14년 무오

「묘지명(墓誌銘)」과 「묘갈명(墓碣銘)」이 완성되었다. 이의현(李宜顯)이 묘지명을 짓고 이재(李縡)가 묘갈명을 지었다.

1739년 영조 15년 기미

『문집(文集)』이 완성되었다. 윤봉조(尹鳳朝)가 「서문」을 썼다.

1748년 영조 24년 무진

「묘표(墓表)」가 완성되었다. 윤봉구(尹鳳九)가 지었다.

1809년 순조 9년 을사

문집이 증간되었다. 송치규(宋穉圭)가 서문을 쓰고 용산서원에서 판각하였다.

1828년 순조 28년 무자

호남유생 안수(安洙) 등이 상소하여 포장하는 은혜를 청하였다.

1835년 헌종 원년 을미

11월에 자헌대부 이조판서(資憲大夫吏曹判書) 겸 지의금부사(兼知義禁府事) 성균관좨주(成均館祭酒) 시강원찬선(侍講院贊善) 오위도총부 도총관(五衛都摠府都摠管)을 증직하였다.

1841년　헌종 7년 신축

2월에 시장(諡狀)이 완성되었다. 조인영(趙寅永)이 지었다. 10월에 문강(文康)이란 시호를 내렸다. 박문다견(博聞多見)의 '문(文)'이요 연원유통(淵源流通)의 '강(康)'이다.

1918년　무오

「신도비명(神道碑銘)」이 완성되었다. 전우(田愚)가 지었다.

1929년　기사

원집(原集)과 속집(續集)을 합한 『문집』이 완성되었다. 사림들과 후손이 함께 도모하여 의론을 정하고 죽곡정사(竹谷精舍)에서 판각했다.

회재 박광옥 懷齋 朴光玉

회재(懷齋) 박광옥(朴光玉 1526~1593)의 자는 경원(景瑗) 호는 회재 이름은 광옥 본관은 음성(陰城)이다. 9대조 재(梓)는 고려 고종(高宗) 때 상서(尙書)를 지냈고, 5대조 계양(繼陽)은 광주(光州) 토성(土姓)인 현령(縣令) 김유보(金惟寶)의 딸에게 장가들어 광주로 이사하고 마침내 자손들도 광주 사람이 되었다. 증조 형지(亨之)는 선교랑(宣教郞)과 예빈시 주부(禮賓寺主簿)를 역임하였으며, 조부 자회(子回)는 장사랑(將士郞), 참봉(參奉)을 지냈는데 참판(參判) 이시지(李時止)의 딸과 결혼하여 아들 둘을 낳았다. 그 중 둘째 아들인 곤(鯤)이 선생의 부친이 된다. 곤(鯤)은 성균관 사예(成均館司藝)를 지냈으며 어머니 해평(海平) 윤씨(尹氏)는 중훈대부(中訓大夫) 인손(仁孫)의 딸이다.

1526년 중종 21년 병술

정월 26일 광주(光州) 선도면(船道面) 개산리(盖山里) 집에서 태어났다.

1530년 중종 25년 경인 5세

이 때부터 이미 높은 법도가 있어서 여러 아이들과 놀면서도 분별없이 행동하거나 실없지 웃지 않았다.

1532년 중종 27년 임진 7세

부친 사예공(司藝公)의 상을 당했다. 슬피 울며 상을 치루는데 애모(哀慕)를 지극히 하였고, 어머니를 모시는데도 정성과 공경을 다하였으므로 향리에서 감탄하지 않는 이가 없었다.

1535년 중종 30년 을미 10세

유헌(遊軒) 정황(丁熿)선생에게 가서 배웠는데 유헌은 정암(靜菴)의 문인이었다. 유헌 선생은 선생이 몸가짐이 평안하고 고요하며 학문을 배우는데도 힘써 행하는 것을 보고, 덕행과 기량이 이미 갖추어 있음을 알아 선생에 대한 기대와 촉망이 컸다.

1545년 인종 원년 을사 20세

이천 서씨(利川徐氏)에게 장가들었다. 부사직(副詞直) 욱(勖)의 딸이며 판서(判書) 지(祉)의 증손(曾孫)이다.

1546년 명종 원년 병오 21세

9월에 생원, 진사 회시(會試)에 한꺼번에 합격하였다.

1548년 명종 3년 무신 23세

큰형님인 생원공 광정(光鼎)의 상을 당했다. 생원공은 성품이 엄중(嚴重)하였는데 선생이 아버지처럼 모셔서 일찍이 조금도 그 뜻을 어기지 않았다. 큰형님이 세상을 떠나자 선생이 가계를 이어 받아 어버이를 받들어 모시는데도 지극한 정성과 효도를 다하여 오직 부모의 뜻을 좇아 모셨다. 조상의 제사를 모시는데도 예를 다하여 제물(祭物)을 갖추고 반드시 의례를 갖추어 정장을 하고 임하였다. 비록 살을 에이는 추위와 무더운 여름 날씨일지라도 조금도 나태하지 않았으므로 마을 사람들은 공경하여 이름을 부르지 않았으며, 마음이 옥과 같고 용모도 옥과 같으며 이름 또한 옥이므로 '삼옥(三玉)'이라고 불렀다.

1555년 명종 10년 을묘 30세

향약(鄕約)을 세웠다. 개산(盖山)은 곧 선도동(船道洞)이다. 선생은 동지들과 함께 향약을 세웠는데 백록동(白鹿洞) 규약과 남전(藍田) 여씨향약(呂氏鄕約)을 참고하여 그 약조를 엄정히 세웠다. 그리고 매월 초하루에 잘 지킬 것을 강론하고 예를 행함으로써 풍속을 돈후하게 하고 인륜을 독실하게 하는 것을 근본으로 삼았다. 선생이 스스로 「서문」을 썼다.

1556년 명종 11년 병진 31세

거실(居室)을 지었다. 개산 서쪽에 거실을 지어 '개산송당(盖山松堂)'이라 부르고 옷깃을 여미고 몸을 단정히 하고 앉아서 날마다 문생

(門生)들과 함께 성리학을 토론하였는데 날마다 나아가 배우며 거실에 상주하는 제자가 수십 명이나 되었다.

1560년 **명종 15년 경신 35세**
향학(鄕學)을 중수(重修)하였다. 유경심(柳景深)이 광주목사(光州牧使)로 부임하여 향교(鄕校)를 중수(重修)하려 하자 선생이 몇몇 동지들과 함께 줄곧 협력하여 제도를 확충하고 재헌(齋憲)과 학규(學規)도 많이 제정하였으며, 사전(私田)과 노비를 내어 학궁(學宮)의 운영을 도왔다.

1563년 **명종 18년 계해 38세**
「향교비음기(鄕校碑陰記)」를 지었다. 주(州)의 선비들이 향교의 문(門) 동쪽에 비를 세워 중건(重建) 사실을 기록하고자 글을 지어 주기를 청하였다. 그 전면 비문은 고봉(高峯)이 지었고 음기(陰記)는 선생이 지었다.

1565년 **명종 20년 을축 40세**
윤원형(尹元衡)을 논죄(論罪)하는 소를 지었다. 모든 유생들이 불교를 배격할 때에 선생은 마땅히 먼저 윤원형을 공격해야 한다고 생각하고 진사 박규(朴揆)와 의논하여 임금에게 상소를 올려 그 죄를 극력으로 논하였다.
가을에 어머니 윤부인(尹夫人)의 상을 당했다. 예문을 벗어날 정도로 몹시 애통해 하였다. 장례를 지내고 여묘(廬墓)살이를 하였는데 죽을 먹고 슬피 울다가 몸이 쇠약하여져서 거의 구할 수 없는 지경에 이르렀다. 목사(牧使) 최응룡(崔應龍)이 듣고 달려와 친히 약을 지어서 예로서 권면하고 마침내 집으로 반혼(返魂)할 것을 권했다.

1567년 **명종 22년 정묘 42세**
겨울에 상복을 벗었다.

1568년 **선조 원년 무진 43세**
수정(水亭)에서 시가(詩歌)를 주고받았다. 개산 남쪽에 물을 끌어나 못을 만들었는데 그 위에 작은 정자를 지어서 수월당(水月堂)이라 이름하고 제봉(霽峯) 고경명(高敬命)·매정(梅亭) 이만인(李萬仁) 등 제현(諸賢)과 때때로 여기에서 시를 올렸다.

1569년 선조 2년 기사 44세

12월 내시교관(內侍敎官)을 제수받았다. 그 때 조정에서 바야흐로 학행이 뛰어난 인물을 선발하려 했는데 대신(大臣)들과 이조(吏曹)에서 선생을 번갈아서 천거하였다.

1570년 선조 3년 경오 45세

정월에 서울에 올라가 사직동(社稷洞) 옛 집에서 거처하였다. 관직에 근무하고 난 나머지 시간에는 몸가짐을 평안하고 고요히 하여 행동이 나말을 조심하여 다른 사람들과 교유(交遊)하지 않았으니 발길이 고관들의 집(貴顯之門)에 이르지 않았다.

4월에 삼각산(三角山)을 유람하였다. 8월에 지리산을 유람하다가 그 길로 사천(四川)으로 가서 구암(龜巖) 이정(李楨) 선생을 뵈었는데 이 선생은 평소에 선생의 이름을 익히 들었던 바라 흔연(欣然)히 일어나 경배하고 어렵고 의심나는 곳을 토론하니 날이 저무는 줄을 몰랐다.

산에서 유람하다 돌아온 후에 시를 지어 제봉(霽峯)에게 주자 제봉이 화답하여 말하기를 "다시 이정(梨亭)에 와서 빼어난 자취를 찾으니 학천(鶴泉: 회재를 가리킴)의 아름다운 시구가 나라 안에 떠들썩하네"라고 하였다.

9월에 적벽(赤壁)을 유람했다. 제봉(霽峯) 고경명·서하당(棲霞堂) 김성원(金聲遠)과 함께 적벽을 유람하면서 하씨(河氏)의 정자에서 시를 지었다. 11월에 서울로 돌아갔다. 12월에 사직동에서 동년회(同年會)를 만들었다. 송애(松崖) 박호원(朴好元)·연파(烟波) 박개(朴漑)·남계(南溪) 김윤(金胤) 등과 약속을 정하여 사직동에서 만났다.

1572년 선조 5년 임신 47세

10월에 고봉(高峯)의 부음(訃音)을 듣고 만시(輓詩)를 써 보내 애도를 표했다.

1573년 선조 6년 계유 48세

8월에 금강산을 유람했다. 송응실(宋應實)과 함께 금강산에서 노닐다가 소양정(昭陽亭)에 올라가 매월당(梅月堂)의 시를 차운(次韻) 하였는데 그 시에 자신의 심정을 분명히 밝혔다.

1574년 선조 7년 갑술 49세

4월에 서호(西湖)를 유람했다. 사평(司評) 송상경(宋商卿)과 함께 유람하다가 심상공(沈相公)이 거처하고 있는 소요정(逍遙亭)을 찾아가니 상공의 손자 진사 일장(日將)이 맞아들여서 함께 경관을 감상하고 정자 위에서 시를 지었다.

6월에 품계가 승의랑(承議郎)에 올라 종부시 주부(宗簿寺主簿)에 배수되었다. 8월에 운봉현감(雲峯縣監)을 제수받았다. 9월에 별시(別試) 문과(文科) 을과(乙科)에 2등으로 합격하였다. 선생은 과거에 뜻이 없었으나 사암(思庵) 박순(朴淳) 선생이 힘써 권유하므로 과거에 나아갔다.

10월에 운봉 임지에 부임하였다. 운봉현에 도착하여 마음을 다해 다스리므로 관리들은 두려워하고 백성들은 평안하게 여겼다. 운봉현의 오래된 학교가 무너지고 바람과 비도 막을 수 없게 되자 곧 현의 동쪽에 고쳐 세웠으며, 남아 있는 곡식 수백곡(數百斛)을 내어 여러 학생들이 배우고 익힐 수 있도록 하였다. 운봉현에서 나아가 어리고 재주가 빼어난 사람을 선발하여 매일 거주하면서 강습하도록 하였으며 초하루와 보름날 공자사당에 참배하게 하고 훈강(訓講)과 함께 강규(講規)를 세우니 운봉사람들이 비로소 학문을 알게 되었다.

1575년 선조 8년 을해 50세

6월에 운봉현감의 직책 위에 통선랑(通善郎) 겸 춘추관 기사관(春秋館記事官)을 더하였다.

1577년 선조 10년 정축 52세

품계가 조봉대부(朝奉大夫)에 오르고 춘추관 기사관을 겸했다. 황산

대첩비(荒山大捷碑)를 세웠다. 황산고을은 태조대왕(太祖大王)이 왜구를 크게 물리친 곳으로 선생이 방백(方伯)에게 고하여 알려주고 조정에 전달하여 황산의 양지 쪽에 대첩비를 세웠다. 비전(碑殿)을 세워 수직(守直)을 두었다.

11월에 족보(族譜)를 찬수(撰修)하고 서문을 지었다.

1578년 선조 11년 무인 53세

5월에 전라도 도사(全羅道都事) 겸 춘추관 기주관(春秋館記注官)에 배수되었다. 12월에 충청도 도사(忠淸道都事)를 배수 받았다.

1579년 선조 12년 기묘 54세

5월에 예조정랑(禮曹正郞)에 제수되었다.

1580년 선조 13년 경진 55세

윤 4월에 품계가 봉정대부(奉正大夫)에 올랐고 사헌부(司憲府) 지평(持平)을 제수받았다. 5월에 관직을 옮겨 성균관(成均館) 직강(直講) 겸 사헌부 지평을 제수받았다.

성절사 서장관(聖節使書狀官)으로 명나라 연경(燕京)에 들어갔다. 연경에 있을 때 주회암(朱晦庵)과 여동래(呂東萊) 두 선생의 초상화를 구해가지고 와서 초하루마다 펴놓고 경배하며 사모했다.

12월에 중국에서 돌아왔다. 사헌부 지평과 지제교(知製敎)를 제수받았다. 같은 달에 또 사헌부 지평, 지제교 겸 춘추관 기주관을 제수받았다.

1581년 선조 14년 신사 56세

3월에 계(啓)를 올려 대사헌(大司憲) 이식(李拭)의 죄를 논하였다. 대사헌 이식은 본래 욕심이 많고 마음이 야비하며 자신을 검속하지 못하였다. 또한 이식은 임금의 총애를 받고 있는 서얼 출신 숙원(淑媛)들에게 뇌물을 주고 대사헌이 되기에 이르렀다. 이때에 선생이 헌직(憲職)을 걸고 계를 올려 말하기를 "궁첩(宮妾)과 알고 지내는 것은 옛 사람들이 부끄럽게 생각하는 것이었는데 식이 이렇게 예에 어긋나를 행동을 범하고 있습니다"라고 하였다. 이에 임금이 비답(批答)하여 말하기를 "이식이 어떻게 이런 일을 하겠는가? 이식을 제거하고자 하는데 불과하다"라고 하자, 간원(諫院)이 계를 올려 말하기를 "광옥은 풍헌(風憲)의 직책을 맡아서 다만 공무(公務)만을 알 뿐이며 또한 이식과는 본래 개인적인 혐원(嫌怨)이 없는데 어떻게 제거하는데 마음을 두겠습니까? 지금 이식은 과연 나인(內人)과 통교한다는 비방을 받고 있으니 명을 내려 교체해 주옵소서"라고 하였다. 이에 이식을 교체하자 속류들이 모두 선생의 청고(淸高)한 의논을 꺼려했다. 여름에 석담(石潭)에서 율곡(栗谷)과 교유하였다. 8월에 영광군수(靈光郡守)를 제수받았다. 군청에 이르러서는 지역 내의 유사(儒士) 가운데 학식이 있는 사람들을 맞아들여 정치의 요체를 강론하였다. 학문을 일으키는 것을 최선의 의무로 삼아 향교를 창립하였는데 한결 같이 성균관의 학제에 의거하였으며 향교의 번창함은 호남에서 으뜸이었다. 강규(講規)를 세우고 학궁(學宮)을 보완하였는데 문치(文治)가 크게 번성함이 운봉에서 재직할 때와 같았다.

1582년 **선조 15년 임오 57세**
2월에 본직 외에 춘추관 편수관(春秋館編修官)을 겸했다. 11월에 관직을 그만두고 고향으로 돌아가자 군민(郡民)들이 비를 세워 치적을 기록했다.

1583년 **선조 16년 계미 58세**
2월에 품계가 중직대부(中直大夫)에 올랐으며, 성균관 사예 지제교(司藝知製敎)를 제수 받았으나 고사하고 나아가지 않았다.

1584년 **선조 17년 갑신 59세**
선생이 조정에 들어간 뒤로 옥계(玉溪)와 고봉(高峯)이 세상을 떠나자 시론이 크게 나뉘니 여러 현신들은 조정에서 편치 못하므로 조정에 나가기를 꺼렸다. 선생은 율곡의 부음을 들은 뒤 벼슬을 사양하기로 마음을 굳혀 부름이 있어도 병을 핑계로 부임하지 않고 집에서 후학을 가르치는 일에 열중했다.

1585년 선조 18년 을유 60세

정월에 밀양도호부사(密陽都護府使)를 제수받았다.

1586년 선조 19년 병술 61세

3월에 관직을 그만두고 고향으로 돌아왔다. 문치(文治) 또한 전과 같았는데 죄인을 체포하지 못한 실수로 파직을 당하였다. 고을 사람들이 비를 세워 선생이 끼친 인애(仁愛)의 덕을 기록했다.

밀양에서 돌아온 때 다른 행장(行裝)은 전혀 없이 오직 밤나무 종자만 가지고 돌아왔다. 선영(先塋)의 맞은편에 있는 산에 들러 심었는데 무성하게 자라자 영구히 보존하기 위해서 관가(官家)에 귀속시켰다. 지금까지 관율전(官栗田)으로 되어있다.

6월에 광주교수(光州敎授) 겸 제독속교관(提督屬校官)을 제수받았다. 여러 학생(學生)들과 『가례(家禮)』·『심경(心經)』 등의 책을 강론하였으나 얼마 안 돼 물러나 집에 돌아와서 거처하였다.

1587년 선조 20년 정해 62세

숭본당(崇本堂)을 건립하였다. 운리동(雲裏洞)은 바로 선영(先塋)이 있는 곳인데 제각을 세워 '숭본당(崇本堂)'이라 편액(扁額)을 걸고 노비를 보낸 선조의 제자를 지내는데 돕도록 하였다. 초하루와 보름에 종족(宗族) 자제들을 모아 학업과정을 정해 강학하였고 노비는 엄격하게 조약을 세워 제사를 주관하는 자손에게 붙여 주었는데 노비문서가 남아있다.

1588년 선조 21년 무자 63세

품계가 통훈대부(通訓大夫)에 올랐으며 전주교수(全州敎授) 겸 제독속교관을 제수받았다.

1589년 선조 22년 기축 64세

8월에 성균관 사예(成均館司藝) 겸 지제교(知製敎)를 제수 받았으나 고사하고 나아가지 않았다. 9월에 사첨시정(司贍寺正) 지제교(知製敎)를 배수 받고 조정에 나아가 사은숙배(謝恩肅拜)하였다.

같은 달 봉상시(奉常寺) 지제교로 옮겼다.

12월에 신병으로 관직을 그만두고 고향으로 돌아왔다. 그 때에 사암(思庵) 선생이 양주(陽州)에 물러나 기거하고 있었는데 선생이 찾아가서 뵙고 열흘 동안 머무르다가 곧 광주의 옛 집으로 돌아왔다.

1591년 선조 24년 신묘 66세

10월에 「회원기선(懷遠寄扇)」이란 시를 지었다. 그 때 송강(松江) 정철(鄭澈)은 북쪽에서 유배생활을 한 지가 이미 2년이나 되었는데 선생이 세도(世道)를 위해서 근심하고 탄식하기를 그치지 아니하고 「회원기선」 등의 시를 지어 깊이 자신의 심정을 드러내었다.

1592년 선조 25년 임진 67세

4월에 왜구가 침입하자 목사(牧使)를 찾아가 계획을 고하였다. 그때에 왜구가 갑자기 침입하여 여러 성을 연이어 함락시키자 선생이 곧 목사 정윤우(丁允祐)를 찾아가 말하기를 "적병이 오랫동안 달려와서 고개를 넘지 못했을 것입니다. 만약 이때에 경무장한 병사를 재빨리 진군시켜 요충지를 쳐서 장악한다면, 나아가서는 경성(京城)을 방어할 수 있고 물러나가서는 고갯길을 막을 수 있을 것입니다. 공이 마땅히 방백(方伯)을 찾아뵙고 이 의견을 극력 개진하여 이러한 기회를 잃지 않도록 해야 합니다. 국가가 변방을 지키는 장수를 두고 수백 년 동안 병사를 양성한 것은 바로 오늘과 같은 날에 쓰기 위해서입니다. 이제 곧 신하가 국가에 보답할 때입니다"라고 하자, 정윤우가 기뻐하면서 일어나 경의를 표하고 곧 그 계책을 따랐다.

5월에 의병을 일으킬 것을 논의하였다. 그 때 서울을 지키지 못하고 임금이 서쪽으로 몽진(蒙塵)하게 되었는데 선생이 이 소식을 듣고 북쪽을 보고 통곡하면서 여러날 동안 음식을 먹지 않았다. 순찰사(巡察使) 이광(李洸)이 공주(公州)의 진(陣)을 해산하자 도내의 인심이 무너지니 선생이 분연(奮然)히 떨치고 일어나 의병을 일으켜 제봉(霽峯) 고경명(高敬命)·창의사(倡義使) 김천일(金千鎰)과 함께 합의하여 일을 도모했다.

수원(水原)으로 군대를 보냈다. 그때에 순찰사(巡察使)가 재차 여러 군에서 병사를 징집했으나 병사들이 모이자마자 흩어지므로 선생이 제봉과 함께 분주하게 다니면서 깨우쳐 설득하여 도망간 병졸들을 수습하고, 고준봉(高隼峯) 형제로 하여금 수원까지 이끌고 가서 권율(權慄)에게 인계하도록 하였다.

25일에 통문을 알려서 대회(大會)를 가졌다. 선생이 규합한 의병 수는 매우 많았다. 도내에 통문으로 알려서 관문(官門)에서 대회를 갖고 여러 의병들에게 맹세하고 군대의 편제를 정했다. 북진(北進)해서 먼저 임금을 보호하려고 하였는데 선생이 나이가 많고 늙어서 말을 타고 달려가는 것을 감당할 수 없었다. 그래서 모든 의병들이 선생을 추대하여 의병을 모집하는 책임을 맡겼는데 곧 의병을 모아서 고경명에게 인계하였다. 그 때 고경명이 담양(潭陽) 추성관에서 의병장으로 추대되었다.

선생은 의병도청(義兵都廳)을 설치하였다. 선생이 의병을 일으킨 이후로 한결 같이 사실(私室)로 돌아간 적이 없었으며 몸소 주관(州館)에 머물렀다. 의병도청을 설치하여 대오를 정돈하고 군량(軍糧)과 무기를 취합한 것은, 하나는 의병들이 진영을 성원하는 길을 위한 것이며, 또 하나는 호남을 보호·방어하는 계책으로 삼기 위한 것이었다. 유사(儒士) 가운데 부지런하고 성실한 사람 수십 명을 택하여 유사(有司)를 맡겨서 각 고을을 두루 돌아다니면서 의병들의 성세(聲勢)를 널리 퍼뜨리고 격문을 지니고 가서 깨우치게 하니 멀고 가까운 곳에서 의병을 흠모하여 온 자가 많았다. 장정들을 가려 군대의 대오(隊伍)에 편성시켰으며, 어린 자제들을 감독하여 수송에 힘쓰게 함으로써 담양 진영에 계속 군수품을 보급했다. 이로부터 군대의 진용이 갖추어지고 그 세력이 더욱 떨치게 되었다.

창의사(倡義使)가 글을 보내서 머무르도록 권하였다. 그 때 대군이 출병하자 선생이 나머지 무리들을 수습하여 계속해서 군대를 일으키는 계책을 세웠다. 그러자 창의사가 선생이 병들고 쇠잔함을 민망히 여겨 편지를 보내기를 "전쟁터에 나가는 것이나 남아서 방어하는 것이나 나라를 위한 것이 아님이 없습니다. 더구나 주축이 무너지면 온 군영이 수습할 수 없는 지경에 빠지게 되니 우리 병사들이 세력이 날카롭게 되거나 둔하게 되는 것은 오로지 공에게 달려 있습니다"고 하였다.

병사를 모집하여 권공(權公)의 휘하에 소속시켰다. 권공이 본주(本州)의 목사가 되어 수원으로부터 퇴병(退兵)한 이후로 항상 울분을 품고, 상사(上司)의 명령을 기다리지 않고 군과 현에 격문(檄文)을 급히 돌려 사사로이 거병(擧兵)하려 하였다. 그런데 그 때 관군이 출병했다가 곧 궤멸된 일이 있어 민심이 진정되지 않고 거짓 소문이 나돌아 인심이 흉흉해졌다. 그리하여 백성들이 관리를 보면 의심하고 두려워하여 흩어져 달아나니 의병을 소집하여도 여러 날 동안 응하는 자가 없었다. 이 때에 선생이 유사를 파견하고 친히 자제들을 보내 마을마다 출입하게 하며 산마을을 찾아다니면서 의병을 모집하게 하고 힘써 깨우치니 감격하여 떨쳐 일어나 점차 명에 응하였다. 권공이 그 성의에 탄복하여 병사를 조율하는 일은 전적으로 선생에게 맡겼다. 선생이 몸소 고르고 조사하여 정예병사 수천 명을 얻으니 권공이 비로소 출병(出兵)할 수 있었다. 선생은 병사들을 광주에 주둔시키고 순찰하면서 어루만져서 진정시키고 도 전체를 보호하며 간사한 무리들을 진압하는 것을 임무를 삼았다.

6월에 행재소(行在所)로 소를 올렸다. 그 때 임금은 서쪽으로 몽진을 떠나 멀리 의주(義州)에 있어서 조정과 소식이 끊어지니 선생과 하곡(霞谷) 정운룡(鄭雲龍) 등 여러 사람들과 상소하여 전세를 분주히 물었다. 그리고 이광(李洸)의 죄를 낱낱이 열거하고 남쪽 지방의 사정을 부연해서 진술하였다. 소가 완성되자 선생은 여러 선비들을 이끌고 임금이 계신 곳을 향하여 통곡 배송(拜送)하였다. 문인(門人) 박희수(朴希壽)가 바닷길을 따라 난관을 뚫고 행재소(行在所)에 알리니 이로부터 남쪽에서 보낸 상주문(上奏文)이 비로소 다시 소통되었다.

12월 20일 승문원 판교(承文院判校)를 배수 받았다. 좌랑(佐郞) 양산숙(梁山璹)이 의주에서 돌아왔다. 임금이 손수 쓴 교지를 내렸는데 간략히 살펴보면 "이제 고경명을 공조참의(工曹參議) 겸 초토사(招討使)에, 김천일(金千鎰)은 판결사(判決事) 겸 창의사(倡義使)에 임명하며, 박광옥 이하는 차등을 두어 관직을 제수하노라. 생각건대 그대들의 충의(忠義)를 떨친 것은 관작이나 상을 바란 바가 아니겠지만 내가 은전을 베푸는 것은 고마움을 기리는 것이니 교지가 이르면 곧장 받들어서 더욱 힘을 합해 노력하라"하는 것이었다.

현웅군(玄雄軍)을 파견하여 고개와 산길을 차단했다. 금산(錦山)으로부터 패전보가 날아들자 선생은 적의 군대가 남쪽을 유린할 것을 걱정하여 영평(永平)에 있던 현웅군(玄雄軍)을 급파하여 고개와 산길을 차단하고, 요충지에 둔영(屯營)을 치니 적이 염탐하고 달아났다.

처영(處英)이 이끄는 승병을 보내서 관군을 도왔다. 그 때 권공은 독산(禿山)에 주둔하고 창의사는 수원에 진을 치고 있었는데 선생이 양 진영에 군수품을 보급하여 전라도를 지켰다. 권공의 군세가 고립되어 있고 적이 강하다는 소식을 듣고 급히 처영이 이끄는 승병을 파견해서 권공의 군대를 돕게 한 것이다.

21일 나주목사(羅州牧使)에 임명되었다. 선생은 국가가 위급할 때 신하된 도리로 어려움을 회피해서는 안 된다고 생각하여 병든 몸을 억지로 이끌고 부임했다. 관아에서 근무할 때는 앉지 않았고 거친 밥만 먹었으며 고기도 탐하지 않았다. 식사 때마다 문득 울먹이면서 "임금은 어디에 계시는가? 지금은 어느 때인가?"라고 말하였다. 다시 적을 토멸(討滅)할 일을 도모하고자 의병총치도청(義兵摠治都廳)을 설치하고, 각 읍의 식견 있는 선비에게 자문을 구해서 여러 군현에 격문을 띠우고 군마(軍馬)를 정돈하고 군량과 무기를 갖추는 일을 주야로 게을리 하지 않았다.

12월에 병을 알리고서 관직을 그만두고 돌아왔다. 이에 앞서 적의 세력이 의주까지 미치려 한다는 소식을 듣고 정예병사 2천명을 뽑아 12월 11일에 출병하려 하였으나 갑자기 병이 위독하여 길을 떠날 수 없게 되었다. 선생이 몸을 가누지 못하면서도 길을 떠나려 하자 좌우에서 극력으로 말렸다. 마침내 병사와 군량을 나누어 양 진영에 보내고 병을 알린 뒤 관직을 그만두고 돌아왔다.

1593년 선조 26년 계사 68세

2월에 망하례(望賀禮)를 행하였다. 그때 권율이 행주(幸州)에서 적을 격파하여 서울을 수복하게 되었다. 임금이 숙천(肅川)으로 행차하시자 선생은 병든 몸을 부축받으며 높은 곳에 올라 향리의 선비와 함께 망하례를 행하였다.

3월에 권공(權公)이 편지를 보내 병세를 물었다. 10월 26일에 집에서 별세하였다. 선생은 세상을 떠나기 하루 전날 음식을 준비하여 친우들을 두루 초청한 뒤 술잔을 잡고 말하기를 "나는 내일 죽을 것이니 자네들과 영결하려 하네"라 하였다. 화제가 시국에 대한 일로 돌아오자 선생은 울먹이면서 말하기를 "나라의 중흥을 보지 못하는 것이 여한(餘恨)이네"라고 하였으며, 또 말하기를 "선비와 군자는 마땅히 국난에 임해 구차함이 없는 것으로써 마음을 삼아야 하니 모두들 자중해 주길 바라네"하였다. 다음날 향탕(香湯)에 목욕하고 말하기를 "부모가 물려주신 몸은 공경하지 않을 수 없다"고 하였다. 또 두 사위에게 말하기를 "염(斂)을 할 때는 먼저 어릴 때 입었던 옷을 사용해야 한다. 이 옷은 어머니가 손수 바느질한 것이므로 몸이 편안할 것이기 때문이다. 다음은 평상시에 입던 옷을 사용하고, 다음은 제복(祭服)을 사용하며, 그 다음은 조정에 출사할 때 입은 옷을 사용하여야 한다"하고, 거듭 말하기를 "임금이 몽진(蒙塵)을 떠나고 국난으로 평안하지 못한데 어찌 감히 평안하겠는가? 장례는 간소하게 하는 것이 좋겠다"라고 하였다. 부인이 창 밖에서 듣고 황급히 들어와 앉자 선생이 큰소리로 "부인(夫人)은 '남자는 부인의 손에서 목숨을 마치지 않는다'는 예를 아직도 모르시오?"라고 훈계하고 잠시 후에 조용히 숨을 거두었다.

윤 11월 17일 운리동(雲裏洞) 묘좌원(卯坐原)에 장사지냈다. 유명(遺命)에 따라 관(棺)만 쓰고 곽(槨)은 쓰지 않았다.

1602년 선조 35년 임인

향인(鄕人)들이 본주(本州) 벽진촌(碧津村) 뒤쪽에 사당(祠堂)을 세웠다.

1604년 선조 37년 갑진

사당(祠堂)을 증수(增修)하고 벽진서원(碧津書院)이라 이름 하였다. 2월에 행장이 완성되었다.

1678년 숙종 4년 무오

향리 유생들이 충장공(忠壯公) 김덕령(金德齡)을 벽진서원에 함께 배향(配享)하였다. 뒤에 양곡(陽谷) 오두인(吳斗寅)·지평(持平) 김덕홍(金德弘)·풍암(楓巖) 김덕보(金德普)를 추가로 배향했다.

1681년 숙종 7년 신유

4월 24일 도승지(都承旨)에 추증(追贈)되었다. '의열(義烈)'이라는 편액을 내리고 관리를 보내 치제(致祭)케 하였다.

고봉 기대승 高峯 奇大升

고봉(高峯) 기대승(奇大升 1527~1604)는 자가 명언(明彦) 호는 고봉 이름은 대승 본관은 행주이다. 선세는 대대로 서울에서 거주했는데 물재공(勿齋公)이 아우 복재(服齋) 준(遵)과 함께 성리학을 전공하다가 복재공이 기묘년(중종 14년 1519) 사화에 연루되어 화를 당하자 세속의 일을 단념하고 광주로 물러가 살았다. 고조 건(虔)은 세종조에 판중추원사를 지냈고, 증조 축(軸)은 풍저창부사(豊儲倉府使)를 지냈으며, 할아버지 찬(襸)은 홍문관 부응교를 지냈다. 아버지는 진(進)인데 동생 준(遵)과 함께 이름이 있었으며, 어머니 진주 강씨(姜氏)는 사과(司果) 영수(永壽)의 딸이다.

1527년 중종 22년 무자

광주 소고룡리 집에서 출생했다.

1532년 중종 27년 임진 6세

어른처럼 후중하여 다른 아이들이 장난치는 것을 보면 빙그레 웃을 뿐이었다.

1533년 중종 28년 계사 7세

비로소 학업을 시작했다. 매일 새벽에 일어나 정좌하고 암송하여 읽기를 쉬지 않았다. 사람들이 혹 너무 열심히 하느라 힘들겠다고 위로라도 하면 "나는 이 공부가 좋아서 한다고 대답하였다.

1534년 중종 29년 갑오 8세

모친 진주 강씨의 상을 당하였는데 어른처럼 애통해하였다.

1535년 중종 30년 을미 9세

『효경』을 읽었다. 『효경』을 필사했는데 글자 획이 해정(諧正)하였다.

1537년 중종 32년 정유 11세

향숙(鄕塾)에 나아가 『대학』을 배웠는데 학우들이 배우는 것까지 아울러 통달하였으며, 수학과 육갑과 오행성쇠의 이치에도 정통하였다. 김집(金集)이 연구(聯句)로 식자(食字)를 시제(詩題)로 내어 선생의 글 짓는 것을 시험하자 선생은 즉시 응하여 읊기를 "밥 먹을 때에 배부르기를 구하지 않는 것이 군자의 도이다"라고 하였다.

1540년 중종 35년 경자 14세

항상 『강목(綱目)』을 애독하여 매일 강목을 한 권씩 다 읽었다. 이해 봄 「서경부(西京賦)」 백삼십구를 지었다.

1542년 중종 37년 임인 16세

『주역』을 읽었는데 침식을 잊을 정도로 매우 열심히 연구하였다.

1543년 중종 38년 계묘 17세

『전한서(前漢書)』 『후한서(後漢서)』 그리고 『여지승람』을 읽었다.

1544년 중종 39년 갑진 18세

중종이 승하하자 졸곡 때까지 곡에 임하고 소식(蔬食)하였다.

1545년 인종 원년 을사 19세

7월 인종이 승하하자 중종이 승하했을 때와 같이 곡(哭)에 임하고 소식하였다. 자경설(自警說)을 지어 스스로를 경계했다.

1546년 명종 원년 병오 20세

가을 향시 진사과에 응시하여 2등으로 합격했다.

1547년 명종 2년 정미 21세

정월에 성균관에 유학하였다.

1548년 명종 3년 무신 22세

부인 이씨와 혼인했다. 충순위 이임(李任)의 딸이며 참판 이종수(李從遂)의 증손이다.

1549년 명종 4년 기유 23세

사마양시(司馬兩試)에 2등을 하였다.

1550년 명종 5년 경술 24세

8월 10일 아들 효증(孝曾)이 출생했다.

1551년 명종 6년 신해 25세

알성시에 응시하였다. 급제할 수 있었는데 척신 윤원형이 그의 이름을 꺼려 낮은 점수를 주어 낙제했다.

1554년 명종 9년 갑인 28세

동당향시에 응시하여 장원을 하였다. 봄에 용산(龍山) 정즐(鄭騭)의 상에 조곡하였다.

1555년 명종 10년 을묘 29세

정월에 아버지 물재공의 상을 당하였는데 3월에 집 뒤 경좌(庚坐)의 묘지에 장례하고 「묘지문」을 지었다. 같은 달에 어머니 강씨의 묘를 옮겨 아버지의 묘 오른쪽에 부장(祔葬)하고 「천묘기」를 지었다.

1557년 명종 12년 정사 31세

3월에 복을 벗었다. 이해에 『주자문록(朱子文錄)』을 완성하였다.

1558년 명종 13년 무오 32세

두류산을 유람하였다. 7월 하서 김인후를 찾아가 태극도를 논하였다. 10월 문과에 일등으로 합격하여 권지승문원부정자(權知承文院副正字)가 되었다. 퇴계 선생을 서울에서 찾아뵈었는데, 추만(秋巒) 정지운(鄭之雲)의 천명도를 펴놓고 논의하다가 돌아왔다. 11월에 휴가를 얻어 귀향하면서 일재(一齋)를 만나서 전에 의논했던 태극도설에 관하여 재차 논했으나 끝내지 못하고 돌아왔다. 일재에게 보낸 편지를 보면 "태극이 리(理)와 기(氣)를 겸한다고 한 것은 일재 선생의 요지이고 나는 '천지만물의 이치를 태극이라 한다'고 하였습니다"고 하였다.

1559년 명종 14년 기미 33세

3월 퇴계 선생에게 답서를 보냈다. 퇴계가 보낸 편지에는 "그대가 논박한 사단칠정설을 전해 들었다. 나도 표현이 적합하지 못하다고 생각했는데 그대의 주장을 보고 더욱 엉성함을 알았다. 사단(四

端)의 발동은 순수한 이치에서 발하는 것이므로 착하지 않음이 없고 칠정(七情)은 기(氣)를 겸하고 있으므로 선도 있고 악도 있다고 하면 어떨지"라고 하였다. 8월에 퇴계 선생에게 글을 올려 출처와 거취에 관하여 논하였다.

1560년 명종 15년 경신 34세

3월에 글을 지어 하서(河西) 김인후(金麟厚)선생을 조문하였다. 5월에 추만(秋巒)과 천명도(天命圖)에 대하여 서신으로 논하였다. 8월에 퇴계 선생에게 글을 올려 사단칠정(四端七情)에 대하여 논하였다. 퇴계 선생이 답장을 보내왔는데, "그대의 글을 보니 '광대 미묘하여 나 스스로 잘못되었다고 인정되는 조목 이외에는 너무 넓어 요령을 잡지 못하겠다"고 하였다.

1561년 명종 16년 신유 35세

9월에 아들 효민(孝閔)이 출생했다.

1562년 명종 17년 임술 36세

5월에 예문관 검열 겸 춘추관 기사관에 제수되었다. 휴가를 얻어 귀향하였다. 12월에 예문관 검열 겸 춘추기사관이 되고 겸직은 전과 같았다. 이달에 예문관 봉교가 되었는데 임금의 소명이 있었다.

1563년 명종 18년 계해 37세

정월에 조정에 들어와 사은하였다. 3월에 승정원 주서가 되고, 4월에 예문관 봉교가 되었는데 소장을 올려 한원으로 옮겼다. 5월에 학습시험에서 중등을 차지하였고 봉교에서 부사정이 되었다. 8월에 논박을 받아 귀향하였다. 논박을 받은 것은 당시 이량(李樑)이 실권을 잡고 있었는데 사헌부를 시켜 신진사림을 공격하면서 선생을 먼저 지목하였기 때문이다. 그러나 곧 선생의 종형(從兄) 기대항이 이량을 논박하였기 때문에 이량은 물러나고 선생은 조정으로 돌아왔다. 9월에 예문관 봉교가 되어 동궁의 부음을 듣고 신주를 설치하였다. 조정으로 돌아와 사은했는데 독서당에 들어갔다. 11월에 선무랑(宣務郎)에 제수되고 홍문관 부수찬 겸 경연 검토관 춘추관 기사관에 제수되었다.

1564년 명종 19년 갑자 38세

2월에 경연에 입시하였다. 선생이 말하기를 "국가의 안위는 제상에 달려있고, 군주의 덕이 성취됨은 경연에 달려있으니, 경연의 중요성은 재상과 다름이 없다. 지금 성덕이 숙성하여 성리학에 마음을 두고 있으니 지금부터 경연의 공부를 부지런히 한다면 날로 진취됨이 있을 것이라"고 하였다. 또한 "언로를 열어 직간을 받아들이고 뜻을 펼수 있게 하라"고 하였다. 3월에 소를 올려 수찬에서 지제교가 되었다. 6월에 홍문관 부수찬 경연 검토관이 되었다. 7월에 종형(從兄) 판윤공이 별세하니 제문을 짓고 「행장」을 썼다. 10월에 병조좌랑 지제교가 되었으며 12월에 「경현당기(景賢堂記)」를 지었다. 성균관 전적이 되었는데 소를 올려 체직되고 병조좌랑이 되었다.

1565년 명종 20년 을축 39세

2월에 병조좌랑에 제수되었다. 6월 승의랑(承議郎)에 제수되고 성균직강 지제교에 제수되었다. 10월에 교서관 교리를 겸하였다. 11월에 휴가를 얻어 귀향하면서 서모(庶母) 방씨(方氏)의 묘소에 참배하였다. 12월 노수신(盧守愼)을 진국원으로 찾아가 인심도심(人心道心)에 대하여 토론하였다. 노수신(盧守愼)은 나정암(羅整庵)이 지은 『곤지기(困知記)』의 학설이 옳다고 하였는데 선생은 『곤지기론(困知記論)』을 지어 이를 반박하였다.

1566년 명종 21년 병인 40세

4월에 통덕랑에 제수되고 예조정랑 겸 지제교에 임명되었다. 6월에 순천부사 김계가 와서 두 신주[二主]에 대하여 물었으므로 「이주설(二主說)」을 지었다. 10월에 통덕랑이 되고 홍문관 교리가 되었으며 사간원 헌납 지제교에 임명되었고 다시 소명이 있어 조정에 사은하였다.

1567년 명종 22년 정묘 41세

2월에 사헌부 장령 겸 지제교에 제수되었다. 3월에 성균관 사예 겸 지제교가 되었고, 다시 사헌부 장령이 되었다. 5월 홍문관 응교가 되었는데 겸직은 전과 같았다. 이달에 원접사 종사관이 되어 관서(關西)에 가서 명나라 사신 허국과 위시량을 영접하였고 7월에 복명하였다. 수숙(嫂叔) 사이에 상복을 입지 않음은 잘못임을 논하였다. 당시 인종의 비 공의전(恭懿殿)이 명종과는 형수가 되는데 명종을 위해서 형수가 어떤 복을 입는가 하는 문제가 있었기 때문이다. 10월에 조산대부(朝散大夫)에 승진되고, 겸직은 전과 같았다. 조강(朝講)에 입시하였으며, 석강에서 『예기』를 강했는데 임금이 사친(私親)에게 치제하는 것은 잘못임을 말했다.

1568년 선조 원년 무진 42세

정월에 봉정대부에 승급되고 홍문관 직제학 겸 교서관 판교에 임명되었는데 나머지 관직은 전과 같았다. 2월에 통정대부로 승진하여 홍문관 직제학 겸 교서관 판교에 임명되었는데 나머지 관직은 전과 같았다. 7월에 퇴계 선생이 상경하자 찾아가 인사하였다. 8월에 신병으로 대사성에서 체직되고 공조참의에 제수되었다. 12월에 우승지로 승진하고 퇴계의 『성학십도』에 대하여 논의했다.

1569년 선조 2년 기사 43세

3월에 퇴계 선생을 동호에서 전송하고 강가의 농막에서 유숙하였으며 보은사까지 따라가 송별하였다. 배 위에서 한 절구의 이별시를 드렸다. 7월 신병으로 소장을 올려 승지에서 체직되었다. 8월 성균관 대사성이 되었다. 9월 병으로 대사성에 체직되었다.

1570년 선조 3년 경오 44세

2월에 귀향하려고 출발하여 한강에서 유숙하였는데 당시 서울에 있던 사대부들이 모두 나와 전별하였다. 김계, 김취려는 강가에서 유숙하기까지 하니 선생이 시 두편을 지어 그들에게 보여주었다. 5월에 낙암(樂庵)이 완성되었다. 낙암은 고마산 남쪽에 있었으며 그 아래에도 집을 지어 방문객을 맞이하였다. 퇴계가 기문을 쓰고 액자도 주었다. 6월에 부경사(赴京使)로 소명이 있자 소를 올려 사양하였다. 12월에 퇴계의 부음을 듣고 신주를 설치하고 곡하였다.

1571년 선조 4년 신미 45세

정월에 퇴계 선생이 살던 도산으로 사람을 보내서 조문하고 제사 지냈다. 이달에 문원공 회제 이언적 선생의 「신도비명」을 지었다. 2월에 가묘(家廟)에 시사(時祀)를 지내고 귀전암에 가서 구경하였는데 이들 효증과 김경생·이운홍·곽호 등이 함께 갔다. 이 때 선생이 한 곳을 가리키며 훗날 내가 죽거든 이곳에 안장하라고 부탁하였다. 3월에 서석산을 유람하였고, 4월에 홍문관 제학 겸 경연 수찬관 예문관 직제학에 제수되었으나 나아가지 않았다.

1572년 선조 5년 임신 46세

2월에 아들 계업(啓業)이 태어났다. 이달 성균관 대사성에 제수되었다. 2월 27일 종계변무주청사(宗系辨誣奏請使)로 소명을 받아 임무가 막중함을 알고 나아갔는데 도중에 대사간에 임명되었다. 5월에 병으로 체직되고, 7월에 공조참의 겸 지제교가 되었다. 9월에 대사간이 되었는데 곧 사직하였다. 『주자서절요』 「발문」을 지었다. 10월, 벼슬을 그만두고 귀향하니 서울의 선비들이 전송하였다. 선비들이 조정에서 벼슬하면서 시종 지켜야 할 몸가짐이 무엇인가를 묻자, 기(氣)·세(勢)·사(事) 세 글자면 충분하다고 했다. 10월에 천안에 도착했는데 갑자기 둔종(臀腫)이 났다. 15일에 태인에 도착했는데 병이 더욱 악화되었기 때문에 그곳에서 머물며 치료하였다. 25일에 매당(梅堂) 김점(金岾)이 와서 문안했는데 "그대의 집에 나의 며느리가 있으니 그대의 집에서 죽고 싶다"고 했다. 다음날 선생이 시중드는 사람에게 빨리 가자고 하니 사람들이 병이 위급하다고 만류하였다. 선생은 공청(公廳)에서 죽을 수 없다 하고 재촉하여 저녁에 매당의 집에 도착했다. 임금이 소식을 듣고 어의와 어찰을 보냈는데 그들이 도착하기 전 이튿날 아침에 운명하니 11월 1일이었다.

1573년 선조 6년 계유

2월 8일 나주의 북쪽 오산리 통현산 광곡 묘좌(卯坐) 유향(酉向)의 자리에 안장하니 전에 선생이 지정한 곳이었다. 원근에서 함께 장례에 참석한 사람이 수백 명이었다.

1578년 선조 11년 무인

호남의 유생들이 낙암 아래에 사당을 세워 위패를 모시고 석채례를 행하였다.

1654년 효종 5년 갑오

선생의 위패를 모신 월봉서원에 사액하였다.

1655년 효종 6년 을미

4월에 사액을 맞았는데 예조의 낭관(郎官) 원격(元格)이 제문을 가지고 와서 제사 지냈다.

삼도 임계영 三島 任啓英

삼도(三島) 임계영(任啓英 1528~1597)는 자는 홍보(弘甫) 호는 삼도 이름은 계영 본관은 장흥이다. 고려조의 정경공(貞敬公) 의(懿)와 문헌공(文獻公) 원순(元順)과 문하평장사(門下平章事) 방부(邦富) 등이 이름난 조상이다. 고조 석명(錫命)은 등과했으나 일찍 죽었고, 증조 득창(得昌)은 은성부사를 지냈다. 조부 광세(光世)는 좌통례(左通禮)를 지냈고 형조판서(刑曹判書)에 추증되었다. 아버지 희중(希重)은 생원 진사로 문행이 있었으며, 어머니 김해김씨(金海金氏)는 진사 규(奎)의 딸이다.

1528년 중종 23년 무자

보성의 대곡에서 출생했다. 선생은 자품이 준수하고 재기가 비범하여 글을 한번 읽으면 곧 외워 신동이라 불리었다. 형 진사 만영(萬英)과 천영(千英), 부사인 백영(百英) 정영(挺英) 그리고 아우 말영(末英) 등 6형제가 모두 문장으로 이름을 날렸는데 일찍이 죽천 박광전이 시로써 칭찬하였다. 선생은 특히 병려문(騈儷文)을 잘 지었고, 무(武)에도 관심이 있어 궁마(弓馬)를 열심히 익히지 않았지만 모두 통했으며, 효심이 지극하여 부모의 명을 어기는 일이 없었다. 상을 당하여 3년 동안을 여막에서 지내면서 한 번도 집에 들르지 않았다. 그리하여 도내의 선비들이 추천해 올리자 당시 전라감사 정철(鄭澈)이 조정에 천거했다.

1576년 선조 9년 병자 49세

비로소 문과별시에 급제하여 진보현감(眞寶縣監)을 지내고 임기가 끝나자 고향에 돌아와 학문연구와 후진양성에 힘썼다.

1592년 4월

왜적이 침입하자 선조는 의주로 파천하고 삼경(三京)이 모두 왜적에게 유린되었다. 이 때 의병장 고경명이 금산에서 순절했다는 소식을 들은 선생은 늙은 몸으로 서향통곡(西向痛哭)한 뒤 "나랏일이 이 지경이 되었으니 내가 죽을 곳을 얻었다"고 했다. 왕자사부(王子師父) 박광전(朴光前)과 진사 문위세(文緯世)가 각각 장사 수백 명씩을 모집하고 선생을 지휘자로 추천하여 좌의병장을 삼았다. 선생은 각 읍에 격문을 보내 신명을 바쳐 구국할 것을 호소하고 정사제(鄭思悌)를 종사관으로, 순천인 만호(萬戶) 장윤(張潤)을 부장으로, 문위세를 양향관(糧餉官)으로 삼아 군대를 거느리고 보성을 출발하여 낙안과 순천을 거쳐 남원에 도착했다. 거기서 천여명의 군사를 얻어 합류시켰다. 선생은 호랑이를 그려 기의 장표(章標)로 삼고 군대를 훈련시켜 위세를 크게 떨쳤다. 때마침 우의병장(右義兵將) 최경회(崔慶會)가 고재봉의 남은 군사를 이끌고 남원으로 와, 두 군대가 연합하여 장수에 있는 왜병을 물리쳤다. 10월 하순부터 11월 중순까지 전라좌우 의병은 경상도 의병인 김면(金沔)의 군대와 합류하여 성주에서 왜적과 싸웠다.

1593년 선조 26년 계사 66세

2월에 퇴각하는 왜적을 부상현(扶桑峴)에서 추격하여 400여 명을 살상했고, 장윤을 개령으로 보내어 적군 200여 명을 베고 왜군에게 포로로 잡혔던 남녀 400여 명을 구조하여 집으로 돌려보냈다. 6월 19일 선생은 진주로 내려가 부장 장윤으로 하여금 병사 300여 명을 이끌고 진주성을 사수케 하고 자신은 군량과 무기를 조달한 뒤 입성하려 했는데 진주성에 도착하니 벌써 성이 함락되었다. 선생은 잔병을 수습하고 10월에 어가가 서울에 도착하자 진주 싸움의 내용을 상소했다.

1594년 선조 27년 갑오 67세

하동에서 기병을 보내 고성과 거제에 매복시켰다가 왜적을 소탕했다. 9월에 양주목사에 제수되었다.

1596년 선조 29년 병신 69세

1월에 정주목사(定州牧使)로 옮겼다가 곧 장단부사(長湍府使)가 되었고 2월에 해주목사로 옮겼다. 3월에 순창군수로 옮겼는데 양주와 순창에서 치적(治績)을 올려 선정비가 세워졌다.

1597년 선조 30년 정유

신병으로 다시 의병을 일으키지 못하고 동복 유마산(維摩山)에서 10월 27일 세상을 떠나니 향년 70세였다. 조정에서 가선대부 병조참판 겸 동지의금부사를 증직했다.

제봉 고경명 霽峰 高敬命

제봉(霽峯) 고경명(高敬命 1533~1592)은 자는 이순(而順) 호는 제봉 또는 태헌(苔軒), 태사(苔榭) 시호는 충렬공(忠烈公) 이름은 경명 본관은 장흥이다. 고조는 상지(尙志), 증조는 현감을 지낸 자검(自儉), 조부 운(雲)은 조정암(趙靜庵)·박눌재(朴訥齋)와 더불어 도의의 사귐을 맺었던 기묘명현이다. 아버지는 대사간(大司諫) 맹영(孟英)이요, 어머니는 남평 서씨(南平徐氏) 진사 걸(傑)의 딸이다.

1533년 중종 28년 계사

11월 30일 무진, 인시에 광주 압보촌(鴨保村) 옛집에서 출생하였다. 생긴 풍모가 명랑하고 식견과 역량이 넓고 깊었으며 어릴 때부터 점잖은 모습이 어른과 같았다.

1541년 중종 36년 경자 9세

휴암(休庵) 백공(白公)이 남평재(南平宰)가 되어 글씨 쓰는 문방구를 선물로 보내주었다.

1552년 명종 7년 임자 20세

사마양시에 합격하였고 진사시에 장원하였다.

1553년 명종 8년 계축 21세

봄에 부제학 백균(百鈞)의 딸인 울산 김씨에게 장가들었다.

1554년 명종 9년 갑인 22세

정월에 아들 종후(從厚)가 태어났고 5월에 어머니 증 정경부인 서씨의 상을 당하였다.

1558년 명종 13년 무오 26세

10월에 문과에 합격, 갑과의 제1인이 되었다. 임금이 반궁(泮宮: 성균관)에 친히 임하여 선비들에게 시험을 보였는데 선생이 1등을 차지하자 바로 전시(殿試)에 나아가도록 하고 또 첫 번째로 발탁했다. 즉시 성균관 전적(成均館典籍)을 제수하고 곧이어 호조좌랑으로 옮기도록 하였다.

1559년 명종 14년 기미 27세

봄에 세자시강원 사서(世子侍講院司書)가 되어 임금의 명을 받들고 기우(祈雨)하였다.

1560년 명종 15년 경신 28세

문신정시(文臣廷試)에 제1인으로 합격하여 말 한 필을 하사받았다. 또 사간원 정언(司諫院正言)으로 옮겼다가 여름에 형조좌랑이 되어 지제교(知製教)에 뽑혔다. 이 후부터는 늘 삼자함(三字啣: 세 글자로 된 官啣)을 띠고 휴가를 얻어 호당(湖堂)에서 책을 읽게 되었다. 이 때 대제학 정유길(鄭惟吉)이 선생을 지제교에 추천하여 뽑히도록 했는데, 이 사실은 선생이 일과(日課)로 지은 시에 보인다.

1561년 명종 16년 신유 29세

봄에 사간원 헌납(司諫院獻納)이 되었으며 여름에 홍문관 수찬(弘文館修撰)으로 옮겼다. 다시 헌납으로 있다가 또 사헌부 지평으로 옮겼다. 윤 5월에 아들 인후(因厚)가 태어났고, 가을에 소명을 받고 입시하였다. 이 때 임금이 열무정(閱武亭)에 나아가 삼공(三公)과 모든 재추(宰樞) 또는 옥당(玉堂)·춘방(春坊)·백부(柏府)·미원(薇院)을 모두 불러들이고 열무정 밑에서 잔치를 베풀었다. 이 열무정은 창덕궁 집상전(集祥殿)의 후원에 있는데 바로 광묘(光廟)께서 열무하던 곳이다. 앞에는 대내(大內)가 내려다보이고 동쪽에는 서총대(瑞蔥臺)가 빙 둘러져 있고, 북쪽에는 응벽지(凝碧池)가 엿보이며 성안에 즐비한 수많은 집도 다 눈 밑에 있었다. 그래서 이곳은 궁궐 안에서 제일 좋은 경치로 꼽혔다. 술은 처음 마시려고 할 때 임금이 여러 신하에게 꽃을 하사하면서 온종일 화기롭게 놀도록 하였다.

홍문관 부수찬이 되었다가 겨울에는 홍문관 부교리로 승진하여 사명(使命)을 받고 관서(關西)로 나갔다. 임무를 마치고 돌아오자 임금이 "연로(沿路)에서 지은 시를 써서 바치라"고 했다. 이 때 사명이 무슨 일이었는지 자세히 알 수 없으나 사율(四律) 두 편과 절구 두 편이 있다. 10월에는 소명을 받고 입시하였다. 이 때 임금은 창경궁에 계시면서 부제학 이언충(李彦忠) 등을 불러들이고 장경문(長慶門) 안에서 술을 하사했다. 장경문은 궁궐 뜰과 아주 가까운 곳이고 여러 가지 병품(餠品)도 천주(天廚: 왕의 음식을 만드는 부엌)에서 맛있게 장만하였다. 모두 마음 놓고 취하도록 마시다가 밤이 된 후에 파하고 서로 흩어져 나왔는데, 임금이 또 은촉(銀燭) 한 자루씩 나눠주도록 하였으니 이는 옛날 금련고사(金蓮故事)와 비슷하다.

1562년 명종 17년 임술 30세

정월 15일에 옥당(玉堂)에서 숙직했다. 이 때 주은(酒隱) 김명원(金命元)과 함께했는데 임금이 감귤을 하사하고 잇달아 술도 내려 주었으니 이는 참으로 태평시대의 성사였다. 이 해 별시(別試)를 보일 때 고관(考官)이 되어 정철(鄭澈)을 뽑아 장원을 시키니, 모든 공론이 사람을 옳게 뽑았다고 치하했다. 병으로 인해 부교리를 그만두었다. 또 전적이 되었다가 여름에 수찬으로 옮겼으며, 얼마 안 되어 부교리에 승진했다. 9월 24일에 동호(東湖)에서 뱃놀이를 하였다. 본래 봉은사(奉恩寺)에 놀러 가려고 했다가 강사필(姜士弼)과 오음(梧陰) 윤공(尹公)과 함께 동호 상류에서 뱃놀이하였다.

10월 26일에 소명에 따라 입시하였다. 이 때 임금이 은대(銀臺) 옥당(玉堂)의 여러 신하를 불러들이고 비현당(丕顯堂) 앞뜰에서 금을 하사한 다음, 잇달아 전교하기를 "지금 옥당이 한자리에 모였는데 마침 날씨가 추운 까닭에 은대와 아울러 술을 하사하도록 하였다" 고 어필로 쓴 칠언배율 10운을 내려주었다. 선생은 한림원에서 몇 해 있을 때도 이런 성사(盛事)를 친히 본 것이 한두 번이 아니었다. 이보다 앞서 신유년 겨울에도 임금이 창경궁에 계시면서 옥당에 술을 하사할 때, 선생은 병이 들어 나아가지 않았으나 빨리 들어오라는 명이 있어 억지로 참석하기도 했다. 12월에 임금이 한 화본(畵本)을 내보였는데 모두 62폭이나 되었다. 이를 합쳐서 한 축으로 만들고 어필로 폭마다 짤막한 발문을 써 붙였다. 선생에게 시를 지어 바치도록 하고 특히 표피(豹皮) 한 장, 황모필(黃毛筆) 열 자루, 단산오옥(丹山烏玉) 다섯 개를 하사했다.

1563년 명종 18년 계해 31세

송강이 병조좌랑에서 공조정랑으로 승진했다는 소문을 들었다. 고봉(高峯) 기대승(奇大升)에게 시를 써서 부쳤다. 이 때 고봉이 동호에 있으면서 편지를 부쳐 왔으므로 선생이 시를 지어 사례했다.

1565년 명종 20년 을축 33세

7월에 아들 준후(遵厚)가 태어났다. 11월에 의정공(議政公)이 별세하였다.

1567년 명종 22년 정묘 35세

6월 28일에 명종대왕이 승하하였다.

1569년 선조 2년 기사 37세

2월에 아들 순후(循厚)가 태어났다.

1570년 선조 3년 경오 38세

고봉이 적벽에 놀러 간다는 소문을 듣고 축하시를 부쳤다. 아들 종후는 진사에 합격했으며, 선생은 여름에 부름을 받고 궁궐에 나아가 기우제문을 지어 바쳤다.

1572년 선조 5년 임신 40세

아들 준후가 요사했다. 여름에 면앙정 송순을 그의 정자로 찾아가 보았다. 이 때 송순이 정자에 써 붙일 시를 청하면서 그가 지은 절구 한 편을 외워 보였다.

1573년 선조 6년 계유 41세

4월 9일 이첩(梨帖)에서 놀았다. 이 때 정중실(鄭仲實)·유지숙(兪止叔)과 함께 월출산에서 놀았는데, 내관(內官) 오계성(誤繼成)도 진도

적소(謫所)에서 오게 되었다. 오계성이 가야금을 타면서 명종이 지은 악부 2장을 부르자 모인 사람들이 모두 눈물을 흘렸다.

1574년 선조 7년 갑술 42세

4월에 갈천(葛川) 임공(林公)과 함께 서석산에서 소풍하고 『유산록(遊山錄)』을 만들었다. 임공은 이 때 광주목사로 있었다. 주은 김공이 서울로 돌아갈 때 전송했다. 이 때 선생은 극락정(極樂亭)에 있다가 주은이 그의 형 응선(應善)의 환보(患報)로 인해 빨리 서울로 돌아간다는 소문을 듣고 증별시를 써 주어 응선과 함께 보도록 하였다. 11월에 아들 유후(由厚)가 태어났다.

1575년 선조 8년 을해 43세

정월 초 2일에 인순왕후(명종의 왕비인 심씨)가 승하했는데 비통한 마음으로 지은 시가 있다. 송강이 시골로 돌아온다는 소문을 듣고 전에 장생동(長生洞)에서 지은 운에 따라 절구 한 편을 지어 부쳤다.

1576년 선조 9년 병자 44세

겨울에 「불이재명(不已齋銘)」을 지었다. 이 때 토정(土亭) 이지함(李之菡)이 보령에서 배를 타고 순천에 온 후, 배를 버리고 걸어서 송강(松江)과 서로(栖露)를 두루 찾고 서석산에 올라 증심사에서 엿새 동안 머물렀다. 증심사를 떠나 설죽산우(雪竹山偶)로 찾아와 이런저런 이야기를 하면서 하룻밤을 쉬었다. 그 이튿날 선생이 재호(齋號)를 지어달라고 청하자 토정은 "불이재로 하라"고 했다.

1577년 선조 10년 정축 45세

정월에 아들 용후(用厚)가 태어났고 또 아들 종후는 문과에 합격했다. 시를 지어 송강에게 사례했다. 이 때 송강이 소쇄정(瀟灑亭)에서 파초잎에다 시를 써서 부쳐 보냈으므로 선생이 사례한 것이다.

1578년 선조 11년 무인 46세

여름에 「정허명설(靜虛名說)」을 지었다.

1579년 선조 12년 기묘 47세

인후가 진사에 합격하였다.

1581년 선조 14년 신사 49세

영암군수가 되었다. 얼마 후 변무사(辨誣使) 서장관(書狀官)으로 임명받고 성균관 직강으로 옮겨 사헌부 지평을 겸직하고 경사(京師)에 들어갔다. 이 때 나라에서 선계(璿系)의 잘못을 명나라에 들어가 바로잡으려고 했는데 사신으로 임명된 황강(黃岡) 김계휘(金繼輝)가 선생을 서장관으로 삼도록 하였다. 산해관(山海關)에 이르러 망해정(望海亭)에 올라 소풍을 즐겼다. 이 망해정은 산해관에서 10리가량 떨어져 있는데, 상사(上使) 김중회(金重晦)와 부사(副使) 최입지(崔立之) 그리고 한경홍(韓景洪)과 함께 올라갔다. 선생이 절구 한 편을 짓자 그들도 모두 화답하였다. 예부에 나아가 진정서를 올렸다. 황제가 황극문에 나오자 예관이 배신(陪臣) 등을 인솔하고 옥좌 앞으로 나아가 꿇어앉아 하사하는 의복을 받아가지고 나왔다. 이 때 지은 지감시(志感詩)가 있다. 북경을 떠나 성동(城東)에 이르렀는데 길 왼편에 삼충사(三忠祠)가 있었다. 이는 제갈무후(諸葛武侯)·악무목(岳武穆)·문승상(文丞相) 세 분을 제향하는 사당이었다. 선생은 문승상에게 더욱 느낀 바 있어 시를 지었다.

1582년 선조 15년 임오 50세

봄에 명나라에서 돌아와 복명한 후 서산군수가 되었다. 가을에는 원접사(遠接使) 종사관(從事官)에 임명되어 종부시 첨정(宗簿寺僉正)을 맡았다가 사섬시(司贍寺) 첨정으로 옮겨 한강까지 나아가 사신을 영접하였다. 이 때 한림편수(翰林編修) 황홍헌(黃洪憲)과 급사중(給事中) 왕경민(王敬民)이 황자가 탄생했다는 조칙을 가지고 왔는데, 원접사 율곡 이선생이 선생의 문장은 나라를 빛낼 수 있다 하여 종사관으로 추천하였다. 율곡은 본래 선생과 안면이 없었는데 이 때 한 번 보고 문득 엄중(嚴重)히 여겨 마음에 숨긴 것 없이 다 털어놓고 이야기했으며, 중국 사신과 더불어 창수(唱酬)할 때 선생이 시를 많이 쓰도록 하였다. 선생의 사우연원(師友淵源)을 따지면 하서·고봉·송강 등 여러 선생과 가장 친근했고 율곡과는 도가 같고 지기도 맞아 저절로 통하는 점이 있었다.

1583년　선조 16년 계미 51세

봄에 한성부 서윤(漢城府庶尹)이 되었다가 얼마 후 한산군(韓山郡)으로 이배(移拜)되었다. 겨울에 문한(文翰)에 대한 일로 예조정랑을 제수했으나 부임하지 않고 바리 향리로 돌아왔다.

1584년　선조 17년 갑신 52세

여름에 종부시정(宗簿寺正)이 되었다가 사복시 첨정(司僕寺僉正)으로 옮겼으며 겨울에 사예(司藝)가 되었다.

1585년　선조 18년 을유 53세

정월 27일에 정이상(鄭貳相)에게 편지를 써서 부쳤다. 옥봉(玉峰) 백공(白公)에게 편지를 보내 사례하였다. 이 때 옥봉이 붓과 밀촉을 보냈으므로 선생의 이 편지가 있었다. 봄에 세 품계를 특진하여 군자감정(軍資監正)이 되었다. 이 때 임금이 선생의 문장으로 보아 하급관료에 둘 수 없다 하여 이런 특명이 있었으나 여름에 또 순창군수로 나갔다.

1586년　선조 19년 병술 54세

7월 16일에 적성(赤城)으로 유람을 갔다. 청계(淸溪) 양공(梁公)이 동파고사(東坡故事)로써 선생을 비유한 시가 있어 화답하였다.

1587년　선조 20년 정해 55세

오음 윤공과 더불어 시를 지어 화답하였다. 이 때 윤공이 호남 안절사가 되어 순창에 이르러 함께 놀았다.

1588년　선조 21년 무자 56세

여름에 순창군수를 그만두었다. 11월 7일에 선계(璿系)를 개정할 일로 황조에세 칙서(勅書)가 내려왔다는 소문을 듣고 「지감시(志感詩)」를 지었다.

1589년　선조 22년 기축 57세

아들 인후가 문과에 합격하였다.

1590년　선조 23년 경인 58세

여름에 내섬시정(內贍寺正)이 되었다가 승문원(承文院) 판교(判校)

지제교(知製教)로 옮겨 춘추관 편수관을 겸임하였다. 어떤 사람이 임금 앞에서 선생의 문장을 아깝다고 여겨 추천하자 임금께서 승문원 지제교에 제수한 것이다. 광국일등공신(光國一等功臣) 해평군(海平君) 윤근수(尹根壽)의 녹훈교서(錄勳教書)를 지어 바쳤다. 가을에 통정대부로 승급하여 동래부사로 부임했는데 청렴하고 결백한 지조가 있어 아전과 백성이 모두 기쁘게 생각하였다.

1591년 **선조 24년 신묘 59세**

봄에 광국훈(光國勳)에 녹명(錄名)되었다. 이 때 종계(宗系)가 변무(辨誣)되지 여러 공신들이 모두 녹훈됨에 따라 선생도 서장관(書狀官)을 지낸 공로로 기록되었다. 여름에 동래부사를 그만두고 서울로 올라왔으나 도리어 배척을 받고 시골로 돌아갔다. 이 때 간관들이 송강을 논박하면서 선생이 송강을 선발하였다 하여 아울러 배척했다. 아들 순후가 진사에 합격하였다.

1592년 **선조 25년 임진 60세**

봄에 선생이 천문을 보고 집안에 이르기를 "올해는 장성(將星)이 분명히 보이지 않으니 장수가 이롭지 못하겠다"고 하였다. 4월에 왜노(倭奴) 풍신수길(豊臣秀吉)이 많은 군사를 이끌고 침입하였다. 13일에 왜병 50만기가 바다를 건너와 부산을 함락시키자 첨사(僉使) 정발(鄭撥)이 죽었고, 14일에 동래성이 함몰되자 부사(府使) 송상현(宋象賢)이 죽었다. 17일에 밀양이 함락되었다. 부사(府使) 박진(朴晉)이 힘껏 싸우다가 적의 포위를 뚫고 나오자 변보(邊報)가 비로소 경성까지 이르게 되었다. 18일에 김해가 함락되자 부사 서원례(徐元禮)는 도망쳐 버렸다. 이 때는 나라가 태평한지 오래여서 사람들이 병법을 잘 몰랐기 때문에 적이 물밀 듯이 몰아닥쳤다. 29일에 충주 달천에서 패보가 이르자 30일 기미에 대가(大駕)가 도성을 떠나게 되었다. 5월 1일에 대가는 개성까지 이르렀다.

3일에 경성이 함락되었다. 이 때 삼로(三路)에서 모인 군사 5만 명이 모두 용인에서 허물어지고, 7일 병인에 대가가 개성에서 평양으로 떠나갔다. 선생이 도순찰사(都巡察使) 이광(李洸)에게 답한 편지가 있는데 이는 광이 선생에게 편지를 보내 격문을 요청했던 때문이었다. 그에게 답한 편지는 대강 아래와 같다. "국사가 이 지경까지 이르니 어찌 차마 말할 수 있겠습니까? 오직 날마다 북쪽 하늘을 바라보면서 통곡할 뿐입니다. 지금 온갖 걱정으로 마음이 흔들리던 중에 영감(令監)의 편지를 받아들고 반도 채 못 읽어서 눈물이 쏟아집니다. 나는 전야(田野)에 묻힌 몸이고 더구나 늙고 병들어 누워있으니 행장을 꾸려 행재소(行在所)로 달려가 문안드릴 수도 없고 또 막부에 나아가 군사에 대한 계획도 도와 드릴 수 없습니다. 어떻게 해야 좋을지 몸 둘 바를 모르겠습니다. 다만 한 번 죽음이 있다는 것만 알고 있을 뿐입니다. 격문을 지어달라는 부탁은 제가 글을 폐한 지 오래지만, 감히 사양할 수 없어 대강 초해 드립니다. 그러나 문장이 제대로 되지 않아 절하(節下)의 창의(倡義)에 대한 내용을 자세히 밝히지 못한 것이 한스럽습니다. 그리고 또 제가 이 달 초순에 주동(州東) 폐장(弊庄)에 나가 있었기 때문에 3일 발송한 편지를 6일에 어떤 우졸(郵卒)이 내가 없는 빈집에서 던져두고 갔습니다. 이래서 시일이 지연되었으니 혹 너무 늦어 못쓰게 될까 도리어 걱정입니다. 구구한 저의 생각도 말씀드리지 않을 수 없어 망령스레 별지에 적어 아울러 드립니다. 오직 절하(節下)께서는 이 못난 사람의 말로 여기지 말고 중지를 모아 널리 받아들이면, 과연 국가를 위해 큰 업적을 세울 수 있을 것입니다. 김사중(金士重: 천일)의 편지가 마침 왔기 때문에 영감의 뜻이 이렇다는 것을 자세히 알려주었습니다."

5월 22일에 대가가 또 평양에서 떠나 의주까지 이르렀는데 호종한 관원은 겨우 10여 명 밖에 되지 않았다. 선생은 이 때부터 본주(本州) 촌사(村舍)에 있었는데 대가가 의주로 파천했다는 소식을 듣고 밤낮으로 부르짖으며 통곡하였다. 두 아들 종후와 인후에게 본주에 도망쳐 와 있는 군사를 거느리고 수원진영으로 달려가 본주 목사 정공(丁公) 윤우(允祐)에게 소속시켜 주고 돌아오도록 하였다. 당초에 본도 제찰사 이광은 왜적이 경성에 침범했다는 소식을 듣고 당장 교서(敎書)와 인신(印信)을 전주 진전(眞殿) 안에 내버려 둔 채 그의 본가인 고부로 가서 숨어 있었다. 잘못이라는 비판이 뭇사람의 입에 오르내리자 하는 수 없이 다시 나와 맡은 임무를 보게 되었다. 나중에 징병하라는 교지가 내리자 도내 군사를 출동시켜 공주까지 이르렀다. 이 때 경성을 제대로 지키지 못하여 대가가 기성(箕城)으로 파천했다는 소문을 듣고 바로 진영을 해산시키자 여러 군사가 모두 흩어지게 되었다. 또 두 번째 징병할 때도 각 고을 군사가 제대로 모이지 않고 본도에 있던 군사조차 흩어지고 말았다. 선생은 이 때 본주 촌사에 있었다. 나라가 엎어지게 된 것을 슬피 여기고 순찰사가 머뭇거리는 것을 통분하여 회재(懷齋) 박광옥(朴光玉)과 더불어 이리저리 도망친 군사들을 쫓아다니며 불러 모았다. 그리고 두 아들을 시켜 모든 군사를 수원전소(水原戰所)까지 거느리고 가도록 하였다. 또 평양 행재소까지 달려가 문안하고자 했으나 길이 막혀 돌아오게 되었다. 맏아들 종후는 여산까지 와서 병들어 머물러 있었고, 둘째 아들 인후는 추성관 거의소(秋城館擧義所)로 내려와 선생을 뵙게 되었다.
5월 29일에 선생이 추성관(秋城館)에서 단(壇)을 설치하고 분향서천(焚香誓天)한 다음 북쪽을 향해 두 번 절하고 창의기를 높이 세웠는데 여러 의병이 선생을 대장(大將)으로 추대하자 삽혈동맹(揷血同盟)하게 되었다. 이 때 용인에 모인 군사가 모두 해산된 후부터 일도의 인심이 물 끓듯 하여 걷잡을 수 없었다. 선생이 나주 김천일과 더불어 의병을 일으키자, 좌두에서 선생을 추대하여 대장으로 삼았으므로 단을 만들고 하늘을 향해 재배한 후 대장기를 세우고 뭇사람들과 맹세하였다. 학유(學諭) 유팽로(柳彭老)·유학(幼學) 안영(安瑛)·학관(學官) 양대박(梁大樸)은 종사관이 되었고, 정자(正字) 최상중(崔尙重)·유학(幼學) 양희적(楊希迪)·양사형(楊士衡) 등은 모량유사(募糧有司)가 되었으며, 우도에서는 김공 천일을 추대하여 대장으로 삼았다. 6월 1일에 격서를 도내에 띄웠다. 선생은 이 때 공조참의 겸 지제교가 되어 초토사를 겸임했다. 임금은 용만(龍灣)에 있었는데 선생이 의병을 일으킨다는 소문을 듣고 아주 아름답게 여기고 기뻐하면서 이 관직을 제수한 다음 편지까지 하사하고, 심지어 "열 읍을 통제하고 도성을 회복하라"는 교명(教命)까지 있었다. 공조좌랑 양산숙(梁山璹)이 행조(行朝)에서 호남으로 돌아올 때 임금이 직접 타이르기를, "네가 빨리 돌아가 나의 이 말을 고모(高某)와 김천일에게 전하고 너희들 모두가 빨리 도성을 회복시켜 나와 한 자리에서 만나 보도록 하라"고 하였다.

6월 11일에 담양에서 군사를 출동시켜 태인에 이르렀다. 이 때 맏아들 종후가 태인으로 와서 선생에게 문안하자, 선생은 바로 종후를 시켜 금구로 달려가 품군을 사서 격서를 탐라로 띄워 좋은 말을 뽑아오도록 하고, 또 김제와 임피 등지로 가서 병기와 군량을 모아 여산에서 대기하도록 하였다. 선생은 또 전주에 이르러 남원의 군사를 집합시키고 잇달아 본도의 각 고을에 지령을 내렸다. 이 때, 둘째 아들 인후는 휘하의 용사를 거느리고 진안·무주 등지에 복병을 매복시켜 영남에서 몰려오는 적들이 호남을 침범하지 못하도록 방어하였다. 얼마 후에 적군이 영남으로 퇴각하였으므로 선생은 비로소 군사를 정돈하여 북상할 계획을 세웠다. 그리고 도체찰사 이광에게 보낸 격서에서 "지금 본도 의병의 애초 계획은 바로 북로를 향해 왜적을 물리치고 대가가 서울로 들어오도록 하려 했는데, 벌써 윤좌상(尹左相: 斗壽)이 서북도의 정병을 통솔하여 양경(兩京: 개성과 평양)에 머물러 있는 적들을 토벌한다는 소문이 있으니 북쪽 지대는 별로 걱정이 없을 듯합니다. 그러나 요즈음 호서에 있는 적들이 차츰 금산을 들어오는데 방어할 군사는 아직 용계(龍溪)에 주둔해 있기만 하고 한 사람도 앞잡이로 나서는 자가 없는 판국입니다"라고 했다.

6월 20일에 체찰사 정철에게 편지를 부쳐 창의의 전말을 이야기하였다. 이 때 송강이 삼도체찰사(三道體察使)가 되자 선생이 이 편지를 써서 의견을 알렸다. 6월 22일 전주에서 군사를 거느리고 여산에까지 이르렀다. 이 때 선생은 장사들과 더불어 상의하기를 "진안과 무주를 몰아쳤던 왜적이 이미 용담과 진안으로 향해 간 것은 반드시 진주와 남원을 침입할 생각이 있기 때문이다. 만약 그렇게 되면 대군(大軍)은 마땅히 본도 진영으로 다 가야 할 것이고, 다만 노약자(老弱者)는 남겨 두어서 후방을 지키도록 하는 수밖에 없을 것이다. 그리고 나는 진산(珍山)에 머물면서 가끔 적들이 나타나면 모조리 섬멸시키고 또 도망치는 자를 재빨리 추격하면 저 적들은 나아갈 수도 없고 물러설 수 없어서 이 깊은 산중에서 저절로 쓰러지고 말 것이다"라 하고, 군사를 이끌고 여산으로 진영을 옮겼다. 이 때 맏아들 종후는 임피 모량소(臨陂募糧所)에서 달려왔고 둘째 아들 인후는 무주 설복소(茂朱設伏所)에서 달려왔다.

6월 23일 여산에 진을 치고 있었다. 이 때 금산에서 들어온 통보에 "옥천(沃川)과 양산(梁山)에 머물러 있던 왜적이 여산진영을 향해 갔다"고 했다. 또 체찰사 정공 철이 선생에게 편지를 보냈다. 강진·해남 두 수령에게 격서를 부쳤다. 6월 24일에 금산에서 들어온 통보에 "본군에서 10리쯤 떨어진 거리에 적병이 집결하고 있다"고 했다. 선생은 또 호서, 경기, 해서 등지로 격서를 띄워 평안도까지 전달하도록 했다

6월 27일에 군사를 이끌고 은진(恩津)으로 나아갔다. 이 때 황간(黃澗)에 있던 적이 금산을 넘어 잇달아 완산을 침범하려 했으니, 저 적들이 어찌 하루인들 이 호남을 잊었겠는가? 만약 우리 군사가 북상한다는 소문을 들으면, 반드시 이 때를 틈타 기세를 부리면서 휘몰아칠 것이다. 만약 완산을 제대로 지키지 못하면 호남의 전체가 위태로울 것이고, 더구나 이 완산은 진전(眞殿)이 있는 곳인 만큼 먼저 구하지 않을 수 없다 하여 드디어 호남부터 보장할 계획을 결정했다.

7월 1일에 군사를 이끌고 연산(連山)으로 향했다. 7월 5일에 충청 의병장 조공(趙公: 重峰)에게 편지를 부쳐 함께 형강(荊江)을 건너 적을 토벌하자고 약속했다. 이 때 중봉 조공은 호서에서 의병을 일으켰다. 7월 6일에 연산에 진을 쳤다. 이 때 이광이 그의 관군을 선

생에게 보내 그만 회군하여 함께 방어하자고 요청하였으나, 선생은 허락하지 않고 연산에서 진산으로 진영을 옮긴 다음, 정예병을 뽑아 양쪽으로 적세를 정찰하도록 했다. 이광은 또 곽영(郭嶸)에게 전령을 보내 빨리 달려오도록 하였으나, 곽영도 응하지 않고 의병을 따라 왔다.

7월 9일에 진산에서 행군하여 금산으로 들어와 방어사 곽영과 함께 군사를 갈라 좌우익으로 만들었다. 이 때 선생은 정예병 수백 명을 미리 파견하여 적의 소굴을 곧바로 치도록 했다. 적은 숨어서 이리저리 망보다가 벌떼처럼 돌격해오므로 모든 군사가 퇴진하려 하였다. 선생은 북을 울리면서 선두로 달려가 모든 군사를 격려하여 힘껏 싸우도록 하였다. 토성 속에 꽉 차 있던 적병을 사방으로 포위한 다음, 성 밖에 있는 관사(官舍)는 모조리 불태우고 또 성안을 향해 포를 쏘아대었다. 성 밖에서 대항하던 적들은 거의 다 쓰러져 버렸고, 성안에 있던 적들도 배기다 못해 튀어나오기는 했으나 사방으로 포위한 의병에게 감히 대항하지 못했다. 이 때 해가 거의 저물었는데 관군은 응원하지 않고 적의 토성도 워낙 튼튼해서 갑자기 무너뜨릴 수 없어 퇴진하게 되었는데, 이날 저녁에 방어사가 사람을 보내 다음날 합력하여 공격하자고 했다. 또 선생의 맏아들 종후도 선생에게 여쭈기를 "오늘 우리 군사가 승리한 셈입니다. 그만 전군이 다 진영으로 물러나 있다가 다시 기회를 보아 토벌하는 것이 좋을 듯합니다. 이 깜깜한 들판에서 저 적의 보루를 마주 대해 하룻밤을 새우다가 혹 무슨 변고가 생길까 염려됩니다"라고 했다. 선생은 이르기를 "너는 부자간 애정을 생각하여 내가 죽을까 두려워하느냐? 국가를 위해 한목숨 바치는 것이 나의 직책이다"라고 했다. 과연 이날 밤에 적들이 몰려와 의진(義陣)을 공략하려다가 나졸(邏卒)에게 발각되어 되돌아갔다.

7월 10일에 선생이 순절하였다. 휘하에 있던 장수 안영과 류팽로도 함께 죽었다. 선생의 둘째아들 인후는 무사를 거느리고 늘 앞잡이가 되었는데 일이 이렇게 되자 그의 부하를 정돈하여 꼭 복수하려고 했으나 일이 뜻대로 되지 않아 결국 또 순절하고 말았다. 이 때 선생은 적과 5리쯤 떨어진 거리에서 작전태세를 갖추었으며 방어사가 이끈 관군도 건너다 볼만한 거리에서 진을 치고 있었다. 선생은 800명이 넘은 기병을 앞세우고 적의 진영으로 달려가 도전하였다. 미처 관군과 합세하기 전에 적은 모조리 성 밖으로 나와 먼저 관군에게 왈칵 달려들었다. 방어사의 휘하장 김성헌(金聲憲)이 말을 달리면서 선두에서 도망치자 적이 육박하였는데, 방어사의 관군은 모두 건너다보기만 하다가 다 흩어져 버렸다. 선생은 홀로 대적할 계획으로 군졸에게 모두 활을 바짝 세워들고 충분한 대비를 하도록 하였다. 갑자기 몇 명 군사가 아우성치면서 "방어사의 진영이 다 무너졌다"고 하자, 의군(義軍)도 물밀 듯이 흩어지므로 다시는 제지할 수 없었다. 선생은 유팽로 등에게 이르기를 "내가 싸움에 익숙하지 못한 탓으로 불행히 패전하게 되었으니 나는 다만 죽음이 있을 뿐이다"라고 하자, 좌우에서 모두 말을 달리면서 후퇴하자고 간청하였다. 선생은 또 이르기를 "내가 어찌 구차스레 죽음을 피하겠느냐? 너희들이나 빨리 후퇴하여 적에게 포위되지 않도록 하라"고 했다. 유팽로가 말하기를 "우리들이 어찌 대장을 버리고 살기를 구하겠습니까?"라고 했다. 이 때 적봉이 바짝 휘몰려와 선생은 결국 순절하게 되었다. 유팽로는 그의 몸으로 선생을 가리고 죽었으며 안영도 그 자리에서 죽었다. 선생의 둘째아들 인후는 선봉이 되어 모든 군사를 독려하다가 갑자기 진영이 무너지자, 말에서 내려 다시 대오를 정돈시켜 꼭 복수하려 했으나 역시 순절하고 말았다. 선생의 맏아들 종후는 군사가 모두 흩어질 무렵에 타고갈 말이 마침 가시덤불 속에 자빠지므로 빨리 일으켜 세워서 안장을 지우고 있었다. 노복이 헐떡이면서 달려와 "영공(令公)께서는 벌써 멀리 가셨습니다"라고 했다. 드디어 급히 달려 거의 30리나 간 후에 비로소 충렬공(忠烈公)과 학유공(學諭公)이 함께 순절한 줄 알았다. 그만 말에서 떨어져 한참 동안 졸도하였다가 다시 정신을 차리고 빈손으로 적에게 달려가 복수하려 하였다. 좌우에서 모두 끌어안고 만류하기를 "일이 이미 이렇게 되었으니 한갓 죽기만 하는 것은 아무 유익이 없고, 또 선영공(先令公)의 체백(體魄)이 지금 저 시체 더미 속에 있는데 공이 또 죽는다면 거두어 염할 사람이 누가 있겠는가?"라고 했다. 종후는 오랫동안 울부짖다가 그렇겠다고 하고 적들이 다 물러간 후에 전쟁터로 걸어 들어가 선생의 유체와 학유공의 유체를 다 찾았다. 두 분의 옷자락 안에 모두 이름이 적혀져 있었으니, 이는 아마 거의(擧義)하던 날 반드시 죽음을 바치겠다는 결심으로 뒷날 수시(收屍)의 증거로 삼도록 했다. 금산 산중에 남모르게 묻어두었다가 이해 8월에 비로소 관곽(棺槨)을 갖추게 되었다. 날짜를 따지면 40일이 넘었고 여름철 장마도 많이 겪었는데 안색이 살았을 때와 똑같았으므로 보는 이가 모두 이상하다고 했다.

10월 4일에 선생의 관구(棺柩)를 화순현 흑토평(黑土坪)으로 옮겨 장사를 지냈다. 이 때 선생의 맏아들 종후가 고향으로 반장했는데 장사를 다 마친 그 이튿날은 바람과 눈보라가 심했으며, 긴 무지개가 산소 왼쪽에서 일어나 온 영역(塋域)에 가로 걸쳤다. 빛나는 광선이 수십 리 거리에 환히 비쳤는데 하루가 지나도 사라지지 않자 사람들이 모두 이상히 여기고 선생의 충분(忠奮)에서 이루어진 것이라고 했다. 임금께서 선생 부자가 함께 순절했다는 소문을 듣고 특명으로 예조판서를 증직하고 의정부 좌찬성을 가증(加贈)하였다. 아들 인후에게는 예조참의 증직을 내렸고 나중에 그의 아들 부천(傅川) 녹훈(錄勳)으로 의정부 영의정을 가증하고 시호는 의열(毅烈)이라 하였다.

1593년 선조 26년 계사

6월 29일에 선생의 맏아들 종후가 남강(南江)에서 순절하였다. 이 때 종후는 상신(喪身)으로 의병을 일으켜 복수하려고 여러 차례 적과 싸우면서 진주까지 갔다. 6월 29일에 진주성이 함락되자 창의사 김천일·병사 최경회의 함께 더불어 각기 종관(從官)을 거느리고 서울을 향해 두 번 절한 다음, 강물에 투신하여 죽었는데 이분들이 바로 '삼장사(三壯士)'이다. 임금은 선생의 맏아들이 순절했다는 소문을 듣고 특명으로 도승지를 증직하고, 또 이조판서를 가증했으며 시호는 효열(孝烈)이라 했다.

1594년 선조 27년 갑오

정월 22일에 왕세자가 예관 이희간(李希幹)을 보내 사제(賜祭)했다.

1595년 선조 28년 을미

여름에 임금께서 선생의 집 앞에 정려를 세우도록 특명을 내렸는데 맏아들 종후와 둘째 아들 인후도 함께 배향하였다.

1597년 선조 30년 정유

노상룡(盧尙龍)에게 출가한 딸과 안여인(安汝仁)에게 출가한 질녀가 모두 적을 꾸짖고 자결하였다. 임금이 이 소문을 듣고 정문을 세우도록 특명을 내리니 세상에서 '일문삼강(一門三綱)'이라고 칭송했다.

1599년 선조 32년 기해

『정기록(正氣錄)』이 완성되었다. 이 때 아들 유후가 격문을 모아 한 책을 만들었는데 월정(月汀) 윤공(尹公)이 '정기(正氣)'라는 명칭을 붙였다. 이는 아마 문천상(文天祥)의 정기가(正氣歌)를 의미한 듯하다. 아들 용후가 이 『정기록』을 간행하자 월정이 「서문」을 썼고 월사(月沙)·한음(漢陰)·백사(白沙)·청음(淸陰)·문곡(文谷)·상촌(象村)·성재(醒齋) 등 여러 사람이 잇달아 「서문」을 지었으며, 서경(西坰) 류공(柳公)은 발문을 썼고 또 황명어사(皇明御史) 손원화(孫元化)가 「발문」을 지었다. 이 때 아들 용후가 태인군수로 있으면서 판각하여 본원(本院)에 간직해 두었다.

1601년 선조 34년 신축

임금이 특명으로 본주에 사당을 세우도록 하였는데, 맏아들 종후·둘째아들 인후·월파 유공 팽로·청계 안공 영도 모두 배향했다.

1603년 선조 36년 계묘

6월 2일에 임금이 포충사(褒忠祠)라 사액했는데 이는 백사 이공 항복의 주청에 따라 윤허한 것이다. 8월 2일에 임금이 예관 정랑 조엽(趙曄)을 보내 사제했다.

1604년 선조 37년 갑진

선무공신(宣武功臣)에 녹훈(錄勳)되었다. 이 해에 이르러 비로소 지나간 임진년 호성(扈聖)·선무(宣武) 양훈(兩勳)을 책정했다. 한음이 굳이 훈부(勳府)의 화사(畵師)를 되돌려 보내고 차자(箚子)를 올려 선생과 조공 헌에게 양보하였다. 이 때 간신(奸臣) 류영경(柳永慶)이 수상(首相)으로 있으면서 녹훈을 맡아 보았는데 선생과 조공을 밉게 여기고 모두 빼버리자, 한때 공론이 떠들썩했으며 쉽게 가라앉지 않았다.

1605년 선조 38년 을사

정월 7월에 임금이 예관 지제교 윤광경(尹光敬)을 보내 사제했다.

1608년 선조 41년 무신

「신도비문」이 완성되었는데 월정 윤공이 지었다.

1609년 광해 원년 기해

3월 경인에 선생의 묘소를 장성부(長城府) 오동리(梧桐里) 오좌원으로 이장했다. 전에 모신 혹토평은 터가 좋지 못해서 일찍부터 이장하려는 의논이 있었는데 이 해에 부인이 세상을 떠나자 쌍분으로 모셨다.

1617년 광해 9년 정사

이 때 백사 이상공이 『문집』을 편차한 다음 「서문」을 지었고, 황명(皇明) 예부상서 오장(吳莊) 응회(應會)도 「서문」을 썼다. 『서석산유록(瑞石山遊錄)』도 이 해에 간행되었는데 나중 신미년에 한림학사 서광계(徐光啓)가 「발문」을 썼다. 이 때 선생의 아들 용후가 남원부사로 있으면서 판각하여 본원에 간직해 두었다. 9월 정묘일에 금산(錦山) 성곡서원(星谷書院)에 배향했는데 문열공(文烈公) 조헌(趙憲)도 병향(竝享)했다. 나중 계묘년(1663) 7월 15일 경진에 임금이 사액하고 사제했는데 예관은 정동엽(鄭東燁)이었다.

1623년 인조 원년 계해

임금이 사제했다.

1632년 인조 10년 임신

금산 종용사(從容祠)에 문열공 조헌과 병향했으며, 봉안제문은 우암 송문정공이 지었고, 계묘년(1663)에 또 사액했다.

1635년 인조 13년 을해

3월 28일에 충렬공(忠烈公)이라는 시호를 내렸으며 「시장(諡狀)」은 백주(白洲) 이명한(李明漢)이 지었다.

1687년 숙종 13년 정묘

2월에 연시(延諡)했는데 예관은 이조정랑 김창집(金昌集)이었다. 순창 화산서원(華山書院)에 배향했다. 이 서원은 하서(河西) 김문정공(金文正公) 인후(麟厚)의 서원이다.

1734년 영조 10년 갑인

7월 19일에 임금이 부수찬 유건기(兪健基)를 보내 사제했다.

1771년 영조 47년 신묘

특명으로 부조전(不祧典)을 내렸다. 이 때 호서에 진자 이헌이 상소하여 부조전을 간청했으나 윤허를 받지 못했다. 그 이튿날 다시 전지(傳旨)를 내리고 특별히 윤허했다.

1772년 영조 48년 임진

2월 20일에 예조정랑 고익경(高益擎)을 보내 사제했다.

1796년 정조 20년 병진

10월 29일에 원임 좌승지 서형수(徐瀅洙)를 보내 사제했다.

1812년 순조 12년 임신

8월 20일에 광주목사 홍양묵(洪養默)을 시켜 사제했다.

1832년 순조 32년 임진

3월 11일에 영광군수 한희운(韓羲運)을 금산(錦山) 전망유허(戰亡遺墟)로 보내 사제했다.

1839년 헌종 5년 기해

4월에 연보가 완성되었다. 이 때 10세손 제인(濟寅)이 옛날 청사선생이 지은 사실을 뽑아 모으고 또 모든 유적에 따라 차례로 간추려 광주목사 조진민(趙鎭敏)에게 교정을 받은 다음 출판하게 되었다. 11월에 8대손 시민(時民)이 유적을 모아 분류하여 1권의 서책을 만들었는데, 그 저술한 바가 누락이 있을까 염려하여 종형의 아우 시유(時愈)와 족손 제인으로 하여금 다시 상자를 뒤져 발견되면 보충하도록 하였다. 헌종 4년 봄에 화순현감 민로행(閔魯行)이 교정하였고 그 해 여름에 광주목사 조진민이 고정(考訂) 하였으며 기해년 3월에 판서 성수묵(成遂默)이 산정했다.

1982년 고종 29년 임진

3월 20일에 예관 무주부사 민치순(閔致純)을 보내 치제하였다.

송강 정철 松江 鄭澈

송강(松江) 정철(鄭澈 1536~1593)는 자는 계함(季涵) 호는 송강 또는 칩암거사(蟄菴居士) 이름은 철 본관은 영일이다. 고려조 때 문하시랑 평장사를 지낸 균지(均之)와 보문각(寶文閣) 직제학을 지낸 사도(思道)가 이름난 조상이다. 조선조에 들어와 연(淵)이 태종·세종조 때 병조판서를 지냈고 좌의정에 증직되었으며 시호는 정숙(貞肅)이니 이 분이 선생의 고조이다. 증조는 자숙(自淑)으로 김제군수를 지냈으며 이조판서에 추증되었고, 조부는 위(潙)로 건릉참봉인데 의정부 좌찬성에 추증되었다. 아버지는 유심(惟沈)인데 돈령부판관(敦寧府判官)이고, 어머니 죽산 안씨(竹山安氏)는 대사간 팽수(彭壽)의 딸이다.

1536년 중종 31년 병신

윤 12월 6일 서울 장의동 본가에서 출생했다.

1545년 인종 1년 을사 10세

집안이 화를 당하여 자형 계림군(桂林君)이 사사되고 그 여파가 정씨 문중에 미치어 백형 정랑공(正郎公) 자(滋)는 태형을 맞고 귀양가다 죽었다. 아버지는 관북 정평으로 유배되었다가 겨우 죽음을 면하고 다음 해 영일로 이배되었다. 이러한 환경 때문에 선생은 15세가 되도록 공부할 기회를 가질 수 없었다.

1551년 명종 6년 신해 16세

부친 판광공이 7년 만에 석방되어 가족을 거느리고 선산이 있는 담양군 창평으로 내려왔으므로 선생도 함께 이곳으로 내려왔다. 선생은 장성의 하서 김인후의 문하에 나아가 수학했고 뒤에 고봉 기대승의 문하에서도 수학했다. 두 분은 선생을 몹시 사랑했는데, 고봉은 선생을 산수의 빼어난 경치에 비유하였고 하서는 선생의 인품을 연꽃에 비유하였다.

1552년 명종 7년 임자 17세

문화 유씨(文化柳氏) 강항(强項)의 딸과 결혼했다.

1555년 명종 10년 을묘 20세

훗날 이기직(李基稷)의 처가 된 큰딸이 출생했다.

1556년 명종 11년 병진 21세

율곡 이이(李珥)를 만나 교유하기 시작했다.

1559년 명종 14년 기미 24세

장남 기명(起溟)이 출생했다.

1560년 명종 15년 경신 25세

나중에 최오(崔澳)의 처가 된 차녀가 출생하였다. 시를 지어 우계(牛溪) 성혼(成渾)에게 보냈다. 선생은 우계와 일찍부터 교유했다.

1561년 명종 16년 신유 26세

진사시에 1등으로 합격했다.

1562년 명종 17년 임술 27세

3월 문과별시에 장원하여 성균관 전적 겸 지제교를 제수받았다. 선생의 큰 누나가 인종의 숙의(淑儀)였으므로 어렸을 때부터 동궁에 출입하였고 명종이 대군일 때 함께 놀았으므로 정이 두터웠다. 명종이 선생의 방목(榜目)을 보고 몹시 기뻐하며 특별히 잔치를 베풀어 주었다. 그리고 특별히 「서문」으로 드나들게 하였으니 보고 싶은 마음에서였다. 사헌부 지평을 제수했다. 4월에 형조좌랑이 제수되었고 7월에 예조좌랑이 제수되었다. 8월에 보령현감이 되었으나 나아가지 않으니, 다시 전적이 제수되고 9월에 예조좌랑이 제수되었다.

1563년 명종 18년 계해 28세

뒷날 임회(林檜)에게 시집간 막내딸이 출생하였다. 12월에 공조좌랑으로 바뀌었다.

1564년 명종 19년 갑자 29세

6월에 병조좌랑이 제수되고 7월에 공조좌랑, 8월에 공조정랑, 10월에 예조정랑이 제수되었다.

1565년 명종 20년 을축 30세

아들 종명(宗溟)이 태어났다. 12월에 경기도사가 되었다.

1566년 명종 21년 병인 31세

1월에 형조정랑으로 조정에 을사제현(乙巳諸賢)의 무고를 신원(伸寃)해 주도록 청했다. 2월에 예조정랑, 3월에 성균관직강을 제수했다. 그리고 인종의 귀인(貴人)인 큰 누나의 상을 당하였다. 그리고 사간원 헌납이 되고 4월에 지평이 제수되었다. 5월에 공조정랑이 되고 9월에 병조정랑이 제수되었으며 암행어사로 북관(北關)에 나갔는데, 10월에 옥당에 뽑히고 부수찬이 되었다.

1567년 명종 22년 정묘 32세

겨울에 아버지 판관공의 직첩(職牒)을 받았고 11월에 수찬이 되었으며 율곡과 함께 호당에 뽑혀 들어갔다. 아들 진명(振溟)이 출생했다.

1568년 명종 23년 무진 33세

3월에 이조정랑이 되었고 6월에 원접사(遠接使) 박순(朴淳)의 종사관이 되었다.

1569년 선조 2년 기사 34세

퇴계 이황 선생이 고향으로 돌아갈 때 강상(江上)에서 시를 지어 송별했다. 5월에 수찬이 되고 다시 홍문관 교리 지평이 제수되었다. 우계 선생과 수창(酬唱)하고 학문하는 방법을 논하였다. 윤 6월 직강이 되었다가 이어 부교리가 되고 7월에 직강, 예조정랑이 되었다. 10월에 부교리가 되어 호남지방 어사로 나갔는데 율곡 선생이 시로 송별했다. 12월에 직강, 예조정랑이 되었다.

1570년 선조 3년 경오 35세

2월에 교리가 되고 4월에 예조정랑이 되었으며 부친 판관공의 상을 당하여 고양 신원에서 여묘(廬墓)살이를 했다. 선생은 효성이 지극하여 슬픈 울음소리가 이웃 사람을 감동하게 했다.

1572년 선조 5년 임신 37세

6월에 복을 벗었고 직강, 헌납, 이조정랑을 지내고 9월에 의정부검상, 사인이 되었다. 10월에 사간원 사간으로 승진되고 예빈시정, 사인, 사간을 지냈고 11월에 직강, 사인이 되었다.

1573년 선조 6년 계유 38세

1월 홍문관 전한, 사헌부 집의가 되었다가 군기시정으로 옮겼다. 4월에 어머니 안씨의 상을 당하여 고양 신원에서 여묘(廬墓)살이를 했다.

1575년 선조 8년 을해 40세

6월에 복을 벗고 내자시정(內資寺正), 사인을 제수받고 홍문관 직제학이 되었다가 성균관 사성이 되었다. 8월에 다시 사인이 되고 상의원정(尙衣院正), 직제학으로 옮겼다. 10월에 사간이 제수되었다. 선생은 당시의 무리와 의견이 맞지 않아서 벼슬을 그만두고 남쪽으로 돌아가려고 하였다. 임금이 이 소식을 듣고 말렸으나 듣지 않았다. 이 때 율곡 등이 무마하여 진정되었다.

1576년 선조 9년 병자 41세

2월에 부응교가 되고 3월에 사성(司成), 5월에 집의(執義), 다시 사성이 되었다. 9월에 선공감정, 11월에 응교가 제수되었다가 다시 종묘서령(宗廟署令)이 되고 12월에 사성, 상의원정 응교가 되었다.

1577년 선조 10년 정축 42세

2월에 군기시정, 3월에 집의, 4월에 내섬시정(內贍寺正), 직제학을 지내고 5월에 장악원정(掌樂院正), 6월에 직제학, 7월에 겸교서관관교, 직강을 지냈다. 8월에 제용감정(濟用監正)이 되고 사복시정(司僕寺正)이 되었으며, 11월에 누나인 계림군 부인의 상을 당했고, 인성왕후가 승하할 때 대궐에 나아가 임종했다.

1578년 선조 11년 무인 43세

1월 장악원정, 사간, 선공감정, 사간을 역임하고 2월에 사재감정(司宰監正)이 되고 3월에 집의, 사재감정 사인을 지냈다. 4월에 직제학이 되고 5월에 통정대부로 승진하여 승정원 동부승지 겸 경연 참찬관 춘추관 수찬관을 제수했으나 사양하고 나아가지 않았다. 11월에 사간원 대사간이 되었다가 탄핵당하여 파직했고 12월에 성균관 대사성, 병조참지를 역임했다.

1579년 선조 12년 기묘 44세

3월에 헌부(憲府)에서 사당(邪黨)이라고 배척했다. 5월에 형조참의가 되고 6월에 우부승지, 8월에 동부승지가 되었다.

1580년 선조 13년 경진 45세

강원도 관찰사가 제수되었다. 선생이 이수(李銖)의 옥사 이후 벼슬에 나가지 않았으므로 외직에 발령된 것이다. 강원도에서 선정을 베풀었다.

1581년 선조 14년 신사 46세

2월에 다시 참지로 내직에 들어왔고 4월에 대사성, 6월에 왕의 지제(旨製)에 응했다가 탄핵을 받고 8월에 창평으로 돌아왔다. 12월에 특별히 전라도 관찰사를 제수했다.

1582년 선조 15년 임오 47세

3월에 아들 홍명(弘溟)이 출생했다. 9월에 가선대부로 특승되고 행 승정원 도승지 겸 경연 참찬관 춘추관 수찬관 상서원정 예문관 직제학이 되고 12월에 예조참판이 되었다가 함경도 관찰사가 제수되었다.

1583년 선조 16년 계미 48세

윤 2월에 예조참판이 되었다가 3월에 자헌대부로 특승되어 예조판서가 제수되었다. 이 때 사헌부로부터 벼슬이 발탁된 것은 품계를 넘는 일이고, 술을 좋아하고 거동이 올바르지 못하다는 이유로 탄핵을 받았다. 4월에 지돈령부사가 되고 6월에 동지성균관사가 되었다가 판서를 제수받았다. 8월에 선정전(宣政殿)에 등대(登對)하여 송응개(宋應漑)·허봉(許篈)·박근원(朴謹元) 등의 죄를 다스리도록 청했다. 예조판서가 되었다가 9월에 간원의 탄핵을 입고 4번 사직서를 올렸으나 윤허되지 않았다.

1584년 선조 17년 갑신 49세

1월 율곡이 죽자 조문하고 가슴 아파했다. 2월에 대사헌이 제수되자 글을 올려 사퇴하려 했으나 윤허되지 않았고 찬집청 당상(纂集廳堂上)으로 차출되었다. 3월에 율곡 선생의 제문을 지었고 4월에 성혼의 퇴직을 윤허하지 말라는 상소를 올렸다. 5월에 왕의 뜻에 응하여 허봉·송응개·박근원 등이 세 번이나 이배한 것을 헤아려 폐기된 사람을 수용하도록 계를 올려 청했으나 화답이 없었다. 8월에 지의금부사로 교체되고 대사헌이 제수되었다. 12월에 승정대부로 특별 승진되어 의정부 우찬성 겸 지경연사를 제수했다.

1585년 선조 18년 을유 50세

3월에 판돈령이 되니 부제학 김우옹(金宇顒)·수찬 정여립(鄭汝立) 등이 선생을 율곡·우계와 함께 헐뜯었다. 4월에 벼슬에서 물러날 것을 진정하는 소를 올렸다. 이 때 우계는 물러난 다음이었으므로 재상 박순과 조정을 지키고 있었는데, 이발·김우옹 등이 물고 늘어졌다. 8월에 양사의 논척을 받고 고양에 물러나 지내다가 창평으로 돌아왔다.

1586년 선조 19세 병술 51

10월에 중봉(重峰) 조헌(趙憲)이 율곡(栗谷)·우계(牛溪)·사암(思菴) 등과 선생을 신변하는 소를 올렸다.

1587년 선조 20년 정해 52세

3월에 생원 이귀(李貴) 등이 상소를 올려 이발(李潑) 등이 율곡·우계 두 사람과 선생을 무고했다고 변명하는 글을 올렸다.

1588년 선조 21년 무자 53세

중봉이 다시 선생을 신원하는 상소를 올렸다.

1589년 선조 22년 기축 54세

7월에 박순의 죽음을 곡했다. 8월에 큰아들 기명이 죽었다. 10월에 정여립의 모반사건이 발각되어 선생이 조정에 나아가 위로하자 왕이 충절이라 격려했다. 10월 초 2일 황해감사 한준(韓準)이 올린 비밀장재가 도착하자, 이날 밤 왕은 삼공(三光)과 육승지(六承旨)를 불러 입대시키고 다시 도총관(都摠管)과 옥당(玉堂) 상하번(上下番)을 모두 입시토록 명하였는데 유독 검열(檢閱) 이진길(李震吉)만 입시하지 못하게 했다.

황해도에서 몰래 올린 장계를 여러 신하에게 보이니 곧 안악군수(安岳郡守) 이축(李軸)·재령군수(載寧郡守) 박충간(朴忠侃)·신천군수(信川郡守) 한응인(韓應寅) 등의 모반사건을 올린 것이다. 그 내용은 전주에 사는 전 수찬(前修撰) 정여립이 모반하여 그 괴수가 되었는데 그와 같은 당의 조구(趙球)가 비밀히 알려온 것이라고 했다. 조정에서는 금오랑(金吾郎)을 황해도와 전라도로 보내서 이진길을 하옥시키도록 했다. 초 7일 금오랑 유담(柳湛)이 계를 올려서 봉명(奉命)하고 전주에 내려가 병사를 시켜 체포하러 가니 정여립은 벌써 기미를 알고 도망쳤다. 임금이 선전관(宣傳官) 이용준(李用濬)과 내관(內官) 김양보(金良輔)를 따로 보내서 여립을 체포하도록 했다. 초 8일 해서(海西)의 역적 박연령·이기(李箕)·이광수(李光秀)·박익(朴杙)·박문장(朴文長)·김세겸(金世謙) 등을 붙잡아 와서 대궐에서 국문하니 모두 사실대로 말하므로 죽였다. 17일 선전관 이용준 내관 김양보 등이 호남으로 달려가니 여립이 그 아들 옥남(玉男)과 그 무리인 안악 교생 변범(邊氾), 박연령의 아들 춘룡(春龍) 등과 같이 진안으로 도망가 숨었다. 현감 민인백(閔仁伯)이 군사를 거느리고 뒤쫓아가 포위하니 여립과 그 무리가 바위 골짜기에 둘러앉아 있었다. 인백이 생포하고자 하여 왕명이라 알리고 관군에게 가까이 가지 못하게 했다. 여립이 먼저 칼로 변범을 베어 죽인 다음에 옥남과 춘룡을 베니 땅에 엎어졌다. 자기도 스스로 칼로 목을 찔러 자결하니 소 울음소리가 났다. 관군이 급히 달려가 여립과 범의 시체와 옥남, 춘룡 등을 끌고 왔다. 그리고 또 여립의 집에서 문서를 가져다 임금에게 올렸다.

11월 8일 선생에게 의정부 우의정을 제수하자 상소하여 사양하니 임금이 윤허하지 않아 드디어 취임하고 곧 위관(委官)으로서 사찰의 책임을 맡았다. 임금이 사직하는 소에 답하여 이르기를 "경은 지금 사임할 수 없다. 임금이 욕을 당하고 신하가 죽고 있는 마당에 어찌 여러 날을 물러가 있을 수 있겠는가? 병이 있어 의리상 마땅히 수레를 타고 나오는 일이 있더라도 빨리 적을 토벌해야 할 것이니 속히 나와 임무를 수행하라"했다. 선생이 출사하는 날 정언신(鄭彦信)이 옥중에서 두 손으로 빌면서 "우상이 출사했으니 나는 살았다"고 하였다. 12일 임금이 친히 국청(鞫廳)에 나가 국문할 때 선생이 나아가서 정언신·정언지·이발·이길·백유양·홍종록 등의 국문을 그치도록 청하였다. 그러나 임금은 노여움을 감추고 멀리 유배토록 하였다. 그리하여 이발은 북도에 정배되었는데 길에서 안민학(安敏學)을 만나 이르기를 "돌아가거든 계함(季涵)에게 말하게나. 내가 평소 계함을 저버린 일이 많았는데 계함은 나를 저버리지 않으니 뒷날 지하에서 내가 무슨 면목으로 상대할 것인가"하고 목을 놓아 통곡했다. 12월 12일 임금이 이발·이길·백유양 등을 잡아와서 국문하도록 하자 선생이 다시 계를 올렸다.

1590년 선조 23년 경인 55세

2월 4일 좌의정으로 승진되었고 18일 임금이 정여립을 추천한 영부사(領府事) 노수신의 죄를 다스리도록 하니 선생이 의견을 내서 그만두게 했다. 3월에 임금이 명을 내려 전라도사 조대중(曺大中)을 역적죄로 단죄하게 했다. 그때 선생이 다시 위임관(委任官)이 되어 조대중은 역적으로 처단하고 대중의 부인과 첩은 신문하지 말 것을 청하였다. 그리고 또 역적의 안부를 물은 자는 치죄하지 말 것을 청하였다. 앞서 전라도사 조대중이 역적이 죽자 눈물을 흘렸다는 소문이 파다하였다. 대간이 의논하여 잡아다가 형을 준 것이다. 대중이 시를 남겼는데 지하에서 비간을 따른다면 고혼은 슬퍼하지 않으리라는 구절이 있었다. 7월에 수충모익광국 추충분의 협책평난공신(輸忠翼謨光國推忠奮義協策平難功臣)을 수여하고 인성부원군에 봉했는데 차자를 올려 사양하였으나 윤허하지 않았다. 8월에 임금이 역모사건을 퍼뜨린 죄로 정언신을 참형하도록 명하니 선생이 대죄하고 파직하기를 빌었다. 당시 정언신은 우상으로 정여립과 친교가 있었으며 나라를 비방하는 언동이 서슴없었으나 누구도 그것을 임금에게 알리지 않았다. 그런데 양형(梁詗)의 상소문에서 비로소 이 사실이 밝혀져서 임금이 분개하고 언신을 처형하려 했다. 결국 정언신이 잡혀와 사사의 명이 내렸는데, 선생이 다시 계를 올려 힘껏 청하니 사형을 감형하고 이배시켰다. 임금이 언신의 죄를 엄하게 논하지 않은 대간을 문책하니 선생이 임금에게 글을 올려 자신을 탄핵했다. 9월에 다시 최영경(崔永慶)을 체포하니 선생이 그를 구제하려고 차자를 올리려 했는데 올리기 전에 최영경이 옥중에서 병으로 죽었기 때문에 그만두었다.

1591년 선조 24년 신묘 56세

2월, 임금에게 등대하여 왕세자 책봉을 청하였으나 대답하지 않았다. 선생은 물러 나와 사퇴할 것을 세 번이나 거듭 청하여 체직이 윤허되고 영돈령부사가 되었다. 3월에 안덕인(安德仁) 등이 상소하여 선생이 국사를 그르쳤다고 하자 곧 용산 시골집으로 내쫓고 명을 기다리도록 하였다. 윤 3월에 양사의 논계로 인해 파직되고 선생의 죄목을 열거하여 조당(朝堂)에 내걸었다. 성격이 사납고 파당을 이루며 사욕(私慾)에 다라 국정을 집행하였다는 것이다. 6월에 이조정랑 윤돈(尹暾)을 수감했는데 양사가 선생과 함께 권력을 독단하고 조정을 어지럽혔다는 혐의를 가지고 배척했기 때문이다. 사간원과 사헌부에서 함께 상소를 올려 선생을 귀양보내게 하니 처음에는 명천(明川)으로 유배했다가 진주로 옮기도록 명하였다. 사헌부와 사간원에서 함께 상소하여 윤근수(尹根壽)·홍성민(洪聖

民)·이해수(李海壽)·장운익(張雲翼) 등을 아울러 치죄하도록 했다. 우찬성 윤근수는 본성이 경박하고 악하였으며, 익성군 홍성민은 겉으로는 유명(儒名)을 가식하면서 마음속은 음흉하고, 경주목사 이해수는 본성이 간사하며, 양양부사 장운익은 본래 부박하고 음험한데 이 네 사람은 모두 선생의 우익이 되어 죄를 도왔다는 것이다. 선생은 다시 강계로 이배되었다.

1592년 선조 25년 임진 57세

5월에 왜적이 쳐들어왔다. 선생이 방면되고 곧 임금이 다시 불러서 충효의 큰 절개가 있다고 장려했다. 선생은 곧 행재소로 출발했다. 그때 왜구가 서울에 임박하자 유배된 사람을 모두 석방했으나 선생은 사은을 받지 못했다. 5월에 임금이 파천하여 개성에 머물고 있었는데 "이산해는 궁궐과 결탁하여 조정을 어지럽혔고, 유성룡(柳成龍)은 화친을 내세워 나라를 그르쳤으나 모두 은혜를 내리셨다"고 논하자 남쪽 성문에 나가 군민을 위로하고 각자의 생각을 말할 것을 명하니 모두 선생을 석방하여 임용하라고 호소했다. 그리하여 임금이 선생을 사면한 것이다. 선생이 중도에서 왕명을 받고 평양에 가서 어가를 맞이하니 임금이 불러보고 위로했다. 6월에 임금을 호종하여 평양에서 박천에 도착했다. 선생은 계속 호종하여 의주에 도착했다. 그때 따르는 관원이 수십 명이었다. 7월에 호남 호서의 체찰사의 명을 받았는데 대신이 머물기를 청하니 윤허되었다. 9월에 마침내 명을 받고 남하했다. 강화에 도착하여 정주(定州)로 이필(移驛)하여 뒷날의 부흥을 도모하도록 하고 또 우계 선생에게 일을 의논하는 편지를 보내고 충청도로 향하였다. 중봉 조헌을 곡하는 글을 지었다.

1593년 선조 26년 계사 58세

1월 왕명이 여러 차례 내려 마침내 북으로 돌아갔다. 2월에 행재소에 복명했다. 5월에 선생은 사은사로 북경에 가게 되었는데 출발에 임하여 백성을 보호하고 굶주린 자를 구제하고 환도하는 일과 제도개혁 등의 일을 올렸다. 11월 북경에서 돌아와 서울에서 복명했다. 그러나 대간에서 논의가 있어서 사직되었다.
12월 18일 강화도 살던 집에서 세상을 떠나니 향년 58세였다. 임금이 관원을 보내 제사하게 했다.

1594년 선조 27년 갑오
2월에 고양 신원에 안장되었다. 6월에 권유(權愉)·김우옹 등이 무고하여 선생의 관작이 추탈되었다. 12월에 정인홍이 또 무고하여 천양(泉壤)의 화(죽은 사람을 처벌하는 것)를 주려고 했으나 이루어지지 못했다.

1609년 광해군 1년 기유
아들 종명이 선생에 대한 송사를 신원하는 상소를 올렸다.

1623년 인조 1년 계해
사계(沙溪) 김장생이 임금의 부름을 받고 "정철은 충성 청렴하고 효우하는 사람이며 기축옥사(己丑獄死)의 일로 어떤 사람 때문에 죄를 받게 되었는데 그 사람은 잘못이 없었으나 당시의 무리에게 잘못 보인 것입니다. 임금께서 즉위하신 이후 아직 풀어주지 않으셨으니 어찌 조정에서 은혜를 빠뜨린 일이 아니겠습니까"하니, 임금이 "기다려 보자"고 대답하였다.

1624년 인조 2년 갑자
5월 22일 종명 등이 다시 송사를 해명하는 상소를 올려 임금이 대신들과 의논하여 관작을 회복시켰다.

1665년 현종 6년 을사
3월에 고양 신원으로부터 충북 진천 지장산(地藏山) 유좌원(酉坐原)에 부인과 함께 합장했다.

1680년 숙종 6년 경신
8월에 전라도 생원 유경서(柳景瑞) 등이 선생을 소송한 양몽거·나적·안민유·오상옥 등을 무고한 죄로 다스리라는 상소를 올리니 임금이 조정에 내려가 의논하여 회답하고 몽거 등을 죄에 따라 유배시켰다.

1684년 숙종 10년 갑자
문청(文淸)의 시호가 내렸다.

1691년 숙종 17년 신미
다시 관작을 박탈당하였다.

1694년 숙종 20년 갑술
4월 임금이 특명으로 관작을 회복시켰다. 10월에 임금이 예관을 보내 제사지냈다.

1704년 숙종 30년 갑신
전라도 유생 진사 김정삼(金鼎三) 등이 상소하여 창평현에 새로 서원을 짓고 사액을 청하니 임금이 윤허했다.

1793년 정조 17년 계축
가묘에 제사를 내렸다.

1823년 순조 23년 계미
가묘에 제사를 내렸다.

건재 김천일 健齋 金千鎰

건재(健齋) 김천일(金千鎰 1537~1593)는 자는 사중(士重) 호는 건재 시호는 충장(忠壯) 본관은 언양(彦陽)이다. 고려조 시중 취려(就礪)의 14대손이며, 대대로 전라도 창평현에 살았다. 그러나 그 후 아버지가 나주로 장가들게 되어 나주에 살게 되었다. 증조는 순형(順炯)이고 조부는 윤손(潤孫)이다. 아버지 언침(彦琛)은 스무 살에 진사가 되어 이름이 있었으나 일찍 세상을 떴으며 어머니도 선생을 낳은 다음 날 세상을 떠났다. 어머니는 양성 이씨(陽城李氏)로 적순부위(迪順府尉) 감(瑊)의 딸이다.

1537년 중종 32년 정유

1월에 어머니 이씨의 친정인 나주 흥룡동(興龍洞)에서 출생했다. 그 때 금성산이 3일 동안 울었으므로 마을 사람들은 위인이 탄생할 증조라고 여겼다. 그러나 선생이 태어난 다음날 어머니가 세상을 떠났고, 그 해 7월에 부친마저 급서해서 외조모가 기르게 되었다. 본래의 옛집은 창평현 태산리이다.

1548년 명종 3년 무신 12세

외조모에게 말하기를 "제가 가련한 고아로 목숨을 이어가기만 바라고 배움에 대한 뜻이 없어 10살이 넘도록 어리석고 버릇이 없어 방탕함이 이 같을 수 없습니다"고 했다.

1549년 명종 4년 기유 13세

계부(季父) 참봉공 신침(信琛)에게 나아가 배우기를 청하였다. "제가 일찍부터 공부할 뜻은 있었으나 가까이는 사우가 없었고 외조모께서 저를 차마 떼어놓지 못하셔서 계부님의 슬하에서 떨어져 살았습니다."고 했다.

1551년 명종 6년 신해 15세

봄부터 참봉공의 밑에서 수학하기 시작했는데 비록 배움의 기초는 없었으나 성품이 영오하고 견문이 넓어서 학문의 진취가 빨랐다.

1554년 명종 9년 갑인 18세

위원군수(渭原郡守) 김해 김씨(金海金氏) 효량(孝亮)의 딸과 결혼했다.

1555년 명종 10년 을묘 19세

일재(一齋) 이항(李恒)의 문하에 나아가 수업했다. 이 때 외조모가 선생이 멀리 떠남을 막았으나 훌륭한 스승을 찾아가야 함을 말하고 일재의 문하에 나아가 『소학』부터 배워 불철주야 정진했다. 그리하여 학문의 진취를 이루었다.

1558년 명종 13년 무오 22세

하서(河西) 김인후(金麟厚) 선생을 찾아갔다. 하서 선생은 "내가 고향에 와서 처음으로 실득(實得)한 선비를 보게 되었다"고 칭찬하고 시를 써주었다. 이 해 생원시험에 합격했다. 미암일기에 김모가 생원시에 4등 운운이라 기록되어 있다.

1561년 명종 18년 계해 27세

소재(蘇齋)가 나정암(羅整庵)의 인심도심설(人心道心說)을 지지하자 이를 반대하는 글을 보냈다.

1567년 명종 22년 정묘 31세

남쪽에서 심상치 않은 소식이 들려오자 일재 선생은 이 또한 난세인데 편안히 앉아 있을 수만은 없다고 하여 생도들에게 5일 동안 밥을 굶게 하는 훈련을 시켰는데 오직 선생 혼자만이 평소와 다름없이 학문에 열중하였다.

1568년 선조 1년 무진 32세

미암(眉巖) 류희춘(柳希春)에게 편지를 보냈다. 조정에서 유일(遺逸)을 천거하도록 하여 미암이 관찰사의 말을 듣고 선생을 추천하려 하자 이를 말린 것이다. 결국은 헌납(獻納) 최옹(崔顒)이 장계를 올려 말하기를 "호남의 김천일은 학행이 높으니 벼슬을 주면 쓸모가 있겠습니다"고 요청하자 응교 유희춘이 또한 "김천일이 뜻이 돈독하여 지성으로 마음을 닦고 있음은 신도 알고 있습니다. 그러하오나 나이가 겨우 32세이고 또 병이 많으니 그가 큰 인물이 되기를 기다려 후일에 기용함이 옳은 줄 압니다"고 했다.

1573년 선조 6년 계유 37세

선조가 숨은 선비 여섯을 발탁했는데 선생이 그중 한 사람이었다. 군기사 주부에 제수되고 그 해 가을 용안현감을 제수했다.

1575년 선조 8년 을해 39세

용안현에서 치적의 명성이 있었다.

1576년 선조 9년 병자 40세

정월에 강원도 도사를 제수했으나 오래지 않아 병으로 귀향했는데 다시 경상도 도사에 제수되었다. 그 해 6월 일재 선생의 부음을 받고 벼슬을 버리고 와서 장례식에 참석했다.

1577년 선조 10년 정축 41세

일재 선생의 「행장」을 짓고 남쪽 언덕에 서원을 건립했다.

1578년 선조 11년 무인 42세

사헌부 지평을 제수하자 은혜에 감사하는 한편 당시에 힘쓸 정책의 요점을 상소하고 어진 인재를 불러 쓸 것을 청하니 임금이 받아들였다. 4월 병으로 벼슬을 그만두고 귀향했다. 노옥계(盧玉溪)의 「제문」을 지었다. 이해 임실현감에 제수되었다.

1581년 선조 14년 신사 45세

봄에 체직되어 귀향하니 임실 백성이 사모하는 비석을 세워 치적을 기렸다.

1582년 선조 15년 임오 46세

순창군수를 제수했다. 그 해 옥봉(玉峰) 백광훈(白光勳)의 「제문」을 지었다.

1584년 선조 17년 갑신 48세

당시의 폐단을 논하는 시폐소(時弊疏)를 올렸다. 내용은 '사풍(士風)

이 퇴폐하니 이를 바로 잡아야 하며, 조정이 불화하는 것은 모든 병의 근원이 된다'는 것이었다. 담양부사를 제수하였다.

1585년 **선조 18년 을유 49세**

조정에서 의견을 구하니 이에 응하여 상소하기를, "조정에서 육도(六道)를 단속하여 외적을 방비할 것과, 성학(聖學)을 밝혀 사습(士習)을 바로잡고 재상을 존중하여 권위를 높이며, 수령을 엄선하여 나라의 근본을 확고히 할 것" 등을 말하니 임금이 깊이 감동하고 격려했다.

1586년 **선조 19년 병술 50세**

건강으로 인하여 벼슬을 버리고 고향에 돌아가 문도들과 함께 경전을 강론했다.

1587년

호남의 해안에 왜적이 침략하려는 기미가 있었는데 선생은 집에 있었다. 이에 뜻을 가다듬고 방책의 잘못됨과 상벌이 잘못 시행됨을 상소하고 붕당의 화를 말했다. 선생은 극념당(克念堂)에서 제자들과 강학하고 매일 석양이면 말 달리고 활을 쏘는 무술을 익혀 만약에 대비했다.

1589년 **선조 22년 기축 53세**

한성부 서윤(庶尹)을 제수받았다. 역적의 변란을 논하는 상소를 올렸다. 정여립의 변란이 일어난 것은 조정이 오래전부터 인심을 잃었기 때문임을 극구 상소하니 선조가 충성심에 감동하였다. 군자감정(軍資監正)을 제수했다. 또 역모의 옥사가 자주 일어나 근본이 동요될까 걱정하는 상소문을 올리자 임금이 노하여 수원부사로 좌천시켰다. 선생은 수원지방의 적폐를 바로 잡으려다가 오히려 탄핵을 받고 파직되어 귀향했다. 12월에 우계(牛溪) 성혼(成渾)에게 국사의 잘못됨을 글로 써 보냈다.

1590년 **선조 23년 경인 54세**

우계에게 글을 보내어 "유생들의 부박한 언론을 개의치 말고 다만 임금이 맡기는 중한 책임을 다하여 나라를 구하고 인재를 골라 제대로 임용하라"는 뜻을 피력했다.

1592년 **선조 25년 임진 56세**

4월, 왜적 25만 대군이 침공해 왔다. 4월 24일 곽재우(郭再祐)가 의병을 일으켜 적을 토벌하려고 한다는 소식을 듣고 선생은 고경명(高敬命)·박광옥(朴光玉)·정심(鄭諶)·최경회(崔慶會) 등에게 의거할 것을 알리고 스스로 자진하여 모인 송제민(宋濟民)·양산용(梁山龍)·양산숙(梁山璹)·임환(林懽)·이광우(李光寓)·서정후(徐廷厚) 등과 함께 의병을 일으켰다. 5월 16일 이들과 함께 죽음으로 토적할 것을 결의하고 사방에서 합류한 300여 명의 장정으로 군기를 준비하고 부서를 약정했다. 그리하여 6월 3일 단에 올라 피로써 맹세하고 의병장이 되었다. 선생은 의병을 이끌고 호서를 거쳐 경기도로 나아갔다. 당시 선조는 의주로 파천하였고, 왕세자는 이천에 있었는데 선생의 창의(倡義) 소식을 듣고 선전관 박승종(朴承宗)을 보내 격려하였다. 선생은 이천의 종사관 임환(林懽)에게 명하여 선박 100여 척과 수병 500여 명을 얻어 강화로 이동하여 성책을 쌓고 전함을 수리하게 했다. 7월 통정대부 장예원 판결사를 제수 받고 초토사의 칭호를 쓰게 되었다. 8월 6일 배를 타고 왜적을 공격하여 200여 명을 사살하고 92급의 머리를 베었다. 9월에 파주·양주·경주지방의 의병을 통합하여 지휘하도록 했다.

1593년 **선조 26년 계사 57세**

왜적이 강릉(康陵: 명종임금의 무덤)과 공릉(恭陵: 장순왕후의 무덤)을 헤치고 또 같은 달 선조 아버지의 묘를 파다가 돌아갔다는 말이 들렸다. 2월 선생이 임금께 글을 올리기를 "극심한 전란을 만나 주린 백성들이 길바닥에 쓰러져 있으니 기묘한 계책이 없으나 그대로만 볼 수 없으니 수령을 시켜 잡곡이라도 진휼하는 것이 옳겠습니다"고 하였다. 3월 왜란의 초에 잃었던 조정의 은인(銀印) 1개를 입수하여 올렸다. 5월 장계를 올려 "경기도 각 읍이 전쟁으로 기근이 심하여 굶어 죽는 노약자가 길가에 수두룩하고 도적이 봉기하고 있으니 수령을 시켜 다스리고 진휼해야 한다"고 했다. 6월에 선생이 왜적의 머리 22과를 베어 바쳤다. 6월 14일 진주에 입성하니 수원(守員)이 두 사람밖에 없었다. 선생은 "죽음으로 진주성을 지키겠다"고 장계를 올리고 경상병사 최경회(崔慶會)·충청병사 황진복(黃進復)·의병장 고종후(高從厚)·사천현감 장윤(張潤) 등과 동맹하고 진주성을 사수하기로 했다.

7월 22일 낮에 왜적이 성 동쪽에 몰려왔다. 선생은 정예 기병을 선발하여 출동시키고 10여 급을 참수했다. 7월 23일과 24일 새벽에 왜적이 공격해 왔으나 선생이 정예병을 이끌고 격퇴했다. 7월 29일 새벽 왜적이 사방에서 성을 공격하여 치열한 격전이 벌어졌다. 적군은 총을 쏘고 사다리를 타고 성을 넘어 들어와 관군이 대패하여 흩어지게 되었는데, 선생의 장남 상건(象乾)과 종사관 양산숙이 선생을 부축하고, 문홍헌(文弘獻)이 최경회(崔慶會)를 부축하고, 김인혼(金麟渾)이 고종후(高從厚)를 부축하였다. 조인호가 이르기를 "주장이 없으면 통솔에 지장이 있으니 빨리 빠져나가야 한다"고 하였다. 선생은 "내 시작할 때 죽음을 각오한 몸이다. 마땅히 이곳에서 죽으리라"하고 북향재배한 뒤 먼저 궁검을 물속에 던지고 아들 상건과 서로 껴안고 물속에 몸을 던졌다. 이 진주성 싸움에서 우리 군병 60,000여 명이 순국했다. 남긴 머리털과 유품을 주(州)의 남쪽 영산(英山) 간좌(艮坐)에 묻고 무덤을 만들었다.

1603년 선조 36년 계묘

숭정대부 좌찬성을 증직했다.

1606년 선조 39년 병오

나주 인사들이 사당을 세우니 12월에 정열사(旌烈祠)라는 사액이 내렸다.

1607년 선조 40년 정미

진주성 서북에 사당을 세우니 창열사(彰烈祠)라는 사액이 내려졌다. 같은 해 9월에 순창에 화산서원(花山書院)을 세웠다.

1608년 선조 41년 무진

임실에 학정서원(鶴亭書院)을 세웠다.

1618년 광해 10년 무오

대광보국숭록대부(大匡輔國崇祿大夫) 의정부 영의정을 증직했다.

1627년 인조 5년 정미

문열(文熱)이라는 시호가 보태졌다.

1630년 인조 8년 경오

정려가 세워졌다.

1685년 숙종 11년 을축

태인의 일재(一齋)선생 서원에 선생을 배향했다.

1745년 영조 21 을축

부조묘(不祧廟)를 명하고 정렬사에 제관을 보내 제사 지냈다.

옥봉 백광훈 玉峯 白光勳

옥봉(玉峯) 백광훈(白光勳 1537~1582)은 자가 창경(彰卿) 호는 옥봉 이름은 광훈 본관은 해미(海美)이다. 광성(光成)이 수원 백씨에서 나와 시조가 되었고, 고려조의 시중이며 상장군(上將軍)인 경신(景臣)이 먼 조상이다. 조선조에 들어와 이조판서 장(莊)이 해미에 유배 온 뒤 자손들이 대대로 살아왔다. 고조는 사옹직장(司饔直長)으로 호조참판(戶曹參判)에 추증된 회(繪)인데 장흥 기산리로 옮겨와 살았다. 증조는 맹춘(孟春)이고 조부는 문기(文麒)이니 모두 진사이다. 아버지 세인은 부사과(副司果)로 학행이 있었고, 어머니 광산 김씨는 첨정 광통(廣通)의 딸이다.

1537년 중종 32년 정유

10월 23일 전남 장흥 기산리 집에서 태어났다.

1543년 중종 38년 계묘 7세

능히 글을 지을 줄 알았다.

1545년 인종 1년 을사 9세

큰형 평사공(評事公)이 대과에 급제하고 그 시권(詩卷)을 가지고 와 선생에게 보이니 문장을 평가하고 일어나 절하면서 '문장의 형에 문장의 아우가 있다'고 했다. 그해 1월에 모친상을 당하자 어른처럼 슬퍼했다.

1547년 명종 2년 정미 11세

초장 종장의 시구 짓기 놀이를 하게 되었는데, 어른들이 봄춘(春)자를 부르니 곧 옛 시의 마지막 구절인 '강화수수춘(江花樹樹春)'이라 답하니 사람들이 돌아보지도 않았다. 선생이 그 시의 전부를 모두 외우니 앉았던 사람들이 경탄하였다는 이야기가 지금까지 전해오고 있다.

1549년 **명종 4년 기유 13세**
스님 정안(靜安)에게 준 '금강산에 들어가며'라는 시를 임억령이 평가하되 귀양 온 신선이 다시 태어났다고 평했다. 이해 진사 초시에 참여했다.

1550년 **명종 5년 경술 14세**
청련(靑蓮) 이후백(李後白)이 벼슬 없이 강진 박산(博山)에서 강학한다는 말을 듣고 그 문하에 나아가 수학했고, 고죽(孤竹) 최경창(崔慶昌)의 문하에도 출입했다.

1553년 **명종 8년 계축 17세**
사촌형 평사공을 따라 서울에 가서 송천 양응정의 문하에서도 수학했다.

1556년 **명종 11년 병신 20세**
현감 하동 정씨(河東鄭氏) 강옥(崗玉)의 딸과 결혼했다.

1558년 **명종 13년 무오 22세**
2월에 부인 정씨가 별세했다. 당시 소재(蘇齋) 노수신(盧守愼)이 진도에 유배 중이었으므로 선생은 그 문하에 나아가 수학했다.

1560년 **명종 15년 경신 24세**
하동 정응서(鄭應瑞)의 딸과 다시 결혼했다. 이해부터 영암군 옥천면의 원경산(元敬山) 옥봉 아래에서 살기 시작했다.

1564년 **명종 19년 갑자 28세**
진사시에 합격했다.

1567년 **명종 21년 정묘 31세**
선생이 거처하는 곳은 본가와 80리나 떨어져 있었으므로 조석으로 부모님을 모실 수 없었다. 그리하여 한 달에 세 번 하인을 보내서 문안했다.

1568년 선조 1년 무신 32세

월계(月溪) 조희문(趙希文)이 장흥부사로 내려와 선생과 교유했다.

1572년 선조 5년 임신 36세

명나라 사신 한세능(韓世能)·진삼모(陳三謨)가 우리나라에 오게 되었는데 노수신이 접봉사가 되어 선생을 백의로서 제술관을 삼았다.

1573년 선조 6년 계유 37세

부친의 상을 당하자 슬픔을 이기지 못했고 예법을 극진히 행하였으며 3년의 시묘를 지성으로 하였다.

1576년 선조 9년 병자 40세

여러 차례 벼슬이 내렸으나 나아가지 않았다.

1577년 선조 10년 정축 41세

2월 선릉참봉이 제수되자 비로소 나아갔고 완산의 영전(影殿) 참봉으로 옮겼다.

1578년 선조 11년 무인 42세

봄에 서울에 올라가는 도중 남원을 지나면서 백호(白湖) 임제(林悌)와 손곡(蓀谷) 이달(李達)·송암(松巖) 양대박(梁大撲) 등을 만나 광한루에 올라 시를 지었다.

1580년 선조 13년 경신 44세

4월에 예빈시 참봉 겸 주자도감 감조관을 제수했다.

1582년 선조 15년 임오 46세

4월 소격서 참봉으로 옮겼는데, 5월 14일 병으로 서울 집에서 세상을 마쳤다.

1608년 선조 41 무신

봄에 전라감사 윤안성(尹安性)이 시집을 간행했다.

1723년 경종 3년 계묘

4월에 남쪽의 선비들이 강진에서 서원을 짓고 선생과 최경창(崔慶昌)·이후백(李後白) 등을 배향했다.

동암 이발 東巖 李潑

동암(東巖) 이발(李潑 1544~1591)은 자는 경함(景涵) 호는 동암 이름은 발 본관은 광산(光山)이다. 선대는 고려조 때 상서좌복사(尙書左僕射) 순백(珣白)이 먼 조상이고, 고조는 형원(亨元)인데 조선조 문종 때 가선대부(嘉善大夫) 홍문관 제학(弘文館提學)이다. 증조 달선(達善)은 통정대부(通政大夫) 홍문관 수찬(弘文館修撰)이고, 조부 공인(公仁)은 통훈대부 예문관 검열이다. 아버지 중호(仲虎)는 가선대부 예조참판(嘉善大夫禮曹參判)이고, 어머니 정부인(貞夫人) 해남 윤씨(海南尹氏)는 수찬(修撰) 구(衢)의 딸이다.

1544년 중종 39년 갑신

해남의 백련동 외가에서 출생하였다. 집안의 가르침을 엄하게 받으면서 척암(惕庵) 김근공(金謹恭)과 습정(習靜) 민순문(閔純門)의 문하에서 수학하면서 앞으로 큰 인물이 될 것이라는 촉망을 받았다.

1568년 선조 1년 무진 25세

증광시(增廣試)에 진사로 급제하였다.

1572년 선조 5년 임신 29세

9월에 선조가 성균관에 나가서 공자묘에 참배할 때 선생 등 일곱 사람이 함께 예를 드리는 영광을 입었다.

1573년 선조 6년 계유 30세

9월 23일 알성과에 장원으로 급제하였고, 10월 21일 문성공 이율곡의 추천으로 예조좌랑(禮曹佐郎)이 되었다.

1574년 선조 7년 갑술 31세

4월 12일 홍문관에서 록오권(錄五圈) 이상인 사람 열셋을 이조에 보고하게 되었는데 그 중에 들게 되었다. 그 해 7월에 이조좌랑(吏曹佐郞)이 되었다. 이 때 율곡이 힘써 추천하였는데 일찍부터 청명(淸名)이 있었던 까닭이다. 11월에 이조 좌랑에 뽑히고 이성중(李誠中)·수찬 김성일(金誠一)·정랑(正郞) 유근(柳根)·봉교(奉敎) 최운박(崔雲薄) 등과 사가독서 하였다.

1575년 선조 8년 을해 32세

8월 9일 부교리(副校理)가 되고 16일 헌납이 되었다.

1579년 선조 12년 기묘 36세

3월에 윤두수(尹斗壽) 등을 파직하고 류성룡(柳成龍) 등을 다시 쓰게 되었는데 이 때 선생은 전한(典翰)이 되었다.

1581년 선조 14년 신사 38세

모친의 병환을 돌보기를 청하여 본직인 전한으로 근친하도록 하고, 선위사를 교체할 것을 요청하니 윤허되었다. 12월에 부제학이 되었다.

1583년 선조 16년 계미 40세

정월 21일 대사간(大司諫)으로 전직되었다.

1584년 선조 17년 갑신 41세

8월 8일 선생이 서인 심의겸(沈義謙)이 당파를 심고 권세를 휘두르니 파직시켜야 한다고 임금에게 아뢰었다. 이 때 이귀(李貴)는 대간에서 이율곡 성우계와 같이 한패가 되어 심의겸의 파직이 부당하다는 상소를 올렸는데 임금은 용납하지 않았다.

1586년 선조 19년 병술 43세

동인 서인의 당론이 극심하여 함께 일할 수 없음을 깨닫고 고향 복천(菖川: 지금의 동복)에 돌아갔다. 남평 원적동에 숨어 살면서 문인 김사중 등과 경의(經義)를 강론하고 『칠서강의(七書講義)』를 저술했다.

1587년 선조 20년 정해 44세

정월 19일 선생이 대사간으로 입경, 숙배하고 이날 올린 조헌(趙憲) 등의 장계와 혐의가 없음을 변명하고 계를 올렸으나 윤허되지 않았다. 이전에 조헌이 옥천 군수로 있을 때 도술(道術)·국보(國步)·군식(軍食)·변책(邊策)을 논하면서 허봉(許葑)·이발(李潑)의 두뇌는 조정의 권병(權柄)이 되었으며 그 주모자는 이산해(李山海)라는 말이 있었다. 3월에 다시 임금께 아뢰어 이전에 이율곡과 편지로 왕복 논의한 사실을 극론하였으나 윤허되지 않았다. 병으로 사면되고 같은 달에 대사성을 제수받았다.

1589년 선조 22년 기축 46세

황해감사가 밀서를 올렸다. 내용은 안악·재령 등에서 역모가 있었다는 것이다. 의금부 도사를 황해·전라도로 보냈는데 전라도는 정여립(鄭汝立)이 그 우두머리라 하였다. 정철(鄭澈)이 비차(秘箚)를 올렸는데 역적을 붙잡고 경외(京外)에 계엄 조치를 할 것에 대한 내용이었다. 10월에 동인(東人) 정여립이 역모로 죽임을 당하였다. 그해 11월 생원 양천회가 상소하기를 "조정의 많은 신하가 정여립과 은밀하게 내통하고 있었다"고 하면서 김우옹·이발·이보·백유양·정언신·최영경 등을 지적했다. 10일 뒤에 선조가 선정전에서 정언신·정언지·홍종록·정창연·이발 등을 직접 심문하였는데 이들은 모두 정여립의 조카 정집의 추천으로 출세한 인물들이었다. 선조가 "너는 왜 벼슬을 그만두었느냐?"고 신문했다. 선생은 "신은 늙은 어미가 있어 슬하를 떠날 수 없어서였습니다. 지금 형 급(汲)이 있으므로 아우 호(浩)와 함께 올라왔사옵니다"고 대답했다. 선조가 다시 "네가 네 죄를 알겠느냐?"고 물으니 선생은 "사사로운 어버이 때문에 오래도록 관직의 자리를 비웠습니다"고 대답하니 선조가 코웃음을 치며 "이제 너무 늦었다"고 했다. 그리하여 선생은 종성으로, 아우 호는 위원으로 귀양 가게 되었다.

1591년 선조 24년 신묘

5월 선생이 화를 입어 세상을 떠났다. 아무도 돌아보지 않았는데 조헌(趙憲)이 옥천에서 술을 가지고 와서 모친 윤씨를 위로하였다. 옥사가 처음 일어난 때인 기축년 10월부터 20개월 동안 죽은 사람이 수백 명이고 조정의 원통한 피해자가 10여 명이며 연좌되어 유배당한 사람이 몇 백 명, 귀양 간 사람이 여러 명, 쫓겨난 사람이 수십 명이었다.

망암 변이중 望菴 邊以中

망암(望菴) 변이중(邊以中 1546~1611)은 호는 망암 이름은 이중 본관은 황주(黃州)이다. 변씨의 시조는 정확히 기록되어 있지 않다. 황주에서 대대로 살았는데 선생의 11대조 유(宥)가 공부의랑(工部議郎)에 올랐고, 유(宥)가 제(制)를 낳으니 검교참지정사(檢校參知政事)였고, 제(制)가 눌(訥)을 낳으니 정순대부 판전객시사(正順大夫判典客寺事)였다.

선생의 5대조(五代祖)는 정(靜)인데, 고려말 정란사정(政亂司正)으로서 왕씨 외척의 난을 피하여 장성으로 와서 살게 되어 이로부터 장성에서 변씨가 세거(世居)하게 되었다. 고조는 효우(孝友)인데 교수였고, 증조는 성균관 생원 호(浩)이며, 할아버지는 참봉 처정(處楨), 아버지는 택(澤)인데 통정대부 승정원 좌승지(通政大夫承政院左承旨)에 추증되었다. 어머니는 함풍 이씨(咸豐李氏)로 이조참관(吏曹參觀) 긍(兢)의 현손이다.

1546년 명종 1년 병오

장성현 장안리에서 출생하였다. 선생의 모습은 단정하고 이마가 넓어 출중하니 아버지 승지공(承旨公)이 매우 사랑하였다.

1552년 명종 7년 임자 7세

아버지 승지공에게 배우기 시작했는데 가르침이 근엄하였으며 선생은 한마디의 말과 행동이 감히 지나침이 없었고 장성하면서는 더욱 스스로 힘써 문예를 일찍 성취하였다.

1558년 명종 13년 무오 13세

상사(上舍) 청계(淸溪) 박원순(朴元恂)에게 배웠는데, 청계는 선생의 재주가 영특함을 보고 가르치기를 특히 근엄하게 하였다.

1559년 명종 14년 기미 14세

선생은 뜻을 돈독히 하고 학문에 힘써 아침저녁으로 힘써 익히니 문리가 통하고 법도가 장중하였다. 같이 배우던 연장자들이 모두 경탄하였으며, 선생의 학문을 따르지 못하겠다고 말했다.

1560년 명종 15년 경신 15세

『상서(尙書)』를 얻어 기삼백(朞三百)의 주(註)를 읽으려 하자 스승 청계가 머뭇거리면서 가르쳐주지 않았다. 선생이 그 까닭을 물으니 글의 뜻이 이해하기 어렵다고 대답하자 선생은 물러가 깊이 생각하고 궁구한 끝에 그 묘리를 터득하니 청계는 탄복하여 크게 칭찬하였다. 선생은 청계의 문하에 있으면서 3년 만에 경사(經史)를 독파했으며 거의 모든 글을 배우고 돌아갔다.

1561년 명종 16년 신유 16세

책을 품고 산재(山齋)에 들어갔다. 여러 서적을 두루 읽고 깊이 생각하지 않는 것이 없었다. 성리학을 강독하여 익히기에 전심하였는데 반드시 마음에서 구하여 얻은 것을 몸으로 행하였다.

1564년 명종 19년 갑자 19세

참의(參議) 영달(穎達)의 후손 나주 오씨 인준(仁俊)의 딸을 부인으로 맞이하였다.

1565년 명종 20년 을축 20세

봄에 우계(牛溪) 성선생(成先生)을 찾아가 뵈었다.

1566년 명종 22년 정묘 22세

봄에 율곡 선생을 찾아가 뵈었다. 선생이 평소에 자득한 성리(性理)의 오묘한 뜻을 물으니, 율곡은 정중한 태도로 말하기를 "옛날에 공자께서 말씀하시기를 나의 학문을 일으킨 자가 상(商)이라 하였는데 그대의 아는 바가 지극히 정미하여 의문 생긴 점을 물으니 서로 도움이 되는 사람이 어찌 그대가 아니겠는가?"라고 하였다.

1568년 선조 1년 무진 23세

6월에 성균생원(成均生員)에 합격하였다.

1570년 선조 3년 경오 25세

아들 목탁(木鐸)이 출생하였으나 일찍 죽었다.

1572년 선조 5년 임신 27세

가을 문과초시에서 1등으로 합격하였다.

1573년 선조 6년 계유 28세

3월 문과 병과에 1등으로 뽑혔다. 6월에 권지교서관 정자(權知校書館 正字)가 되었으나 율곡 문하의 출신이라 하여 동인(東人)들이 배척하였다.

1574년 선조 7년 갑술 29세

2월에 아들 경윤(慶胤)이 출생하였다. 2월 5일 부인 오씨의 상을 당하였다. 3월에 종사랑 공주교수(從仕郎公州敎授)에 제수되었는데 나가지 않았다.

1576년 선조 9년 병자 31세

정월에 대사간(大司諫) 세량(世良)의 증손인 전주 소씨 형선(亨善)의 딸을 부인으로 맞이하였다. 4월에 어머니 숙부인의 상을 당하였다.

1577년 선조 10년 정축 32세

2월에 아버지 승지공의 상을 당하였다. 선생은 연달아 큰일을 당한 까닭에 슬픔이 심하여 몸이 더욱 쇠약하였고, 여묘살이를 하며 예를 행하였는데 오로지 주문공가례(朱文公家禮)에 의거하였다. 묘 남쪽 봉우리에 작은 바위가 있었는데 삭망(朔望)에는 서쪽 대(臺)로 걸어가 묘를 바라보며 통곡하니 곧 그 바위를 망암(望菴)이라 불렀다. 대개 주문공가례를 취한 것은 돌아가신 아버지의 곧음을 바라본다는 뜻이다. 후에 망곡비를 세웠다.

1579년 선조 12년 기묘 34세

4월에 복(服)을 마쳤다. 『가례고증(家禮考證)』 4권을 지었다. 고례절문(古禮節文)의 이해하기 어려운 곳에 고증을 가하여 4권을 편찬하였으나 난(亂)으로 유실되었다.

1580년 선조 13년 경진 35세

아들 계소(繼蘇)가 출생하였다. 뒤에 희윤(喜胤)으로 개명하였다. 8월에 교서관 부정자(校書館副正字)에 제수되었다. 12월에 승사랑(承仕郎)에 제수되어 봉상시 참봉(奉常寺參奉)을 지냈다.

1582년 선조 15년 임오 37세

아들 효윤(孝胤)이 출생하였다. 정월에 통사랑 교서관저작(通仕郎校書館著作)에 제수되었다. 임금이 보실 책자를 몸소 편집 교정하여 바치니 임금께서, "변이중은 나랏일을 부지런히 처리한다"라는 하교가 있었다. 6월에 박사(博士)에 천거되었다. 8월에 선무랑(宣務郎)에 제수되어 교서관박사(校書館博士)를 지냈다. 12월에 선무랑에 제수되어 사헌부 감찰(司憲府監察)을 지냈다.

1583년 선조 16년 계미 38세

아들 후윤(厚胤)이 출생하였다. 후에 태윤(泰胤)이라 개명하였다. 5월에 승의랑 공조좌랑(承議郎工曹佐郎)이 되었으며, 7월에 성균관 전적(成均館典籍)이 되었다. 11월에 다시 공조좌랑이 되었으며, 12월에 봉훈랑(奉訓郎)에 제수되어 호조좌랑(戶曹佐郎)을 지냈다.

1584년 선조 17년 갑신 39세

딸을 낳았는데 후에 김자점(金自點)의 처가 되었다. 정월에 아들 경윤이 종가의 양자로 들어갔다. 선생은 언제나 종가의 종형 응중(應中)이 후사가 없음을 걱정하다가 이에 이르러 종형과 함께 예조에 등록하여 알리고 허가를 받았다. 다시 성균관 전적이 되었다. 율곡 선생의 부음을 듣고 곡하였다. 2월에 호조좌랑이 되었다. 3월에 예조좌랑이 되어 율곡 선생의 「제문(祭文)」을 지었다. 4월에 용양위 부사정(龍驤衛副司正)이 되었다. 5월에 다시 예조좌랑이 되었다. 10월에 황해도 도사(黃海道都事)에 제수 되었고, 조봉대부(朝奉大夫)에 가자(加資)되었다.

1585년 선조 18년 을유 40세

봄에 임지에서 파면당하여 돌아왔다. 그 때에 율곡 선생이 이미 돌아가시고 그 가족들은 빈한하여 의탁할 곳이 없게 되자 선생은 황해도 도사로서 자녀들을 위로하고 그 집안의 유족들을 후하게 해주었다. 그 때는 소인배들이 바야흐로 율곡 선생을 질투하고 미워한 까닭에 마침내 이 일에 연루되어 파직을 당하였다.

1586년 선조 19년 병술 41세

아들 달윤(達胤)이 출생하였다. 봄에 은계찰방(銀溪察訪)에 제수되었으나 병을 이유로 부임하지 않았다.

1588년 선조 21년 무자 43세

봄에 남원제독(南原提督)에 제수되었다. 가을에 평안도 도사에 제수되었다가 형조정랑(刑曹正郎)으로 체직되었다. 형조에서 의심나는 점을 밝혀 죄를 처단함에 공평 진실하게 하니 사람들이 칭송하고 원망하지 않았다. 12월에 외삼촌 소(蘇)공의 상을 당하였다.

1589년 선조 22년 을축 44세

10월에 풍기군수(豊基郡守)에 제수되었다. 백성들 사이에 노비를 차지하려는 싸움이 있었는데 권세가와 결탁하여 수십 년을 끌어왔지만 판결이 나지 않은 일이 있었다. 선생은 군에 부임하자 법을 살펴 조금도 의심 없이 결단하였다. 관찰사가 여러 차례 청탁을 해왔지만 끝내 굽히지 않으니 관리와 백성들이 모두 그 엄격함과 명백함에 감복하였다.

1590년 선조 23년 신묘 46세

5월에 관직을 그만두고 고향으로 돌아왔다. 권세가의 미움을 사서 관직을 그만두게 된 것이다.

1591년 선조 24년 신묘 46세

봄에 아들 경윤이 홍덕 장씨인 박사 경세(經世)의 딸을 부인으로 맞이하였다. 겨울에 어천찰방(魚川察訪)에 제수되었다. 그 때는 상공(相公) 송강(松江) 정철(鄭澈)이 강계(江界)에 적거 중이었는데 화를 예측할 수 없었다. 선생은 급히 정상공에게 사람을 보내 안부를 물었는데, 편지에 이르기를 "오래 묵은 생강 계피는 찧을수록 매운맛이 남는다"고 하였다.

1592년 **선조 25년 임진 47세**

4월에 왜구의 두목 풍신수길(豊臣秀吉)이 쳐들어와 연이어 주군(州郡)을 함락시켰다. 5월 경신일에 임금께서 서쪽에 행차하심에 선생은 어천(魚川)에서 달려와 임금께 상소를 올려 시무를 고하였다. 이 때는 임금이 서울을 떠나 난을 피하였으므로 나라 안밖이 근심과 두려움으로 휩싸였다. 이에 선생은 하룻밤 사이에 말 200여 필을 징발하고 상소하여 시무를 간절히 개진했다. "주상께서 말머리를 돌리어 중도에서 원수군(元帥軍)과 합세하여 민심을 수습하고 시급히 서울을 회복할 것을 도모하소서"라고 청하였으나 조정의 의론은 이 상소에 의혹을 제기하였으므로 일이 시행되지 못하고 잠잠해져 버렸다. 9월에 예조정랑(禮曹正郎)이 되었다가 잠시 후 봉상시첨정(奉常寺僉正)으로 옮겼다. 10월에 임금의 명으로 전라도 초모사(招募使)가 되었다. 이 때 왜구가 들끓어 육로가 막혀 불통되었다. 선생은 해로(海路)로 강화(江華)를 나오다가 풍랑을 만나 난지도(蘭池島)에서 10여 일을 머무른 끝에 겨우 건너 아산(牙山) 근처에 배를 대었다. 밤낮으로 달려 여산에 이르러 집 앞을 지나게 되었으나 들르지 않았다. 낮에는 자세히 조사하고 밤에는 길을 떠나 40여 일 만에 일도(一道)를 두루 순찰하여 용맹한 정예병 수만 명을 모아서 수원과 안성 등지에 진주케 하였다. 이곳에서 충청 순찰사(巡察使) 허욱(許頊)·병사(兵使) 이옥(李沃)과 함께 요충지를 나누어 지켜 기호지방의 왜적에게 대항하였다. 이 때 많은 왜적의 목을 베었고, 또한 포로로 잡힌 무수히 많은 남녀를 구출하였다.

12월에 조도어사(調度御使)를 제수 받아 자리를 옮겼다. 조정에서 명나라 군사가 왜적의 소굴을 소탕하였으므로 선생의 병사들을 다시 쓸 일이 없고 군수(軍需)가 진실로 시급하다 하여 조도어사를 제수한 것이다. 선생은 명나라 군사가 비록 승세를 타고 있으나 큰 적은 오히려 서울에 머물러 있기 때문에 선생이 이끄는 병사들을 해산해서는 안 된다고 생각하여 부장 이덕붕(李德鵬)으로 하여금 독성

(禿城)을 지키게 하고, 자신은 몸소 정예부대를 이끌고 양천(陽川)에 진군하여 주둔하면서 왜적들을 공격하여 여러 차례 격파하였다. 화차(火車)와 총통(銃筒) 등 여러 기계를 창조하였다. 한 화차에 40개의 구멍을 뚫어 승자통(勝字筒) 40개를 장착하여 심지를 이어서 연발로 쏘았다. 제품(制品)이 매우 정밀하고 견고하였으며 오묘했다. 도원수(都元帥) 권율(權慄)이 선생에게 이를 구하자, 선생은 40량을 나누어 주었다. 그 뒤 권공은 "행주대첩은 실로 화차에 힘입어 승리했다"고 하였다. 선생이 권도독에게 보낸 편지에서 "저 같은 천한 사람이 요사이 외람되게 분수에 넘는 짓을 해서 전차·총통 등을 만들어 비방을 받고 허물을 불러들였으니, 미루어 생각해 보면 저절로 두렵기만 합니다"라고 하였다. 추담(秋潭) 김우급(金友伋)의 시에 보면 "주침비륜(走枕飛輪)처럼 끊임없이 쏘아대네'라 하였고, 현주(玄洲) 조찬한(趙纘韓)의 시에는 '적진에 뛰어들어 화차를 쏠 때, 비로소 다시 살아남을 알렸네. 조선이 개국한 후 뛰어난 인재가 조정을 일으켰네"라고 하였다. 대소 관료들은 "변이중이 신묘한 포를 만들어 완고한 왜적을 물리쳤다"고 평가하였다. 동사(東史)에는 "화차는 서양의 탕기(湯汽)의 원조격이다"고 적혀 있다.

1593년 선조 26년 계사 48세

3월에 호남으로 돌아왔다. 조정에서 선생이 조도(調度)의 임무에 나아가지 않는다고 문책하자 선생은 자신이 이끌던 병사들을 전라병사(全羅兵使) 선거이(宣居怡)에게 맡기고 호남에 돌아와 군량을 모은 지 한 달이 못 되어 체임(遞任)하였다.

5월에 다시 호남으로 돌아왔다. 여장을 꾸려 임금이 순행 중에 머무는 곳(行在所)으로 가다가 도중에 다시 조도관(調度官)에 제수되었다는 소식을 듣고 돌아왔다.

6월에 장악 첨정(掌樂僉正) 겸 조도어사(調度御使)가 되었다. 호남에서 일하면서 물고기와 소금을 판매하고 민정(民丁: 군역에 사역된 남자)을 모집하였는데 전후로 모은 곡식이 10여 만석이 되었다. 10월에 서울에 돌아가 복명하였다. 12월에 군기시정(軍器寺正)을 명받았다.

1594년　선조 27년 갑오 49세

정월에 순찰사 이일(李溢)의 종사관(從事官)이 되었다. 2월에 종부시정(宗簿寺正)으로 전근되고 막부(幕府)에 머물렀다.

1595년　선조 28년 을미 50세

뒷날 김응구(金應龜)의 처가 된 딸이 출생하였다. 5월 대관 중에 선생을 미워하는 자가 있었는데 어천에서의 일을 은밀히 탄핵하여 파직시키려 하였다.

1597년　선조 30년 정유 52세

5월에 분호조(分戶曹)의 직책을 띠고 강화에 가서 명나라 군사의 군량을 조달한 뒤 곧 상소하였다. 당시 적의 세력은 날로 확장되고 우리 군의 진영은 해이하였다. 이에 적세(賊勢)의 허실과 군정(軍政)의 득실을 수 천언(千言)으로 조목조목 진언(進言)하였다. 8월에 가족을 이끌고 강화로 피난하였다.

1598년　선조 31년 무술 53세

정월에 이천부사(利川府使)를 제수받고 곧 체임(遞任)하였다. 2월 20일에 아들 경윤이 어머니 조씨를 모시고 처자를 이끌고 육로로 24일 만에 강화에 들어오니 선생이 매우 기뻐하였다.

봄에 상주목사(尙州牧使)를 제수 받았으나 곧 체임되었다가 독운(督運)에 임명되었다. 이 때 여러 적이 들끓어 운송(運輸)이 매우 어려워지자 명나라 장수 왕몽교(王夢蛟)가 장계를 올려 선생을 독운으로 머물게 하였으니, 독운의 일은 선생보다 뛰어난 이가 없었기 때문이다.

봄에 독운(督運)의 일로 강도(江都)에 머물면서 상소하였고 또 시무(時務)를 진언하였다. 선생은 왜적이 창궐하고 명나라 군사는 기강이 해이해짐을 보고 곧 상소하여 요충지를 굳게 지켜 형세의 편의를 도모할 것을 수천 언(言)으로 진언하였는데, 조정에서 끝내 받아들여 쓰지 않으므로 식자(識者)들은 이를 한탄하였다. 겨울에 성주목사(星州牧使)가 되었다가 체임(遞任)이 논의되었다. 명나라 장수 구충유(具忡有)의 글에 "선생은 이미 성주태수(星州太守)에 승직하였고 절제사(節制使) 이순신은 함경총병(咸鏡總兵)에 승직하였으니, 비록 아직 두 분의 높은 재주를 다 발휘하지 못했다 하나, 이로 인하여 연이어 승직하는 것은 아직 없었던 일입니다. 경하드립니다. 바다에 얼음이 얼었으나 아직 두껍게 얼지 않아 배를 운항할 수 있으니 바라옵건데 속히 전하여 바다에 진을 쳤으면 합니다."라고 하였다. 12월에 큰 며느리 장씨(張氏)의 상을 당하였다.

1599년 선조 32년 기해 54세

봄에 다시 독운사의 직책을 맡았다. 옮긴 군량이 30여 만석에 이르니 명나라 조정의 장수와 병사들이 이에 힘입어 능히 구제되었다. 이에 선생이 관할하던 구역의 관리들이 모두 상을 받았으나 선생은 여기에 참여하지 않았다. 사람들이 모두 억울하다고 하였는데 선생은 즐거워만 하고 이에 개의치 않았다. 여름에 독운(督運)직을 그만두고 선산부사(善山府使)를 제수받았다. 가을에 체임되어 장성으로 돌아왔다. 10월에 강도(江都)에 들어갔다.

1600년 선조 33년 경자 55세

3월에 가족과 함께 배를 타고 서강(西江)에 정박한 뒤 옹막(甕幕)에서 거주하였다. 5월에 장모의 상을 당해 여산(礪山)에 돌아가 장례를 치렀다. 6월 의인왕후(懿仁王后)가 승하하자 선생을 국장도감랑청(國葬都監郎廳)에 임명했다. 7월 성균관 전적(成均館典籍)을 배명받고 얼마 되지 않아 사옹원정(司饔院正)을 명받았다.

1601년 선조 34년 신축 56세

3월에 아들 경윤이 구씨(具氏)에게 다시 장가들었는데 구씨는 관향이 능성(綾城)인 주부(主簿) 희맹(希孟)의 딸이다 오음(梧陰) 윤상공(尹相公)의 상을 당해 곡하였다. 당시 온 조정 신하가 모두 모여 이르기를 "예(禮)를 알기로는 변이중이 만한 이가 없으니, 사계(沙溪) 김선생(金先生)과 함께 상례(喪禮)의 일을 맡아 매사를 결정하게 해야 한다"고 하였다. 선생이 「만시(挽時)」를 지었다. 가을에 사헌부 장령(司憲府掌令) 겸 강원도 경차관(敬差官)이 되었다. 관동의 여러 명승지를 두루 유람하였다. 11월에 서울로 돌아와 복명(復命)하였다. 『황극경세수해(皇極經世數解)』·『육십사괘방원도해(六十四卦方圓圖解)』·『괘변해(卦變解)』·『심득(心得)』을 지었다.[1] 선생은 세간 선비들의 천박한 학문을 개탄하고 이를 위해 이 수 편을 지어 후학을 계몽하는 자료로 삼고자 하였다.

1602년 선조 35년 임인 57세

정월에 명나라 사신을 맞이하는 도감(都監)의 랑청(郎廳)이 되었으나, 작은 질병 때문에 고향에 돌아가고자 하여 먼저 처자를 여산으로 보냈다. 4월에 체임(遞任)하여 고향에 돌아왔다. 5월 9일에 며느리 구씨가 양주(楊州) 독촌(禿村)에 있다가 죽었다. 8월 3일에 면천(沔川) 신암산(申菴山) 주부(主簿)의 묘 옆에 장사지냈다.

1603년 선조 36년 계묘 58세

가을에 성균관 전적(典籍)을 명받았다. 10월에 아들 경윤이 문과(文科)에 합격하였다. 겨울에 함안군수(咸安郡守)를 제수 받고 12월에 부임하였다.

1604년 선조 37년 갑진 59세

2월에 아들 경윤이 이씨를 부인으로 맞아들였는데 안산군수(安山郡守) 이귀(李貴)의 딸이다. 12월에 아들 후윤의 혼례를 치르기 위해 휴가를 받아 여산에 돌아왔다.

1605년 선조 38년 을사 60세

2월에 임지로 돌아갔다가 6월에 그만두고 여산으로 돌아왔다. 가을에 호성일등(扈聖一等) 선무이등(宣武二等)공신에 기록되고 돌아가신 아버지는 승정원(承政院) 좌승지(左承旨) 겸 경연(經筵) 참찬관(參贊官)으로, 돌아가신 어머니는 숙부인(淑夫人)으로 추증되었다.

---

1) 이 연보에는 原理氣·太虛說이 변이중의 저술인 것으로 기록되어 있으니, 이 글들은 본디 화담(花潭) 서경덕(徐敬德)의 글이므로 여기서는 제외한다.

1606년　선조 39년 병오 61세

여름에 소갈병(消渴病)을 앓다가 가을에 회복하였다. 겨울에 가족을 이끌고 장성(長城)으로 돌아왔다. 시골로 물러나 살면서 하곡(霞谷) 정운룡(鄭雲龍)·추담(秋潭) 김우급(金友伋) 등 고을의 여러 벗과 함께 경전을 토론하고 의리를 강구하며 후진을 가르쳤는데 커다란 성취가 있었다. 또 거처하는 고을에서 여씨향약(呂氏鄕約)을 본떠 향헌(鄕憲) 10여 조를 지어 봄가을로 강습하였다. 이에 고을의 풍속이 크게 교화되었고 사방에서 이를 본받았다. 소갈병(消渴病)이 다시 발병하였다.

1607년　선조 40년 정미 62세

가을에 일이 있어 상경하다가 공주에 이르러 옛 증세가 다시 발병하자 곧 돌아왔다.

1608년　선조 11년 무신 63세

정월에 장손(長孫) 석아(石兒)의 죽음을 보고 충격을 받아 병이 더욱 깊어졌다. 2월에 선조대왕이 승하하였다. 현정(縣庭)에 들어가 상복을 갖추어 입고 애도하였다. 4월에 아들 경윤이 말을 잘못하여 옥에 갇히자 그곳으로 길을 떠났다. 금구(金溝)에 이르러 석방 소식을 듣고 돌아왔다.

1609년　광해군 1년 기유 64세

소갈증세를 앓다가 곧 회복되었다.

1610년　광해군 2년 경술 65세

봄에 병세가 점차 나아졌고 가을에 정상을 회복하였다. 가을에 다시 발병하였다.

1611년　광해군 3년 신해 66세

3월 3일은 오시(午時)에 숙환(宿患)으로 정침에서 임종하였다. 선생은 어려서 큰 뜻을 품었고 장성해서는 율곡(栗谷)과 우계(牛溪) 두 선생에게 학문을 연마하였다. 당시 종유하던 이가 명인(名人) 이 아닌 사람이 없었고, 이·성 두 선생과 박사암(朴思庵)은 늘 선생이 크게 쓰일 인물이라 하였다. 그러나 이분들이 조정에 오래 있지 못하자 선생을 끝내 알아주는 이가 없었다. 힘쓰는 것은 많았으나 지위는 낮았고 마침내 때를 만나지 못한 채 임종하니 아는 사람들은 이를 한탄하였다. 6월 2일에 장성현 구봉산(九峰山) 간좌원(艮坐原)에 장사지냈다.

1612년 광해군 4년 임자

귤옥(橘屋) 윤광계(尹光啓)와 수은(睡隱) 강항(姜沆)이 지은 묘지명(墓誌銘)이 각각 완성되었고, 문충공(文忠公) 월사(月沙) 이정구(李廷龜)가 지은 묘갈명(墓碣銘)이 완성되었다.

1613년 광해군 5년 계축

『황성가보(黃城家寶)』가 완성되었다. 아들 경윤이 여러 동생과 함께 유서(遺書) 약간 편을 수집하고 여기에 여러 선비의 만사(輓詞)를 보태고 연보를 간략히 적어 『망암유고(望菴遺稿)』 1권을 만들고, 내외의 세계(世系)를 취하여 족보 1권을 만들었는데 이 둘을 합편(合編)하여 『황성가보(黃城家寶)』라 이름 하였다.

1614년 광해군 6년 갑인

정월에 통정대부 승정원 도승지(通政大夫承政院都承旨) 지제교 겸 경연 참찬관(知製敎兼經筵參贊官) 춘추관 수찬관(春秋館修撰官) 예문관직제학(藝文館直提學) 상서원정(尙瑞院正)을 추증하였다. 2월에 추가로 가선대부 이조참판(嘉善大夫吏曹參判) 겸 동지 경연 의금부(同知經筵義禁府) 춘추관 성균관사(春秋館成均館事) 홍문관 제학(弘文館提學) 세자좌부빈객(世子左副賓客) 오위도총부 부총관(五衛都摠府副總管)을 추증하였다.

1618년 광해군 10년 무오

선생의 묘를 함평현(咸平縣) 해제(海際)의 갑좌원(甲坐原)에 이장했다.

1619년 광해군 11년 기미

임금으로부터 선생의 사패지지(賜牌之地: 나라에서 공신에게 내려주는 토지)가 내려졌다.

1620년 광해군 12년 경신

선생을 받들어서 향사(鄕祠)의 주벽(主壁)으로 하였다. 선생은 일찍이 향헌을 만들어 풍속을 교화하였으므로 관가에서 군민의 뜻을 모아 사당을 세우고 선생을 받들어 제사 지냈다. 요즈음 풍속이 변하고 도덕이 쇠퇴하여 군면(郡面)의 연혁(沿革)과 향사(鄕祠)가 땅에 떨어졌으나 향헌(鄕憲)은 친필이므로 향교로 옮겼다.

1677년 숙종 23년 정축

봉암서원(鳳巖書院)을 건립하여 선생을 제사지냈다. 도내의 유림들이 발의하여 장성부 서쪽 봉암에 서원을 건립하여 춘추로 제사 지냈다. 「상량문」은 판서 홍수주(洪受疇), 「봉안문(奉安文)」은 상국(相國) 이여(李畬)가 찬하고, 「춘추상향축(春秋常享祝)」은 상국(相國) 조상우(趙相愚)가 지었다.

1707년 숙종 33년 정해

자하(紫霞) 선생을 봉암서원에 배향하였다. 7월에 봉암서원 전사청(典祠廳)을 건립하였다. 도내 유생 백광호(白光瑚)·김시서(金時瑞) 등이 서원에 편액을 하사해 달라고 요청하는 상소를 올려 윤허를 얻었다.

1728년

율정(栗亭) 윤진(尹軫)과 청류당(聽流堂) 변휴(邊烋) 두 선생을 추가로 봉암서원에 배향하였다.

정곡 조대중 鼎谷 曺大中

정곡(鼎谷) 조대중(曺大中 1549~1590)은 자는 화우(和宇) 호는 정곡 이름은 대중 관향은 창령이다. 고려 태조의 부마이며 대악서승(大樂署丞)을 제수받았고 창령부원군에 봉해진 겸(謙)이 중시조이다. 6대조 린(璘)이 조선조에 들어와 한성판윤에 제수되었고, 5대조 흡(恰)은 안악군수로서 태종조 때에 정난 일등공신인데 병조판서에 이르고 옥천군에 봉해졌다. 고조 연(衍)은 사헌부 감찰이고, 증조 온(穩)은 진사로 장예원 사의를 배수했으며, 조부 건(健)은 선교랑(宣敎郎) 정평교수(定平敎授)이다. 아버지는 세명(世明)인데 진사로 후릉참봉이며, 어머니 나주 정씨(羅州鄭氏)는 직장(直長) 도(都)의 딸이다.

1549년 명종 4년 기유

1월 2일에 화순현 녹구리(祿邱里)에서 넷째 아들로 태어났다. 큰형 굉중(閎中)은 이산현감(尼山縣監)을 지냈고, 둘째 형 경중(景中)은 전랑(銓郎)과 삼군사를 역임하여 청백리로 이름이 있었다. 셋째 형 민중(敏中)은 사마시에 올랐으며 예절을 잘 지키고 몸을 단정히 가졌다. 선생은 어려서 부친을 여의고 모친 밑에서 자랐는데 형제들일 모두 우애가 돈독했다. 선생은 일찍이 미암 유희춘의 문하에 나아가 수학했고 퇴계 이황의 강론도 들었는데 퇴계는 선생을 통유(通儒)라 칭찬했다.

1576년 선조 9년 병자 28세

백호 임제와 함께 사마시에 합격했고 선생이 지은 시(詩)인 목마부(木馬賦)와 무계심(武溪深) 시(詩)는 당시 사람들의 입에 회자되었다.

1582년 선조 15년 임오 34세

문과에 급제하여 승문원 박사가 되어 궁중을 출입하면서 왕의 사랑을 받았고, 서애(西厓) 유성룡(柳成龍)과 아계(鵝溪) 이산민(李山敏) 등이 추천하고 존중했는데 송강 정철이 혐오하였기 때문에 어려움을 당했다. 선생은 경전을 깊이 연구하고 급속히 승진되는 것을 두려워했다.

1588년 선조 21년 무자 40세

겨울에 병조좌랑이 되었다가 곧 전라도사로 호남에 내려왔다. 선생은 벼슬하기 이전부터 정철이 일세를 농락하고 양호(兩湖)의 사습을 그르치고 있음을 마음속에 못마땅하게 여기어 정철을 만나도 본체만체 하였다. 그 반면 이발(李潑)과 그 동생 길(佶), 유몽정(柳夢井) 등과 같은 선비들과 친하게 교유했다.

1598년 선조 22년 기축 41세

전라도사로 각 읍을 순행하다가 보성군에 이르러 종매(從妹)의 부음(訃音)을 듣고 눈물을 흘렸다. 그런데 마침 그때 역적 정여립이 진안으로 도망쳤다가 그곳에서 자살했다는 소식이 왔다. 선생은 감영으로 돌아오던 중 길에서 담양부사 김여균과 영광군수 김공희 등을 만나 정여립의 흉악하고 간사함을 이야기하고 역적이 이미 죽었으니 술 한 잔 아니할 수 없다 하여 함께 술을 마시고 헤어졌다. 그런데 선생이 눈물을 흘렸다는 장계를 올리는 무뢰배가 있었고 정철이 지평 장운익을 부추겨서 선생이 역적 정여립의 죽음을 슬퍼하여 울었다고 장계를 올리게 하였다.

1590년 선조 23년 병인 42세

2월 그믐날 도내를 순행하다가 만경에서 왕명으로 붙잡혀 서울로 압송되었고 옥에서 국문을 당하다 원통하게 세상을 마치니 향년 42세였다.

1591년 선조 24년 신묘

선조가 크게 후회하고 역적의 잘못을 이용하여 죄 없는 현상(賢相)

과 명신을 배척한 정철 일당을 처벌하고 원통하게 죽은 선생 등을 신원하고 복관했다. 『문집』 두 권이 있었으나 포졸이 압수하여간 다음 잃어버렸으며 유명한 시(詩) 「목마부(木馬賦)」와 「무계심(武溪深)」은 남의 『문집』에 실려 있거나 악부에 기록되어 입으로 전해올 뿐이다.

해광 송제민 海狂 宋齊民

해광(海狂) 송제민(宋齊民 1549~1602)은 자는 이인(以仁)이고 또는 사역(士役) 호는 해광 이름은 제민 관향은 홍주(洪州)이다. 고조는 별시위(別侍衛) 평(枰)이고, 증조는 현감 인손(麟孫)이며, 조부는 사헌부 감찰 구(駒)이다. 아버지는 문과로 정자(正字)를 지낸 정황(庭篁)이며, 어머니는 광주 김씨(光州金氏) 현감 윤경(允敬)의 딸이다.

1549년 명종 4년 기유연산군 2년 병진

12월 26일 담양 금성면 대곡리에서 출생하였는데 눈동자가 겹치어 있고 생김새가 뛰어났다.

1557년 명종 15년 정사 9세

부친 정자공(正字公)이 갑자기 객지에서 세상을 떠나자 5일 동안 식음을 전폐하고 초상의 예절을 다함이 어른과 같았다. 선생은 총명하여 글을 한번 읽으면 바로 외었고 종이와 붓을 들면 문장을 곧잘 이루었으며, 벼슬하기 위하여 공부하지 않고 성리학을 깊이 연구하면서 예절을 잘 실천하였다. 선생은 주역『주역』공부에 힘쓰면서 향리의 어린이나 학문이 높은 사람을 찾아가 배웠는데 공부하다가 어려운 문제가 생기면 추운 겨울이나 더운 여름을 가리지 않고 토정 이지함 선생에게 가서 해결했다. 광주 서석산에 들어가 하도락서(河圖落書)의 묘법을 체득했다.

1578년 선조 11년 무인 30세

스승 토정 선생을 따라 호서의 중봉(重峯) 조헌(趙憲)과 박춘무(朴春茂)를 만나 교제하였으며, 세한계(歲寒契)를 함께 조직했다. 선생은 본성이 이익을 구하는 데 뜻을 두지 않았고 나쁜 음식과 더러운 옷을 즐겨 입었으며 경국제민과 충군애국의 큰 뜻을 품고 있었다. 당시 선조의 총애를 받고 나라의 큰일을 수행하고 있는 율곡 선생을 태산북두(泰山北斗)처럼 우러르고 사모하여 글을 올렸다. 그리고 우계 성혼 선생이 지은 『논리필서(論理筆書)』를 보고 감탄하여 이르기를 '이전의 성인들이 발명해 내지 못했던 의리의 정미한 것을 확충하여 밝혔으니 참으로 당대의 성인이다'고 하였다.

1583년 선조 16년 계미 35세

율곡 선생이 허봉(許篈) 송응개(宋應漑) 등의 모함을 받고 조정을 떠나 산림으로 돌아가니 커다란 어진 이가 물러나는 것은 국가의 불행이라고 개탄했다.

1584년 선조 17년 갑신 36세

무안의 우거(寓居)에서 율곡 선생이 세상을 떠났다는 소식을 듣고 통곡하며 "나라의 동량이 꺾였다"고 하였다.

1585년 선조 18년 을유 37세

율곡·우계 두 선생이 이미 세상을 떠나고 난 뒤 조정에 큰 이변이 일어나서 사암(思庵) 박순(朴淳)·송강(松江) 정철(鄭澈) 등 일대 명류가 당화를 입었다는 소식을 들었다. 다음 해 겨울에 선생은 중봉 조헌과 상의하여 상소하고 그들의 무고함을 확실하게 논하였다.

1588년 선조 21년 무자 40세

중봉선생이 상소 사건으로 유배되자 선생이 비분강개하여 "일시의 무리가 배척하는 것은 국가가 장차 망할 징조"라 극언하는 상소문을 만들어 상경하려 했는데 자제의 만류로 뜻을 이루지 못했다. 그 뒤 선생은 두문불출하고 산과 바다를 두루 유람하며 스스로 해광이라 했다.

1592년 선조 25년 임진 44세

4월에 왜적이 침략하여 오자 선조는 의주로 파천(播遷)하고 나라는 온통 전화에 휩쓸리게 되었다. 선생은 금성의 양산룡(梁山龍)·양산숙(梁山璹) 등과 의병을 모집하고 전부사 김천일을 대장으로 추대했다. 그리고 종사관이 되어 호서의 사대부와 연결하니 20여 일 만에 무려 이천여 명이 합류했다. 그때 제봉(霽峯) 고경명이 호남에서 창의하여 금산에 머물러 있었으므로 선생이 여러 사람과 의논하여 조헌(趙憲)을 좌의대장, 박춘무(朴春茂)를 우의대장으로 삼아 금강을 방어하기로 주선하던 중에 뜻밖에 고경명이 금강에서 순절했다는 소식이 왔다. 선생은 고경명이 거느린 의병을 수습하려고 은진에 이르렀으나 이미 패하여 흩어졌음을 알았다. 이듬해 창의사 김천일이 진주에서 순절했다는 소식을 듣고 통곡했다. 선생은 나라를 왜적으로부터 구하고 다시 회복시켜야 한다는 책임 때문에 피눈물을 머금고 또 의병모집의 준비를 하고 있었는데 의병장 김덕령이 참소를 입고 죽었다는 소식을 접하고 애통해하였다.

1597년 **선조 30년 정유 49세**

왜적이 재침하여 호남지방을 짓밟았다. 그때 중국의 장수 양원(楊元)이 남원부에 주둔하고 있었는데 선생이 찾아가 방어책을 진술하니 간첩으로 오인하고 살해하려 하였다. 그때 마침 민감찰이 와서 보고 석방하도록 도왔다. 선생이 지형을 잘 이용하여 방비할 것을 역설했으나 양원이 듣지 않고 그날 밤에 대패했다. 선생은 세 아들 타(柁), 장(檣), 익(榏)을 모두 왜란에 잃었다. 난이 평정된 후에는 무안에서 여생을 보냈다.

1602년 **선조 35년 임신 54세**

무안의 우거에서 병을 얻었다. 2월 27일 부인에게 뒷일을 부탁하고 나서 의관을 정제하고 북향 재배한 뒤 세상을 떠났다. 4월에 담양 대곡리(大谷里) 비채동(飛釵洞) 선영에 장사지냈다가 1630년 인조 8년 2월에 광주 서석산 이현(梨峴)의 능성동(綾城洞) 간좌원(艮坐院)에 이장했다.

난계 박종정 蘭溪 朴宗挺

난계(蘭溪) 박종정(朴宗挺 1555~1597)은 자는 응선(應善) 호(號)는 난계 이름은 종정 관향은 함양(咸陽)이다. 선대는 고려조 예부상서(禮部尙書) 증은청광록대부(贈銀靑光祿大夫) 추밀원사(樞密院事) 선(善)이 시조이다. 고조 이온(以溫)은 성균진사이고 증조 곤손(坤孫)은 생균생원 승의랑 행갑산교수(行甲山敎授)이다. 할아버지 후생(厚生)은 음사(蔭仕)로 벼슬한 청백리인데 교수였다. 아버지 인계(認啓)는 학행으로 공랑에 천거되어 해남과 동복의 훈도로 제수되고 수직(壽職)으로 통정(通政)이 되었으며, 어머니 순천 박씨(順天朴氏)는 승평군(昇平君) 이온(而溫)의 후손이며 부호군 운손(雲孫)의 딸이다.

1555년 명종 10년 을묘

10월 6일에 출생하는 자품이 빼어나고 총명하여 영오함이 남과 달랐다.

1560년 명종 15년 경신 6세

벽에 그려 붙인 호랑이 그림을 보고, “한 마리 사슴도 보이지 않고 한 걸음도 가지 못한다”고 글을 지었다.

1562년 명종 17년 임술 8세

『춘추좌씨전』을 읽으면서 책에다 “제후의 죄악을 밝혔으니 공부자(孔夫子)의 신성함이여”라 썼다. 이에 부형이 기특하게 여겼다.

1568년 선조 1년 무진 14세

많은 책을 가지고 송광사에 들어가 두문불출하고 독서에 정진했다.

1576년 선조 9년 병자 22세

사마시에 합격하여 동료들의 축하를 받았다. 그 뒤 더욱 독서에 정진하고 의리를 밝혔으며 위기지학(爲己之學)에 힘썼다. 즉 『소학』으로서 입덕의 길을 삼고 『심경(心經)』과 『근사록』으로서 생활의 준칙을 삼았다. 선생은 성품이 산수를 좋아하여 지산(芝山) 아래에 정사를 마련하고 난계(蘭溪)라 자호했다. 그 때 호남지방에 당론이 일었으나 선생은 참여하지 않아 후일 정여립의 역모에 연루되지 않았다.

1592년 **선조 25년 임진 38세**

4월에 왜적이 쳐들어와서 임금은 의주로 파천되고 경도가 유린당하니 선생이 북향 통곡했다. 그리고 향교의 선비들을 모으고 순국할 의리를 밝히니 100여 명이 모집되었다. 방략(方略)을 세우되 제봉(霽峰) 고경명(高敬命)을 의병장으로 추대하고, 회재(懷齋) 박광옥(朴光玉)을 유진장(留陣將)으로, 큰 형 황탄(黃灘) 박천정(朴天挺)을 운량장(運糧將)으로 삼았다. 그리고 건재 김천일과 근왕병(勤王兵)을 모집하여 왜적을 방어할 계획을 세웠다. 그리하여 전 부사(前府使) 김천일·행 부호군(行副護軍) 고경명·박광옥 등은 고을의 선비와 뜻있는 사람들과 함께 의병을 모집하였다.

한편 이 사실을 선조에게 알리니 선조가 감탄하고 선생에게 특별히 장원서 별제(掌苑署別提)를 제수했다. 선생이 또한 주변사(籌辨使) 윤두수(尹斗壽)에게 글을 보내어 '광주목사 권율이 담략이 있으니 도백(道伯)으로 승진시켜야 나라를 지킬 수 있다'고 하여 마침내 그렇게 하였으니 그 힘은 실로 선생의 공이었다.

1597년 **선조 30년 정유**

가을에 왜구가 다시 쳐들어오자 선생은 아버지 첨추공(僉樞公)을 모시고 영암에 이르러 배를 타고 서해를 거쳐 서울로 향하려 했다. 그러나 아버지가 팔십 노령인지라 선생은 아버지를 등에 업고 왜적의 눈을 피하고 있었는데 결국 그들에게 발각되어 부자가 함께 피해를 당하였다. 그 날이 9월 23일이었다.

그해 11월 광주 효우동(孝友洞) 분작산(粉雀山) 묘좌원(卯坐院)에 장사지냈다. 조정에서 이 사실을 듣고 정려하도록 하였다. 『난계고습유(蘭溪槁拾遺)』가 후손에 의하여 발간되어 전하고 있다. 아들은 구(俅)인데 통덕랑이고 딸은 이정발(李挺撥)에게 시집갔다. 선생에 대한 기록으로는 류사경(柳思敬)의 전(傳)과 안방준(安邦俊)의 『기축록(己丑錄)』 등이 있다.

동애 안중묵 桐厓 安重默

동애(桐厓) 안중묵(安重默 1556~1607)은 자가 기현(基賢) 호는 동애 이름은 중묵 본관은 죽산(竹山)이다. 문혜공(文惠公) 원형(元衡)의 후손이다. 고조는 훈련원 참군(訓練院參軍)을 지낸 민(民)인데 처음으로 보성(寶城)으로 옮겨 살았다. 증조는 현감(縣監)을 지낸 만휴정(晩休亭) 범(範)이요, 조부는 사록(司祿)을 지낸 수륜(秀崙)이다. 아버지 손암(遜庵) 정(艇)은 선무랑(宣武郎)이었고, 어머니는 광주 이씨(廣州李氏) 군수(郡守) 지분(之蕡)의 딸이다.

1556년 명종 11년 병진

정월 6일 인시에 외가에서 태어났다. 선생은 태어나면서 남달리 천성이 총명하여 젖먹이 때에 이미 수천 자를 배웠다. 선생의 친할아버지는 운산군수(雲山郡守)를 지낸 수금(秀嶔)이고 친아버지는 종사랑(從仕郎)을 지낸 의(艤)이다. 또 친어머니는 상주 박씨(尙州朴氏) 매(梅)의 딸인데 친아버지의 종제인 정(艇)이 선생을 양자로 삼았다.

1560년 명종 15년 경신 5세

한 승려가 비를 맞고 오는 모습을 보고 "저 승려는 하늘에서 왔는지 옷에 비 맞은 흔적이 보이네(僧自天上來 衣帶雨露痕)"라는 시를 읊자, 선생의 중부(仲父) 송국헌(宋菊軒) 박(舶)이 놀라고 그의 영특함을 칭찬했다.

1562년 명종 17년 임술 7세

죽천(竹川) 박광전(朴光前) 선생의 문하에 나아가 배웠다. 죽천 선생이 선생의 미목(眉目)이 빼어나고 행동이 의젓하므로 매우 중히 여기고 『소학(小學)』과 『대학(大學)』을 가르쳤다.

1563년 명종 18년 계해 8세

생부 종사랑공(從仕郎公)의 상을 당했다. 가슴을 치고 발을 구르며 통곡함이 어른과 다름이 없었으며, 습렴(襲殮)과 제전(祭奠)의 절차를 몸소 정성을 다해 행했다. 깊은 산골에서 죽을 먹으며 시묘살이를 하는데 이따금 죽천 선생이 찾아와 몸을 상하지 않도록 타일렀다. 상기(喪期)를 마치고 다시 스승의 문하에 나아가 경전과 역사서를 배웠다.

1566년 명종 21년 병인 11세

「심학도(心學圖)」와 「위학변의(僞學辨義)」 등 여러 편을 지었다. 스승이 이를 보고 "만권의 책을 읽었다. 해도 미묘한 이치를 깨닫고 옳고 그름을 분변함이 이런 이가 있을까"라고 말했다. 그러나 이 글들은 지금 남아있지 않다.

1567년 명종 22년 정묘 12세

죽천 선생이 도산(陶山)으로 퇴계선생(退溪先生)을 찾아뵙고 선생의 효성과 저술을 아뢰니, 퇴계 선생이 크게 칭찬하여 말하기를 "인재가 많이 난 때이기는 하나 의리에 밝고 학식에 투철함이 이처럼 숙성한 이는 많이 보지 못했다"고 했다. 죽천이 귀향할 때 퇴계 선생이 면학시(勉學詩) 다섯 수를 주고, "모름지기 이 시를 거울삼아 스스로 노력할 것이니 돌아가 안군(安君)에게 보이고 더욱 권면하라"고 당부했다. 선생은 죽천 선생께 받은 「오절시(五絶詩)」를 항상 경계의 지침으로 삼고 마침내 차운하여 시를 지었다.

이에 앞서 죽천 선생이 도산으로 떠나려 할 때 선생에게 이르기를 "나는 도학가의 문하에 나아가고자 한다. 너는 하루라도 스승이 없어서는 안 된다"하고, 송천(松川) 양응정(楊應鼎) 선생의 문하로 보냈다. 송천은 선생의 탁월한 천재성과 해박한 학식과 정확하고 민첩한 문답, 신중한 행동거지를 사랑하여 말하기를 "안씨 집안에 이제야 대현(大賢)이 났다"고 했다. 『춘추(春秋)』와 소강절(邵康節)의 『황극경세서(황극경세서)』를 익히고 경술(經術)을 강론했는데 막힘이 없다.

1568 선조 원년 무진 13세

4월 13일에 손암공(遜庵公)의 양자로 들어갔다. 6월 14일에 손암공의 상을 당해 생부의 상처럼 예를 극진히 행했다. 가야(伽倻)에다 장사를 지냈다.

1572년 선조 5년 임신 17세

송천 선생이 친히 관례(冠禮)를 행하고 자를 기현(基賢)이라 지어주었다.

1576년 선조 9년 병자 21세

선생의 학문은 인성(人性)과 천명(天命)에 바탕을 두었고 아울러 『주역(周易)』을 깊이 연구했다. 겨울에 선생이 이토정(李土亭)의 명성을 듣고 한강변의 집으로 달려갔는데 토정은 기쁘게 맞이하고 달포쯤 머무르게 하면서 심오하고 현묘한 이치를 질의 응답했다. 토정이 말하기를 "내가 감히 그대의 스승이 될 수 있겠는가"라 하고 도리어 경의를 표했다.

1591년 선조 24년 신묘 36세

4월 17일에 어머니상을 당하여 망극한 나머지 피를 토하고 여러 차례 기절하였는데 생모가 보살펴 소생시켰다. 아버지 묘 옆에다 부장했다.

1592년 선조 25년 임진 37세

전라좌수사(全羅左水使)가 된 이충무공(李忠武公)과 병법의 오묘함을 강론했다. 왜란이 일어나자 선생이 말하기를 "좌수사가 한 손으로 터진 물을 막아낼 것이니 호남은 아직 걱정이 없는 곳이다. 다만 농사짓는 사람들로 하여금 매년 곡식을 석굴에다 저장케 하여 불시에 쓰이도록 대비해야 할 것이다"고 했다. 동궁이 전주에서 감군(監軍)할 때 선생을 세마(洗馬)에 임명했으나 시묘살이에 몸이 극도로 쇠약해져 근신 중임을 고하여 교체되었다.

1595년 선조 28년 을미 40세

3월 10일에 또 생모 상을 당하니 5년 사이에 거듭된 애통으로 몸을 상하여 사경에 이르니 황추포(黃秋浦)가 관찰사로 전주 감영에 있으면서 여러 차례 서면으로 위로하는 뜻을 나타냈다.

1596년 **선조 29년 병신 41세**

동갑 친구인 이경첨(李景瞻)이 항상 『주역』을 묻곤 하였다. 그가 뒤늦게 사마시(司馬試)에 합격하자 선생이 시를 지어 축하했다.

1597년 **선조 30년 정유 42세**

가을에 충무공(忠武公) 이순신(李舜臣)이 몸소 찾아와 왜구를 토벌할 계책을 의논하였다. 선생이 『삼국지연의(三國志演義)』 한 질을 주고 말하기를 "예전에 그대와 함께 이를 익히 강론한 바 있으니 권점(圈點: 둥근표) 친 곳을 찾아 살펴보면 임기응변에 도움이 될 것"이라고 했다. 충무공이 항상 같이 일하기를 청했으나 연이은 거상(居喪) 때문에 사양하였다. 11월 18일에 죽천 선생의 부음을 듣고 달려가 통곡하고 심상(心喪) 3년을 치렀다.

1600년 **선조 33년 경자 45세**

서울로 이사하여 조용한 곳에서 살았다. 조정에서 의영고 직장(義盈庫直長)으로 불렀으나 나아가지 않았다. 병을 핑계로 손님을 맞아들이지 않았으나 오직 신상촌(申象村)과는 밤낮으로 만나 강론하고 질의했다.

1603년 **선조 36년 계묘 48세**

8월 6일에 부인 청풍 김씨(淸風金氏)가 서울 회현동(會賢洞) 자택에서 작고했다. 9월에 양주군 서쪽 대모산성(大母山城) 동쪽 줄기에다 장사를 지냈다가 나중에 파주로 옮겼다.

1607년 **선조 40세 정미 52세**

봄에 집안사람들에게 말하기를 "금년이 나의 수명이 다한 해이다"라 하고 가사를 분별 처리한 뒤 조용히 죽음을 기다리다가 과연 8월 16일에 집에서 운명했다. 유자(儒者)의 옷으로 염습하고 당호(堂號)로 명정을 썼는데 다 유언에 따른 것이다. 10월 10일에 파주 남면 광탄리(廣灘里) 도박곡(道博谷) 두만촌(斗滿村) 유좌원에다 장사를 지냈다.

1610년 광해군 2년 경술

장남 유경(由敬)이 생원시험에 합격했다. 나중에 효렴(孝廉)으로 천거되어 제용감 부봉사(濟用監副奉事)에 임명되었다.

1613년 광해군 5년 계축

차남 유신(由愼)이 진사시험에 합격했다.

1746년 영조 22년 병인

정월에 문경공(文敬公) 여호(藜湖) 박필주(朴弼周)가 지은 「행장(行狀)」이 완성되었다.

1967년 정미

봄에 『동애선생실기(東厓先生實記)』를 편성했다.

1989년 기사

10월에 안병탁(安秉柝)이 지은 「신도비명(神道碑銘)」이 완성되었다.

만덕 김대기 晩德 金大器

만덕(晩德) 김대기(金大器 1557~1631)는 자가 옥성(玉成) 호는 만덕 이름은 대기 본관은 광산(光山)이다. 신라 왕자 흥광(興光)이 광주(光州) 대점리(大岾里)로 피난을 와 살았으므로 이를 따라 본관으로 삼았다. 고조인 육행당(六行堂) 처겸(處謙)은 부호군(副護軍)을 지냈으며 무오사화가 일어나자 자취를 감추고 의리를 지켰다. 증조는 여휘(麗輝)인데 생원으로 참봉을 지냈고, 조부 송명(松命)은 훈도(訓導), 아버지인 응(應)은 학행으로 천거 받아 훈도(訓導)를 지냈으며, 족형(族兄) 칠계(漆溪) 언거(彦琚), 미암(尾巖) 류희춘(柳希春)과 교유하였다. 어머니 언양 김씨(彦陽金氏)는 성균관 생원이었던 언충(彦忠)의 딸이다.

1557년 명종 12년 정사

담양 대곡면(大谷面) 대산촌(大山村) 집에서 출생했다.

1562년 명종 17년 임술 6세

비로소 배우기 시작했는데 총명하고 남보다 뛰어나서 생원공(生員公)이 특별히 사랑하여 "우리 문중을 크게 빛낼 자는 반드시 이 아이일 것이다"라고 하였다.

1564년 명종 19년 갑자 8세

『소학(小學)』을 배웠다. 생원공(生員公)이 타일러 말하기를 "이 책은 사람 노릇을 하게 해주는 책이니 네가 잘 알아야 할 것이다"라고 하였다. 선생이 잘 지켜 잠시도 게을리 하지 않으니 생원공이 번잡하게 가르치려 하지 않아도 스스로 공부에 힘썼다. 점차 글의 뜻을 알게 되었는데 '아이는 항상 어머니를 볼 때 속여서는 안 된다'는 글귀에 이르자 말하기를 "항상 부모가 아이를 볼 때 속이지 말아야 할 뿐 아니라 아이도 마땅히 부모를 속이지 말아야 한다"라고 하니 듣는 이들이 경탄하였다.

1566년 명종 21년 병인 10세

『대학(大學)』·『중용(中庸)』 등의 책을 읽었다. 비록 어려운 곳이라 해도 분석하지 못하는 바가 없었다.

1567년 명종 22년 정묘 11세

10월 26일 생원공의 상을 당하여 부둥켜안고 통곡하며 식음을 전폐하였다. 몸소 집상(執喪)함에 상복을 벗지 아니하니 독례군자(篤禮君子)와 다름이 없었다.

1568년 선조 원년 무진 12세

미암(眉巖) 류희춘(柳希春) 선생이 문상을 와서 생원공의 궤연(机筵)에 곡(哭)을 하였는데 선생의 조문을 받는 모습이 마치 성인과 같았다. 이로부터 예를 물어서 공부에 보탬이 되는 일은 잠시라도 소홀히 함이 없었다.

1569년 선조 2년 기사 13세

10월에 상복을 벗었다.

1570년 선조 3년 경오 14세

서사(書史)에 널리 통하고 글을 잘 지었으며, 필법이 굳세고 웅장하여 초서와 예서에 두루 절묘하였으므로 명성이 자자하였다.

1572년 선조 5년 임신 16세

부훤당(負暄堂) 양자정(梁子渟)의 문하에 왕래하며 질의문답을 하니 고암(鼓巖) 양자징(梁子徵)이 "김모는 어떤 사람입니까?"라고 묻자, 부훤이 천자(天資)가 순실하고 재주와 도량이 넓어서 진실로 맹자의 이른바 선인(善人), 신인(神人)이라고 하였다.

1573년 선조 6년 계유 17세

남원 양씨(南原梁氏) 생원(生員) 성주(成澍)의 딸과 결혼했다.

1574년 선조 7년 갑술 18세

송강(松江) 정철(鄭澈) 선생을 배알하고 집지(執贄)하였으며, 기옹(畸翁) 형제와 도의지교(道義之交)를 맺었다.

1575년 선조 8년 을해 19세

김부인의 명으로 응시하러 옥구(沃溝)로 가다가 신창진(新倉津)에 이르러 많은 선비들이 다투어 배에 타려하는 것을 보고 선생은 심히 위험하다고 말렸으나 듣지 않아서 홀로 건너지 않았는데 배가 과연 전복하였다. 그러자 선생은 '명리(名利)가 사람을 빠뜨리는 것이 이와 같다'고 탄식하고 행랑 속에 있는 서책(書冊)을 강물에 던져버리고 돌아와 종신토록 과거에 응시하지 않았다.

1576년 선조 9년 병자 20세

조극원(曺克遠)과 함께 용천사에서 교유하면서 경의를 강론하고 수일 만에 돌아왔다.

1577년 선조 10년 정축 21세

재종형(再從兄) 서석(瑞石)과 함께 강천사(剛泉寺)에 들어가서 『추경(鄒經: 맹자)』을 읽었다. 시가 『문집』 가운데에 있다.

1578년 선조 11년 무인 22세

큰아들 할(劼)이 태어났다.

1579년 선조 12년 기묘 23세

재종형(再從兄)인 서석(瑞石) 언욱(彦勗)·창앙(蒼泱) 언희(彦希), 종형(從兄)인 참봉(參奉) 백근(百釿)과 함께 육행당(六行堂)에 모여 선조의 사업을 계승하고 친목을 도모하자는 규칙을 만드는 일을 논의하였다.

1580년 선조 13년 경진 24세

둘째 아들 훈(勛)이 태어났다.

1582년 선조 15년 임오 26세

양고암(梁鼓巖)과 함께 『인경(麟經: 춘추)』을 강론하고 1개월 만에 헤어졌다.

1583년 선조 16년 계미 27세

청계(淸溪) 김응회(金應會)를 가서 뵈었다.

1584년 선조 17년 갑신 28세

여씨향약(呂氏鄕約)을 모방하고 고금의 것을 참작하여 대곡동에서 시행하니 향속(鄕俗)이 점차 순화되었다.

1585년 선조 18년 을유 29세

조극원과 서봉사(瑞鳳寺)에서 만나기로 기약하였으나 오지 않으니 3일 동안 소쇄원(瀟灑園)에서 묵으며 홀로 여흥을 즐기면서 '계곡의 매화를 탄미하노라'하는 시구를 지었다.

1586년 선조 19년 병술 30세

조극원·정자우(鄭子羽)·정계회(丁季會)와 함께 서봉사에서 교유하였다.

1587년 선조 20년 정해 31세

『심경(心經)』을 읽는데 침잠, 면밀하여 깊이 조존(操存)의 요체를 깨달아 시를 지었다.

1588년 선조 21년 무자 32세

3월에 조극원이 내방하여 함께 괘변설(卦變說)을 논하였다.

1589년 선조 22년 기축 33세

도연명(陶淵明)과 두보(杜甫)의 시를 인용하여 정자용에게 답한 시가 『문집』 가운데 보인다.

1590년 선조 23년 경인 34세

부인 양씨의 상을 당했다.

1591년 선조 24년 신묘 35세

양씨의 빈소를 철수하고 영평 문씨(永平文氏) 생원 삼성(三省)의 딸과 재혼했다.

1592년 선조 25년 임진 36세

날마다 국가가 위급하다는 소문이 들려오자 시를 지어 수오(守吾)

에게 보이고 순국지의(殉國之義)를 말하되 "이 때가 진실로 신하와 백성이 죽어야 할 날이나 나는 아직 죽지 못하고 홀로된 어머니(偏慈)만 집에 계시고 다른 형제는 없으니 어찌할거나!"라고 하면서 옷깃에 가득하게 눈물을 흘렸다.

1593년 **선조 26년 계사 37세**

조극원이 통영(統營)의 종사관(從事官)으로 떠나자 시문을 지어 회포를 풀고 왜구를 섬멸하여 후세에 길이 남을 공을 세우기를 약속하였다.

1594년 **선조 27년 갑오 38세**

셋째 아들 록이 태어났다.

1595년 **선조 28세 을미 39세**

큰 아들 할(劼)의 삼가례(三加禮)를 행하고자 득원(得原) 오희도(吳希道)를 계빈(戒賓)으로 삼았다.

1596년 **선조 29년 병신 40세**

사계(沙溪) 김장생(金長生) 선생을 배알하여 집지하고 끊임없이 왕래하면서 예를 질의, 강론하여 잘못을 깨우쳐서 가슴 깊이 간직하고 잃지 않으니 이로 말미암아 조예가 더욱 깊어졌다.

1597년 **선조 30년 정유 41세**

왜구가 갑자기 침입하자 선생이 김부인을 업고 피난하였는데 항상 나무를 하고 열매를 주워서 굶주림을 면하고 친히 맛이 좋고 양분이 풍부한 음식을 바쳐서 김부인의 피부병이 나아지기에 이르르니 사람들이 효도에 감응한 소치라고 하였다.

1598년 **선조 31년 무술 42세**

사무(士武) 윤원호(尹元虎)를 방문하고, 하서(河西) 김인후(金麟厚) 선생의 시를 차운(次韻)했다.

1599년 **선조 32년 기해 43세**

자술(子述) 최후헌(崔厚憲)과 자신(子愼) 임업(林爍)을 멀리 좇아서 공부에 도움이 되도록 강마(講磨)한지 수개월 만에 돌아왔다.

1600년 선조 33년 경자 44세

12월 21일 김부인의 상을 당하자 통곡하며 장사지냈는데 한결같이 『주자가례』를 따랐다. 그리고 여막살이 3년 동안 범과 승냥이도 피하여 가까이 하지 않았고, 무릎을 꿇고 절하는 곳에는 잔디도 자라지 않았다. 수재(秀才) 김시증(金始曾)이 배우러 왔다.

1602년 선조 35년 임인 46세

상복을 벗고 조석으로 가묘(家廟)에 전배(展拜)하고 초하루와 보름에 성묘했다.

1603년 선조 36년 계묘 47세

스스로 고독한 심정을 이기지 못하여 만덕유로재(晩德遺老之齋)를 세우고 독서실 한 칸을 마련하여 연구하고 깊이 사색했으며, 낮에는 행동으로 밤에는 체득한 것으로써 종신(終身)의 계책으로 삼았다.

1604년 선조 37년 갑진 48세

김해경(金海卿)을 전송하며 편당(偏黨)을 없앨 것을 논한 시가 『문집』 가운데 있다.

1605년 선조 38년 을사 49세

삼경당(三鏡堂) 시를 차운(次韻)하여 조극원에게 주었는데 그 시에 "안항수공재흡허(顔巷輸功在吸噓)"라는 구절이 있다.

1606년 선조 39년 병오 50세

꿈속에 사촌(沙村)을 보고 감회를 시로 적어 수오(守吾)에게 주었다.

1607년 선조 40년 정미 51세

동경(東京: 경주)에 유람가서 옥산서원(玉山書院)에 배알하였다.

1608년 선조 41년 무신 52세

선조(宣祖)가 승하했다는 소식을 듣고 현(縣)의 관아에 들어가 애도하고 통곡하였다.

1609년 광해군 원년 을유 53세

글을 지어 고이척(高而惕)을 제사 지냈다.

1610년 광해군 2년 경술 54세

월성(月城)에 가서 공직(公直) 임회(林檜)의 집을 방문하였다.

1611년 광해군 3년 신해 55세

적신(賊臣) 홍첨(弘瞻: 정인홍과 이이첨)의 무리가 국사를 전담하면서 먼저 흉론(凶論)을 발하자 선생이 근심과 화를 이기지 못하고 시를 읊어서 수오에게 보였다.

1612년 광해군 4년 임자 56세

의암(義巖) 사우(祠宇)에 관한 일로 동악(東岳) 이후(李候)에게 글을 보낸 것이 이후의 『문집』에 보인다.

1613년 광해군 5년 계축 57세

고양(高陽)을 지나다가 송강 선생 묘에 참배하였다. 「제문」이 『문집』 가운데 보인다.

1614년 광해군 6년 갑인 58세

선생은 정자용(鄭子容)·나수부(羅秀夫)·윤사무(尹士武)·오득원(吳得原)·송징(宋徵)·고군섭(高君涉) 등 많은 선비와 더불어 향음례(鄕飮禮)를 행하였다 글을 지어서 정자우(鄭子羽)를 곡했다.

1615년 광해군 7년 을묘 59세

글을 지어서 김자혼(金子混)을 곡했다.

1616년 광해군 8년 병진 60세

이동악을 만나기 위하여 탐라(耽羅)에 가려고 했으나 사정이 있어 가지 못하고 적소(謫所)에서 지은 애사(哀詞)를 차운(次韻)했다.

1617년 광해군 9년 정사 61세

생일 아침에 아버지 사당에 참배하고 시로 감회를 읊었는데 『문집』 가운데 보인다.

1618년 광해군 10년 무오 62세

조극원의 회갑에 가서 내제(內弟) 양사건(梁士健)을 방문하였다. 「만덕문답(晩德問答)」을 지었는데 『문집』에 있다.

1619년 광해군 11년 기미 63세

최동립(崔東立)이 향약을 설치하자 선생이 고금의 것을 참작하여 선생을 권하고 악행을 징계하였다.

1620년 광해군 12년 경신 64세

2월 양고암(梁鼓巖) 선생의 사우를 건립하는 일로 진사(進士) 조평(趙平)·송수익(宋受益)·고부즙(高傅楫) 등 제공(諸公)들과 함께 연명으로 도백(道伯)에게 글을 올렸다.

1621년 광해군 13년 신유 65세

정자용·김해경·오득원 등이 모여 태극도설(太極圖說)과 동명(東銘), 서명(西銘)을 강론하였다.

1622년 광해군 14년 임술 66세

김정흥(金廷興)의 가문이 가혹하게 참화를 입어 그 종손 천령(千齡)이 바닷가에서 유락(流落)생활을 하였는데 그 용모가 단아하고 문리가 유창한 것을 보고 특별히 아껴서 시를 써주고 사위로 삼았다. 사람들이 모두 위험스럽게 여기자 선생이 말하기를 "그의 선조가 비록 구속된 죄인이긴 하나 본래 그의 죄가 아니니니 어찌 구차하게 화복 때문에 이름난 가문의 현명한 자제를 내버려 둘 것인가?"라고 하였다.

1623년 인조 원년 계해 67세

용산백발회(龍山白髮會)에 참여했다. 송강정(松江亭)을 유람하면서 감회를 서술한 시가 『문집』 가운데 보인다.

1624년 인조 2년 갑자 68세

반정(反正) 후에 수오(守吾)가 임금을 뵙고자 상경하니 선생이 충성을 다하여 나라에 보답해야 한다는 뜻으로 수오를 훈계했다. 2월 청나라 오랑캐가 갑자기 침입하자 임금이 수레를 타고 도성을 떠나 피난을 갔는데, 왕대비가 측달(惻怛)의 교지를 내려 말하기를 "슬프도다! 팔방에 충의지사가 모두 우리 조종(朝宗)과 선왕(先王)이 가르친 백성이거늘 이 급난(急難)을 당하여 어찌 차마 편안하게 지내면서 구하지 않는가? 너희들은 의병을 일으키고 의곡(義穀)을 내어 빨리 와서 구하라"고 하거늘 선생이 교지를 받들어 읽고 눈물을 뿌리며 "선왕이신 선조대왕이 의주(義州)에 몽진(蒙塵)했을 때 내가 구차히 목숨을 보전했던 것은 아버지를 섬길 날이 얼마 남지 않았었기 때문이다. 이제 아버지가 돌아가셨으니 부모를 여읜 사람이 어찌 한번 죽는 것을 슬퍼하겠는가?"라고 말하고, 마침내 생원(生員) 권이중(權以重)·송징(宋徵)·진사(進士) 이익신(李益新)·유학(幼學) 남각(南恪)·송상눌(宋尙訥)·나위문(羅緯文) 등과 함께 혈서(血書)로 여러 고을에 격문을 돌리니 의사(義士)들이 영광(靈光)에 운집하였다. 진사 신유일(辛惟一)의 격문이 도착하자 마침내 신공(辛公)과 함께 마음과 힘을 합해 영광에 의창(義倉)을 설치하여 곡물 삼천석을 취합하고 의병을 일으켰으나 적(賊)이 평정되자 완부(完府)에 의곡(義穀)을 수납하고 물러갔다. 4월에 임금이 천재(天災)로 인하여 애통해 하는 교지를 내려 관직에 있는 사대부들과 모든 백성에게 직언을 구하자 선생이 교지에 응하여 봉사(封事)를 올렸다. 첫머리에 천인지심(天人之心)이 하나라는 것을 말하고, 다음에는 현실적으로 급히 해야 할 것 7가지를 말하니, 첫째 편당을 없애는 것, 둘째 사람을 죽이지 않는 것, 셋째 지성으로 현재(賢才)를 구하는 것, 넷째 선조의 현상(賢相)을 신원하는 것, 다섯째 무명세(無名稅)를 없애는 것, 여섯째 부역을 적게 하는 것, 일곱째 귀양 가서 죽은 사람들의 원통한 일을 다시 살피는 것이었다. 계속해서 여헌(旅軒) 장현광(張顯光)의 숙덕비둔(宿德肥遯)과 사계(沙溪) 김장생(金長生)의 포도우국(抱道憂國)을 말하였다. 건원릉(健元陵) 참봉(參奉)을 제수 받았으나 나아가지 않았다.

1626년 인조 4년 병인 70세

종씨(從氏)인 참봉 백근(百釿), 재종형(再從兄) 진사 언희(彦希)와 더불어 복천(福川)에 유람을 갔다가 현재(縣宰) 강위재(姜渭宰)에게 초대받아 협선루(挾仙樓)에서 시를 주고받았으며, 곧 설산(雪山)에 가서 현재(縣宰) 류황(柳艎)과 더불어 술을 마시며 시가를 읊다가 돌아왔다.

1627년 인조 5년 정묘 71세

육행당(六行堂)에서 화수회계(花樹會戒)를 만들고 선인들의 음덕을 더럽히지 말자고 경계했다. 풍습병(風濕病)에 걸려 한쪽 눈이 보이지 않았으나 곧 다시 보이게 되었다.

1628년 인조 6년 무진 72세

김해경이 내방하여 출처(出處)의 의리를 논하였다.

1629년 인조 7년 기사 73세

송죽우후조지의(松竹雨後凋之意)라는 시를 읊었다.

1630년 인조 8년 경오 74세

선생이 율곡(栗谷) 선생의 『성학집요(星學輯要)』를 학생들에게 보이고 "선생은 평생 동안 이 책에 정력을 다하여 전체대용이 모두 갖추어졌으니 도(道)를 구하는데 뜻이 있는 사람들은 마땅히 침잠하여 글의 깊은 뜻을 생각하여 찾아야 할 것이다"고 말하였다.

1631년 인조 9년 신미 75세

정월 초하룻날 참례(參禮)를 하고 당상(堂上)에 앉아서 자손들로부터 절을 받았다. 손자에게 소리를 내어 유개중도장(柳開仲塗章)을 읽도록 하고 다 마치자 일러 말하기를 "금인(今人)이 고인(古人)과 같지 않은 것은 무엇 때문인가? 너희들은 마땅히 깊이 체찰(體察)하여야 할 것이다"고 하였다. 2월에 병들어 자손들이 약을 지어 올렸다. 선생이 "내 나이 이미 75세이니 태어나면 죽는 것이 마땅한 이치이다. 장차 다시 무엇을 하겠는가?"라고 말하고 약을 받아 마셨다. 그리고 "내가 약을 거절하지 않는 것은 너희들의 지극히 걱정하는 정을 억누르고 싶지 않기 때문이니 다시는 약을 올리지 말라"고 말하고, 또 "『예기(禮記)』에 '선한 생각이 부모에게 미치면 착한 이름을 얻게 될 것이요, 불선(不善)한 생각이 부모에게 미치면 반드시 부끄럽고 욕되는 일이 생기게 될 것'이라 하였으니 너희들이 매우 조심하고 스스로 몸가짐을 가지런히 하여 부모의 음덕에 누가 되지 않는다면 나는 죽어도 여한이 없다"고 하였다. 또 말하기를 "조상들의 묘에 석물(石物)이 갖추어져 있지 않아 꼭 영수(營修)하고자 하였으나 이제 끝난 일이니 내가 죽은 후에라도 너희들이 나의 뜻을 이어 나간다면 좋겠다"고 하고, 다른 일에 대해서는 한마디도 없다가 5일에 본집에서 세상을 떠났다. 그해 12월 경진(庚辰) 고향의 동쪽 정석면(貞石面) 삽치(揷峙) 유좌원(酉坐院)에 장사지냈다.

1633년 인조 11년 계유

참판(參判) 김광혁(金光爀)이 「행장(行狀)」을 지었다.

1653년 효종 4년 계사

본부(本府: 본래 살던 집) 구산원(龜山院)에 노송(老松) 송희경(宋希璟)·눌재(訥齋) 박상(朴祥)·면앙정(俛仰亭) 송순(宋純)·물염(勿染) 송정순(宋廷筍)·서석(瑞石) 김언욱(金彦勗)·청계(淸溪) 김응회(金應會)·원호(元虎) 윤시은(尹市隱)·율옹(栗翁) 송징(宋徵)·동악(東岳) 이안눌(李安訥)·구화(九華) 나무춘(羅茂春)·청오(聽梧) 임광필(林光弼) 등과 함께 배향되었다.

1747년 영조 23년 정묘

판서(判書) 기계(杞溪) 유최기(兪最基)가 「묘지명」을 지었다.

1780년 정조 4년 경자

판서(判書) 청풍(淸風) 김종후(金鍾厚)가 「묘갈명」을 지었다.

1797년 정조 21년 정사

승지(承旨) 장택(長澤) 고정헌(高廷憲)이 「서(序)」를 지었다.

1914년 갑인

10대손 영주(永柱)가 유집을 상고하고 장손인 인산공(仁山公)이 손으로 써서 「연보」를 찬성(撰成)하였다.

1915년 을묘

참봉(參奉) 기우만(奇宇萬)이 서를 짓고 이 해 4월 『문집』이 이루어졌다.

수은 강항 睡隱 姜沆

수은(睡隱) 강항(姜沆 1567~1618)은 자가 태초(太初) 호는 수은 이름은 항 본관은 진주(晋州)이니, 사숙재(私淑齋) 희맹(希孟)의 후손이다. 사숙재의 아들 사평공(司評公)이 사건에 연루되어 영광군(靈光郡)으로 귀양을 오게 되어 자손이 거기에 터를 잡고 살았다. 고조는 학손(鶴孫), 증조는 향수(享壽), 조부는 오복(五福)이다. 아버지 극검(克儉)은 선략장군 충좌위부사과(宣略將軍忠佐衛副司果)이며, 어머니 의인(宜人) 영동 김씨(永同金氏)는 통덕랑 선손(善孫)의 딸이다.

1567년 명종 22년 정묘

5월 17일 해시에 영광 불갑(佛甲) 유봉리(酉峰里) 집에서 태어났다. 어려서 기억력이 뛰어났으며 스스로 학문을 할 줄 알아 애써 가르칠 것이 없었다.

1570년 선조 3년 경오 4세

둘째 형 저어당(齟齬堂) 준(濬)에게 수학하였는데 준은 율곡 선생(栗谷先生)의 문인이다.

1571년 선조 4년 신미 5세

전라감사 백록(白麓) 신응시(申應時)가 '각(脚)'자로 시를 짓게 하자 곧 "다리가 만 리를 가지만 마음이 다리를 부린 것(脚到萬里心敎脚)"이라 하니, 백록이 얼굴빛을 변하면서 몹시 놀랬다.

1573년 선조 6년 계유 7세

『맹자』 한 질을 하룻밤 만에 모두 암기하므로 책장수가 천재라 하여 책 한 질을 보내왔다. 선생이 굳이 이를 받지 않자 이를 정자나무에 걸어놓고 갔다. 세인이 그 정자를 '맹자정(孟子亭)'이라 불렀다.

1574년 선조 7년 갑술 8세

『통감강목(通鑑綱目)』을 통달하였다. 무장(茂長)에 강목촌(綱目村)이 있다.

1575년 선조 8년 을해 9세

유성약천성(幼成若天性)이라는 「부(賦)」를 지었다.

1581년 선조 14년 경진 15세

어머니 김씨의 상을 당하여 매우 슬퍼했다.

1583년 선조 16년 임오 17세

책문(策文)으로 향시(鄕試)에 합격하여 이름을 날렸다.

1587년 선조 20년 정해 21세

향해삼장(鄕解三場)에 모두 합격하였다.

1588년 선조 21년 무자 22세

봄에 진사(進士)시험에 2등으로 합격했다. 겨울에 진주 김씨(晋州金氏)에게 장가들었다.

1591년 선조 24년 신묘 25세

큰형이 신묘사화(辛卯士禍)에 연좌되자 이에 상심하여 자취를 감췄다.

1592년 선조 25년 임진 26세

왜란을 당해 의곡(義穀) 군기(軍器) 등을 모아 제봉(霽峰) 고경명(高敬命)의 의병소로 보냈다.

1593년 선조 26년 계사 27세

문과에 급제했다. 어렴(魚鹽)을 팔아 백미 100섬을 모으고 사촌 동생 락(洛)을 시켜 의병장 고경명·김천일(金千鎰)·최경회(崔慶會)의 의병소로 각각 보내 주었다.

1594년 선조 27년 갑오 28세

봄에 교서정자(校書正字)로 있을 때 우계 선생(牛溪先生)이 소인배들에게 미움을 받아 문하(門下)가 적막했는데 선생이 홀로 찾아가 문안을 여쭈자 우계 선생은 그의 단량(端諒)한 마음을 칭찬했다. 겨울에 은대(銀臺)의 가랑(假郎)으로 입시(入侍)하였다.

1595년 **선조 28년 을미 29세**
박사(博士)로 승진하였다.

1596년 **선조 29년 병신 30세**
봄에 성균관 전적(成均館典籍), 가을에 공조좌랑(工曹佐郎), 겨울에 형조좌랑으로 옮겼다.

1597년 **선조 30년 정유 31세**
분호조청(分戶曹廳)으로 식량을 독운(督運)하다가 왜적에게 체포되었다. 부실 이씨(副室李氏)도 함께 붙잡혔는데 이씨는 단식하여 목숨을 끊었다. 뒷날 인조 계유년(1633)에 이씨의 정려문이 세워졌다.

1598년 **선조 31년 무술 32세**
일본으로 잡혀가서 적국의 풍토와 관직, 적정(敵情)의 강약 등을 상세히 기록하여 김석복(金石福) 편으로 본조(本朝)에 상달했다.

1599년 **선조 32세 기해 33세**
이러한 내용들을 다시 적어서 또 명차관(明差官) 왕건공(王建功) 편으로 은밀히 본조에 상달케 했다. 선조임금은 이를 가상히 여기고 칭찬을 하시며 비변사(備邊司)에 간직해 두게 했다.

1600년 **선조 33년 경자 34세**
여름에 배를 빌어 타고 서쪽으로 탈출하여 대마도를 거쳐 귀국했다. 서울로 들어와 궐하(闕下)에서 어명을 기다렸다. 선조께서 크게 가탄(嘉歎)하여 술을 하사하고 그 동안의 노고를 위로하였다. 선생은 한 통의 글을 조목조목 진달하였다. 선조께서 말을 하사하여 늙은 부모를 뵙도록 배려하자 9월에 고향 마을 유봉으로 돌아왔다.

1601년 **선조 34년 신축 35세**
상국(相國) 이덕형(李德馨)의 막하로 달려가 예부절왜서(禮部絶倭書)를 대신 초안했다.

1602년 선조 35년 임인 36세

승의랑(承議郎) 대구교수(大邱教授)에 임명되었으나 세상사에 뜻이 없었으므로 부임했다가 곧 돌아왔다.

1603년 선조 36년 계묘 37세

순천교수(順天教授)에 임명되었으나 부임하지 않고 오직 후진 양성에 전력을 쏟으니 당시 명유석학(名儒碩學)이 그의 문하에서 많이 배출되었다.

1604년 선조 37년 갑진 38세

회재(晦齋) 선생 이언적(李彦迪)을 문묘에 배향하자는 「청종사회재소(請從祀晦齋疏)」를 지었다.

1606년 선조 39년 병오 40세

회답사(回答使) 여우길(呂祐吉) 등이 왜국을 다녀왔는데 일본인들이 선생의 충의대절을 칭송하면서 소무(蘇武)와 문천상(文天祥)에게 비유한다 하므로 조정이 참으로 그의 행의(行義)가 높았음을 알게 되었다.

1607년 선조 40년 정미 41세

건재(健齋) 김천일(金千鎰)을 정렬사에 봉안하는 글은 「정렬사봉안제문(旌烈祠奉安祭文)」을 지었다.

1608년 선조 41년 무신 42세

사계(沙溪) 김선생(金先生)이 선생의 절의를 포상코자 조정에 상주하여 "개나 양처럼 무식한 왜국인도 오히려 그에게 복종했거늘 우리나라 인심이 치우치고 사특하여 선생의 절의를 포상할 줄 모르니 매우 통탄할 일이다"고 했다.

1609년 광해 원년 기유 43세

팔송(八松) 윤황(尹煌)은 영광군수로 왔을 때 그의 아들 순거(舜擧)로 하여금 수학케 했다.

1610년 광해 2년 경술 44세

광주향교 「상량문(上樑文)」을 지었다.

1612년 광해 4년 임자 46세

절강통병(浙江統兵)이 명나라 조정에다 "아국(我國)이 왜국과 교류하여 전경지방(全慶地方)에 왜적이 잡출한다"고 모함하자 지휘사(指揮使) 황분(黃芬)을 보내 열읍을 정탐하였다. 이에 선생이 글을 지어 변무(辨誣)하였다.

1614년 광해 6년 갑인 48세

은봉(隱峰) 안방준(安邦俊)이 서울에서 살다가 조정에 역적이 가득한 것을 보고 귀향하여 우산(牛山)에 터를 잡아 매화를 벗 삼아 지내면서 우산전사(牛山田舍)를 지어 강학하자, 선생이 그를 위하여 「안사언우산 신거상량문(安士彦牛山新居上樑文)」을 지어주었다.

1615년 광해 7년 을묘 49세

아버지 몽오공(夢梧公)의 상을 당했다. 한결같이 주문공(朱文公)의 가례(家禮)를 따르고 게을리 하지 않았다.

1617년 광해 9년 정사 51세

영광의 「운금정기(雲錦亭記)」를 지었다. 9월 18일에 변경윤(邊慶胤)에게 답장을 보냈다.

1618년 광해 10년 무오 52세

5월 6일 집에서 세상을 떠났다. 11월 11일에 불갑산(佛甲山) 곤좌원에 장사를 지냈다.

1628년 인조 6년 무진

문인 윤순거(尹舜擧)가 「행장(行狀)」을 지었다.

1635년 인조 13년 을해

유봉에다 사우(祠宇)를 세웠다. 우암(尤庵) 송문정공(宋文正公)이 「축문(祝文)」을 지었다.

1636년 인조 14년 병자

유봉의 사우가 화재로 소실되니 판서 임담(林潭)·사성(司成) 김지수(金地粹)·참봉(參奉) 김우급(金友伋) 등이 발의하여 용산(龍山)에다 다시 짓고 '용계사(龍溪祠)'라 했다. 우암이 용계사의 현판을 썼다.

1656년 효종 7년 병신

일본의 실정 등을 적은 포로생활 일기 『간양록(看羊錄)』의 「서문」을 시남(市南) 유계(兪棨)가 썼다.

1658년 효종 9년 무술

통정대부(通政大夫) 승정원 도승지(承政院都承旨)에 추증되었다. 『문집』이 이루어지고 우암이 「서문」을 썼다.

1667년 현종 8년 정미

선생이 지었던 『강감회요(綱鑑會要)』가 출간되었다.

1682년 숙종 8년 임술

동토(童土) 윤순거(尹舜擧) 선생을 용계사에 배향했다. 조정에서 선생을 한나라 소무(蘇武)와 같다 하여 '금소무(今蘇武)' 석 자를 조정의 시험문제로 삼아 학자를 뽑았다. 봉사손 익(翊)이 주관사정(周官司正)에 임명되었다.

1702년 숙종 28년 임오

용계사를 중수하였다.

1709년 숙종 35년 기축

용계사를 청액(請額)하는 일로 권보덕(權輔德)이 글을 지었다.

1772년 영조 48년 임진

영조가 『수은집(睡隱集)』을 보고 선생의 절의를 '한소무·송문산(漢蘇武 宋文山)과 같다고 칭찬하였다. 7대손 재윤(載潤)이 도사(都事)에 등용되었다.

1798년 정조 22년 무오

성담(性潭) 송환기(宋煥箕)가 「묘갈명」을 지었다. 조정에서 『간양록』 중 '산성(山城)을 이설(移設)하는 일'을 제목으로 삼아 시험을 보였다.

1882년 고종 19년 임오

자헌대부(資憲大夫) 이조판서(吏曹判書) 양관대제학(兩館大提學)을 추증했다. 대제학 김상현(金尙鉉)이 「시장(諡狀)」을 지었다. 선생이 지은 강감회요의 장판(藏板)이 조성되었다. 선생의 외손자 정시수(鄭時遂)·정시대(鄭時大) 형제가 영광군수로 부임하여 이를 판각(板刻)하였고, 『간양록』과 『문집』의 장판은 선생의 강당에 보관 중이었는데, 일제 말기에 왜인 영광경찰서장이 장판을 불사르고 『간양록』도 몰수하여 불태웠다.

1958년 무술

선생의 기념관 수은정(睡隱亭)이 영광에 창건되었다.

충장공 김덕령 忠壯公 金德齡

충장공(忠壯公) 김덕령(金德齡 1568~1596)은 자는 경수(景樹) 시호는 충장 이름은 덕령(德齡) 본관은 광산이다. 고조부 문손(文孫)은 병조참판(兵曹參判)에 추증되었고, 증조부 후(珝)는 호조정랑(戶曹正郞)이며, 조부 윤효(允孝)는 선무랑(宣務郞)이다. 아버지는 붕변(鵬變)인데 습독관(習讀官)이며, 어머니는 반씨(潘氏)이다. 삼형제가 있었는데 맏이는 덕홍(德弘)이요 다음은 덕령(德齡)이니 바로 세상에서 일컫는 충용장군(忠勇將軍)이며 셋째는 덕보(德普)이다.

1568년 선조 원년 무진

12월 29일 광주(光州) 석저촌(石底村)에서 태어났다. 어머니 반부인(潘夫人)이 꿈에 호랑이 두 마리가 무등산(無等山)으로부터 내려와 방 안에 들어온 것을 보고 임신을 하였는데, 만삭이 되자 또 꿈에 두 마리의 호랑이가 방 안으로 들어왔으며 분만(分娩)할 무렵에는 호랑이가 문밖을 지키고 있다가 해산한 뒤에야 뒷동산 대숲을 따라 가버렸다. 하니 사람들이 모두 기이하게 여겼다.

1575년 선조 8년 을해 8세

비로소 글공부를 시작하였다. 증조할아버지 교리(校理) 사촌공(沙村公) 윤제(允悌)의 문하에서 배웠다. 사촌공(沙村公)이 언제나 칭찬하기를 "뒷날 우리 집안을 크게 할 사람은 반드시 이 아이일 것이다"고 하였다. 선생은 용모가 준수하고 기질이 안정되었으며 눈의 광채가 사람을 쏘는 듯하여 능히 십 리 밖의 물건도 보았다. 뭇 아이들과 장난하며 놀 때도 거동은 이상하였지만, 함부로 용맹스러운 힘을 드러내지 않았기 때문에 부모도 그가 용맹스러운 힘이 있는 줄을 몰랐다.

어느 날 책을 끼고 돌아오니 밥을 짓는 연기가 나지 않았다. 그 까닭을 물은 즉 모부인(母夫人)이 "너는 집이 가난한 줄을 모르느냐? 가난한 집에 어떻게 조석마다 밥을 지을 수 있겠느냐?"고 하였다. 선생이 말없이 있다가 교리공(校理公) 집으로 가서 쌀을 얻어 옷자락에 싸 가지고 와서 모부인(母夫人)께 드렸다. 또 부엌에 땔나무도 없는 것을 보고는 뒷동산으로 가서 나무 가지를 꺾는데 뛰어 건너 다니며 휘어잡아 손이 닿는 대로 꺾는 모습이 썩은 것을 자르듯 하였고 빠르기가 나는 새와도 같았다. 이를 본 사람들이 비로소 선생의 용맹스러운 힘을 알았다.

1577년 선조 10년 정축 10세

하루는 여러 아이들과 교리공(校理公)의 별장인 환벽정(環碧亭)에서 놀았다. 섬돌 높이가 십여 길이나 되어 평지에서 쳐다보면 공중누각(空中樓閣)과 같았다. 그런데 선생이 몸을 번쩍 솟구쳐 뛰어올라 한 손으로는 서까래를 잡고 한 손으로는 처마 밑의 참새 새끼를 더듬으면서 누각 한 바퀴를 도는데 몸이 공중을 나는 것 같았다. 그리고는 혼자 뛰어서 당(堂) 안으로 들어가니, 이 때부터 선생의 용맹스러운 힘이 남들의 이목(耳目)을 집중시켰다. 아버지 습독공(習讀公)이 엄중하고 단호하게 가르치면서 선생에게 이르기를 용맹스러운 힘으로써 일삼지 말라고 하였다. 그러므로 선생이 학업에만 전심하고 스스로 감추기에 힘썼다.

1579년 선조 12년 기묘 12세

서봉사(瑞鳳寺)에서 글을 읽었다. 절은 무등산(無等山)에 있었다. 선생이 동지 6, 7명과 책을 가지고 가서 함께 공부하였는데 여러 달을 게을리 하지 않았다. 하루는 동료 중 한 사람이 친상(親喪)을 당했는데, 때마침 장마가 개이지 않아 절 앞의 큰 냇물이 크게 불어나 사람이나 말이 통행할 수가 없었으므로 부고를 전달하는 사람이 냇물 저편에서 불러 전해 주었다. 그러자 그 사람은 가슴을 치고 통곡을 하면서 바로 냇물로 뛰어들려고 했다. 그것을 보고 선생은 목발(木鉢)을 가져오게 하고 왼발엔 그 목발(木鉢)을 신고 옆구리에 그 사람을 끼고 물 위에 서서 오른쪽 발로 마구 헤엄쳐 물결을 박차고 건네주었다. 절에 있던 모든 사람이 선생의 용맹스러운 힘을 탄복함과 동시에 또 선생이 용맹스러운 힘을 감춰온 것에 놀랐다.

1581년 선조 14년 신사 14세

8월에 습독공(習讀公)의 상(喪)을 당했다. 너무나 슬퍼한 나머지 몸이 쇠약해져 거의 가누지 못할 정도였으며 모부인(母夫人)을 봉양함에 정성을 다하여 오직 그 뜻에 어김이 없도록 힘을 썼다. 형제 세 사람이 같이 한 방에 거처하면서 집안의 생계가 매우 궁핍하였지만 숙수(菽水)는 언제나 여유가 있었다.

선생의 중부(仲父) 승사랑(承仕郎) 곤변(鯤變)이 복천(福川)의 석교(石橋)로 이거하였다. 마을 앞에 큰 냇물이 있었는데 물고기가 제법 살쪄 있었다. 조석으로 왕래하면서 고기를 잡아다가 노친(老親)의 반찬을 공양하여 아무리 매서운 추위와 심한 더위에도 한 번도 반찬이 떨어진 적이 없었으니 향인(鄕人)들이 선생의 효성(孝誠)에 감동하지 않는 사람이 없었다. 광주(光州)에서 석교(石橋)까지의 거리가 백 리쯤 되는데 조석으로 생물(生物)을 공양함이 지척이나 다름없이 하였으니 평일에 신용(神勇)이 절륜하였던 것이 이와 같았다.

1585년 선조 18년 을유 18세

부인 이씨를 맞이하였다. 첨정(僉正) 대록(大祿)의 딸이다.

1587년 선조 20년 정해 20세

우계(牛溪) 성선생(成先生)에게 수업(受業)하였다. 백씨(伯氏) 덕홍(德弘)과 자부(姊夫) 김응회(金應會)를 따라 선생의 문하에서 학문을 닦았다. 온화하고 단정하니 선생이 매우 칭찬하였다.

1588년 선조 21년 무자 21세

서봉사(瑞鳳寺)에서 시를 썼다. 동지들과 서봉사(瑞鳳寺)에 놀러 가 법당의 벽에다 성명을 전부 쓰고 또 오언절구(五言絶句)의 시를 크게 써 놓았는데 필획(筆畫)이 호방하고 굳세어 풍우(風雨)가 이는 듯하였다. 그 뒤에 중국 사람이 보고 기이하게 여겨 "악무목(岳武穆)의 글씨가 어찌 여기에 있느냐?"고 하였다. 절이 정유(丁酉) 병란에 불타버렸는데 법당만이 남아 있었다. 절의 중들이 전하기를 신(神)이 보호한 것이라고 하였다.

1589년 선조 22년 기축 22세

반부인(潘夫人)의 병환이 심하여 진주(晋州)로 의원을 모시러 갔는데 밤에 갔다가 다음날 오시(午時)에 돌아왔다. 모부인(母夫人)이 일찍이 원인 모를 병이 들어 여러 달을 끌어오다가 점점 위독하여졌다. 선생은 밤낮으로 곁에 모시고 밤에도 눈을 붙이지 않았고 옷의 띠도 풀지 않았다. 진주(晋州)에 양의(良醫)가 있다는 말을 듣고 달려가 함께 오기를 청하니, 의원의 말이 "병세가 이미 위독해졌으니 비록 가더라도 치료하기가 어렵고 또 길이 너무나 멀어서 가더라도 반드시 미치지 못할 것이라"고 하였다. 선생은 울면서 간곡히 빌기를 "한 번 만이라도 가주신다면 한이 없겠습니다"고 하자 의원이 감동하여 승낙하였다. 의원에게 말에 타기를 청하고 몸소 고삐를 잡고 길에 올랐는데 그 빠르기가 나는 듯하였다. 의원의 치료를 받아 병이 나으니 사람들이 선생의 지성에 감동한 것이라고 하였다.

의원은 바로 진주(晋州) 김참봉(金參奉) 남(楠)이었다. 당세에 신의(神醫)라고 칭하였는데 그는 경험방(經驗方)의 맨 끝장에다 손수 다음과 같이 적어 놓았다. "하루는 일찍 일어나 창문을 열어 놓고 앉았는데 키는 작으면서도 날래고 용감스럽게 생긴 한 사람이 홀연 말을 추녀 밖에 매고 들어와 절을 하더니 '저는 광주(光州)에 사는 김덕령입니다. 어머니가 갑자기 원인 모를 병이 들어 지금 위중하시므로 어젯밤에 어둠을 무릅쓰고 여기에 왔습니다. 원컨대 가셔서 진찰을 좀 해주십시오'하는 것이었다. 내가 대답하기를 '이 병증은 오늘 안에만 손을 쓴다면 치료할 가망이 있지만 여기서 광주(光州)까지의 거리가 거의 삼백여리나 될 것이니 비록 가봤자 미치지 못할 것이오, 더구나 평일에는 한 번도 남의 집에 가서 병을 보지를 않았소'하고 막연히 가려는 뜻을 보이지 않자, 그 사람이 뜰에 엎드려 울면서 애걸하기를 '굳이 사절하지 마시고 함께 가셔서 돌아가시게 된 어머님을 살려 주십시오' 하는 것이었다. 처음에 그의 용모가 특이한 것을 의아스럽게 여겼거니와 또 하룻밤 사이에 여기까지 왔다는 말이 더욱 이상해서 부득이 허락했더니 말을 내밀며 타라고 하고서는 무명베로서 허리를 안장 위에다 동여맨 다음 '눈을 감고 편안히 앉아 계실 뿐 절대로 눈을 뜨고 보지 마십시오. 보시게 되면 반드시 위험스럽습니다'라고 하였다. 그래서 시키는 대로 눈을 감고 앉았는데 귓가에 다만 센 바람과 소나기 소리만 들릴 뿐 형세가 공중을 나는 듯하더니 겨우 한 시각쯤 지났을까 해서 벌써 그의 집에 도착하니 해가 오시(午時) 말쯤 되었다. 곧바로 치료하여 주었는데 참으로 세상에 없는 이인(異人)이었다"

선생의 준마도 역시 신마(神馬)였다. 혹 방 속으로 달려 들어갔다가 금방 몸을 돌려서 뛰어나가도 좁아서 부딪치는 일이 없고, 어떤 때는 지붕 위에 올라가 가로 누었다가 몸을 돌려 뛰어내려 땅에 닿기도 전에 다시 갑자기 솟구쳐 방 안으로 들어가기도 하니 보는 사람마다 놀라지 않는 이가 없었다.

1592년 **선조 25년 임신 25세**

6월에 백씨(伯氏)를 따라 의병을 일으켰다가 곧 어머니를 봉양하기 위해 돌아왔다. 이 때에 왜구가 크게 몰려와 승여(乘輿: 임금이 탄 수레)가 파월(播越)하게 되니 선생이 백씨(伯氏)와 함께 모의하고 의병 수백여 명을 모집하여 이끌고 전주(全州)까지 갔다. 백씨(伯氏)가 선생에게 이르기를 "노모(老母)가 집에 계시는데 막내아우만 혼자 있으니 우리 형제가 모두 왕사(王事)에 나선다면 어머님을 보호할 사람이 없게 될 것이니 나는 왕사(王事)에 죽을 것이거니와 너는 돌아가서 봉양을 다 하여라"고 하였다. 그리하여 돌아온 것이다. 7월에 백씨(伯氏)가 작고하였다. 백씨(伯氏)가 고제봉(高霽峰) 경명(敬命)과 함께 금산(錦山)에서 순절하였다.

1593년 선조 26년 계사 26세

8월에 반부인(潘夫人)의 상(喪)을 당했다. 11월에 상복을 입은 채로 의병을 일으켜 격문을 전하였다. 그 때에 김응회(金應會)와 송제민(宋齊民)이 선생에게 의병을 일으킬 것을 권하니 "우리 집안이 대대로 국은(國恩)을 받았으니 나라를 위해서 은혜를 갚아야 함이 바로 이때입니다. 더구나 가형(家兄)이 나와 의병을 일으켰다가 형님이 이미 전사(戰死)하였으니 어찌 분하고 원통한 마음인들 없겠습니까. 다만 최마(衰麻)가 몸에 있으므로 효(孝)를 굽혀 충(忠)을 펴기가 곤란합니다"고 하였다. 그러자 선생의 아우 덕보(德普)가 말하기를 "이같이 임금이 욕을 보는 때를 당하여 마땅히 신하가 죽는 절개를 바쳐야지 어찌 효(孝)를 굽혀 충(忠)을 펴는 것이라 해서 어렵게 여길 수 있겠습니까? 우리 형제가 마땅히 함께 국란에 나서야 하겠지만, 여막을 지킬 사람이 없으니 형님은 국난을 평정하러 나아가십시오. 아우가 여막을 지키겠습니다" 하였다. 때마침 담양부사(潭陽府使) 이경린(李景麟)과 장성현감(長城縣監) 이귀(李貴)가 서로 글월을 올려 방백(方伯)인 이정암(李廷馣)에게 천거하였다. 이공은 임금께 장계를 올리고 또 전구(戰具)도 지급하였다. 선생이 담양(潭陽)에 이르러 본부(本府) 사람인 이인경(李寅卿)과 더불어 5천 명을 모집하였는데, 인경(寅卿)은 바로 선생의 처남으로서 역시 비분강개(悲憤慷慨)하여 충의스러운 사람이다. 선생이 드디어 기병(起兵)하여 도내(道內) 여러 고을에 격문을 보냈다.

12월에 임금이 사신을 보내 군호(軍號)를 충용(忠勇)이라 했다. 이에 앞서 도원수(都元帥) 권율(權慄)이 영남에 있으면서 선생이 거느린 군사를 '초승(超乘)'이라 명명하였다. 선생이 또 스스로 편비(偏裨)를 명명하여 '부절(赴節)'이라 하고 수기(帥旗)를 지킨 아병(牙兵)은 '첩수(捷手)'라 하고 여하리(旅下吏)는 '신첩(信牒)'이라 하였다. 광해군(光海君)의 분조(分朝)가 전주(全州)에 있었는데 선생이 기병(起兵)했다는 소식을 듣고 불러다가 보고 호를 익호장군(翼虎將軍)이라 부르라고 했다. 조정에서 도신(道臣)의 장계(狀啓)로 인하여 선전관(宣

傳官)을 보내어 장유(奬諭)하고 군호(軍號)를 주면서 교서(敎書)를 내리었다. "아! 내가 생각건대 예로부터 위난(危難)할 때 꼭 충성을 품고 절의를 지킨 선비가 나와서 모든 힘을 다하여 공을 세웠다. 이로 인하여 위태로움이 바뀌어 편안하게 되는 수도 있었으니 이는 한갓 충의의 마음이 타고난 천성에서 나온 것만이 아니라, 또한 국가 조종(祖宗)의 덕택이 사람을 감화시킨바 깊었기 때문이다. 이제 왜구(倭寇)가 창궐(猖獗)하여 해를 넘기며 물러가지 않아 위로는 종묘와 사직이 지켜지지 못했고 궁궐마저 잿더미가 되었으며 아래로는 백성들이 어육(魚肉)이 되어 해골이 온 들판에 버려져 있다. 옛말에 '뜻을 세운 자는 일을 끝내 이룬다'고 하였으니, 이 어찌 충의의 마음을 분발하고 역대 임금께서 잘 길러 준 덕택에 감격하여 힘을 다한 자가 아니겠느냐. 깊이 너의 뜻을 가상히 여기노라. 또 생각건대 진중(陣中)에 사졸들이 너와 힘을 같이하여 국난에 나선 자도 충의의 선비가 아닌 이가 없다. 그러므로 특히 군호(軍號)를 충용(忠勇)이라 주며 근신(近臣)을 보내어 너의 군사를 가 보게 하고, 따라서 위무(慰撫)하여 나라를 위하여 충성을 바친 뜻을 표창케 하노니, 마땅히 훈명(訓命)을 받들고 군심(軍心)을 격려하여 창과 갑옷을 정돈하여 별처럼 번개처럼 치달려 원수(元帥)의 지휘를 받아 더러운 무리를 섬멸하여 놀랄만한 공훈을 세울지어다."

1594년 선조 27년 갑오 27세

정월 6일에 노문(路文)을 발(發)하고 영남에 격문을 돌렸다. 담양(潭陽)·순창(淳昌)·남원(南原)·운봉(雲峰)·함양(咸陽)·산음(山陰)·단성(丹城)·삼가(三嘉)·의령(宜寧)·함안(咸安)·창원(昌原)·김해(金海)·동래(東萊)·부산(釜山)과 동해(東海)의 대마도(對馬島)·일본(日本)의 대판(大坂)으로 길을 지정하였고 또 영남의 여러 고을에 격문을 전하여 출병할 시기를 알렸다.

23일에 군사를 이끌고 남원에 도착하여 진을 쳤다. 22일에 선생은 담양으로부터 군사를 이끌고 순창에 도착하였으며 이튿날 남원에 이르러 광한루 앞에다 진을 치고 날마다 군사를 훈련시켰다. 광한루는 부성(府城)의 남문 밖에 있는데 그 앞은 시장터였다. 아름드리 밤나무가 하늘을 찌를 듯 빽빽이 서 있고 그 지세가 협착하여 진용을 크게 갖추기가 어려웠다. 선생이 장검(長劍)을 한 번 휘두르자 기다란 기둥과 큰 나무들이 잠깐 사이에 모조로 제거되어 바로 진을 치니 읍인들이 신용(神勇)에 탄복하고 그 터를 아끼어 지금까지 세를 받지 않는다고 한다.

최담령(崔聃齡)으로 별장을 삼았다. 담령(聃齡)은 남원 사람인데 선생이 그가 담력과 지략이 있다는 소문을 듣고 불러다 휘하(麾下)에 두었다. 곽재우(郭再祐) 장군에게 편지를 보냈다. 이 때 곽공(郭公)이 의령(宜寧)에 군사를 주둔시키고 있었는데 선생이 편지로 협력하여 원수를 같이 치자고 권하였다. 또 곽장군에게 편지를 보냈다. 곽공(郭公)이 일부러 편비(偏裨)를 보내어 선생의 편지에 답장하니 기대가 매우 컸었다. 선생이 다시 편지를 했다. 선생이 군중(軍中)에 있으면서 종제(從弟) 덕휴(德休)와 함께 잤다. 선생이 밤새도록 잠을 못 이루는 것을 보고 덕휴가 조용히 물어보니, 선생은 적과 대진(對陣)하면 마음으로 생각하는 것이 모두 적을 쳐서 이기려는 계교뿐인데 어느 틈에 잠을 자겠느냐고 하였다.

이 때 호랑이 두 마리가 진중에 들어와서 군졸을 물었다. 선생이 생포하여 왜영(倭營)에 보여주니 왜적들이 더욱 두려워하였다. 선생이 또 갑옷을 입고 투구를 쓰고 왼쪽에는 장검을 차고 오른쪽에는 철퇴를 차고서 말에게도 갑옷을 입하고 선두에서 치달려 용맹스러운 힘을 과시하니 말이 날아오르는 용과 같았다. 그런데 말에서 내려 찼었던 것을 벗어 말 등에 실으면 짐이 무거워 다리가 떨려 잘 걷지를 못하니 사람들이 신용(神勇)의 소치라고 하였다.

호랑이가 대숲 속에 있었는데 선생이 화살을 뽑아 시위를 당기자 성을 내고 입을 벌리고서 앞으로 달려드는 것이었다. 선생이 창을 들어 찌르니 호랑이가 그 자리에서 즉사하였다. 선생이 일찍이 말하기를 "내가 만약 성을 내면 아무리 어두운 밤이라도 십 리 안이 대낮처럼 환하다"고 하였다. 또 말하기를 "내가 밤에 혼자서 다니면

꼭 호랑이 두 마리가 좌우에서 에워싸고 다닌다"고 하였다. 그리고 날고기를 즐겨 먹어 산 닭을 찢어 먹으면서 "나는 이런 걸 먹으면 신비스러운 기운이 저절로 왕성해진다"고 하였다.

4월에 진주(晋州)로 진군하여 주둔하였다. 임금이 특명으로 제도(諸道)의 의병을 파하여 모조리 충용군(忠勇軍)에 속하게 하였다. 2월 12일에 선생이 남원(南原)으로부터 군대를 인솔하고 영남(嶺南)으로 향하다가 함양(咸陽)에 이르러 군사를 주둔시키고 원수(元帥)를 찾아가 뵙고 돌아왔다. 4월에 진주(晋州)로 진군하여 주둔시키고 크게 둔전(屯田)을 베풀어 싸우면서 지킬 계책을 세우니 원수(元帥)가 전주(全州) 출신 군졸들을 모조리 부속시켜주고 제도(諸道)의 의병들이 또 조정의 명령으로 모두 귀속되었다. 이에 원근이 떠들썩하고 사졸들은 용기가 백배나 솟아 떨쳐 일어나서 싸우기를 원하니, 관군이나 중국군사나 적을 둘러싸고 벽처럼 서 있기만 하던 이들이 모두 선생만을 믿고 든든하게 여겼다. 적들도 선생의 위세와 명성을 듣고 '석저장군(石底將軍)'이라 칭하며 간담이 서늘하여 감히 용기를 내지 못하였다. 적장(賊將) 청정(淸正)이 화공(畵工)을 몰래 보내어 얼굴을 그려다가 보고는 "참으로 장군답다"하고, 바로 군사를 거두어 노략질을 금지시키고, 모든 작은 둔(屯)을 철수하여 군사를 합해 놓고 대비하였다. 글을 지어서 주성(州城)에서 싸우다가 죽은 장사(將士)를 곡(哭)하였는데 제문이 매우 비장(悲壯)하였다.

1595년 선조 28년 을미 28세

왜병(倭兵)을 정암(鼎巖) 아래에서 크게 섬멸하였다. 이 때에 선생이 군사를 이끌고 의령(宜寧)에 이르러 곽공(郭公)과 같이 정암(鼎巖)에다 진을 쳤는데 정암(鼎巖) 밑에는 커다란 소(沼)가 있어 깊이를 헤아릴 수가 없었다. 그런데 적이 홀연 상류(上流)의 얕은 여울에다 표목(標木)을 세우는 것이었다. 선생이 곽공(郭公)에게 "적이 뭘 하려는 것입니까?"라고 물었다. 곽공(郭公)이 대답하기를 "적은 반드시 밤을 이용하여 냇물을 건너와 우리를 공격할 것이요. 이 표목을 세워 깊은 데를 피하자는 것 일게요"하였다. 선생이 그렇다면 양진

(兩陣)이 합쳐 있어서는 안 되겠습니다"하고 바로 군사를 이끌고 냇물을 건너가 복병을 해놓고 그 표목을 뽑아다가 깊은 소(沼)에다 옮겨 꽂아 두었다. 적이 과연 밤에 내습하여 냇물을 건너려는 찰나에 선생이 뒤를 밟다가 함성을 지르고 북을 치면서 추격하니 적들이 표목만 바라보고 건너다가 모조리 빠져 죽어 크게 전승(全勝)을 거두었다.

진주(晋州)로 돌아와 주둔하고 누차 조정에 싸우기를 청하였으나 명(命)을 얻지 못하였다. 이 때 황조(皇朝)에서 심유경(沈惟敬)을 보내어 왜와 협의하던 중이었으므로 싸움에 나서지 못하게 한 것이다. 그래서 선생이 산음(山陰)과 거창(居昌)에 진을 치고 있다가, 후에 두치(豆峙)의 복병(伏兵)을 위해 진주(晋州)로 군사를 이동시키면서 누차 출전할 것을 청하였으나 조정에서 허락하지 않았다. 또한, 선생을 시기하는 자들이 여러 가지로 기를 꺾으니 선생이 큰 공(功)은 이루지 못하고 장차 화만 닥쳐 올 것을 알고서, 분통이 터져 병이 났으나 날마다 술을 마셔 근심을 풀었다. 때마침 선생의 아우 덕보(德普)가 복을 벗고 선생의 군중에 와 있었는데 선생이 덕보(德普)에게 말하기를 "너에게 나의 용맹스러운 힘이 있거나, 나에게 너의 지혜가 있다면, 몸도 화를 면하고 공도 세울 수 있을 것이다"라고 하였다.

10월 초 8일에 체포를 당했다가 곧 석방되었다. 처음에 군중의 한두 이졸(吏卒)이 죄를 범하였기에 선생이 엄중하게 곤장을 때렸는데 부상을 입어 죽게 되었다. 그러자 시기하고 미워하는 자들이 이를 이용하여 터무니없이 모략하기를 선생이 기병(起兵)한 지 삼년토록 조금도 공[寸功]을 세우기 못하고 한갓 잔혹한 짓만 일삼아 죄없는 사람을 많이 죽였다고 하니, 도체찰사(都體察使)가 진주관(晋州官)에 명령하여 가두게 하고 곧 조정에 아뢰었다. 선전관(宣傳官)이 내려와 금부(禁府)로 잡아가니 선생은 옥중에 있으면서 재상(宰相)에게 글을 올려 스스로 호소하였고 또 사람들이 상소(上疏)하여 원통함을 호소하였으며 대신(大臣) 정탁(鄭琢)도 힘써 구원하였다. 임금이 불러들여 보시고는 위로하여 타이르고 어구(御廐)의 말을 주어 진(陣)으로 돌아가도록 명하였다.

1596년 선조 29년 병신 29세

7월에 잡혀가 국문을 당하였다. 처음에 홍산(鴻山)의 역적 이몽학(李夢鶴)이 군대를 일으켜 반란을 꾀하다가 복주(伏誅)된 뒤에 김(金)·최(崔)·홍(洪)도 공모했다는 말이 떠돌았다. 적당(賊黨) 한현(韓玄)이 잡혀 왔는데 원수(元帥)가 심문하니 진술하기를 "김(金)은 덕령(德齡)이요, 최(崔)는 담령(聃齡)이요, 홍(洪)은 즉 계남(季男)입니다"하고, "따라서 곽재우(郭再祐)·고언백(高彦伯)도 모두 우리의 심복(心腹)입니다"라고 말했다. 원수(元帥)는 즉시 그의 말대로 장계(狀啓)를 올리고 군관(軍官)을 보내어 선생을 체포케 하였다. 이 때 선생은 원수(元帥)의 명령을 받아 몽학(夢鶴)을 치려고 전주에서 운봉까지 갔다가 호우(湖右)가 평정됐다는 소식을 듣고 수부(帥府)에 휴가를 청하여 고향에 돌아가려고 하였는데, 원수가 허락해 주지 않고 바로 진주 옥에다 가두어 버렸다.

임금이 원수의 장계(狀啓)를 보고 정신(廷臣)들과 회의를 열었다. 혹자가 말하기를 "덕령(德齡)은 용맹스러운 힘이 매우 뛰어나니 소홀히 생각할 수 없습니다. 사람을 체찰사(體察使)의 부중(府中)으로 보내서 덕령(德齡)에게 명령을 전하고 미리 군문(軍門)을 설치하여 어떤 일을 핑계 삼아 사로잡아야 할 것입니다"고 하였다. 그러자 승지(承旨) 서성(徐渻)이 "덕령(德齡)은 절대로 반역하였을 리가 없습니다. 사신을 보내어 체포하게 하면 즉시 체포할 수 있을 텐데 하필 속임수를 쓴단 말입니까?"라고 말하였다. 임금은 성(渻)이 너무 쉽게 말하는데 의심을 품고 화를 내면서 "그럼 네가 가서 체포하라"고 하였다. 성(渻)이 갔을 때는 선생은 이미 진주 옥에 갇혀 있었다. 성(渻)이 선생을 체포하여 서울에 올라와 금부(禁府)에 가두고 추국(推鞫)하였으나 조정에서는 오히려 더욱 의심하여 쇠사슬로 묶고 큰 통나무까지 끼웠다. 선생이 웃으면서 말하기를 "내가 만약 반역하고자 한다면 이런 것쯤이 어찌 나를 움직이지 못하게 할 것인가?"하고 몸에 힘을 쓰니 쇠사슬이 모두 끊어져 버렸다.

하루는 임금이 모든 대신(大臣)들에게 "덕령(德齡)을 어떻게 처리할 꼬?"라고 물었다. 정탁(鄭琢)은 김응남(金應南)과 더불어 힘껏 구원하였는데 영상(領相) 류성룡(柳成龍)만이 홀로 말하기를 "이 뒤에 만약 생각지 못한 일이 생기게 된다면 덕령(德齡)같은 용맹스러운 힘이 뛰어난 사람을 놓아 주었다가 다시 사로잡을 수 있을지 모르겠습니다"고 하므로 드디어 엄형(嚴刑)을 가하였다. 이 때 충청병사 이시언(李時言)과 경상병사 김경서(金景瑞)가 선생을 더욱 심하게 시기하여 기어이 얽어 죽이려고 하였다. 시언(時言)이 밀계(密啓)하고 류상(柳相)은 조정안에서 주모하였던 것이다. 선생이 옥 안에 있으면서 '춘산(春山)에 불이 나니'란 노래를 지었다.

8월 21일 선생이 옥에서 운명했다. 선생이 이십여 일 동안 옥에 갇혀 있으면서 형틀 고문을 여덟 번이나 당하여 정강이뼈가 이미 부러졌는데도 무릎으로 걸어 다녔다. 그리고 곤장의 형을 받아 겨우 목숨만 붙어 있으면서도 움직이는 것은 평시와 같았다. 조용히 스스로 진술하기를 "신이 만약 다른 뜻을 품었다면 당초에 어찌 원수(元帥)의 명령을 받들어 운봉까지 왔겠으며 또 어찌 명령을 따라 진(陣)으로 돌아왔겠습니까? 다만 신이 만 번 죽어도 용서할 수 없는 죄가 있습니다. 계사(癸巳)년에 어머니 초상을 당하였는데 삼 년의 슬픔을 잊고 나라님의 원수에게만 분개하였습니다. 정(情)을 끊고 변복(變服)한 채 칼을 집고 의병을 일으켜 삼년토록 종사하였으나 촌공(寸功)도 세우지 못하여 충성도 펴지 못하면서 도리어 효도마저 뒤틀리게 하였으니 오직 이 한 일만은 만 번 죽어도 피하기 어렵습니다. 보잘 것 없는 저의 마음을 천지가 굽어 살피실 것입니다. 신은 이제 목숨이 다하였으니 다시 뭐라고 말하겠습니까? 다만 원하옵건대 죄 없는 최담령(崔聃齡)만은 죽이지 마옵소서"하고 옥중에서 돌아가셨다.

진주(晋州) 백성들은 선생이 돌아가셨다는 소식을 듣고 모두 길거리에 모여서 서로 울었다. 왜인(倭人)들이 그 진위를 알려고 사람을 시켜 탐지케 하였다. 원수(元帥)에게 충용장군(忠勇將軍)을 뵙기를 청하였다. 원수(元帥)가 집에 돌아갔다고 대답하니 적들이 오히려 두려워하였다. 적들이 경계만 하고 감히 침범을 못 하다가 그들에게 아첨한 자가 사실대로 고해주니, 왜장은 크게 기뻐하여 은(銀) 육백량(六百兩)을 주고 술을 권하면서 서로 축하하여 날뛰며 용기를 내어 말하기를 "김모(金某)가 죽었으니 양호(兩湖)는 걱정할 것이 없다"고 하였다.

처음 선생이 의병을 일으킬 때 무등산(無等山)에 올라가 대검을 주조하였는데, 칼이 다 만들어지자 산에서 소리가 우레처럼 나고 또 골자기 안에서 백기(白氣)가 하늘로 뻗쳐 수일 동안 사라지지 않았다. 본 고을에서 옛 명장 정지(鄭地)의 사당이 있어 그의 갑옷을 보관해 두었는데, 선생은 그 갑옷을 꺼내 입고 칼을 차고 정지의 묘소에 가서 제사를 올렸다. 그 때에 칼이 저절로 풀어져 땅에 떨어지기를 세 번이나 하였다. 사람들이 모두 괴이하게 여겨 불상(不祥)한 조짐이라고 하였는데 이 때 와서야 증험이 된 것이다.

선생이 진주(晋州)에 있을 때 목장에 사나운 말이 있었는데 뛰는 것이 나는 듯하여 사람들이 감히 가까이하지 못하였다. 선생이 듣고 가서 자갈을 물리고 굴레를 짜서 타니 말이 매우 순해졌다. 선생이 처음 체포당하였을 때 이 말이 수일 동안을 먹지 않았고 재차 체포당하였을 때에는 말이 또 열흘을 먹지 않다가 죽었다.

광주(光州) 이현(梨峴)의 유좌(酉坐) 언덕에 반장(返葬)하였다. 선생은 아들이 없었다. 선생의 아우 덕보(德普)가 임종할 무렵에 그 아들 건(建)에게 유명(遺命)하여 그로 하여금 제사를 받들게 하였다.

1597년 선조 30년 정유

부인 이씨(李氏)가 추월산(秋月山)에서 순절하였다. 18세에 선생에게 시집왔는데 부도(婦道)가 정숙(貞淑)하여 시어머니를 섬김에 지극히 효성스러웠다. 충용(忠勇)이 돌아가셨다는 소식을 듣고는 "남편의 형제는 모두 왕사(王事)에 죽었고 나는 자녀도 없으니 사는 것보다는 죽어서 남편을 따르는 것이 나으리라"하고 음식을 폐하여 거의 절명(絶命)하게 되었으나 친정어머니가 위로하므로 그쳤다. 담양(潭陽) 추월산(秋月山)으로 피난을 갔다가 적들이 다가오자 적을 꾸짖으며 굴하지 않고 죽었다.

1661년 현종 2년 신축

특명(特命)으로 원통함을 씻어주었다. 8월 24일에 본도(本道)의 장계를 받고 임금께서 선생의 원통함을 씻어 주도록 대신들에게 의논케 하였다.

1668년 현종 9년 무신

병조참의(兵曹參議)를 추증하였다. 공조참판(工曹參判) 이단하(李端夏)가 상소하여 그의 원통함을 진술하였기 때문이다.

1678년 숙종 4년 무오

윤 3월에 고을의 선비들이 선생을 벽진서원(碧津書院)에 합향(合享)하였다. 벽진서원은 회재(懷齋) 박광옥(朴光玉)을 독향(獨享)하던 곳이다.

1681년 숙종 7년 신유

4월 24일에 병조판서(兵曹判書)를 가증(加贈)하고 서원의 액호를 의열(義烈)이라 내렸으며 제관을 보내어 사제(賜祭)하였다.

1785년 정조 9년 을사

9월 8일에 임금이 특명하여 시호(諡號)를 의논케 하고 선생의 형 덕홍(德弘)에게는 지평(持平)을, 아우 덕보(德普)에게는 집의(執義)를 추증하였다.

1788년 정조 12년 무진

4월 7일에 선생의 형제를 의열사(義烈士)에 같이 향사(享祀)하라고 특명하였다. 10월 29일에 시호(諡號)를 충장(忠壯)이라 내려주고 사제(賜祭)하였다. 몸을 위태롭게 하여 임금을 받들었기에 충(忠)이라 하고, 능히 무(武)를 지중(持重)하였기에 장(壯)이라 한다. 11월 17일에 특명으로 비석을 세워 그의 마을을 표창하였다. 서유린(徐有隣)에게 명하여 음기(陰記)를 짓게 하고 서용보(徐龍輔)에게 쓰도록 하였다.

1789년 정조 13년 기유

정월 14일에 좌찬성(左贊成)을 가증(加贈)하고, 4월 9일에 제사를 주관할 사람을 따로 정하여 향화(香火)를 끊이지 않도록 하라고 특명하였다.

은봉 안방준 隱峰 安邦俊

은봉(隱峰) 안방준(安邦俊 1573～1654)은 자가 사언(士彦) 호는 은봉 또는 우산(牛山) 시호는 문강공(文康公) 이름은 방준 본관은 죽산이다. 시조 문혜공(文惠公) 원형(元衡)은 회헌(晦軒) 선생의 제 2증손이며, 고조는 만휴정(晩休亭) 범(範), 증조는 수륜(秀崙), 조부는 둔암(鈍庵) 축(舳)으로 김하서(金河西)·임석천(林石川)과 함께 호남삼고(湖南三高)라 일컬어졌다. 아버지는 중관(重寬)인데 첨추(僉樞)였고, 생모는 진원 박씨 이경(而儆)의 딸인데 선생은 둘째로 태어났다. 첨추공의 계제(季弟) 중돈(重敦)은 사마시와 성균관의 제술시(製述試)에 세 차례나 장원을 했는데 일찍 죽었기 때문에 선생은 8살 때에 진사공(進士公) 중돈의 후사로 입적하였다. 사마공의 배위인 어머니는 남원 양씨(南原梁氏) 군수 수윤(守允)의 딸이다.

1573년　선조 6년 계유

11월 20일 보성군 오야리(梧野里) 집에서 출생하였다. 이달 초순 경 중부(仲父) 동암공(冬巖公: 重洪)의 꿈에 의관을 차린 한 어른이 "해산하였느냐?"고 물으니 "아직 안했다"고 대답했다. 16일에 또 와서 물었고, 태어난 밤에 또 와서 묻자 공이 "해산했다"고 대답했다. "무슨 시인가?"라고 묻기에 "유시이다"고 하니, 어른이 "유시가 흠이다"고 탄식했다. 이로 인해 선생의 아명을 삼문(三問)이라 했는데 성삼문(成三問)의 이름과 같아서 삼문(三文)으로 고쳤다.

1580년　선조 13년 경진 8세

계부 진사공(進士公)의 양자가 되었다. 당시 진사공은 이미 돌아가셨으므로 부인 양씨(梁氏)가 선생을 취하여 아들로 삼았다.

1583년 선조 16년 계미 11세

문강공(文康公) 죽천(竹川) 박광전(朴光前) 선생에게 배웠다. 12월에 생모 박부인의 상을 당했다. 부인이 전염병으로 돌아가셨기 때문에 선생을 피하게 했으나, 몰래 빈소에 들어가 호곡하기를 그치지 않았다.

1585년 선조 19년 병술 14세

난계(蘭溪) 박종정(朴宗挺)을 따라서 배웠다. 난계는 학행으로 별제(別提)에 천거되었고 문장이 높았으므로 나아가 배운 것이다.

1587년 선조 20년 정해 15세

『이대원전(李大源傳)』을 지었다. 당시 왜적이 녹도(鹿島)에 들어와 노략질하니 만호(萬戶) 이대원이 힘껏 싸우다 죽었다. 이에 전을 지어 기록하였다.

1588년 선조 21년 무자 16세

과거 공부를 포기했다. 향시에 임하여 과거장의 어지럽고 떠들썩한 모습을 보고 마음으로 심히 부끄럽게 생각하여 드디어 과거 공부에 대한 뜻을 끊은 것이다.

1589년 선조 22년 기축 17세

3월에 증 좌승지 승복(承復)의 딸이며, 예조참의 효종(孝終)의 현손인 경주 정씨(鄭氏)와 결혼하였다.

1590년 선조 23년 경인 18세

아들 후지(厚之)가 태어났다.

1591년 선조 24년 신묘 19세

4월에 파주의 우계(牛溪) 성혼(成渾)을 찾아가서 제자가 되기를 청하고 집지하였다. 그러나 우계가 굳이 사양하고 만나주지 않자 물러 나와 청송서원(聽松書院)에서 자고 이튿날 새벽부터 문밖에서 저물도록 물러가지 않으니 가상히 여겨 수업하게 하였다. 6월에 우계 선생의 훈서(訓書)를 받고 11월에 또 훈서를 받았다.

1592년 선조 25년 임진 20세

아들 신지(愼之)가 태어났다. 죽천 박선생을 따라 의병을 일으켰다. 당시 왜구가 길을 나누어 입경하니 임금은 의주로 피난하였다 이 때 선생이 의병 막하의 참모가 되었는데 죽천은 병들어 임무를 다 할 수 없어 임계영(任啓英)을 추대하여 대장을 삼았다. 이 때 송강(松江) 정철(鄭澈)이 체찰사로서 선생으로 하여금 기무를 논하게 하였는데 모두가 실정과 부합하였으므로 송강이 크게 경탄하였다.

1593년 선조 26년 계사 21세

4월에 우계선생의 답서를 받았다.

1595년 선조 28년 을미 23세

정월에 우계 선생의 답서를 받았다. 8월에 난계 선생에게 편지를 드렸다. 당시 난계가 지산(芝山) 아래에 정사를 지어 일생의 학문하는 곳으로 삼고 아울러 양생(養生)의 도를 닦으니 선생이 편지로 권면한 것이다.

1596년 선조 29년 병신 24세

윤 8월에 우계 선생의 편지를 받았다. 12월에 『진주서사(晉州敍事)』를 지었다. 계사년(1593) 6월에 왜적이 진주성을 먼저 공략하고 나서 곧장 호남을 칠 계획을 세웠다. 이에 김천일·최경회·황진·장윤·고종후 등 제공이 굳게 지켜 적을 막아내며 8일 밤낮 동안을 서로 버티니 적의 사망자가 엄청났으나 결국 성이 함락되어 모두 순사(殉死) 하였다. 이에 선생이 그 전말을 기록한 것이다.

1597년 선조 30년 정유 25세

적병을 피하여 보성 문덕 대원산(大原山)으로 들어갔다. 당시 왜적이 남원을 함락하고 여러 읍에 흩어졌기 때문에 선생이 노모와 죽천 선생을 모시고 피한 것이다.

1598년 선조 31년 무술 26세

6월에 우계 선생을 조상(弔喪)하였다.

1599년 선조 32년 기해 27세
아들 심지(審之)가 태어났다.

1601년 선조 34년 신축 29세
2월에 모부인 양씨의 상을 당했다. 상장제례(喪葬祭禮)를 한결같이 『주자가례』에 따랐다.

1602년 선조 35년 임인 30세
정인홍·기자헌 등이 우계를 모함하여 화가 무덤에까지 미치니 상(喪) 중에 있으면서 통탄을 금치 못했다.

1604년 선조 37년 갑진 32세
8월에 생부 첨추공의 상을 당했다.

1607년 선조 40년 정미 35세
죽천 선생의 서원 설립에 관한 일을 발의하여 도내에 통문을 보냈다.

1608년 선조 41년 무신 36세
2월에 선조대왕의 승하 소식을 듣고 군정(郡庭)에 들어가 애도하였다. 아들 익지(益之)가 태어났다.

1611년 광해 3년 신해 39세
가족을 이끌고 서울로 갔다. 옛집이 서울 낙산(駱山) 매계동(梅溪洞)에 있었는데, 올라가 함께 살자 왕래하며 강학한 사람이 많았다.

1613년 광해 5년 계축 41세
아들 일지(逸之)가 태어났다. 봄에 중봉 선생의 『항의신편(抗義新編)』을 수정하고 화공(畵工)을 시켜 『항의신편』 내용에 나타난 여덟 가지 사건을 그림으로 그리게 하였다. 또한, 중봉 선생의 고향인 김포 우저(牛渚)의 옛 터를 사서 선생의 아들인 완배(完培)에게 주고 후일 비석을 세울 장소로 삼게 하였다. 겨울에 고향으로 돌아갈 것을 결의하고 보성 문덕의 '우산(牛山)'을 살폈다. 당파가 일어나자 오래 머무를 수 없음을 알고 귀향하려고 한 것이다.

1614년 광해 6년 갑인 42세

가을에 가족과 함께 우산으로 돌아왔다. 정사를 짓고 또 시내 동쪽에 단(壇)을 쌓아 소나무와 매화를 심고 소요하였다. 『우산전사기(牛山田舍記)』를 지었다. 강수은(姜睡隱)이 정사의 상량문을 짓고 오희도(吳希道)가 발문을 덧붙였다.

1615년 광해 7년 을묘 43세

『호남의록(湖南義錄)』·『임정충절사적(壬丁忠節事蹟)』·『삼원기사(三寃記事)』를 지었다. 『호남의록』은 병사(兵使) 최경회(崔慶會) 이하 16인이 순절한 사실을 기록한 것이며, 『임정충절사적』은 송상현(宋象賢) 이하 8인에 대한 기록이고, 『삼원기사』는 김덕령(金德齡)과 김응회(金應會) 그리고 김대인(金大仁)이 무고를 당해 원통하게 죽은 사실을 기록한 것이다.

1622년 광해 14년 임술 50세

봄에 중봉 선생의 『동환봉사(東還封事)』를 수정했다. 선조 7년에 중봉(重峰)이 질정관(質正官)으로 부경(赴京)하여 중국의 문물제도가 융성함을 주의 깊게 보고, 우리나라에 시행하여 본받게 하고자 환국 후 상소한 내용을 수정하고 발문을 쓴 것이다.

1623년 인조 원년 계하 51세

5월에 병조판서 승평군(昇平君) 김류에게 편지를 보냈다. 가을에 계곡(谿谷) 장유(張維)가 우산(牛山)을 찾아왔다. 암행어사로 선생을 방문하니 선생이 "국가가 유신(維新)할 때를 맞아 인심을 수습하고 군병을 훈련시키는 일이 급선무이니 조정에 돌아가면 여러 재상과 의논하여 시행하도록 하라"고 했다.

1624년 인조 2년 갑자 52세

정월에 동몽교관(童蒙教官)에 제수되었으나 부임하지 않았다. 8월에 사포서 별제(司圃署別提)에 제수되었으나 부임하지 않았다.

1625년 인조 3년 을축 53세

2월에 다시 사포서 별제에 제수되었으나 나아가지 않았다. 8월에 오수도 찰방(獒樹道察訪)에 제수되었다. 성은에 사례한 뒤 곧 우역(郵驛)에 부임하여 19일을 머무르고 나서 관직을 버리고 우산으로 돌아왔다.

1626년 인조 4년 병인 54세
『호남의록』을 간행했다.

1627년 인조 5년 정묘 55세
정묘호란을 당하여 봄에 의병을 이끌고 완산(完山)의 분조(分朝)로 향하는 길에서 사계(沙溪) 김장생(金長生)의 편지를 받았다. 『정묘록(丁卯錄)』을 간행하였다. 12월에 『진주서사』를 수정했다.

1631년 인조 9년 신미 59세
백강(白江) 이경여(李敬輿)가 선생의 행의(行誼)를 조정에 개진하였다. 9월에 추탄(楸灘) 오공(吳公)에게 편지를 보냈다.

1632년 인조 10년 임신 60세
4월에 제원도 찰방(濟原道察訪)에 제수되었으나 부임하지 않았다. 11월에 이귀(李貴)에게 편지를 보내 고용후(高用厚)를 변론하여 구제했다.

1633년 인조 11년 계유 61세
백사(白沙)의 『임진제장사논(壬辰諸將士論)』에 대한 변론을 지었다. 2월에 고순후(高循厚)의 편지를 받았다.

1635년 인조 13년 을해 63세
봄에 능주 쌍봉동(雙峰洞: 지금의 매화정)에 집터를 잡았다. 『혼정편록(混定編錄)』을 지었다. 동서붕당 이후 우계와 율곡을 비방하여 헐뜯었기 때문에 양쪽의 견해를 모아 『혼정편록』이라 하고 선조 을해부터 효종 경인까지를 기록했다.

1636년 인조 14년 병자 64세
겨울에 우계와 율곡 두 선생을 위하여 변무소(辨誣疏)를 조정에 보냈다. 12월 23일에 북쪽 오랑캐가 갑자기 쳐들어와(丙子胡亂) 대가(大駕)가 남한산성으로 들어가자 선생은 의병을 일으켰다. 당시 오랑캐가 곧장 서울을 침범하자 인조대왕은 남한산성으로 들어가고 중전은 세자와 빈궁을 이끌고 강화도로 들어갔다. 오랑캐가 남한산성을 포위하여 형세가 매우 긴박하여지자, 동지 수백 명과 의병을 일으키기로 하고 격문을 띄워 의병을 모으고 군량을 거두니 각 읍에서 일제히 동조하여 모두 모였다. 이 때의 기록인 『병자창의록(丙子倡義錄)』이 간행되었다.

1637년 인조 15년 정축 65세

정월에 의병을 이끌고 근왕(勤王)의 길을 떠났다. 금구(金溝)에 이르러 순찰(巡察) 이시방(李時昉)에게 편지를 보냈다. 여산에 이르러 항복했다는 소식을 듣고 통곡하며 돌아왔다.

1638년 인조 16년 무인 66세

『사우감계(師友鑑戒)』를 지었다. 중봉 선생의 상소는 사우를 구제함에 불과할 뿐 편당이 아님을 밝혀 문답체로 엮어서 밝힌 내용이다.

1639년 인조 17년 기묘 67세

4월에 6품인 전생서 주부(典牲署主簿)에 특진 되었다. 사은하기 위해 장성에 도착하였으나 병이 생겨 돌아왔다.

1640년 인조 18년 경진 68세

정월에 우암(尤庵) 송시열(宋時烈)의 편지를 받았다. 원두표(元斗杓)가 편지를 보내왔다.

1641년 인조 19년 신사 69세

복천(福川) 용안연(龍岸淵) 위에 집터를 잡았다.

1642년 인조 20년 임오 70세

『기묘유적(己卯遺跡)』을 짓고 그 뒤에 발문을 붙였다. 중종 을해년(1515)과 병자년(1516)에 정암 선생이 남곤·심정 무리들의 모함을 당해 기묘사화가 일어났는데, 충암(忠菴)과 눌재(訥齋)가 신비(愼妃)를 복위시킬 것을 주청한 일로부터 문묘에 배향할 때까지의 기록이다. 3월에 부인 정씨의 상을 당하여 5월에 우산 옛집 뒤 산기슭에다가 장사를 지냈다. 향년 72세이니 선생보다 12년 앞서 돌아갔다. 9월에 신독재(愼獨齋) 김집(金集)의 편지를 받고 중봉 선생의 행적을 베껴 보냈다.

1643년 **인조 21년 계미 71세**
정월에 둘째 며느리 조씨를 곡(哭)하였다. 4월에 계자 일지의 죽음을 곡하였다. 『기축기사(己丑記事)』를 짓고 뒤에 발문을 붙였다. 정여립의 변란에 송강이 추관(推官)이 되었다가 동인들에게 배척을 당하자 이를 변론하였다. 『우산문답(牛山問答)』을 지었다. 선생이 택당에게 답장한 별지에 명현(名賢)·진유(眞儒)와 길야은(吉冶隱)의 출처를 말했는데 누군가 의문을 제기해 옴에 따라 변론하였다.

1644년 **인조 22년 갑신 72세**
봄에 복천에서 우산으로 돌아왔다. 『부산기사(釜山記事)』를 지었다. 임진란에 부산 싸움에서 정운(鄭運)이 탄환을 맞고 죽으니 선생이 주엽(朱曄)의 기록을 근거로 이를 보충하였다. 8월에 형조좌랑(刑曹佐郎)에 제수되었으나 나아가지 않았다.

1645년 **인조 23년 을유 73세**
『노량기사(鷺梁記事)』를 지었다. 통제사 이순신이 노량에서 적과 싸우다 죽은 사실에 대한 기록이다. 6월에 종묘서령(宗廟署令)에 제수되었으나 부임하지 않았다. 8월에 익위사 익위에 제수되었으나 부임하지 않았다.

1646년 **인조 24년 병술 74세**
3월에 첨정(僉正) 이문주(李文柱)의 편지를 받았다. 11월에 매화정(梅花亭)으로 돌아와 두어 칸 띠 집을 짓고 그 집을 '은봉정사(隱峰精舍)'라 이름했다. 포은(圃隱)·중봉(重峰) 두 선생의 충효와 절의를 경모하였으므로 이 편액을 붙인 것이다.

1647년 **인조 25년 정해 75세**
가을에 『충효전가서(忠孝傳家書)』를 지어 우암 송시열에게 주었다. 『논사(論事)』 두 편을 만들었다.

1649년 인조 27년 기축 77세

5월 병인에 인조대왕이 승하하자 군정(郡廷)에 들어가 애도하였다. 11월에 공조좌랑에 제수되었으나 부임하지 않았다. 12월에 사헌부 지평에 제수되었다.

1650년 효종 원년 경인 78세

정월에 상소하여 사직하였으나 윤허하지 않았다. 2월에 상소하여 거듭 사양하니 윤허하였다. 목사(牧使) 장중인(張仲仁)이 은봉정사로 찾아와 뵈었다. 할아버지 『둔암부군유사(鈍庵府君遺事)』를 지었다. 둔암의 휘는 축(舳), 자는 해빈(海賓)인데 중종 신묘년에 사마양시에 합격하고 임인년에 문과 제 2등에 올라 누차 장령, 지평 등에 제수되었으나 모두 나아가지 않았다. 『난계사적(蘭溪事蹟)』을 지었다.

1651년 효종 2년 신묘 79세

2월에 『노랄수사(老辣隨辭)』를 수정하고 뒤에 발문을 붙였다. 11월에 사헌부 장령에 제수되니 상소하여 사직하였으나 윤허되지 않았다.

1652년 효종 3년 임진 80세

5월에 거듭 상소하여 사직하니 윤허하였다. 여름에 품계를 통정(通政)으로 올리라는 특지가 있었다.

1653년 효종 4년 계사 81세

『매환문답(買還問答)』을 지었다. 우계와 율곡이 무고를 당한 이유와 선릉(宣陵: 성종)과 정릉(靖陵: 중종)을 봉심(奉審)한 전말을 말하고, 중간에서 화사(和事)의 주청을 말하였으며, 말미에서는 편당의 화를 말하였다. 3월에 공조참의(工曹參議)에 제수되었으나 상소하여 사직하였다. 여름에 송강 『연보』를 산정하였다. 죽천 선생의 「행장」을 지었다. 7월에 용양위 부호군을 제수하였다. 장흥 「예양사축문(汭陽祠祝文)」을 지었다. 당시 관산의 여러 유생이 월봉(月峰) 김광원(金光遠)을 합향하려고 했다. 그래서 선생이 「축문」을 지었다.

1654년 효종 5년 갑오 82세

우계 선생의 『연보』를 수정하였다. 11월 13일 기해 묘시에 은봉정사에서 운명하였다. 부음을 듣고 임금은 예조에 특명하여 본도(本道)로 하여금 부의를 보내도록 하였다.

1655년 효종 6년 을미

2월 보성 죽방동(竹坊洞) 자좌원(子坐原)에 장사하였다.

1656년 효종 7년 병신

5월에 능주의 여러 유생이 도산(道山)에 서원을 세웠다.

1657년 효종 8년 정유

4월에 보성의 여러 유생들이 대계(大溪)에 서원을 세웠다. 호남 유생들이 동복 도원서원(道源書院)에 병향하였다. 신재(新齋) 최산두(崔山斗)·석천(石川) 임억령(林億齡)·한강(寒江) 정구(鄭逑)를 배향한 곳이다. 12월에 동춘(同春) 송준길(宋浚吉)과 퇴우당(退憂堂) 김수흥(金壽興)이 증직을 계청하였다.

1658년 효종 9년 무술

가선대부 이조차만 겸 동지의금부사를 추증하였다.

1663년 헌종 4년 계묘

「행장」과 「신도비문」이 이루어졌다. 「행장」은 시남 유계가 짓고, 「신도비문」은 우암 송시열이 지었다.

1665년 현종 6년 을사

2월 병신일에 척사(尺紗) 선산의 경좌원에 옮겨 장사하였다.

1681년 숙종 7년 신유

「묘표문」이 이루어졌다. 남계(南溪) 박세채(朴世采)가 지었다.

1689년 숙종 15년 기사

류후상(柳後常)·이우진(李宇晉) 등이 투소(投疏)하여 삭탈관작, 서원 훼철의 명이 있었다. 당시 세도가 크게 변하여 흉한 무리가 득세하게 되자 중전을 폐출하고 우계와 율곡 두 선생을 문묘에서 출향하였으며, 우암 선생과 문곡(文谷) 김문충공(金文忠公)이 아울러 사약을 받았다.

1694년 **숙종 20년 갑술**

유생등이 상소하여 변론하니 관작을 회복하고 사우를 세우라는 명이 있었다.

1695년 **숙종 21년 을해**

5월 대계서원에 다시 제향되었다. 호남 유생인 이기억(李祺億) 등이 상소하여 선액(宣額)을 청하고 3년 후에 호남 유생 오명희(吳命禧) 등이 또 상소하여 사액을 청하였다.

1704년 **숙종 30년 갑신**

정월에 사액하였다. 예조정랑 임세필(林世弼)이 명을 받들어 치제하였다. 9월에 동복현 갈학등(渴鶴嶝) 병좌원에 옮겨 장사하였다. 정부인 정씨를 왼쪽에 합장하였다.

1725년 **영조 원년 을사**

경기 유생인 이인수(李仁壽) 등이 상소하여 김포 중봉 선생 서원에 배향할 것을 청하였다.

1773년 **영조 49년 계사**

『문집』이 이루어졌다. 유문을 수집하여 다섯 책으로 편차하고 대계서원에서 인출하였다.

1813년 **순조 13년 계유**

6월에 자헌대부(資憲大夫) 이조판서(吏曹判書) 겸 지의금부사(知義禁府事) 성균관제주(成均館祭酒) 시강원찬선(侍講院贊善) 오위도총부도총관(五衛都摠府都摠管)을 증직하였다.

1821년 **순조 21년 신사**

시호를 문강공(文康公)이라 하였다.

1864년 **고종 원년 갑자**

『은봉전서(隱峰全書)』가 이루어졌다. 『문집』과 『향의신편』, 『혼정편록』 등 여러 책 그리고 부록을 합하여 24책을 편차하고 대계서원에서 인출하였다.

1899년 고종 36년 기해

묘표와 신도비가 이루어졌다.

1923년 계해

가을에 빙월정(氷月亭)이 이루어졌다. 우산마을 서쪽 순호(蓴湖)위 석대는 곧 선생이 낚시하며 놀던 곳이다.

1956년 병신

여름에 신도비가 또 이루어졌다. 일찍이 우암 송문정공이 지은 비문이 있었으나, 『송자대전』에 빠졌기 때문에 세대가 점점 멀어짐에 따라 후인이 거짓작품이라고 의심하므로 다시 연재 송문충공에게 명(銘)을 청해 세웠다.

자하 변경윤 紫霞 邊慶胤

자하(紫霞) 변경윤(邊慶胤 1574~1623)은 자가 자여(子餘) 호는 자하 이름은 경윤 본관은 황주(黃州)이다. 선생의 6대조 정(靜)이 고려 말에 정변을 피해 장성(長城)으로 와서 살았다. 고조는 성균관 생원이었던 호(浩), 증조는 참봉이었던 처정(處楨), 조부는 좌승지(左承旨)에 추증된 택(澤)이다. 아버지는 응중(應中)이요 어머니는 소씨(蘇氏)인데, 낳은 아버지는 종부시정(宗簿寺正)을 지낸 망암(望庵) 이중(以中)이요, 낳은 어머니는 정부인(貞夫人) 오씨(吳氏)이다.

1574년 선조 7년 갑술

2월 3일에 장성현(長城縣) 가곡리(柯谷里) 집에서 태어났다. 어머니가 선생을 낳고 3일을 넘기지 못하고 돌아가시자 종가(宗家)의 종숙부모(從叔父母)가 불쌍히 여겨 안아서 젖을 주고 길러주셨다.

1575년 선조 8년 을해 2세

선생은 골격이 준수하고 안광(眼光)이 빛나 대인의 기상이 있었다.

1577년 선조 10년 정축 4세

겨우 말을 배우기 시작하였는데 말소리와 웃음소리가 과묵하고 행동거지가 신중했다.

1580년 선조 13년 경진 7세

비로소 배움을 익혔다. 선생은 한 번 들으면 곧 기억하여 오래되어도 잊지 않았다.

1582년 선조 15년 임오 9세

능히 글을 지었다. 선생은 부지런히 글을 읽어 일과에 어긋남이 없었으며 반드시 심오한 뜻을 구하여 문리(文理)가 이미 통달하였다.

일자부(日字賦)를 지었는데 의취(意趣)가 깊고 뛰어나서 이를 본 사람들은 모두 큰 그릇이 될 것을 기대했다.

1584년 **선조 17년 갑신 11세**

종숙부(從叔父) 학생공(學生公)의 양자로 들어갔다. 아버지 망암 선생의 명을 따른 것이며, 마음을 전일하게 하고 조심하며 아침저녁으로 문안 올리기를 친부모에게 하는 것처럼 잘했다.

1585년 **선조 18년 을유 12세**

스승인 하곡(霞谷) 정운룡(鄭雲龍)의 서재에 찾아가 배웠다.

1588년 **선조 21년 무자 15세**

선생은 하곡에서 4년 동안 고요한 곳에 있으면서 경사자집(經史子集)을 연구하여 빠짐없이 통하였다. 문자를 지을 때 붓이 나가는 대로 문장을 이루니 같이 배우던 제공(諸公)들이 모두 "그의 능력을 따라잡을 수 없다"고 하였다.

1589년 **선조 22년 기축 16세**

정월 26일에 학생공(學生公)의 상을 당했다. 심히 슬퍼하면서도 예를 다 갖추었는데 몸이 야위어 지탱하기 어려웠다. 이를 본 사람들이 근심하였지만, 선생은 예문(禮文)을 두고 상고하여 아무 탈 없이 상을 마쳤다.

1591년 **선조 24년 신묘 18세**

봄에 복(服)을 벗었다. 장씨(張氏)에게 장가들었다. 8월에 향시(鄕試)에 합격했다. 활쏘기 시합을 하여 여러 사람들을 탄복시켰다. 선생이 젊었을 때 여러 사람이 모여 활쏘기 시합을 하는 것을 보고 말하기를, "오늘 활쏘기를 배우면 내일 반드시 이길 것이다"라고 하자 사람들이 화를 냈다. 선생은 마침내 활 쏘는 도구를 빌려서 시험 삼아 익히더니 다음날 활쏘기 시합에서 세 번 쏘아 세 번 다 이기므로 사람들이 모두 탄복하였다. 장령(掌令) 최온(崔蘊)이 이를 목격하고, 선생은 문무를 겸전(兼全)한 재주가 있다고 칭찬하였다.

1593년 선조 26년 계사 20세

돌아가신 친어머니의 영전에 고하였다. 2월 5일은 선생의 친어머니 제삿날이다. 선생은 얼굴을 기억하지 못하는 것을 평생토록 원통하게 생각하였으며, 어릴 때부터 여러 아이가 어머니를 부르는 소리를 들으면 문득 눈물을 머금고 오열(嗚咽)하며 죄인으로 자처하였다. 자신의 생일이 되어도 술과 음식을 먹지 않고 오로지 부모님의 묘를 살피면서 종일토록 침통해 하였다.

1597년 선조 30년 정유 24세

가을에 왜구가 다시 침범하니 선생은 왜적이 반드시 호남을 침략할 것을 알고 어머니 조부인(曺夫人)을 모시고 배를 타고 강화(江華)로 피난하였다. 선생은 먼저 아우 희윤(喜胤) 등에게 생가의 인모(因母) 소부인(蘇夫人)을 모시고 강도(江都)로 들어가게 하고 또 친척과 사람들을 설득하여 피란을 가도록 하였는데 당시 사람들은 도참설(圖讖說)에 현혹되어 모두 선생을 경솔하고 비겁하다고 조소하였다. 선생이 홀로 윗사람을 모시고 아랫사람을 거느려 강화도로 떠났는데 적의 군대가 이미 성주(星州)에 쳐들어와 길이 막혔으므로 마침내 영광(靈光) 홍농(弘農)으로 들어가 배를 타고 바다를 항해하여 강화에 이르렀다. 적이 소사(素沙)에서 패하자 다시 호남을 침범하여 멋대로 도륙(屠戮)하니 이 때가 9월 18일이었다. 당초 비웃던 사람들은 한 사람도 화를 면하지 못하였으며 먼저 피하여 온전한 사람들은 비로소 선생의 선견지명(先見之明)에 탄복하였다. 겨울에 어머니를 모시고 장성에 돌아왔다. 죽임을 당한 종족(宗族)들은 모두 거두어서 장사지내고 어머니를 잃은 아이들은 거두어 길렀으며, 선생이 장성한 남녀를 혼인시킨 사람이 너 다섯 집이나 되었다.

1598년 선조 31년 무술 25세

2월에 강화도에 이르렀다. 그 때 호남이 병화(兵禍)를 당하여 머물러 있을 곳을 정할 수 없었다. 아버지 망암 선생은 강화도에 있으면서 명나라 병사의 군량을 관리하고 있었는데 선생이 어머니를 모시고 정월에 출발하여 내포(內浦)를 경유하여 육로로 강화에 도달했다. 두 자녀의 죽임을 당했다. 모두 강화 장령(長嶺)에다 묻었다. 오산(五山) 차천로(車天輅)에게 시를 주었다.

송경(宋京: 개성)에 가서 고적과 명승지를 구경하였다. 도중에 석주(石洲) 권필(權韠)과 더불어 「연구(聯句)」를 지었다. 봄에 우계(牛溪) 성혼(成渾) 선생을 가서 뵈었다. 6월에 우계 선생의 부음을 들었다. 선생이 마침 병이 들어 친히 제(祭)를 올리지 못하고 글을 지어 사람을 보내 대신해서 영전에 바치게 하였다. 사계(沙溪) 선생을 찾아가 학문을 익혔다. 우계 선생이 작고하였으므로 다시 옷깃을 여미고 사계 선생의 문하에 나아가 배운 것이다. 청음(淸陰) 김문정(金文正) 선생이 내방(來訪)하였다. 선생이 마침 병이 나서 삼각산(三角山) 정토사(淨土寺)에 누워있었으므로 청음 선생이 병문안을 온 것이다. 12월 25일 장부인(張夫人)의 상을 당했다. 글을 지어 영구 앞에서 치제(致祭)하였다.

1599년 선조 32년 기해 26세

봄에 장부인을 남원(南原)에다 장사지냈다. 선생은 오랫동안 학질을 앓았으므로 기력이 소진하여 따라갈 수가 없었다.

1600년 선조 33년 경자 27세

강화도에 있었다.

1601년 선조 34년 신축 28세

정월에 어머니를 모시고 고향으로 돌아왔다. 강화도에서 서울에 들어와 7일 동안 머물렀다가 호남으로 출발하여 2월에야 장성에 들어섰다. 3월에 능성 구씨(綾城具氏) 주부(主簿) 희맹(希孟)의 딸과 재혼했다. 여름에 장성으로 돌아왔다. 9월에 관동(關東)을 유람했다.

1602년 선조 35년 임인 29세

우계 선생이 무고 당했음을 듣고 소를 올려 신구(伸救)하였다. 영남인(嶺南人) 문경호(文景虎)가 무고하여 최영경(崔永慶)의 죽음을 우계 선생과 연계시켜 사류(士類)를 일망타진하려는 계책을 세웠던 것이다. 그 때 추포(秋浦) 황신(黃愼)이 간관(諫官)으로 있었는데 스스로 성모(成某)의 문하생으로 자처하고 혐의를 면하게 하였다. 이에 삼사(三司)가 차례로 상소를 올려 쟁변하자 임금의 교지가 더욱 엄하였다. 선생이 듣고 말하기를 "조정의 일은 백면서생이 알 바가 아니나 스승이 무고를 당하면 원통함을 송사하는 데도 법도가 있는 것이니, 문하생이 어찌 황모 한사람뿐이겠는가?"하면서 윤(閏) 2월에 드디어 한효상(韓孝祥) 등과 더불어 소를 올려 신구(伸救)하였다. 3월에 장성으로 돌아왔다. 5월 9일에 둘째 부인 구씨의 상을 당했다. 8월 3일에 구부인을 면천(沔川)에 장사지내고 장성으로 반혼(返魂)하였다.

1603년 **선조 36년 계묘 30세**
봄에 식년(式年) 문과 초시(初試)에 합격했다. 10월에 문과에 급제하고, 12월에 교서관(校書館) 부정자(副正字)를 잠시 맡았다. 지난해에 상소하여 우계 선생이 무고를 입은 것을 변론하였는데 말투가 과격하면서도 간절하였다. 처음 벼슬길에 나아갔으나 이 일로 인하여 누차 배척을 당하였다.

1604년 **선조 37년 갑진 31세**
2월에 세째 부인 이씨를 맞아들였다. 본관이 연안(延安)인 연평부원군 충정공(忠定公) 귀(貴)의 딸이다. 부모를 뵙기 위해 장성으로 왔다. 5월에 함안의 임소(任所)로 아버지 망암 선생을 뵈러 갔다. 8월에 함안에서 서울로 들어왔다. 9월에 교서관 부정자(校書館副正字)를 제수받았다.

1605년 **선조 38년 을사 32세**
교서관 정자를 제수받았다. 겨울에 가족을 장성으로 보냈다. 선생은 벼슬을 버릴 뜻이 있었으므로 먼저 가족을 보낸 것이다.

1606년 **선조 39년 병오 33세**
가을에 벼슬을 버리고 장성으로 돌아왔다. 일곱 형제가 전답과 노비를 나누었다. 재산을 나눌 때 선생이 "나는 소후가(所後家)의 재산이 넉넉하니 계산에 넣지 마라"고 하였으나 여러 동생이 굳이 받으라고 간청하므로 자신은 약한 노비와 척박한 땅을 취하고 동생들에게 건장한 노비와 비옥한 땅을 고루 나누어 주었다.

1607년 선조 40년 정미 34세
큰아들 준익(竣益)이 태어났다.

1608년 선조 41년 무신 35세
2월에 선조대왕이 승하하고 광해군이 왕위를 이었다. 4월에 교서관 저작을 제수받았다. 11일에 임금이 구언(求言)하자 상소를 올려 어진 이를 등용하고 사악한 이를 물리치며 궁궐을 엄정히 다스리고 조정을 맑게 해줄 것을 청하고, 이어서 이산해(李山海)·임장(任章)·기협(奇協)·목장흠(睦長欽)·목대흠(睦大欽)·이각(李覺)·이이첨(李爾瞻)·남이공(南以恭)·박이서(朴彛敍) 등의 죄상을 들어 배척하였다. 상소가 들어가자 광해군은 교지를 내려 "처음 왕위에 올라 좋은 말을 구한 것은 대개 격치(格致)의 지론을 듣고자 함이었건만 근래에는 때를 타서 사람을 모함하는 무리가 연달아 투소(投疏)하여 사람들을 불안하게 만드니 이러고서도 국가를 위한다고 하겠는가? 승정원은 짐의 말을 기록하는 곳이니 출납(出納)을 삼가지 않으면 안 된다"고 했다.
14일에 다시 상소하여 변명하였다. 간략히 살펴보면 "오늘날의 국사는 이미 그릇되고 편당은 극성을 부리며, 원기는 쇠약하고 기강은 무너졌으며, 형정(刑政)은 혼란하고 예의는 이미 소진되었으며, 사습(士習)은 변질되었고 공도(公道)는 이미 상실되었으며, 염치는 소멸되었고 뇌물은 횡행하니 이것이 무슨 징조이겠습니까? 국가가 망할 징조입니다. 국가의 안위는 오직 인재를 얻는데 달려있습니다. 그런데 지금 조정은 반역을 획책한 주모자와 졸개들이 자리를 차지하고 또 모함하는 말을 유포시키니, 신은 죽음을 무릅쓰고 감히 '엄궁금(嚴宮禁) 청조정(淸朝廷)' 두 가지 헌책을 올립니다."
광해군은 선생의 두 상소문을 보고 "흉폭한 궤변을 늘어놓고 나더러 고립무원의 상황에 처해 있다고 한 발언은 특히 군주를 범하는 내용이니 형률로 다스리지 않을 수 없다"고 했다.

선생은 이에 대해 자신의 본래 심정을 개진하였다. 약술해보면 "지금 조정에는 고굉지신(股肱之臣)이 있으나 군주를 성심껏 인도하지 않고 간언을 해야 할 관리가 헌책을 맡아서 하지 않습니다. 이들을 진퇴시킬 권리는 오직 전판(銓判)에게 달려 있는데도 전판이 또한 그 방법을 능히 활용하지 못하고 성상(聖上)께서도 여러 신하에게 자문을 구하지 않으시니 이 때문에 성상께서는 고립무원의 처지에 처하신 것입니다"

삭탈관직을 당했다. 이 날 광해군이 크게 노하여 옥에 가두라고 명했으나 그 때 양사(兩司)에서 번갈아 상소를 올려 직언을 한 사람에게 죄를 줄 수 없다는 내용을 아뢰자 마침내 마음이 풀어져 삭탈관직하고 방면했다.

8월에 제문을 지어 현령 임환(林歡)을 치제했다. 임환은 백호 임제의 아우로 임진왜란 때 의병활동을 하여 공을 세웠고, 만년에는 강호에 묻혀 자연을 벗 삼아 지낸 사람이다.

1609년 광해 원년 기유 36세

선생은 축출을 당하고서도 원망하거나 탓하지 않고 전원에서 덕행을 기르고 경적(經籍)을 강론했는데 천문·지리·의약·성명(星命)·도석(道釋)·병가(兵家)의 글에 이르기까지 모두 섭렵하여 널리 통했다.

1610년 광해 2년 경술 37세

봄에 서용하는 예에 따라 박사로 옮겼다. 7월에 아들 명익(命益)이 태어났다. 12월에 봉상시 주부에 올랐다.

1611년 광해 3년 신해 38세

3월 3일에 아버지가 세상을 떠났다. 선생은 벼슬에 봉직하느라 서울에 있었는데 아버지가 위독하다는 소식을 듣고 밤새 말을 달려 여산에 이르러 부음을 접하고 급히 달려와 통곡하였다. 장제(葬祭)는 한결같이 아버지 유훈을 따라 『주문공가례(朱文公家禮)』와 율곡(栗谷)의 『격몽요결(擊蒙要訣)』을 참조했다.

1612년 광해 4년 임자 39세

월사(月沙) 이정구(李廷龜)에게 아버지의 묘갈명을 받았다.

1613년 광해 5년 계축 40세

2월에 『황성가보발(黃城家寶跋)』을 지었다. 여름에 복을 벗고 성균관 전적을 제수받았다. 5월에 족보 「서문」을 썼다. 가을에 예조좌랑을 제수받았다.

1616년 광해 8년 병진 43세

겨울에 이천(伊川)의 유배지로 외숙인 이충정공(李忠定公)을 찾아뵙고 시를 지어 감화를 읊었다.

1617년 광해 9년 정사 44세

광해군의 폭정이 날로 심해져 모후를 유폐시키고 형제를 살해하자 선생은 상소를 올렸는데 인륜의 변고를 자세히 설명하고 간신배의 죄를 낱낱이 들췄다. 약술하면 다음과 같다. "서궁의 문을 굳게 폐쇄한 일은 전하의 자식 된 도리에 어긋났고, 골육을 나눈 형제를 죽인 일은 전하께서 우애의 도리를 어그러뜨린 것입니다. 전하께서 진실로 빨리 잘못을 뉘우쳐 널리 자신을 질책하는 교지를 내리고 서궁의 모후께 문안을 올리고 음식을 봉양하며, 아우의 관작을 회복하고 무덤을 꾸며 예장을 해 주시고, 난을 꾸민 신하를 모두 목 벤다면 의리가 밝아지고 기강이 세워질 것입니다. 그리고 정인홍·이이첨·한찬남 등은 전하의 총명을 기민하고 오늘 같은 국가의 사태를 일으켰으며, 유자(儒者)의 신분으로 효제(孝弟)의 도리를 배척한 자입니다."

상소문이 들어간 날 광해군이 크게 노하여 무거운 형률로 다스리려고 하자 박승종(朴承宗)이 아뢰기를 "승정원에 분부하여 이후로는 이런 상소문은 들여보내지 말도록 하고, 이 사람도 죄를 논하지 않음으로써 분란의 폐해를 막는 것이 합당한 처리일 듯합니다" 하니, 광해군이 이 말을 따랐다.

백암산(白巖山) 자하동(紫霞洞)으로 들어갔다. 선생은 광해군에게 진언했던 여러 학자가 논죄되었는데 자신만 홀로 면하게 된 것을 부끄럽게 여겨 호를 치재(恥齋)라 했다. 계축년 이후로는 벼슬살이에 뜻을 두지 않고 자하동의 깊숙한 계곡, 수석이 청정한 곳을 택하여 두어 칸 띳집을 얽어 안심입명(安心立命)하는 장소로 삼았다. 사계(沙溪) 김선생의 편지가 왔다. 요약하면 "산수간 고요한 곳에 집을 얽어놓고 글을 읽으니 반드시 많은 진보가 있을 것입니다. 몹시 부럽습니다." 수은(睡隱) 강항(姜沆)의 편지가 왔다. 「추우편(騶虞編)」을 지었다. 기암(畸庵) 정홍명(鄭弘溟)이 내방했다.

1618년 **광해 10년 무오 44세**

아버지 묘소를 함평 해제(지금의 무안 현경면)로 이장했다. 포저(浦渚) 조익(趙翼)에게 보낸 편지에서 사단칠정(四端七情)과 이기(理氣)를 논변했다. 선생은 '리(理)와 기(氣)는 하나이면서 둘이고 둘이면서 하나이다[一而二 二而一]'라는 논리를 견지했고, 포저는 '혹원혹생(或原或生)'의 논리에 입각하여 반복 토론했으나 합치되지 않다가 후에 포저의 견해가 결국 선생과 합치되어 이에 대한 저술을 남기기도 했다.

1619년 **광해 11년 기미 46세**

『이백시집(李白詩集)을 편차했다. 아버지의 향헌(鄕憲)을 준수하여 고을의 부로(父老)와 함께 춘추로 예를 강론하고 효제를 권면했다.

1620년 **광해 12년 경신 47세**

큰아들 준익이 문예가 숙성했는데 일찍 죽었으므로 선생이 매우 슬퍼했다.

1622년 **광해 14년 임술 49세**

정월에 병환이 생겼다. 왼쪽 몸이 펴지 못하고 말을 더듬었는데 몇 해 동안 약을 먹었어도 효험이 없었다. 외숙인 이충정공과 함께 태갑(太甲) 이윤(伊尹)의 일을 논했다. 이공이 창의(倡義)할 뜻을 가지고 시험 삼아 선생에게 물었다. "정자가 이르기를 '이윤의 뜻을 지니고 있다면 가하다'고 했는데 이 말을 어떻게 생각하는가? 대답하기를 '정자의 이 말은 대개 이윤의 일을 발명한 것이요 또한 사직을 중시하는 뜻이지만 신하 된 자의 의리는 마땅히 맹자의 말을 정도로 삼아 간해도 듣지 않으면 떠나갈 뿐입니다"라고 했다.

1623년 인조 원년 계해 50세

정월 29일에 어머니 조부인(曺夫人)의 상을 당했다. 3월 17일에 비로소 인조반정이 성공했다는 소식을 들었다. 선생은 "태양이 다시 밝아지고 윤리와 기강이 다시 진작되니 죽는 들 무슨 여한이 있겠는가. 다만 어머니 복을 아직 벗지 못했으니 원통함이 뼈에 사무친다"고 말했다.

18일에 상차(喪次)에서 운명했다. 닭이 울 무렵 선생의 얼굴이 조금 변했으나 정신은 변함이 없었다. 입으로 유교(遺敎) 여덟 조목을 불러주고 또 시 한수를 읊은 뒤 조용히 세상을 떠났다. 윤 10월에 정사원종공신(靖社原從功臣)에 기록되었다. 통정대부(通政大夫) 예조참의(禮曹參議)에 추증되었다. 12월 27일에 백암산 내원동(內院洞) 계좌원에 장사를 지냈다. 부음을 들은 사계 김장생(金長生)·추탄(秋灘) 오윤겸(吳允謙)·월사 이정구·포저 조익·지천(遲川) 최명길(崔鳴吉)·백주(白洲) 이명한(李明漢)·수촌(水村) 임방이 만시(挽詩)를 보내 조의를 표했다. 창암공(滄巖公) 명익(命益)이 지은 『유사(遺事)』와 송곡(松谷) 조복양(趙復陽)이 지은 『묘표(墓表)』가 완성되었다.

1707년 숙종 33년 정해

봉암서원(鳳巖書院)에 배향되었다. 지난 정축년에 사림이 봉암서원을 건립하여 망암 선생을 향사(享祀)했는데 이 때 이르러 선생을 여기에 배향한 것이다. 전라도 유림 백광호(白光瑚) 김시서(金時瑞) 등이 상소하여 서원에 사액(賜額)하여 줄 것을 청하여 윤허를 받았다.

만운 정충신 晩雲 鄭忠信

만운(晩雲) 정충신(鄭忠信 1575~1636)은 자가 가행(可行) 호는 만운(晩雲) 시호는 충무(忠武) 이름은 충신 본관은 나주(羅州)이다. 고려 말에 삼도절제체찰사(三道節制體察使)를 역임했던 정지(鄭地)의 9대손이다. 선대는 금성(錦城)에서 나왔으나 후에 광주(光州)로 옮겼다. 고조 원종(元宗)은 문과에 합격하고 통훈대부(通訓大夫) 홍문관 교리(弘文館校理)를 역임했고, 증조 천(荐)은 임피현령(臨陂縣令)을 역임했다. 할아버지 석주(錫柱)는 가선대부(嘉善大夫) 호조참판(戶曹參判)에 증직됐다. 아버지 윤(倫)은 공신으로서 숭정대부(崇政大夫) 판중추부사(判中樞府事)에 추증되고 금성군(錦城君)에 봉(封)해졌으며, 어머니는 영천 이씨(永川李氏) 어모장군(禦侮將軍) 인조(仁祚)의 딸이다.

1575년 선조 8년 을해

12월 29일 자시(子時)에 광주(光州) 교동(校洞)에서 태어났다. 자라면서 비록 체구가 작았지만 날래고 굳세었으며 눈은 빛났다. 선생은 어려서 병영에 들어가 번(番)을 서면서 늙은 관기의 집에 머물렀다. 하루는 관기가 병사(兵使)의 연회에서 남은 음식을 싸서 주었다. 선생이 거절하고 먹지 않으며 말하기를 "대장부는 마땅히 스스로 병사(兵使)가 되어 반듯한 상에 올린 음식을 먹을 일이지 어찌 남이 먹다 버린 것을 먹는단 말인가"라고 했다.

1592년 선조 25년 임진 17세

왜구가 침입했다. 원수(元帥) 권율(權慄)이 광주목사(光州牧使)로 병사를 일으켜 적을 토벌했다. 선생이 정탐병을 자청하여 몇 사람을 인솔하고 적의 진영으로 갔다. 왜구의 진영은 이미 철수하여 돌아가 버렸고 다만 뒤집혀진 옹기 하나가 있었다. 선생이 그 안을 의심하여 시험 삼아 시위를 당겨 화살을 쏘았더니 과연 병든 왜구 한 명이 화살에 맞아 쓰러졌다. 선생이 그 머리를 베어 돌아왔으므로 사람들이 기이하게 여기지 않는 이가 없었다.

권율이 또 사람을 모집해서 본도에서 왜적을 토벌한 사정을 장계로 행조(行朝)에 알리려 했다. 이 때에는 왜적들이 사방에 가득 차서 도로가 통할 수 없었기 때문에 사람들이 모두 두려워하고 기피하면서 응하는 자가 없었으나 선생이 홀로 가기를 자청했다. 낮에는 숨었다가 밤에 이동하면서 수천 리 길의 산을 넘고 물을 건너 비로소 용만(龍灣: 義州)에 도착했다. 백사(白沙) 이항복(李恒福)이 병조판서(兵曹判書)로서 선생과 더불어 이야기를 나눈 후 뛰어난 자질을 갖추었다고 여겨 막하에서 머물게 하고는 『좌전(左傳)』·『국어(國語)』·『사기(史記)』 등의 서적을 주었다. 선생의 총명함은 남달라서 일단 시선이 머문 후에는 곧 그 내용을 외웠으므로 백사 선생이 탄복했다.

선조가 명을 내려 의주에서 과거를 열어 본도의 신하와 수행하는 여러 신하들을 위로하고자 했다. 선생은 무과(武科) 병과(丙科)에 급제했다. 선조께서 어느 날 이항복에게 선생과 같이 입시할 것을 명하였다. 선생이 선조를 알현하자 칭찬하며 말하기를 "나이가 아직 어리니 장성하기를 기다린다면 크게 쓸 수 있을 것이다"고 하였다.

1597년 선조 30년 정유 22세

상(喪)을 당하여 삼년 동안 죽만 먹었으므로 거의 실명할 지경에까지 이르렀다.

1602년 선조 35년 임인 27세

겨울에 주청부사(奏請副使) 장만(張晩)을 수행하여 연경(燕京)에 갔다.

1607년 선조 40년 정미 32세

가을에 함경도 관찰사(咸鏡道觀察使) 장만을 수행하여 함흥(咸興)의 막하에서 부성(府城)을 축조하는 일을 감독했다.

1608년 광해군 1년 무신 33세

겨울에 조산만호(造山萬戶)를 제수했다. 다음 해 정월 6일에 임지에 도착했다.

1609년 광해군 2년 기유 34세

11월 25일에 보을하진첨사(甫乙下鎭僉使)로 승직했다. 30일에 임지에 도착했다. 임자년(1612년) 6월에 임기를 마치고 교체되었다.

1614년 광해군 6년 갑인 39세

조정의 혼란함을 보고 깊이 숨어버리고 싶은 뜻을 품고 광양(光陽)의 섬진강 서쪽에 집을 지었다.

1615년 광해군 7년 을묘 40세

포이만호(包伊萬戶)를 제수받았다.

1617년 광해군 9년 정사 42세

통신사군관(通信士軍官)으로 일본에 갔다. 이 때 추탄(楸灘) 오윤겸(吳允謙)이 상사(上使)였는데 포이에 있는 선생을 불러 데리고 갈 것을 청했다. 5월에 한양을 떠나 7월에 승선했고 11월에 경사에 돌아왔다. 이 때에 소인배들이 광해군에게 대비(大妃)를 유폐시킬 것을 교사했다. 간신들이 모의해서 섣달 그믐날의 나례(儺禮)를 기화로 음모를 실행하려 했다. 선생이 구인후(具仁厚)·이중노(李重老) 등과 함께 모의해서 야밤을 틈타 삼인의 역적을 죽여 재앙을 없애려 했으나 마침 허균이 없었기 때문에 계획은 실행되지 못하고 검을 거두어 돌아갔다. 그러나 곧 허균 등은 모의가 발각되어 죽임을 당했다.

1618년 광해군 10년 무오 43세

정월에 북청(北靑)의 유배지로 이항복을 찾아갔다. 5월에 이항복이 세상을 떠났다. 선생은 상을 치르고 포천(抱川)으로 돌아왔다. 8월에 장례를 지냈으며 3년이나 마음으로 상복을 입었는데 이때의 일기가 있다.

1620년 광해군 12년 경신 45세

정월에 편비(偏裨: 각 영문의 부장이나 편장)로 체찰사인 장면을 수행하여 서관(西關: 西道, 곧 황해도와 평안도)에 갔다. 2월에 조정에서 선생을 파견하여 오랑캐를 정탐하게 하였다. 경략사(經略使)로 임명한다는 자문(咨文)을 보내오고 또 교지가 체찰사의 부중에 당도하니 선생에게 명하여 미리 행장을 꾸리도록 했다. 4월 24일 체찰사를 수행하여 송도(松都)로 돌아왔다. 11월에 창주첨사(昌州僉使)를 제수받고 당상관(堂上官)으로 승직했다.

1621년 광해군 13년 신유 46세

2월 만포첨사(滿浦僉使)를 제수받았다. 이때에 삼남(三南)의 군사들를 방수군(防戍軍: 국경의 수비군)에 배속시켰는데 풍토에 적응하지 못하여 전염병이 크게 일어났으므로, 진영을 나와 강변으로 가서 생활하는 자가 거의 백여 명에 이르렀다. 선생이 성안을 뒤져서 솥을 강변에 걸어놓고 콩죽을 쑤어 각각 막하의 부하들에게 직접 주고 친히 구휼에 나섰다. 모두 토하고 열이 있었지만 한 사람도 죽은 이가 없었다. 이 사실은 오늘날까지도 전해지고 있다. 조정의 명으로 오랑캐 땅에 사신으로 갔다. 조정에 소를 올려 적정(敵情)을 상주(上奏)하였다.

1622년 광해군 14년 임술 47세

3월에 평안도 병마좌우후(平安道兵馬左虞候)를 제수했다.

1623년 인조 원년 계해 48세

3월에 선생은 의주에 있었는데 인조반정(仁祖反正)이 일어났다. 선생에게 명하여 부윤(府尹) 정준(鄭遵)을 참수하고 임시로 관할 부중의 업무를 관장하게 했다. 4월에 명나라의 역참장(易參將)을 접대했다. 조정에서는 명나라 장수와 금인(金人) 사이의 일을 관장하게 하고 또 상황의 변화에 따라 대처하도록 했다. 선생이 금강산 아래 가서 역참장을 보자 행장은 처량하고 군병은 피곤해서 보기에도 또한 측은하게 여겨졌다. 명장이 적을 기습하기 위하여 병사를 빌리고자 했으나, 선생은 조정이 바뀐 지 얼마 되지 않는다는 사정을 들어 불가함을 지적함으로써 요구를 무산시키고 장계로 조정에 보고했다. 안주목사(安州牧使) 겸 방어사(防禦使)를 제수받았다.

1624년 인조 2년 갑자 49세

2월 11일에 이괄(李适)이 서울 박석고개에서 대파당했다. 정월 14일 문회(文晦)·이우(李佑) 등이 이괄(李适)과 그의 아들, 그리고 한명련(韓明璉)과 그의 아들 난윤(瀾潤) 등의 변고를 조정에 아뢰었다. 22일 선전관(宣傳官) 금부도사(禁府都事) 등이 역도를 체포하기 위해 내려왔으나 오히려 죽음을 당했고, 다음날 이괄은 1만 2천의 병력과 투항한 왜군 130여 명을 이끌고 모반을 도모했다.

선생은 이 때 안주(安州)에 있었는데 역적의 소식을 듣자마자 성을 버리고 평양(平壤)으로 달려왔다. 종사관(從事官) 김기종(金起宗)이 말하기를 "안주는 중요한 성(城)이므로 방어사가 성을 지킨다면 적은 감히 동쪽을 넘지 못하리라. 만약 성을 버리면 군율을 면치 못하리라" 했다. 그리하여 원수(元帥)가 옥에 가두고 군율로 다스리려 하자 다시 돌아왔다. 도중에 순안(順安)에 도착해서 적이 이미 개천로(价川路)로 향하고 있다는 소식을 듣고 다시 원수의 막부에 합류했다. 25일 원수가 평양에서 출병하였는데 선생을 전부대장(前部大將)에 임명하고 장수들을 배속시켰다. 적을 추적해서 황주(黃州)의 신교(薪橋)에 이르렀다.

2월 2일 적이 먼저 출병했고 관군 역시 주둔지를 떠나 평원에 진을 쳤다. 진을 치는 일을 마치기도 전에 적진의 중영(中營)에서 포수들이 거짓으로 한 번 쏜 후에 곧 아군 진영에 투항해왔다. 허전(許銓)·송립(宋岦) 등도 역시 병마를 이끌고 일시에 관군으로 돌아섰다. 관군은 적들이 투항하러 오는 것을 보고 적이 공격하려는 것으로 오인하여 흩어져 도망을 가버리고 또한 진영도 거의 무너졌는데 이를 선생이 수습했다. 원수가 종사관(從事官) 김기종(金起宗)의 말에 따라서 선생과 남이흥(南以興)으로 하여금 예전의 직책을 맡을 것을 명하고 공(功)을 세워 스스로 모범을 보이라고 했다. 선생이 또 적을 쫓아 파주(坡州)의 혜음령(惠陰嶺)까지 이르렀다. 이 때 적은 이미 입성하였고 대가(大駕)는 남천(南遷)했다. 군영에서 적을 무찌를 것을 의논했는데 선생은 안령(安嶺)을 점령함으로써 지리적 이

점을 취하고 전투의 형세를 유리하게 이끈다면 필승할 수 있으리라고 건의했다. 원수가 이 건의를 받아들이자 선생과 남이흥은 마침내 안령에 나아가 주둔했다. 이 때 적은 이미 경복궁에 들어가 역적 제(瑅)를 추대하고 충길(忠吉)을 대장으로 삼아 호위하게 했다. 11일 아침에 적이 비로소 안령 위에 주둔한 관군을 발견하고 문을 열고 병사를 출전시켜 전투가 벌어졌다. 적장 이양(李壤)이 탄환에 맞아 죽고 한명련은 화살에 맞아 퇴각했다. 나머지 적병은 진영의 앞에 쓰러져 죽은 자와 계곡에 떨어져 죽은 자가 헤아릴 수 없을 만큼 많았다. 관군이 승세를 타고 추격하는 형세가 마치 옥상에서 물을 붓듯 강하니 적들은 도망할 겨를도 없이 민가로 숨어들었다. 선생이 병사를 독려해서 추적해 들어가려다 남공이 만류해서 일단 그만두었다. 그러나 그날 밤에 적이 몰래 수구문(水口門)을 통해 숨어들어 가는 것을 보고 선생은 기마 수십기를 이끌고 경안교(慶安橋)까지 추적했다. 그러자 적은 관군을 보고 배후에 대병이 있을 것이라 생각하고 일시에 흩어졌다. 적의 군관 기익헌(奇益獻) 이수백(李守白) 등이 한(韓)·이(李) 두 역적의 목을 베어 곧 행재소(行在所)에 바쳤다.

인조가 환도하자 원수 이하 장수들이 모두 경성에 머물면서 어가를 영접했으나 선생은 임금을 파천하게 한 죄를 이유로 본진으로 돌아가 명을 기다렸다. 22일에 인조가 환도하여 선생이 본진에 돌아갔다는 소식을 듣고 특별히 성지를 내렸으며, 24일에는 역마로서 부르니 비로소 조정에 들어갔다. 3월 3일 임금이 인견할 때 연안부사(延安府使) 남이홍과 함께 입시했다. 임금이 직접 칭찬하고 또 술을 내렸다. 8일에 28인의 공훈을 조사했는데 선생은 두 번째였다. 갈성분위출기효력진무공신(竭誠奮威出氣效力振武功臣)의 호를 내렸다. 21일 금남군(錦南君)에 봉했다. 월 15일 정헌대부(正憲大夫)로 품계를 올리고 교서를 내렸다. 3월 21일 금남군으로 봉할 때 품계도 이미 정헌대부로 올랐다. 그러나 이날 비로소 교서가 내려왔다. 선생이 풍토에 적응하지 못해 병을 앓았다. 감사가 장계로 조정에 알리자 임금이 특히 내의(內醫)에게 약을 가지고 가서 구하도록 했다. 8월 3일 평안도 병마절도사(平安道兵馬節度使) 겸 영변대도호부사(寧邊大都護府使)를 제수했다. 선생은 곧 상소하여 이를 고사했다.

1625년 **인조 3년 을축 50세**
정월에 체직되어 서울로 돌아왔다. 성의 서쪽에 살았는데 집이 매우 황량했고 언제나 빚을 내어 조석의 끼니를 이었다. 4월 7일 회맹제(會盟祭)와 함께 잔치가 있었는데 선생은 병중이라 참석하지 못하고 교서를 펼쳐보았을 뿐이다.

1626년 **인조 4년 병인 51세**
서울에서 병을 요양했다.

1627년 **인조 5년 정묘 52세**
정월 13일에 새벽에 건로(建虜: 당시 金나라)가 의주를 침략했다. 15일에 평안병사 남이홍이 장계를 올렸는데 17일에 조정에 도착했다. 적이 의주의 수구문으로 잠입해서 해 뜰 무렵에 의주를 함락시켰다. 부사의 행방은 알 수 없었고 안주성도 함락되었으며 병사 남이홍은 스스로 분신하여 능한(凌漢)에서 죽었다. 평양과 황주(黃州)가 차례로 무너졌으므로 조야가 안팎으로 매우 놀랐다. 26일에 인조는 서울을 빠져나와 양천(陽川)으로 몽진했고, 27일에는 통진(通津)에 이르렀다가 29일에는 통진으로부터 강도(江都)에 이르렀다.
이 때 장만이 체찰사로서 장수와 군교를 모집했다. 선생이 급히 달려 나아갔고 비변사(備邊司)에서는 선생을 부원수(副元帥)로 삼기를 청하니 인조가 윤허했다. 29일 선생이 장만으로부터 군중에서 명을 받고 단지 수하 약간 명을 이끌고 황해도 협읍(峽邑)의 토산(兎山), 신계(新溪), 서흥(瑞興) 등지로 옮겼다. 또 강원도의 병력 1,200명을 나누어 임진강(臨津江) 위에 있는 여섯 개의 여울을 지키게 함으로써 적의 세력을 막고자 했다. 그러나 오랑캐의 군사는 중화(中和)에 이르러 강화를 청하고, 또 평산(平山)에 이르러는 강화를 맺고 철수했기 때문에 선생이 맞서 싸우는 일은 없었다. 다만 잔류한 적병이 안주에 주둔하여 약탈을 자행했기 때문에 선생은 강홍립에게 편지를 보내 오랑캐 장수에게 살육을 금지해서 약속을 어기는 일이 없도록 전했다. 이 때 우리나라 사람들이 오랑캐에게 잡혔다가 풀려나온 자들이 도로를 가득 메웠다. 선생은 군량을 나누어 그들을 구휼했고, 고아들을 민간에서 기르는 것을 허용하여 돌보게 했으며, 승려와 병사들을 지휘하여 평양과 본도의 사망자들을 매장하도록 했다.

3월에 대가(大駕)가 환도했다.

1628년 인조 6년 무진 53세

4월에 숙천(肅川)에 머무르고 있었는데 선생이 풍토병을 앓았기 때문에 상소를 올려 상경하여 치료할 것을 청했고 이를 허락받았다. 5월 초에 숙천을 떠나 18일에 복명하자 임금이 인견하고 북방의 정세에 대하여 질문하며 술을 하사하였다. 이때부터 때때로 내의를 보내 문병했다. 조정의 대신인 구인후(具仁厚)·신경유(申景裕)·심명세(沈明世)·남이웅(南以雄)·이조판서(吏曹判書)·경기도백(京畿道伯) 등이 연이어 방문했다. 6월 5일 삼공(三公: 영의정 申欽, 좌의정 吳允謙, 우의정 金瑬)을 찾아가서 뵈었다. 8일 이조판서·참판(參判) 남이공·좌윤(左尹) 최명길(崔鳴吉)·완풍(完豊) 이서(李曙) 등이 내방했다. 11월 참의(參議) 정문익(鄭文翼)·호참(戶參) 그리고 완천군(完川君) 최래길(崔來吉) 등이 내방했다. 12일 기옹(畸翁) 정홍명(鄭弘溟)을 방문했고 호참에게 사의를 표했다. 7월 2일 지난달 29일에 세상을 떠난 영의정 신흠의 상에 가서 조문했다. 28일에 비변사 당상관(備邊司堂上官)이 되었다. 9월 13일 회맹제와 음복연에 참석했다. 11월 1일과 13일 각각 상소하여 원수와 비변사 당상관의 직을 체직하여 줄 것을 청했으나 불허했다.

1629년 인조 7년 기사 54세

정월 22일 침을 맞고 뜸을 떴다. 사직서를 제출했다. 4월 29일 오위도총부 도총관(五衛都摠府都摠管)을 제수받았다. 윤 4월 14일 체직할 것을 상소했으나 윤허하지 않았다. 5월 오관산 기우제관(五冠山祈雨祭官)으로 제를 행하고 돌아왔다. 6월 11일 소를 올려 원수직을 체직해 주기를 청했으나 역시 윤허하지 않았다. 9월 22일 새벽에 어머니의 기제를 지냈다. 11월 15일 옥성부원군(玉城府院君)의 상을 당해서 곡했다. 20일 병으로 사직을 청했다. 임금이 내의를 보내 문병할 것을 명하고 약을 하사했다. 또 땡감과 물고기를 하사했다. 12월 9일 세 번에 걸쳐 사직서를 제출했는데 단지 도총관만 체직되었다. 26일 다시 도총관을 제수받았다.

1630년 인조 8년 경오 55세

정월 30일 영의정을 찾아가 뵈었다. 2월 10일 임금이 술과 음식을 하사했다. 3월 7일 선원(仙源) 김상용(金尙容)을 찾아가 뵈었다. 4월 11일 장원서(掌苑署)에서 동경계(同庚契)가 열려 참석하였는데 주부(主簿) 조준도(趙遵道)·참의(參議) 정광성(鄭廣成)·사성(司成) 유성증(兪成曾)·지평(持平) 신민일(申敏一)·찰방(察訪) 정운(鄭沄) 등이 모였다. 22일 수군부원수(水軍副元帥)에 제수되었다.

오랑캐에게서 도망하여 모문룡의 군에 투항했던 유흥치(劉興治)가 섬에 있으면서 진계성(陳繼盛)과 뜻이 맞지 않자 투항한 오랑캐를 이끌고 난을 일으켜 진계성(陳繼盛) 등을 죽이고 섬을 차지했다. 인조가 유흥치를 토벌하고자 비변사의 당상관을 인견하고 상의했는데 선생이 토벌을 자청했으므로 22일에 수군부원수(水軍副元帥)를 제수하고 총융사(摠戎使) 이서(李曙)를 육군대장(陸軍大將)으로 삼아 수륙병진의 계책을 명했다.

5월 1일 조정에 아뢰고 출병하였다. 2일 마포강 어귀에 도착했다. 6월 강신(江神)에게 제사 드리고 배를 출범시켜 바다로 내려갔다. 9월 교동(橋桐) 앞의 해안에 도착했다. 11월 충청수사(忠淸水使) 송영망(宋英望)·경기수사(京畿水使) 류응동(柳應洞)이 각각 좌·우익이 되어 드디어 월관(月串) 앞의 해안에서 수군의 훈련을 실시했다. 인조가 선생의 병을 염려하여 육로를 이용할 것을 명했으므로 22일 연안(延安)에 도착해서 송영망에게 중군 이하의 선단을 지휘하여 전진하게 하고 선생은 육로로 전진하여 23일 은율(殷栗)의 광암(廣巖)에서 만나 승선했다. 25일 삼화(三和)의 광량(廣梁)에 나아가 머물렀다. 29일에 육지에 내려 영유(永柔)에 있는 육군대장을 찾아가 군사를 논의하고 돌아왔다.

6월 1일 선전관(宣傳官) 이함(李諴)이 표신과 유지를 지니고 군영에 도착했다. 육군은 안주(安州)에 주둔하고 수군은 순천(順川)과 숙천(肅川)에 돌아가 머물면서 사태의 추이를 기다리라는 내용이었다. 19일 호남수군을 점검했다. 이 때 전함은 200여 척이요 병사가 11,000여 명이 있었다. 20일 접반사(接伴使) 나덕헌(羅德憲)이 달려와 전하기를 유흥치가 총병진(總兵陣) 아래인 여순(旅順) 입구의 집에 있다고 했다. 22일 삼부대장(三部大將)과 망한대(望漢臺)에서 모여 군사를 의논했다. 선전관 이인달(李仁達)이 표신과 유지를 지니고 왔다. 유흥치가 이 때 본거지인 섬으로 아직 귀환하지 않았으므로 경거망동하지 말라는 내용이었다.

10월 7일 황해병사와 경기수사로 하여금 열병하게 하고 상을 주었다. 25일 접반사 나덕헌이 23일에 유흥치가 이미 섬으로 귀환했다는 소식을 전했다. 28일에 선전관 김광립(金光立)이 표신과 밀부를 가지고 군영에 도착했는데 내용은 병사를 해산하라는 것이었다. 8월 1일에 다시 유지가 내려왔는데 군대를 해산하라는 것이었다. 그 유지에 이르기를 "유흥치가 이미 섬으로 돌아갔으므로 마땅히 진격하여 토벌해야 할 것이나 사실여부를 떠나 유흥치가 왕명을 받들겠다고 했으니 병사를 추가로 보내기 어렵다. 하물며 여름에 군사를 일으켰는데 가을이 깊어가니 여름옷을 입은 병사들이 해상에서 오래 머물 수 없으므로 앞서 내린 유지에 따라 화급히 해산하라" 하였다.

그리고 유흥치가 군사를 해산하겠다는 뜻을 보였으므로 계첩을 만들어 보냈는데 이 계첩의 지시에 따랐다. 선생이 보낸 계첩의 내용은 대략 다음과 같다. "무릇 해와 달이 비치는 바와, 살리는 것과 죽이는 것, 작위를 폐지하고 작위를 내리는 것, 위력으로 굴복시키거나 은혜를 내리는 권세가 천자로부터 나오지 않음이 없다. 그러나 그대는 천자를 배반하고 참람되게도 우리나라를 침공하겠다고 난을 일으켰다. 그러므로 난을 정벌하기 위하여 군사를 일으킨 것이 사사로운 원한에 의해서가 아니요, 조정의 명에 의해서 토벌군을 해산하는 것도 사사로운 은혜를 베푸는 것이 아니라 다만 천자의 뜻을 받들어 행하는 것일 뿐이다."

3일에 회군해서 석도(席島)에 도착했고 황해병사 신경인(申景禋)이 사퇴하였다. 4일 아랑포(阿郎浦) 곁에 정박하고 금사사(金沙寺)에서 숙박했다. 5일 작은 배를 타고 물을 거슬러 용정(龍井)을 찾아갔다. 선생은 일기에 쓰기를 "동쪽으로는 불대산(佛戴山)이 있고 산아래 언덕에 용정이 있는데 그 근원을 알 수 없었다. 용정의 물이 서쪽으로는 큰 언덕을 지나서 담류로 용출하는데 얼음과 같이 차다. 용정에는 사람들이 감히 접근하지 못했는데, 담수는 깨끗하고 달아서 마시면 세상의 때를 씻어버리는 것 같았다. 주민들에게 물었더니 지금도 백 살을 넘은 사람들이 거의 절반이나 되어 팔십을 넘긴 사람은 노인계에 들지도 못하며, 마을이 워낙 벽지에 있어서 예로부터 전쟁의 피해를 입지도 않았다 하니 진실로 신선경계였다. 참으로 기이하도다"라고 했다.

10일 선생은 금사사에 있었다. "병든 몸으로 바다에 오랫동안 머물러 있었는데 가을바람에 배를 타고 돌아오면 무사하기 어려울 것이니 육로를 통해 귀경하라"는 유지를 받았다. 12일 연평(延平)으로부터 교동의 월관(月串)에 정박했다. 13일 경기수사와 충청수사, 전라우수우후(全羅右水虞侯)가 각기 본도의 선단을 이끌고 돌아갔다. 선생은 작은 배로 옮겨서 풍덕(豊德)의 해암(蟹巖)에 도착했다. 15일 아침에 서강 마포나루에 정박하고 대궐에 가서 복명했다. 임금이 내구마(內廐馬) 한 마리를 하사했다. 이튿날 또 술과 음식을 내렸다. 29일 사직서를 제출했다.

9월 7일 유흥치가 원한을 품게 되니 차를 올려 원수직을 체직해 줄 것을 청했으나 임금이 위로하며 불허했다. 29일 무과전시 시관(武

科殿試試官)으로 시험장에 나갔다. 11월 28일 비변사 당상관이 되었다. 12월 25일 헌관(獻官)으로 사직제(社稷祭)를 행했다.

1631년 인조 9년 신미 56세

2월 3일 아들 빙(砯)의 혼례를 거행했다. 3월 임금의 명나라 사신을 서쪽 교외에서 영접했을 때 선생이 별운검(別雲劍)의 자격으로 배종했다. 4월 28일 도총관(都摠管)을 제수받았다. 6월 9일 조정에 알리고 서관(西關)으로 부임하려 하니 임금이 불러 인견하고 보냈다. 3월 유흥치가 도민(島民)들을 약탈하고 장차 오랑캐에게 투항하려 하자, 장관(將官) 심세괴(沈世魁)·장도(將燾) 등이 도민들과 협의하여 유흥치 형제와 투항했던 오랑캐 800여 명을 모두 죽였다. 오랑캐들이 유흥치의 피살에 노하여 2만 명의 기병을 이끌고 강을 넘어 청북(青北: 청천강 이북 지방)의 여러 군에 들어와 선언하기를 "배를 빌어 가도(椵島)를 공격하려 한다"고 했다.

선생은 원수로서 이에 대비했다. 이 때 인조께서 물었다. "적이 만약 청천(青川)을 점령하면 연안의 배들은 어떻게 할 것인가?" 선생이 대답하기를 "청천의 서쪽은 배가 없습니다" "그렇다면 적은 어느 곳으로부터 쳐들어오리라 보는가?" "적이 만약 서쪽과 동쪽을 동시에 침범한다면 후방을 교란케 하기 위함이요, 동쪽만 침범한다 해도 만(灣)에 주둔하려 할 것이니 해안을 올라오지 못하게 하겠습니다. 너무 심려치 마소서" "배를 빌리고자 한다면 장차 어떻게 대처해야 하겠는가?" "비록 존망이 판가름 난다 하더라도 허락할 수 없습니다"고 하자 임금도 역시 옳다고 여겼다. 선생이 또 "적이 만약 깊이 쳐들어온다면 서쪽의 관문을 지킬 만한 곳은 단지 안주성 뿐입니다. 안주성의 병사가 비록 본도의 병력과 함께 지키고 있지만, 그 세력이 또한 매우 고립되어 위태롭습니다. 신도 역시 안주성에 들어가 일전을 벌이겠습니다"고 하자, 인조께서는 한사코 "대장으로서 일개 성을 지키는 것은 불가하다"고 반대했다.

선생이 또 장차의 사태에 대해 말하기를 "우리나라를 지킬 수 있는 곳은 당연히 강도(江都: 강화도)가 제일입니다. 만일 불행하게도 파천하는 일이 생기면 반드시 이곳으로 가야 합니다. 그러나 경기도의 수군편제는 그 실체가 없으니 화급히 편제를 갖추어 수군을 동원하는 일이 없어야 합니다. 경기도의 육군과 속오군은 이미 만여 명에 이르고 있으니 그 중에서 정군(正軍: 정규군), 보인(保人: 군역을 대신하여 보미나 보포를 상납할 의무가 있는 사람) 등을 대가(大駕)를 호위하는 수군에 분배한다면 3, 4십 척의 함대로써 강도의 형세를 굳건히 하기에 족할 것입니다" 라고 했다. 인조께서 조정에서 의논하도록 명했다. 날이 저물어 성을 나와 연서(延署)에서 유숙했다.

15일에 황주(黃州)에서 유숙한 후 별장(別將)으로 하여금 도감(都監)의 보병을 인솔하여 뒤따르게 하고 수행원과 약간의 기병만을 데리고 앞서 말을 달려 18일에 안주에 들어갔다. 19일에 오영군(五營軍)을 점검하고 부자형제가 모두 군중에 있는 자와 늙은 부모가 있는데 독자로서 군에 종사하는 자들을 가려 모두 돌려보냈다. 임금이 글을 보내 선생에게 "성(城) 안으로 병사를 추가 투입하고 공은 성 밖에서 지원하라"고 종용했다. 20일 장훈(張曛)이 병력을 이끌고 왔다. 27일 인조께서 다시 글을 보내 병사 류림(柳琳)을 체포하고 신임 병사(兵使)가 임지에 도착할 때까지 선생이 대신하여 성을 지키도록 했다.

7월 16일 신임 병사 이완(李浣)이 임지에 도착했다. 28일 또 임금의 명이 내려왔는데 선생이 안주에 오래 있으면 풍토병이 다시 일어날까 걱정되니 성에서 물러나 사태를 관망한 연후에 대응하라고 명했다. 8월 7일 청천강을 건너서 청천강 서쪽 지방에 있는 각 읍의 산성을 순시하며 살폈다. 23일 숙천으로 돌아왔고 산성의 형세에 대한 장계를 올렸다. 26일 청천강 서쪽에 있는 각 읍의 산성을 수축하는 일을 살피기 위하여 숙천을 출발하여 청천강을 건넜다. 29일에 검산(劍山)에 도착해서 유배중인 류림(柳琳)을 방문했다. 10월 15일 안주로 돌아왔다. 19일 아들 빙(砯)이 등과하여 서울에서 찾아왔다. 11월 12일 철산(鐵山)의 사포(蛇浦)에 진주했다. 이 때 가도(椵島)의 군병 심세괴(沈世魁)가 주동이 되어 난을 일으키니 선생이 안주성의 포수들을 철산(鐵山)의 사포(蛇浦)로 진주하게 해서 만일의 사태에 대비했다. 윤 11월 3일 안주로 돌아왔다.

1632년 인조 10년 임신 57세

정월 9일 병사 이완이 사정이 있어 체직되고 이 때문에 선생이 평안도 병마절도사(平安道兵馬節度使)로 제수되었다. 안주에서 숙천으로 옮겼다. 13일에 병마절도사로 제수되었다는 소식을 들었으나 곧 풍토병이 발병했고 또 상소한 유자(儒者)들에 의해 배척되었으므로 상소하여 해직을 구하였다. 19일 체직을 허락했고 23일 신경원(申景瑗)이 선생을 대신하여 병사가 되었다는 소식을 들었다. 3월 18일 다시 원수를 제수한다는 명이 있었다.

4월 2일 안주를 나와서 남문 밖에서 원수의 명을 받으라는 고서를 받았다. 10일 덕안(德安)의 둔전(屯田)을 들러 살피고 박천(博川)에 도착했다. 15일 박천을 출발하여 장림(長林)과 내외에 있는 서양(西陽) 송림(松林) 등의 둔전을 살피고 태천(泰川)에서 유숙했다. 16일 본현의 구룡산성(九龍山城)을 살폈다. 25일 안주로 돌아와 머물렀다. 5월 13일 유림(柳琳)이 방면되었다는 소식을 듣고 미리 박천으로 마중을 나가 만났다. 16일 유림과 함께 청천강에서 배를 타고 물을 거슬러 올라 칠불암(七佛庵)에 갔다. 6월 15일 부천으로 옮겼다. 7월 5일 전달 27일에 승하한 왕대비의 부음을 들었다. 관사의 뜰에서 군수 이하 장수들을 이끌고 망곡했다.

8월 20일 영변산성(寧邊山城)을 개축하는 곳을 살피고 저녁에는 부중에서 묵었다가 26일 박천으로 돌아왔다. 관향사(館餉使)가 장차 해서(海西: 황해도)로 간다는 소식을 듣고 작별을 위하여 안주에 다녀왔다. 9월 박천에 머무르고 있었다. 18일 석도(席島)에 있는 유격(遊擊) 장괴(長魁)와 서신으로 서로 안부를 묻고 또 『봉주강감(鳳州綱鑑)』 한 질을 보냈다. 10월 3일 다시 안주로 돌아왔다. 11월에 안주에 머물렀다. 12월 6일 병사와 함께 약산(藥山)에 가서 겨울철 방어의 실정을 살폈다. 8일 안주로 돌아왔다.

1633년 인조 11년 계유 58세

지난해 10일 오랑캐가 대장(大將) 소도리(所道里)를 사신으로 보내 세폐(歲幣)를 요구했다. 소도리는 세폐 뿐 아니라 가는 곳마다 향연을 베풀 것을 요구했다. 인조는 세폐의 요구는 들어주지 않기로 하고 단지 3차례에 걸쳐 소도리가 거처하는 곳에서 향연을 베풀어 주었으나 소도리는 불만을 품고 돌아갔다. 조정은 회답사로 신득연(申得淵)을 보내 심양(瀋陽)에 이르렀는데 오랑캐들은 사신 접견은 물론 예단(禮單)도 받지 않고 쫓아 보냈으며 또 다시 금 백량, 은 천량 등 소도리가 요구했던 양의 세폐를 요구했다. 조정에서는 "세폐의 요구를 들어주기 어려우니 화친관계를 끊겠노라"는 내용의 국서와 함께 김대건(金大乾)을 파견하였다.

국서의 내용은 "… 우리나라는 천조(天朝: 明)에 대하여 군신의 의를 중히 여긴다. 귀국이 우리에게 천조를 등지라고 하는 것은 국가가 망한다 하더라도 결단코 따를 수 없는 것이다. 사대교린(事大交隣)은 스스로 그 도가 있다. 귀국과 화친을 맺은 것은 교린이요, 황조를 섬기는 것은 사천(事天)이다. … 우리 양국은 형제의 의를 맺어 춘추로 사신이 왕래했다. 만일 귀국이 나의 이러한 뜻을 용납하지 않고 또 따르기 어려운 요구를 한다면 어찌 애초에 맹세한 본뜻이겠는가? … 양국이 함께 정한 약속은 본래 영세토록 침범하지 않고 함께 태평함을 누리기를 기약한 것이었다. … 귀국의 마음이 비록 변했지만, 나의 마음을 일찍이 조그마한 변화도 없다. 이에 사신을 보내어 나의 뜻을 알린다"는 것이었다.

선생과 김시양은 조정의 논의가 마땅함을 잃었다는 것을 서로 의논하고 잠시 김대건의 행렬을 안주에 머무르게 한 다음 연명으로 상소를 올렸다. 그 내용은 "우리나라는 오랑캐와 강약이 다르며, 한편 세폐는 한당(漢唐)이래로 면할 수 없었던 것이다. 그러므로 먼저 그것을 거절하여 그들의 환심을 잃을 필요는 없으니 국서의 내용을 고치는 것이 마땅하다"는 것이었다. 그리고 사신을 멈추게 한 죄를 청하여 평양으로 달려가서 명을 기다렸다. 인조는 선생과 김시양의 소를 보고 진노하여 "김시양과 정충신 등을 효시하는 것이 마땅한지의 여부를 계로 올리라"고 비변사에 명했다. 비변사에서 체포하여 정죄(定罪)할 것을 장계로 올리자 임금은 장계에 의거하여 시행토록 하였으나 또 전교를 내려 말하기를 "오랑캐가 우리나라를 침략하려는 계획은 이미 과거에 세워졌던 것이다. 그러나 지금 그들이 이번 사건을 기화로 쳐들어온다면 사람들이 모두 조정 중신들 사이에 틈이 생겼다고 여겨 그 책임이 군주에게 돌아올 것이니 이것이 첫 번째 불행이요, 사람들이 모두 두려움에 쌓여 마음은 이미 죽은 자와 같아 조금이라도 성내는 기색마저 없으니 이것이 두 번째 불행이요, 가로막기 어려운 것이 인정인데 인심이 이를 따르지 않으니 이것이 세 번째 불행이다. 이러한 불행이 있는데 억지로 명하여 행할 수는 없다. 그러니 국서를 속히 고쳐 보내 오랑캐의 노여움을 사지 않도록 하라"고 했다.

15일 선생과 김시양이 평양을 떠나 20일 금오(金吾)에 도착했다. 27일 인조가 일의 자초지종을 물은 후에 삭탈관작(削奪官爵)하고 중도부처(中道付處: 유배죄인의 평소의 공로와 같은 정상을 참작하여 유배지로 가는 중간지점의 한곳을 지정하여 머물러 있게 하는 처분)할 것을 명했다. 김시양은 영월(寧月)로 유배되고 선생은 당진(唐津)으로 유배되었다. 김공과 금오문 밖에 서로 작별하고 나아가 신문(新門) 밖의 민가에서 머물렀다.

사헌부에서 계를 올려 말하기를 "정충신은 전장의 장수이니 중도부처의 명을 거두시고, 서로(西路)의 먼 변방에 군병으로 충당하게 하기를 청합니다"하자, 인조는 "정충신은 커다란 공이 있는 사람이다. 그러므로 참작하여 벌을 행할 것이니 다시 복잡하게 논하지 말라"고 했다. 이날 선생이 다시 금오문 밖에서 명을 기다리고 있었다. 29일에 인조가 "정충신은 오래도록 옥중에 있었으므로 옛날의 병이 재발할 수 있다. 곧 석방을 명할 것이니 유배소로 가도록 하라"고 했다. 사헌부에서 계를 올려 죄가 없다면 그만이지 죄인을 정죄하여 유배를 보낸 다음 다시 집으로 돌려보내라고 명할 수는 없는 것이므로 집으로 돌려보내라는 명을 거둘 것을 청했으나 인조는 "정충신은 몸에 중병이 있어서 석방하는 것이니 사리에 어긋나는 바는 없을 것이다"고 했다.

3월 1일 사헌부에서 정충신의 죄를 논한 전(傳)과 계(啓)에서 이름을 삭제했다. 3일 선생은 당진에 도착했다. 한강을 건너 유배지로 향하려는데 임금이 별감을 보내 위로하고 약을 내렸다. 김대건은 심양에는 들어가지도 못하고 단지 국서만을 전하고 답서를 얻어서 돌아왔다. 4월 11일 사간원이 형을 더하여 변방의 먼 곳으로 옮길 것을 청했으므로 임금이 부득이 재령(載寧)으로 옮길 것을 명했으나 또 다시 병을 이유로 유배지를 바꾸어 장연(長淵)으로 정했다. 서울을 떠나 17일 한강에 이르러 성문 밖 서쪽 교외에서 유숙했다. 24일 장연의 유배지에 도착했다. 5월 16일 사면되었다는 소식을 들었고 뒤에 고향으로 돌려보내라는 명이 있었다. 26일 서울의 집에 돌아왔다.

6월 9일 호남우도(湖南右道)로 가기 위해서 한강을 건넜다. 13일 서산장(瑞山庄)에 도착했다. 16일 유익(劉翼)으로 하여금 땅을 살피게 하고, 집터를 살펴 아마힐봉(阿摩詰峯)의 아래에 기초를 닦았다. 22일 호남으로 가려고 병영의 남문 밖에서 유숙했다.

8월 5일 김제(金提)에 도착했고 7일 광주(光州) 본가에 도착했다. 선생이 집을 떠난 지 14년 만에 돌아온 것이다. 9일 조상의 선영에 들러 청소하고 참배했다. 9월 4일 말을 타고 섬진강의 옛집을 찾았다. 6월 쌍계석문(雙溪石門)을 들어서 지리산의 경치를 구경했다. 쌍계사(雙溪寺)에서 유숙했다. 7일 산을 나와 악양암(岳陽巖)을 지나서 배를 타고 물결을 따라 내려와 저녁에 사돈집에 도착했다. 9일 딸의 묘소에서 곡했다. 22일 아침에 대기제(大忌祭)를 행했다. 27일 통제사(統制使) 구인후가 진양(晉陽)에서 내방해 함께 밤을 지냈다. 28일 구공과 함께 배를 타고 강을 거슬러 올라가 저취정사(猪嘴亭舍)에 올라 경치를 감상했다. 밤중에 돌아왔다. 다음날 구공은 병영으로 돌아갔다. 10월 3일에 호백(湖伯: 전라도백)과 함께 두류(頭流)

에서 배를 타고 섬진강을 내려왔다. 선생 역시 강을 거슬러 올라가 호암(虎巖)에서 마중했다. 정사로 돌아와서 이별했다. 16일 진양병사 류무중(柳懋中)이 내방했다. 22일 선생이 작은 배를 타고 밤늦게 가서 상암(床巖)을 구경했다. 곤양(昆陽)의 어촌에서 유숙했다. 24일 상암 주변의 절경을 관람하다 입암(立巖)을 지나서 배를 돌려 대암(臺巖)에 정박했다. 통제사 구인후가 와서 만났다. 저녁에 덕면(德眠)의 촌가에서 숙박했다. 통제사 구인후가 와서 만났다. 25일 구인후와 함께 배를 타고 상암을 관람했다. 또 인가에서 함께 숙박했다. 26일 구인후와 함께 배를 타고 상암을 관람했다. 또 인가에서 함께 숙박했다. 26일 구인후와 헤어졌다. 곤양의 인가에 투숙했다가 다음 날 돌아왔다.

11월 7일 저도(猪都)를 떠났다. 월포(月浦)의 집에서 머물렀다. 8일 광양성(光陽城)에 있는 병사 성윤문(成允文)의 정사에 올랐다. 10일 송광사(松廣寺) 임경대(臨鏡臺)에 갔다. 12일 순천(順天) 부유진(富有津) 근처에 갔다. 13일 동복현감(同福縣監) 임담(林禫)과 함께 적벽(赤壁)을 찾았는데 이곳은 갑오년 봄에 이항복을 모시고 유람하던 곳이었다. 창평(昌平) 재촌(載村)의 본가로 돌아왔다. 16일 죽곡(竹谷)의 묘소를 살펴보았다. 22일 종인들을 이끌고 시조인 경렬공(景烈公)의 묘소를 수리했다. 12월 2일 벽어(碧魚)를 얻었는데 아침에 일어나 묘소에 바쳤다.

1634년 인조 12년 갑술 59세

정월 7일 특별히 서용(敍用)할 것을 명했다. 2월 7일 길을 떠나 11일 김제의 정홍명의 집에서 하루를 보낸 후 20일에 서울 집에 돌아왔다. 21일 대궐에 나아가 성은에 감사했다. 9월 도총관(都摠管)을 제수받았다. 6월 5일 포도대장(捕盜大將)을 제수받았다. 29일 병으로 총관과 포도대장을 사직할 것을 청했으나 허락하지 않았다. 7월 12일 내섬제조(內贍提調)를 제수받았다. 8월 24일 아들 빙(砯)이 북부주부(北部主簿)에 제수됐다. 9월 6일 아들 빙이 함흥에서 돌아왔다. 10월 3일 경상도 절도사(慶尙道節度使)를 제수받았다. 11월 14일

인동(仁同)에 도착해서 여헌(旅軒) 장현광(張顯光)을 방문했다. 18일 직무를 시작했다.

1635년 **인조 14년 을해 60세**

3월 18일 호남방백(湖南方伯) 원두표(元斗杓)와 지리산 쌍계사에서 만났다. 다음날 쌍계사에서 삼신교(三神橋)를 건너 신흥사(神興寺)에 들어갔다. 칠불암(七佛庵)에 올랐다가 저녁에 쌍계사로 돌아왔다. 21일 하산하여 화개교(花開橋)에서 원공과 헤어졌다. 2일 감영으로 돌아왔다. 이 때 이항복의 『문집』을 발간했다. 계곡(谿谷) 장유(張維)가 「서문」을 써서 세상에 반포됐다.

4월 열이 오르내리는 증세가 갑자기 일어났다. 5월 26일의 증세가 더욱 위중했고 정신은 어지러워졌으며 말이 헛갈렸다. 판관(判官) 박돈복(朴敦復)으로 하여금 소를 쓰게 하여 서울로 돌아가 약을 쓸 수 있게 해달라고 청했다. 임금이 체직을 허락했다. 7월 4일 길을 떠나 신당리(神堂里)의 인간에서 머무르면서 더위가 지나가기를 기다렸다. 9월 어의(御醫)가 인조의 명으로 약을 지니고 와서 살펴보았다. 10일 신당리로부터 경사로 향했다. 28일 충주에 도착했다. 8월 1일 한강에 도착해 어두워서 집에 돌아왔다. 도착한 날로부터 임금이 수차례 걸쳐 별감을 보내어 문병하고 산 노루와 꿩, 생선, 등의 물건을 내렸다. 11월 27일 병세가 악화되어 말을 못 하고 혼수상태에 빠지기도 했다.

1636년 **인조 14년 병자 61세**

선생은 평소에 당대의 외환은 북쪽 오랑캐에 말미암을 것이라고 우려했는데 2월 17일 오랑캐 사신 용골대(龍骨大), 마부대(馬夫臺) 등이 와서 "칸(汗)이 이미 황제의 위에 올랐고, 국호는 '태청(太淸)'이라 했다"고 고함으로써 과연 선생이 근심했던 바가 입증되었다. 29일 관학유생들이 상소하여 오랑캐의 사신을 참수함으로써 대의를 밝힐 것을 주장했다. 양사에서는 계를 함께 올려 화친을 물리치고 병사를 길러 스스로 강함을 진작시킬 것을 주장했다. 3월 사신을 오랑캐에게 보내서 화친을 끊을 것을 고했다.

선생은 병에 지쳐서 침상에 있었는데 국서를 얻어서 읽다가 절반을 채 읽기도 전에 다시 누우며 크게 탄식하기를 "국가의 존망은 금년에 판가름 나겠구나"라고 했다. 이 후로 병세가 더욱 악화되었다. 24일 어의가 서계(書啓)로 아뢰기를 오직 삼탕(蔘湯)만이 기사회생하기에 가장 적당하나 인삼은 다른 약재들과 달리 너무 비싸서 계속 사용하기가 어렵다고 했다. 임금은 "온 나라의 힘을 다하여 치료해야 할 것인 즉 인삼쯤 문제이겠느냐"며 계속 사용해서 반드시 치료하라고 명했다. 17일 낙죽(酪粥: 우유) 한 그릇을 보내면서 계속해서 보내라고 명했다.

5월 4일 반송방(盤松坊)의 댁에서 61세로 세상을 떠났다. 임금이 어의의 서계로 부음을 듣고 그날의 경연을 중지할 것을 명하고 비망기에 다음과 같이 적게 했다. "금남군(錦南君) 정충신은 대대로 녹을 받은 사람이 아님에도 왕실에 충성을 다하여 종사를 안녕케 했다. 내가 잠시도 그 공을 잊은 것이 없는데 병이 들어 구하지 못하였으니 오른팔을 잃는 것 같아 참으로 애석하도다." 그리고 해당 부서에 명하여 장례를 위한 물품을 부족함이 없이 보내게 하고 또 상례제구와 도포(道袍) 각 한 벌을 보내 염습에 쓰게 했다. 6월 예조좌랑(禮曹佐郎)을 보내어 치제했다. 충훈부(忠勳府)에서도 역시 제물을 보냈다.

7월에 서산군 북쪽 마힐산(摩詰山) 아래 지곡(智谷) 갑좌(甲座)에서 경향(庚向)을 바라보는 언덕에 장례지냈다. 선생이 일찍이 스스로 보아둔 땅이었다. 선생이 임종시에 자제들에게 말하기를 "나의 작은 공적은 이미 청사에 쓰여 있다. 진실로 사후에 문자로 훌륭함을 과장하여 시호를 청하거나 비석과 석물을 세우고 그릇들을 부장하는 일을 말라"고 유언했다. 『문집』이 간행되어 전해오고 있다.

청사 고용후 晴沙 高用厚

청사(晴沙) 고용후(高用厚 1577~1648)은 자가 선행(善行) 호는 청사 이름은 용후 본관은 장흥이니 제봉(霽峰) 충렬공(忠烈公) 경명(敬命)의 여섯 째 아들이다. 고조는 현감을 지낸 자검(自儉), 증조는 기묘명현인 하천(霞川) 운(雲), 조부는 하헌(霞軒) 맹영(孟英)이다. 아버지는 경명이요, 어머니는 울산김씨(蔚山金氏) 부제학 백균(百鈞)의 딸이다.

1577년 선조 10년 정축

광주 압보촌(鴨保村) 옛 집에서 태어났다. 이 때 큰형 효열공(孝烈公)이 과거에 급제하였다.

1579년 선조 12년 기묘 3세

가운데 형 의열공(義烈公)이 사마시에 합격하였다.

1589년 선조 22년 기축 13세

의열공이 과거에 급제하였다.

1590년 선조 23년 경인 14세

가운데 형 정자공(正字公: 의열공)을 모시고 서울에 올라갔다.

1591년 선조 24년 신묘 15세

숙부 정헌공(靜軒公)이 사마시에 합격하였다.

1592년 선조 25년 임진 16세

왜란이 일어났다. 충렬공이 의병을 일으켜 왕사(王事)를 도울 때 선생은 겨우 15세를 지났는데, 울면서 아버지를 따라가니 충렬공이 길에서 그의 손을 잡고 말하기를 "너는 울지 말라. 나라를 위해서 한 번 죽는 것이 나의 직분이니 너는 돌아가서 네 어머니와 잘 지내

거라. 내가 저술한 시문 몇 편을 모두 너에게 줄 터이니 너는 이것을 받아서 잘 간수해 두어라. 늙은 아비는 이번에 죽기를 기약하고 가니 부자가 서로 만날 것을 다시 바랄 수 없다. 오늘의 내 말을 너는 마땅히 뼈에 새기도록 하라"하고 드디어 말에 올라 가버렸다. 7월 10일에 충렬공과 의열공이 금산에서 전사했다는 소식을 들었다.

1593년 선조 26년 계사 17세

효열공이 상복을 입고 종군하였다. 효열공이 의병을 일으켜 출병하던 날 울면서 모부인에 작별하고 문을 나서다가, 다시 말을 세우고 내려앉아서 선생의 손을 잡고 말하기를 "오늘 어머님 얼굴을 영결하느라고 너에게 일과(日課)의 학문을 가르쳐 주는 것을 잊었구나"하고, 조용히 일러주기를 "사람으로서 배우지 않으면 사람이 될 수 없다. 너는 반드시 힘써서 내 뜻을 저버리지 말라"고 했다. 이 말을 들은 사람은 탄식하고 눈물을 흘리지 않는 자가 없었다. 6월 29일에 효열공과 증 주부 경형(贈主簿 敬兄: 선생의 庶叔)이 남강에서 전사했다는 소식을 들었다.

1594년 선조 27년 갑오 18세

흉년이 들자 선조가 전라감사에게 하유(下諭)하기를 "고경명의 처자가 광주에 있다고 하니, 경은 그 곳 관원으로 하여금 월봉(月俸)을 지급하도록 하라. 이것은 우리나라 공사례(公事例)에 시행치 않았던 일이나 이번만은 반드시 착실히 시행토록 하라"고 했다.

1597년 선조 30년 정유 21세

어머니를 모시고 안동으로 가서 난을 피했다. 겨울에 누님 노씨(盧氏) 부인과 종매 안씨(安氏) 부인이 칼로 자결했다는 흉음을 들었다.

1598년 선조 31년 무술 22세

봄에 어머니를 모시고 돌아왔다.

1600년 선조 33년 경자 24세

10월에 조카 월봉공(月峰公) 부천(傅川)과 함께 금강을 지나면서 시를 지어 감화를 읊었다.

1603년 선조 36년 계묘 27세

원배(元配) 이씨(李氏)의 상을 당했다.

1605년 선조 38년 을사 29세

사마시의 진사, 생원 두 시험에 합격했는데 진사는 장원이었다.

1606년 선조 39년 병오 30세

문과의 병과 제3인으로 급제하였다.

1607년 선조 40년 정미 31세

여름에 권지정자(權知正字)에서 특별히 차례를 뛰어넘어 6품에 승진했고 공조좌랑(工曹佐郎)을 제수받았다. 이 해 겨울에 태인의 수령이 되기를 청해 얻어서 어머니를 봉양하였다.

1608년 선조 41년 무신 32세

여름에 『정기록(正氣錄)』을 간행했다. 이 해 12월 12일에 어머니의 상을 당하였다.

1609년 광해 원년 기유 33세

3월 경인에 충렬공의 묘를 장성 오동리(梧桐里) 오좌원으로 이장하고 어머니를 왼편에 부장하였다.

1610년 광해 2년 경술 34세

선달 12일에 어머니의 대상을 지냈다.

1611년 광해 3년 신해 35세

조부 대간공(大諫公)에게 우의정이 증직되었다.

1612년 광해 4년 임자 36세

생진회시(生進會試)에 장시관(掌試官)이 되었다.

1613년 광해 5년 계축 37세

하절사(賀節使) 서장관(書狀官)으로 중국에 입조하였다.

1614년 광해 6년 갑인 38세

이 해 봄에 서장관으로서 복명하였다.

1616년 **광해 8년 병진 40세**

생진회시에 장시관이 되었다. 이 해 겨울에 병부랑(兵部郞)에서 외직으로 나가 남원의 수령이 되었다.

1617년 **광해 9년 정사 41세**

『제봉집(霽峰集)』과 『서석록(瑞石錄)』 그리고 『격초서(檄草書)』를 발간했다.

1618년 **광해 10년 무오 42세**

가을에 남원의 수령을 그만두고 돌아왔다. 월봉공이 서장관으로 중국에 입조하였다.

1624년 **인조 2년 갑자 48세**

영해부사에 임명되었으나 부임하기 전에 체임되었다.

1630년 **인조 8년 경오 54세**

판결사(判決事)로서 중국에 입조하였다. 서교(西郊)의 전별자리에서 술잔으로 김자점(金自點)의 뺨을 쳤다.

1632년 **인조 10년 임신 56세**

11월에 안우산(安牛山) 방준(訪俊)이 이연평(李延平) 귀(貴)에게 글을 보내어 선생을 구제하였다.

1633년 **인조 11년 계유 57세**

계배(繼配) 기씨(奇氏)가 스스로 목매어 죽었다. 이 해 여름에 특명으로 진주에 유배되었다.

1635년 **인조 13년 을해 59세**

또 특명으로 서울에서 가까운 임천(林川) 고을로 옮겼다. 출발에 임하여 제문을 지어가지고 백씨를 촉석강 가에 제사 지냈다. 제문은 효열공 유적 아래에 나온다. 이 해 11월에 안우산이 또 윤해창(尹海昌)에게 글을 보내어 선생을 구제하였다.

1636년 **인조 14년 정축 61세**

봄에 석방되었다. 이 해에 조카 참봉공(효열공의 큰아들 傅立)의 상을 당하였다.

1640년　인조 18년 경진 64세

이 해 가을에 숙부 정헌공의 상을 당하였다. 겨울에 김숙도(淸陰金叔度)를 심양(瀋陽)으로 보내면서 시를 주었다.

1648년　인조 26년 무자 72세

모월 모일에 숨을 거두었다. 그 해 모월 모일에 장성 오동리 충렬공의 묘 계하(階下) 오른쪽 오좌원에 장사지냈다.

월봉 고부천 月峯 高傅川

월봉(月峯) 고부천(高傅川 1578～1636)은 자가 군섭(君涉) 호는 우러봉 이름은 부천 관향은 장흥(長興)이다. 고조 운(雲)은 중종 때에 형조좌랑(刑曹佐郎)을 지냈으며 기묘제현(己卯諸賢)과 함께 세상에 이름을 떨쳤고, 증조 맹영(孟英)은 대사간(大司諫)을 지냈다. 조부인 제봉(霽峯) 경명(敬命)은 임진왜란 때에 의병을 일으켜 싸우다가 부친인 학봉(鶴峯) 인후(因厚)와 함께 금산(錦山) 전투에서 순절(殉節) 하였다. 백부(伯父)인 준봉(隼峯) 종후(從厚)는 복수의병장으로 출전하여 그 다음해 진주성(晉州城)에서 순절하였다. 한 집안에서 세 사람이 순절하니 나라에서 정려(旌閭)를 세워 그 충절을 표창하고 사우(祠宇)를 건립하여 추모했다. 아버지는 학봉이요, 어머니는 함풍 이씨(咸豊李氏) 관찰사(觀察使) 경(璥)의 딸이다.

1578년 선조 11년 무인

7월 13일 광주(光州) 압보촌(鴨保村) 옛집에서 태어났다. 선생은 용모와 자태가 온후하였고, 정신이 총명하고 민첩함이 동년배들보다 훨씬 뛰어났다. 갓난아이 때에 부모와 함께 누워 있으면서(자신과 부·모 셋이 누워 있는 모습을 보고) "'천(川)'자 모양이구나"하고 외치니 아버지 의열공이(義烈公)이 매우 기이하게 여기고 '천(川)'자로 이름을 지었다.

1579년 선조 12년 기묘 2세

아버지 의열공이 7명 가운데 3등으로 진사(進士)에 급제하였다.

1585년 선조 18년 을유 8세

할아버지 충렬공(忠烈公)에게 학문을 배웠는데 충렬공이 가장 사랑하고 기특히 여겼다.

1588년 선조 21년 무자 11세

정월 9일 어머니 정경부인(貞敬夫人) 함평 이씨(咸平李氏)가 별세하였다.

1589년 선조 22년 을축 12세

아버지 의열공이 증광문과(增廣文科) 병과(丙科)에 6등으로 급제하였다.

1591년 선조 24년 신묘 14세

선생은 어린 나이에도 불구하고 문예(文藝)가 뛰어났다. 본도(本道) 감사(監司)가 선비들을 시험하는 백일장을 열었는데, 선생은 수석을 차지하고 『논어(論語)』 한 질을 상으로 받았다. 작은아버지 정헌공(靜軒公)이 진사(進士)에 급제하였다.

1592년 선조 25년 임진 15세

4월에 왜적이 침입하였다. 7월 10일에 할아버지 충렬공과 아버지 의열공(義烈公)이 함께 금산(錦山)에서 순절(殉節)하였다.

1593년 선조 26년 계사 16세

6월 29일 큰 아버지 효열공(孝烈公)이 진주(晉州) 남강(南江) 촉석루(矗石樓)에서 순절(殉節)하였다. 선생은 2년 사이에 할아버지 충열공(忠烈公)과 큰 아버지 효열공(孝烈公) 그리고 아버지 의열공(義烈公)의 순절(殉節)을 거듭 당하자 할머니 정경부인(貞敬夫人) 울산 김씨(蔚山金氏)의 슬하(膝下)에 의지하게 되었는데, 작은 아버지 정헌공(靜軒公)과 막내 아버지 청사공(晴沙公)이 함께 가르치니 학업이 크게 성취되었다.

1594년 선조 27년 갑오 17세

9월에 3년상(喪)을 마쳤다.

1598년 선조 31년 무술 21세

평강 채씨(平康蔡氏) 충익(忠益)의 딸을 부인으로 맞아들였다. 충익은 사복시정(司僕寺正)을 추증받았다.

1600년　선조 33년 경자 23세

할아버지 충렬공의 사우(祠宇)를 광주 제봉산(霽峰山) 남쪽 기슭에 세우고 큰 아버지 효열공과 아버지 의열공을 배향하였다. 청사공을 따라 금강을 건너면서 '서리 내리는 형문의 밤, 하늘은 차가워도 금강은 흐르는구나.(霜落荊門夜 天寒錦水流)'라는 오언율시 한 수를 차운(次韻)하여 지었다.

1603년　선조 36년 계묘 26세

할아버지 충렬공의 사우에 '포충(褒忠)'이라는 편액이 내려왔다.

1605년　선조 38년 을사 28세

진사(進士) 3등급(等級)에 제 5등급으로 급제하였고, 청사공이 수석을 차지하였다.

1606년　선조 39년 병오 29세

청사공이 증광문과(增廣文科)에 급제하였다.

1608년　선조 41년 무신 31세

12월에 할머니 정경부인 울산 김씨가 별세하였다.

1609년　광해군 1년 을유 32세

4월에 부인 채씨가 세상을 떠났는데 자손이 없었다.

1611년　광해군 3년 신해 34세

광산 김씨(光山金氏) 선교랑(宣敎郎) 신(信)의 딸을 부인으로 맞아들였다.

1613년　광해군 5년 계축 36세

청사공이 하절사(賀節使) 서장관(書狀官)으로 명(明)나라를 방문하였다.

1614년　광해군 6년 갑인 37세

아들 두강(斗綱)이 태어났다. 청사공이 복명(復命)하였다.

1615년　광해군 7년 을묘 38세

4월에 선생이 태학(太學)에 있으면서 진사(進士) 정택뢰(鄭澤雷) 등과 상소를 올려 간신들의 폐모론(廢母論)을 배척하고, 인륜을 바로 잡아야 한다는 완평(完平) 이상공(李相公)의 주장을 변호하였는데 말이 위엄이 있었다. 10월에 알성시(謁聖試) 문과(文科)에 5등으로 합격하였다.

1616년 광해군 8년 병인 39세

9월에 교서관 부정자(校書館副正字)를 제수받았는데 이는 의열공의 순절로 인한 것이다. 그러나 관청의 규정에 따르면 곧바로 육품(六品)의 벼슬을 받아야 하는데도 교서관의 직책이 주어진 것은 이이첨(李爾瞻)의 무리가 이때를 기다려 원한을 풀었기 때문이다.

1617년 광해군 9년 정사 40세

수의어사(繡衣御使)를 제수받고 간신들의 당시 관리들의 탐욕을 탄핵하였다. 장계(狀啓)를 올린 지 얼마 되지 않아 간신들이 죄목을 씌워 선생을 사도(蛇島)로 유배시켰으나 곧 임금의 은혜를 입고 석방되었다.

1618년 광해군 10년 무오 41세

8월에 부인 김씨가 별세하였다.

1620년 광해군 12년 경신 43세

풍천 노씨(豊川盧氏)를 부인으로 맞아들였는데 좌승지(左承旨)를 추증받은 선(宣)의 딸이다. 8월에 서장관(書狀官)으로 명나라에 가다가 바다에 표류하던 중국 사람을 구해서 북경에 도착하였다. 명나라 황제가 사람을 구휼하고 충순(忠順)하게 대하는 마음씨를 아름답게 여겨 우리 국왕에게 상으로 은(銀) 백 냥과 비단 4단(段) 그리고 모시와 세갈포 20꾸러미를 하사하고 장유(奬諭)의 칙서(勅書)를 내렸다.

이 때 노(魯)의 사신도 명나라를 방문하였는데 우리나라에 예의를 실천하는 참된 풍속이 있다는 말을 듣고 선생이 머무는 관사로 찾아와 서장관의 성명을 물었다. 선생이 "고(高) 아무개이다"고 대답하자 노의 사신은 "그렇다면 제봉(霽峰)의 후예인가"라고 물었다.

선생이 "돌아가신 할아버지이다"고 대답하니 노의 사신은 "제봉의 충절(忠節)은 천하가 다 아는 바이니 어찌 흠모하지 않을 수 있겠는가"라 하고 일어나 절하고 더욱 공경히 하였다. 이는 계축(1613)년에 청사공(晴沙公)이 명나라를 방문하였을 때, 『제봉집(霽峰集)』과 『정기록(正氣錄)』을 12국(國)의 여러 사신에게 널리 유포하였기 때문에 지금 노나라 사신의 이와 같은 문답(問答)이 있게 된 것이다.

1621년 광해군 13년 신유 44세

태창황제(泰昌皇帝: 명나라 광종)의 관(棺)이 빈소에 있을 때, 선생은 몸가짐과 일을 융통성 있게 잘 처리하여 조금도 예(禮)에 어긋남이 없었다. 황제가 예제(禮制)를 변화에 맞게 융통성 있고 자상하게 처리함을 가상히 여겨 술과 음식 그리고 은 술잔 한 쌍, 홍매와 한 그루, 『고씨화보(顧氏畫譜)』 4권을 하사하였는데 모두가 희귀한 상(賞)이었다.

3월에 복명(復命)하였는데 큰 변고가 생기자 벼슬에 뜻이 없어 창평(昌平) 유촌(柳村)으로 돌아갔다. 이 곳에서 기옹(畸翁) 정홍명(鄭弘溟)·장령(掌令) 임득렬(林得悅)·주부(主簿) 양천운(梁千運) 등과 함께 시와 술로써 즐겼다.

1622년 광해군 14년 임술 45세

인조대왕(仁祖大王)이 아직 왕위에 오르기 전에 국사(國事)의 완급(緩急)을 묻고자 몸소 여러 번 방문하였다. 그러나 선생은 기꺼이 응하지 않고 다만 후산(后山) 오희도(吳希道)를 천거하였다. 인조는 산수의 뛰어남을 보고 선생이 거처하는 마을에 '유천(柳川)'이라는 이름을 하사하였는데, 뜰에 있는 커다란 감나무는 임금이 말을 맸던 나무라고 한다.

1623년 인조 1년 계해 46세

아들 두명(斗明)이 태어났다. 봄에 병조좌랑(兵曹佐郞) 지제교(知製教)를 제수받았다. 6월에 남평현감(南平縣監)에 임명되었다. 11월 시관(試官)의 직책에 나아가지 않고 벼슬을 내놓고 돌아왔는데, 이 때부터 항상 삼자함(三字銜: 奉朝夏)이 따르게 되었다.

1624년 인조 2년 갑자 47세

이 해에 이괄(李适)의 난이 일어나 임금의 피난을 가게 되었다. 선생은 집에서 난이 일어났다는 소식을 듣고 정헌공(靜軒公)과 함께 의병을 일으켜 태인(泰仁)에 이르렀는데 난이 평정되고 이괄의 목이 베어졌다는 소식을 듣고 의병을 해산하고 돌아왔다.

3월에 공조좌랑(工曹佐郞)을 제수받았다. 4월에 병조정랑(兵曹正郞)에 임명되어 관서(關西) 막좌(幕佐)에 가 있을 때 새하곡(塞下曲) 2수를 지었는데 사람들의 입에 회자되었다.

1625년 인조 3년 을축 48세

3월에 사간원 정언(司諫院正言)에 임명되어 역말을 타고 올라오라는 교지(承馹之敎)가 있었으나 사직하는 상소를 올렸다. 4월에 성균관 전적(成均館典籍)에 임명되었다. 5월에 다시 정언(正言)을 제수받았다. 이 때 선생은 백헌(白軒) 이상공(李相公)과 태평관(太平館)에서 성균관 유생들이 위법한 사실을 적발하고 임금께 글을 올려 이를 바로 잡았다.

6월에 직강(直講)이 되었고 8월에 흥양(興陽) 현감이 되었다. 9월에 치천(稚川) 윤공(尹公)·청음(淸陰) 김공(金公)·월사(月沙) 이공(李公)과 함께 나라를 안정시킨 공로로 원종공신(原從功臣) 일등록권(一等錄券)에 올랐다. 부모에게는 봉록과 작위를 주고 자손에게는 대대로 음직(蔭職)을 주고 후손에게는 죄를 용서해주라는 교지(敎旨)가 있었다.

1626년 인조 4년 병인 49세

사직하고 고향에 돌아와 한가하게 지냈다.

1627년 인조 5년 정묘 50세

이 때 선생은 광주 집에 있었는데 오랑캐의 난이 일어났다는 소식을 듣고 급히 이성(尼城)으로 달려가 호소사(號召使) 김사계(金沙溪) 선생의 종사관(從事官)으로 태자(太子)를 호위하였다. 전주(全州)에 도착하여 변란에 대한 대비책을 논하였다. 호위대장(扈衛隊將) 류비연(柳斐然)이 통어사(統御使)를 제수 받고 선생을 불러 종사관으로 삼아 병사들을 정돈하여 막 북상(北上)하려 할 때 적군이 화해를 청하고 돌아갔다는 소식을 들었다. 태자도 어가를 돌려 돌아가니 선생은 집에 돌아와 피눈물을 흘리면서 상소문을 작성하여 올렸다.

1628년 **인조 6년 무진 51세**

2월에 직강(直講)을 제수받았다가 얼마 되지 않아 장령(掌令)에 제수되니 신구(申救)·박정(朴炡) 등은 체직(遞職)의 명을 거두어 달라는 장계를 연이어 다섯 번 올렸다. 7월에 제용감정(濟用監正)에 전직되었고, 10월에 선산부사(善山府使)에 임명되었으나 부임하지 않고 돌아왔다. 12월에 예빈시정(禮賓寺正)에 임명되었다.

1629년 **인조 7년 기사 52세**

4월에 사도시정(司導寺正)에 임명되었다가 8월에 상의원정(尙衣院正)에 전직되었다. 9월에 종부시정(宗簿寺正)에 전직되었다가 11월에 다시 장령에 임명되었다. 이 때 대비(大妃)가 배능(拜陵)의 예(禮)를 행하자 선생은 연이어 두 번 장계를 올려 예에 어긋나는 것임을 진언하였다. 12월 군기시정(軍器寺正)에 전직되었다.

1630년 **인조 8년 경오 53세**

3월에 종부시정(宗簿寺正)에 임명되었다. 7월에 장령을 제수받고 궁가(宮家)를 혁파하고 내노(內奴)들은 면세하여 복호(復戶)해야 한다는 장계를 올렸다. 청사공이 동지사(冬至使)로 명나라에 갈 때 서쪽 교외의 송별연회에서 술잔을 김자점(金自點)의 뺨에 던졌다.

10월에 직강에 임명되었다가 얼마 후 다시 종부시정에 임명되었다. 11월에 선친이 영의정(領議政)을 추증받았다. 분황(焚黃: 벼슬을 받았을 때 관보의 부본인 누런 종이로 가묘에서 제사지내어 고하고 이를 태우는 일)하는 일 때문에 직무를 바꾸어 달라고 요청하여 임금의 특명으로 휴가를 얻어 역마를 타고 고향으로 돌아왔다. 12월에 장령에 임명되었다가 직강으로 전직되었다. 다시 상의원정으로 옮겼다가 곧이어 장령을 제수받았다. 한 달 사이에 네 차례 명을 받았으나 모두 그 직책에 나아가지 않았다.

1631년 **인조 9년 신미 54세**

정월에 부호군(副護軍)이 되었고, 2월에는 영암군수(靈巖郡守)에 임명되었으나 나아가지 않았다. 7월에는 사옹원정(司饔院正)을 제수받았고, 11월에 승문원 판교(承文院判校) 지제교(知製敎)에 전직되었다. 청사공이 동지사(冬至使)의 일로 복명하였으나 김자점의 무고로 옥에 갇혔다.

1632년 **인조 10년 임신 56**

2월에 장령에 제수되었는데 상소하여 청사공의 원통함을 알리고 종신록(從信錄)의 글을 봉하여 올렸다. 3월에 세자시강원(世子侍講院) 필선(弼善)에 전직되었다. 4월에 종정시주부를 제수 받고 얼마 후 장령이 되었고 다시 필선으로 옮겼다가 또 장령으로 직무가 바뀌었다. 6월에 필선을 제수 받았고, 7월에는 장령으로 전직되었다. 이때 이연평(李延平)이 추존(追尊)의 논의로 장계를 올려 선생의 직책을 파면할 것을 청하였다 10월에 충무위 사직(忠武衛司直)이 되었다.

1633년 **인조 11년 계유 56세**

청사공이 임금의 특명으로 진주(晉州)로 귀양 갔다. 4워에 부사과(副司果)로 전직되었고, 5월에 사도시정(司導寺正)을 제수받았다.

1634년 **인조 12년 갑술 57세**

8월에 사옹원정(司饔院正)을 제수받았다.

1635년 **인조 13년 을해 58세**

할아버지가 충렬'충렬(忠烈)'이라는 시호(諡號)를 추증받았다. 청사공이 임금의 특사로 감형되어 가까운 임천(林川)으로 옮겼다. 4월에 장령이 되었다가 성균관 사예(司藝)로 전직되었다.

1636년 **인조 14년 병자 59세**

6월 6일에 서울의 집에서 운명하였다. 조야(朝野)에서 서로 알고 지내던 사람들이 그의 부음(訃音)을 듣고 슬퍼하지 않는 이가 없었다.

김선원(金仙源)·김청음(金淸陰)·윤치천(尹稚川)·(張溪谷)·최지천(崔遲川)·윤해숭위(尹海崇尉)·서달성위(徐達城尉)·정기옹(鄭崎翁)·홍영안위(洪永安尉)·이천묵재(李天默齋)·송율옹(宋栗翁) 등이 모두 슬퍼하여 「만사(輓詞)」를 지었다. 8월에 장성(長城) 조회양(朝會陽)으로 반구(返柩)하여 묘좌원(卯坐原)에 장사하였다.

7대손 휘진(輝鎭)이 선생의 유집을 간행하려 하였으나 미처 틈을 내지 못해 남몰래 고민하다가 여러 문중 사람들과 함께 판각하기로 하였다. 넷째 종제(從弟) 면진(勉鎭)이 여기저기 흩어져있는 선생의 글을 모으고 빠진 것은 간략히 보충 기술하였는데, 신유(辛酉)년 가을에 응교(應敎)를 지낸 시홍(時鴻)이 교정하였다.

기암 정홍명 畸庵 鄭弘溟

기암(畸庵) 정홍명(鄭弘溟 1582~1650)은 자가 자용(子容) 호는 기암 이름은 홍명 본관은 영일이다. 선대는 고려조 때 문하시랑 평장사 균지(均之)가 비조(鼻祖), 이고 조선조에 더욱 현달한 6세조 홍지(洪知)는 의정부사로 시호가 공간(恭簡)이다. 5대조 연(淵)은 병조판서인데 시호는 정숙(貞肅)이고, 증조 위(潙)는 참봉인데 좌찬성을 증직 받았고, 조부는 유심(惟沈)인데 판관으로서 영의정에 추증되었으며 연창부원군(延昌府院君)에 봉해졌다. 아버지는 송강 철(澈)이니 좌의정을 지냈고 인성부원군(寅城府院君)에 봉해졌으며, 어머니 문화 류씨(文化柳氏)는 강항(姜沆)의 딸이다.

1582년 선조 15년 임오

3월 7일 막내로 태어났다. 깨달음이 뛰어났고 하는 말마다 사람들을 탄복하게 했다.

1587년 선조 20년 정해 6세

아버지 송강이 별세하고 상복을 벗기도 전에 어머니가 별세하였기 때문에 아버지가 자식에게 훈계한 글에 따라서 오로지 인격 수양에 전념하였다. 송구봉(宋龜峯)의 문하에 들어가 학문을 익혔다.

1601년 선조 34년 신축 20세

사계(沙溪) 김장생(金長生)의 문하에서 『주역(周易)』·『근사록(近思錄)』 등을 읽었는데 학문이 숙성하다는 인정을 받았고, 김문경공(文敬公)의 문하에도 출입하였다.

1616년 광해군 8년 병진 35세

문과에 급제하여 승문원에 들어갔으나 시기하는 사람이 많아서 곧

삭직되었다.

1623년 인조 원년 계해 42세

인조반정후 홍문관 수찬이 되었고, 그 해 10월에 계곡(谿谷) 장유(張維)·택당(澤堂) 이식(李植) 등과 호당에 선임되어 사가독서했다.

1624년 인조 2년 갑자 43세

2월에 홍문관수찬으로서 원접사 종사관이 되었고 정언을 옮겼다. 7월에 교리가 되고 12월에 이조좌랑이 되었다.

1625년 인조 3년 을축 44세

5월에 헌납이 되고 이조좌랑으로서 원첩사 종사관이 되었다.

1626년 인조 4년 병인 45세

8월에 부응교가 되었고 12월에 사간이 되었다.

1627년 인조 5년 정묘 46세

1월 응교가 되고 3월에 집의가 되었다가 다시 사간이 되었다. 보덕(輔德) 전한(典翰) 장악원정(掌樂院正)이 되었으며, 외직에 나아갈 것을 상소하였으나 허락받지 못하다가 마침내 김제군수로 나아갔다. 정묘호란이 일어나자 임금이 남한산성으로 피난 갔다는 소식을 듣고, 여산으로 달려와 임금의 명을 받고 초모사가 되었다. 의병 수천을 모집했으나 여러 곳에서 패하자 감사와 협의하여 강화로 가기로 하고 의병을 해산했다.

1632년 인조 10년 임신 51세

2월에 부응교로 옮겼다가 곧 집의가 되었고 3월에 통정계(通政階)로 승진했으며 12월에 병조참지가 되었다가 부제학이 되었다.

1633년 인조 11년 계유 52세

2월에 성균관 대사성이 되었다.

1636년 인조 14년 병자 55세

5월에 다시 사간원 대사간으로 옮겼다.

1637년 인조 15년 정축 56세
4월에 이조참의가 되었다.

1638년 인조 16년 무인 57세
11월 대사성이 되고 2월에 다시 사헌부 대사헌이 되었다.

1639년 인조 17년 기묘 58세
4월에 우부승지가 되었다.

1640년 인조 18년 경진 59세
2월에 이명한과 함께 발탁되어 『심양문서(瀋陽文書)』를 찬술했다.

1641년 인조 19년 신사 60세
7월에 대사성이 되었다.

1642년 인조 20년 임오 61세
수원부사가 되어 외직으로 나갔다.

1643년 인조 21년 계미 62세
함양군수로 옮겼다.

1646년 인조 24년 병술 65세
2월에 대제학이 제수되었으나 신병으로 부임하지 못했는데 이 때 인조가 승하했다.

1650년 효종 원년 경인 69세
2월 양관대제학(兩館大提學)을 제수했으나 신병으로 사임하고 귀향했다가 10월에 창평의 고향집에서 세상을 떠났다. 11월에 창평현 서쪽 건과(乾坐) 언덕에 장사지냈다. 곧 좌의정에 증직되었다. 저서에 『기암집』이 전한다.

명곡 오희도 明谷 吳希道

명곡(明谷) 오희도(吳希道 1583~1623)는 자가 득원(得原) 호는 명곡 이름은 희도 본관은 나주(羅州)이다. 선생의 선대는 고려조 때 중랑장을 지낸 언(偃)과 그리고 같은 중랑장 계진(季眞)이 먼 조상이고, 지익산군사(知益山郡事)로 공조참의를 추증받은 영달(穎達), 그리고 진사로 이조참판에 추증되고 금성군(錦城君)에 봉해진 신중(愼中)과, 이조판서에 추증되고 나성군(羅城君)에 봉해진 양평공(襄平公) 자치(自治)와 부평부사로서 좌찬성에 추증되고 나원군(羅原君)에 봉해진 세훈(世勳), 그리고 한성부서윤(漢城府庶尹) 원(謜)이 모두 현조(顯祖)이다. 아버지 언표(彥彪)는 유일(遺逸)로 예빈시참봉(禮賓寺參奉)에 제수되었으나 나아가지 않았고, 어머니는 순천 박씨(順天朴氏) 참의 명성(命星)의 딸이다.

1583년 선조 16년 계미
금성 집에서 출생했다.

1588년 선조 21년 무자 6세
서당에 입학하여 하루에 수 백자를 외웠다. 『소학』을 배워 사단(四端)·사물(四勿)·구용(九容)·구사(九思)를 밝게 알았고 부모님을 모시는 일을 실천했다.

1598년 선조 31년 무술 16세
도사(都事) 김복흥(金復興)의 문하에 나아가 집지하고 수학했다.

1601년 선조 34년 신축 19세
사마시에 합격하여 문학으로 이름이 났다.

1602년　선조 35년 임인 20세

부친의 상을 당하자 슬픔이 극도에 이르러 몸이 쇠약하여졌음에도 불구하고 3년 동안 시묘를 지성으로 거행하니 향민이 모두 감탄했다.

1614년　광해군 6년 갑인 32세

진사에 합격했으나 창평에 은거하면서 학문에 정진하여 명성이 경향에 드러났다. 인조가 임금 되기 전에 유람하러 창평에 들렀다가 선생의 명을 듣고 만나보면서 함께 일을 하자고 했으나 노모 때문에 집을 떠날 수 없다고 거절했다. 그리고 사촌 형 도암(韜庵) 오희길과 금강(錦江) 기효간(奇孝諫)의 문하에도 출입하였으니 선생의 사우연원은 하서 선생과 관계가 깊다.

1623년　인조 1년 계해 41세

알성문과에 급제하여 육림원의 천거로 상대기주(常代記注)가 되었다. 선생은 임금의 앞에서 민첩하게 문장을 초록하여 한 가지도 빠뜨리는 일이 없었다. 그래서 동료와 임금의 칭송을 들었고 곧 검열을 제수받았다. 그러나 불행히도 천연두에 전염되어 여관에서 세상을 떠났다. 임금이 매우 애석하게 여겨 고향에다 장사지내게 하였다. 담양 천곡리 갑좌 언덕에 안장하였다. 『명곡유고(明谷遺稿)』가 남아있다.

고산 윤선도 孤山 尹善道

고산(孤山) 윤선도(尹善道: 1587~1671)는 자가 약이(約而) 호는 고산 이름은 선도 본관은 해남(海南)이다. 고조 어초은(漁樵隱) 효정(孝貞)은 생원에 천거되고 이조참판(吏曹參判)를 증직받았다. 증조 귤정(橘亭) 구(衢)는 문과에 올랐고 문장과 절행으로 이름이 있었으며 중종 초년에 조광조 등과 더불어 경연에 출입하면서 임금의 덕행을 높였으나 기묘사화가 일어나자 벼슬을 버리고 고향으로 돌아갔다. 벼슬은 홍문관 부교리, 이조판서를 지냈는데 두 아들을 두었다. 큰아들은 홍중(弘中)인데 예조정랑(禮曹正郎)으로서 예조판서(禮曹判書)를 증직받았는데 후사가 없었다. 둘째는 의중(毅中)인데 문과에 합격하고 의정부 우참찬을 지냈으며, 선조조의 이름난 벼슬아치였다. 의중(毅中)의 큰아들 유심(唯深)은 예빈시(禮賓寺) 부정이며, 둘째 아들 유기(唯幾)는 문과에 올라 강원도 관찰사를 지냈다. 유기는 홍중(弘中)의 양자로 입적(入籍)하고, 능성(綾城) 구씨(具氏) 운한(雲翰)의 딸과 결혼하였는데 역시 아들이 없어서 유심(唯深)의 둘째 아들로 후사를 잇게 되었다. 어머니는 순흥 안씨 승의랑(承議郎) 계선(繼善)의 딸이다.

1587년 선조 20년 정해

6월 22일 서울 동쪽 연화방(蓮花坊) 집에서 출생하였다.

1592년 선조 25년 임진 6세

비로소 학문을 배우기 시작했다 총명함이 뛰어났고 언어와 동작이 엄숙하여 어른의 풍모가 있었다.

1594년 선조 27년 갑오 8세

관찰사인 유기공(唯幾公)의 양자로 입적되었다.

1597년 선조 30년 정유 11세

절에 들어가서 글공부를 하였다. 절에서 법회가 있어 떠들썩하였으나 선생은 홀로 공부에만 전념하였다.

1601년 선조 34년 신축 15세

아버지 관찰공을 따라서 안변(安邊)의 임소(任所)에 갔다.

1603년 선조 36년 계묘 17세

남원 윤씨(尹氏) 판서 돈(暾)의 딸과 결혼하였다. 이 해에 진사 초시에 합격하였다.

1606년 선조 39년 병오 20세

승보시(陞補試: 해마다 성균관 대사성이 四學의 유생을 모아서 12일 동안 보이던 시험)에 연달아 일등을 하였다. 선생은 어려서부터 경사(經史)를 깊이 탐구 하였고, 기묘사화 후에는 『소학』을 좋아하였으며, 이치를 궁구하고 호화로운 문장을 좋아하지 않았으므로 다른 사람들이 많이 따르게 되었다.

1608년 선조 4년 무신 22세

선조가 승하하였다. 4월에 어머니 구씨(具氏)의 상을 당하였다. 선생은 병약했기 때문에 "살못하여 죽는 것은 효가 아니다"하고 병이 나은 다음에 곧 예의를 갖추니 관찰공이 말하기를 "내가 자식이 없었는데 효자를 얻어 기쁘다"고 하였다.

1609년 광해군 원년 기유 23세

낳아주신 어머니 숙인(淑人) 안씨(安氏)의 상을 당하였다. 전후의 거상에 예를 한결같이 하였다.

1611년 광해군 3년 신해 25세

낳은 아버지 부정공(副正公)이 일찍이 전답 문서를 만들어 주었으나 사양하였다. 부정공이 "너의 어머니가 주신 것"이라고 하자 말없이 받았다. 그러나 다음에 선생은 조용히 말하기를 "형제중에 혼자서 받을 수 없습니다"고 하니 부정공은 억지로 권하지 않았다. 10월에 상복을 벗고 다음 달에 해남으로 돌아왔다. 어초은공(漁樵隱公)이 해남으로 온지 벌써 5세(世)가 되어 선영을 모셔야 하기 때문이다.

1612년 광해군 4년 임자 26세

선생은 소학을 돈독히 실천하고 경사(經史)에 능하였으며 의약·복서·음양·지리 등에도 폭넓은 지식을 쌓았다. 이 해 봄에 진사시험에 일등을 하였다. 9월에 아들 의미(義美)가 태어났다. 12월에 낳아주신 아버지 부정공의 상을 당하였다.

1616년 광해군 8년 병진 30세

지난해에 상복을 벗었고, 이 해 12월에 예조판서(禮曹判書) 이이첨(李爾瞻)을 죽이라는 상소를 올렸다가 대신들의 미움을 사서 경원(慶源)에 유배되었다. 광해군의 정치가 문란했는데 이이첨이 국권을 전횡하였다. 종사가 위태로운 것을 보고 상소하였다. 이때 선생은 아버지 관찰공에게 글로서 고하기를 "우리 집안은 삼세(三世)에 걸쳐 벼슬하고 있는데, 종사가 위태로움을 보고 어찌 좌시할 수 있겠습니까. 종사가 망하면 신하가 먼저 죽어야 하는 것이 도리인데 임금이 구중궁궐에 앉아 아무것도 모르고 있으니 좌시할 수 없어서 상소한 것입니다"고 하였다. 조정의 대신들이 이 상소를 무고라 하여 귀양을 보낸 것이다.

1617년 광해군 9년 정사 31세

경원에 있었다. 정월부터 종실의 친척인 구천군(龜川君) 수(睟), 금산군(錦山君) 성윤(誠允) 등 수 십 명이 이이첨의 간사함과 선생의 강개함을 상소로 말하였다.

1618년 광해군 10년 무오 32세

겨울이 기장(機張)으로 이배(移配)되었다.

1619년 광해군 11년 기미 33세

4월에 아들 예미(禮美)가 태어났다. 5월에 아버지 관찰공의 상을 당하였다.

1623년 인조 원년 계해 37세

3월 인조반정이 일어났다. 4월에 의금부도사를 제수받고 환궁하여 관찰공의 묘에 찾아가 곡하였다. 7월에 파직하고 해남으로 돌아왔다. 8월에 별시(別試) 초시(初試)에 합격하였다.

1625년 인조 3년 을해 39세

1월까지 해남에 있었으며 1월에 의금부도사를 제수하였으나 나아가지 않았다.

1626년 인조 4년 병자 40세

11월에 안기(安奇) 찰방을 제수하였으나 나아가지 않았다.

1627년 인조 5년 정묘 41세

정묘호란이 일어났다. 이때 선생은 임금을 돕기 위해 나아갔으나 도중에서 돌아왔다. 10월에 사포서(司圃署) 별제(別提)를 제수하였으나 신병으로 체직되었다.

1628년 인조 6년 무진 42세

서울에 있었다. 봄에 별시(別試) 초시(初試)에 일등으로 합격하였다. 3월에 두 대군(大君)의 사부가 되었다. 한 분은 효종이 된 봉림대군이요, 다른 한 분은 인평(麟坪)대군이다.

1629년 인조 7년 기사 43세

12월에 공조좌랑(工曹佐郞)에 승진되고 특명으로 다음해까지 사부(師傅)를 명하였다.

1630년 인조 8년 경오 44세

임금이 술과 음식을 하사하였다 아들 인미(仁美)와 의미(義美)가 연이어 사마시험에 합격하였다. 7월에 병조좌랑에서 체직되고 10월에 별시 초시에서 2등으로 합격하였다. 12월에 특별히 공조정랑(工曹正郞)을 제수하고 이듬해까지 사부(師傅)를 겸하게 하였다.

1631년 인조 9년 신미 45세

6월에 호조정랑(戶曹正郞) 겸 총융랑(摠戎郞)을 특별히 제수하였다. 9월에 호조정랑을 체직해 주기를 청하고 남쪽으로 돌아갔다. 임금이 술과 음식을 내렸으며, 대군도 역시 쌀과 콩을 보내 원행을 염려해 주었다. 11월에 형조정랑을 제수 했으나 사양하여 체직되었다. 아버지 묘를 이장하는 일로 남쪽을 왕래해야 하고, 고향으로 돌아가 보니 사부의 직책이 아직 체직되지 않았기 때문에 체직을 청한 것이다. 12월에 관찰공의 묘를 양주에서 해남 화원면으로 이장하였다.

1632년 인조 10년 임신 64세

정월에 호조정랑을 특별히 제수하였다. 또한 금년에 한하여 사부로 임명하였다. 2월에 사복시 첨정(司僕寺僉正)을 제수하고, 3월에 한성부 서윤(庶尹)이 되었다. 11월에 병으로 서윤과 사부의 자리를 물러나게 되자 설산도(雪山圖) 가리개 두 폭을 하사하였다.

1633년 인조 11년 계유 47년

봄에 증광향시(增廣鄕試)에 일등을 하였다. 4월에 증광 복시(覆試)에 대책(對策)으로 일등을 하였다. 음식을 하사받았으며 대군방에서도 쌀과 솜을 보내 우대하였다. 예조정랑을 제수하고, 5월에 시강원 문학을 제수하였으나 모두 상소를 올려 체직되었다. 7월에 평양 시관으로 임명되었다. 9월에 시강원 문학에 제수되고 10월에 휴가를 얻어 남으로 내려가 성묘하였는데 사헌부 지평을 제수하였다. 11월에 소명을 받고 용인까지 와서 체직을 요청하였다.

1634년 인조 12년 갑술 48세

봄에 성산(星山) 현감을 제수 하였다. 그 때 성주의 이졸이 성주목사를 죽인 사건이 일어나자, 현(縣)으로 강등시키고 선생을 현감에 제수한 것이다. 선생은 사양하지 않고 부임하여 정치를 잘하였다. 8월에 향교에서 석전제(釋奠祭)를 올렸다.

1635년 인조 13년 을해 49세

2월에 석전제를 올렸으며, 7월에 상소하여 양전(量田)을 논하였다. 조정에서 삼남(三南)의 양전을 논정(論定)하는데 균전사(均田使)를 보내서 과중한 세금을 물게하니 선생이 상소하여 “양전(量田)은 이른바 균전(均田)이요, 균전은 세금을 고르게 하려는데 있고, 세금을 고르게 함은 백성을 이롭게 하려는 것인데 조정의 본의와는 달리 백성을 어렵게 만드니 사신의 독촉이 엄혹하여 백성들이 두려워하고 있음"을 말하고 이를 개선해 주기를 청했다. 10월에 정언(正言) 김중일(金重鎰)이 "관사(官事)를 버리고 자신을 자봉(自奉)하는 시설을 하였다"고 선생을 탄핵하였다. 홍익한(洪翼漢) 등이 여러번 죄를 청했으나 윤허하지 않고 다만 추고(推考)를 명하였다. 겨울에 벼슬을 버리고 고향으로 돌아왔다.

1636년 인조 14년 병자 50세

5월에 아들 의미(義美)가 죽었다. 자부 정씨가 달포를 넘게 음식을 끊었다. 병자호란이 일어났다. 12월에 청나라 병사들이 쳐들어와서 서울이 함락되자 선생은 배를 타고 강화로 향했다. 종사와 빈궁·원손·대군 등이 모두 강화로 피난하였고 임금은 남한산성으로 피했다. 선생은 육로가 막혀서 행재소에 가지 못하고 배를 타고 통영(統營) 중군(中軍) 황익(黃翼)과 함께 밤낮으로 나아갔다.

1637년 인조 15년 정축 51세

정월에 강산(釭山)에 이르렀는데 오랑캐가 돌아갔다고 했다. 이때에야 비로소 강화가 함락되고 임금이 항복한 것을 알고 통곡하며 황익(黃翼)과 작별하였다. 2월에 영암의 보길도(甫吉島)에 숨어 살기로 하였다. 선생은 해남에 이르러 비로소 강호조약을 맺었음을 알고 눈물을 흘리며 곧 배에서 내리지 않고 뱃길을 돌려 보길도로 갔다. 황원포(黃原浦)에서 수려한 산봉우리들을 바라보면서 골짜기와 좌우의 계곡들이 둘러싸인 것을 확인하고 이곳이 가히 살만한 곳이라 여겨 나무를 베어 길을 내고 이름을 '부용동'이라 하였다. 또 격자봉(格紫峯) 아래에 집을 짓고 '낙서재(樂書齋)'라 이름하였다. 집 앞의 동쪽과 서쪽에 집을 짓고, 동쪽 계곡위에는 서실을 짓고 자제들이 공부하는 곳으로 삼았다. 골짜기의 북쪽 산허리에 바위가 층계를 이루었는데 여기에 조그마한 집을 짓고 '동천석실(洞天石室)'이라 했다.

1638년 인조 16년 무인 52세

봄에 대동찰방(大同察訪)을 제수하였으나 나아가지 않았다. 6월에 체포되어 영덕에 유배되었다. 벼슬아치들이 선생을 미워하고 또 병자호란 때 임금에게 달려오지 않았으며, 벼슬을 제수했는데도 나아가지 않는 것 등의 죄목이었다.

1639년 인조 17년 기묘 53세

2월에 사면을 받고 해남에 돌아와 수정동에 집을 지었다. 수정동은 깊고 그윽하며 여러 길의 폭포가 있는데, 그 옆에 조그만 집을 짓고 '대소정(大笑亭)'이라 하고, 문소동(聞簫洞)에도 정사를 지었는데, 모두 백련동 집과는 2십리 정도였다.

1640년 인조 18년 경진 54세

봄에 「금쇄동기(金鎖洞記)」를 썼다. 금쇄동은 문소동과 산줄기 하나 사이였다. 선생이 꿈에 금쇄(金鎖)를 얻었는데 며칠 만에 골짜기를 찾고 보니 꿈에 본 경치와 같아서 '금쇄동'이라 명명하고 기문을 쓴 것이다.

1642년 인조 20년 임오 56세

금쇄동에 있으면서 「산중신곡(山中新曲)」 십팔장(十八章)을 지었다. 동방의 가곡은 대부분 음사(淫辭)가 많고 한림별곡(翰林別曲) 등은 문인에게서 나온 것으로 내용이 어려웠었는데 선생이 한가로이 거처하면서 본성을 기르고 임금을 사모하는 노래를 지으니 비로소 성정(性情)의 올바름을 얻게 된 것이다.

1644년 인조 22년 갑신 58세

금쇄동에 있었다. 명나라가 망하고 드디어 청나라 연호를 쓰기 시작했다. 2월에 임금의 몸이 편치 않아서 선생을 불러 약을 의논하고자 했으나 명을 받들지 못하고 상소를 올렸다. "무릇 몸의 주인은 마음인 것이니 마음이 편안하면 몸이 편안하여 모든 질병이 없어질 것이요 또한 인심이 불안하면 마음이 편안하지 못한 것이니 마음을 바르게 하고 백성을 잘 다스리라"는 것이었다. 「산중속신곡(山中續新

曲)」 이장(二章)을 짓고 「고금가(古今歌)」 일장(一章)을 지었다.

1649년 **인조 27년 기축 63세**

봄에 선조의 묘제(墓祭)에 관한 규정을 만들었다. 5, 6대 할아버지의 묘가 강진에 있어서 제사를 올리지 못한지가 오래되어 제답을 마련하고 관리자를 물색하여 제사를 9월 15일로 할 것 등의 규칙을 정한 것이다.

5월에 인조가 승하하고 효종이 등극하였다. 선생은 현감과 함께 상복을 입고 곡하였다. 9월에 봉서로 상소하였다. 선생은 병으로 빈소에 올라가지 못하고 임금이 나라를 다스리는 법을 말하였는데, 인(仁)으로 자신을 수양하고 어진 자신으로서 어진 신하를 등용하며 요순의 성군과 같은 정치를 펴줄 것을 간절히 말하였다.

1650년 **효종 원년 경인 64세**

선생이 거처하는 곳에는 언제나 경서(經書)가 놓여 있었으며 독서에 열심하고 마음을 다른 곳에 두지 않았다.

1651년 **효종 2년 신묘 65세**

가을에 「어부사(漁父辭)」 4편을 지었다. 사시(四時)에 각 일편씩이요 모두 십장(十章)이다.

1652년 **효종 3년 임진 66세**

정월에 성균관 사예(司藝)를 제수하였다. 3월에 도문 밖에서 상소하고 죄를 청하였다. 내용은 "병자호란 때 달려가지 못한 것, 심양에 있을 때에도 눈물을 뿌리며 절치부심할 수밖에 없었던 것, 병난 후 17년 동안을 바다 밖에 있으면서 부름을 받고도 부임하지 못한 것" 등 여섯가지였다. 임금이 전교하여 말하기를 "도성 밖에 이르렀으면 빨리 들어올 것이며 과거를 말하지 말라"하 하였다. 숙배 후에 곧 임금을 만났다. 임금은 "수염은 어제 같은 데 피부는 어째서 늙었느냐"고 물었다. 선생이 임금을 마주보자, 승지 변시익(卞時益)이 윤선도는 신하로서 감히 임금을 마주보고 있으니 추문(推問) 해야 한다고 하였다. 그러자 임금은 화가 나서 "군사부(君師父) 일체라 하였으니 상관하지 말라"고 하였다. 인견이 끝난 다음 술과 음식을 하사하였다. 승정원 동부승지를 제수하였다. 면직을 청하자 속히 부임하라고 하였다. 다시 상소하고 패찰을 간직하여 경연에만 참석하였다. 병을 말하고 다시 상소하여 체직되었다.

4월에 액례(掖隷: 내위부에 근무하는 심부름꾼)을 보내서 문병하였다. 7월에 액례를 보내 여러 번 문병하고 술과 음식 그리고 부채 돗자리 등을 하사하였다. 8월에 예조참의를 제수했으나 병으로 사양하고 도성 밖에서 사면을 청하는 상소를 올렸다. 9월에 은으로 된 갓의 장식과 공작털로 된 궁전대(弓箭帒)와 환도를 하사하였다.

10월에 시무십조(時務十條)를 올렸다. 하늘을 두려워하며, 마음을 다스리고, 인재를 구별하여 등용하고, 상벌을 분명히 하고, 기강을 떨치게 하고, 붕당을 타파할 것 등이었다. 11월에 원평군(原平君) 원두표(元斗杓)의 잘못을 논하는 상소를 올렸는데, 이로 인해 벼슬을 그만두고 고향으로 돌아왔다. 그 때 원두표가 교만 방자했는데 선생이 상소하자 조정에서 윤선도는 조정을 위한다고 하니 밝히지 않을 수 없다고 하여 원두표와 함께 붙잡아드리기를 청하여 할 수 없이 고향으로 돌아간 것이다.

1653년 효종 4년 계사 67세

2월에 금쇄동에서 부용동으로 들어갔다.

1655년 효종 6년 을미 69세

2월에 부인 남원 윤씨가 죽었다. 10월에 시폐사조(時弊四條)를 올렸다.

1656년 효종 7년 병신 70세

금쇄동에 있었다. 3월에 임금이 재이(灾異)로 인하여 구언을 청하자 상소를 올렸다. "재이란 백성들이 아래에서 원망하고 하늘이 위에서 성을 내기 때문에 일어나는 것이다. 재이를 없애려면 오로지 안민(安民)하는 길 밖에 없으며, 안민은 택인(擇人)에 있으니, 무(武)보다 문(文)을 숭상하여 양(陽)을 북돋우고 음(陰)을 억눌러야 한다"고

하였다. 답하기를 "이전에도 상소를 올렸고 이번에 또 올렸으니 임금을 사랑하는 마음을 잊지 않음을 알 수 있겠다"고 하였다. 향사당(鄕社堂)의 조약을 만들었다. 풍속을 바로하고, 염치를 장려하며, 관아의 정치를 돕고, 부역을 고르게 하고, 아래의 아전을 부리고, 민생을 편안케 한다는 내용이다.

1657년 효종 8년 정유 71세

2월에 금쇄동에서 부용동으로 돌아왔다. 9월에 소명을 받고 서울로 갔다. 중궁(中宮)의 병으로 선생과 약을 상의하고자 부른 것이다. 곧 쌀과 콩 간장 등을 하사하였다. 11월에 첨지(僉知) 중추부사(中樞府事)를 제수하였으나, 사퇴를 구하는 상소를 올렸다. 답하는 글에 "서울로 올라온 이후 효과가 많았는데 왜 사퇴하려는가. 사퇴하지 말라"고 하였다. 다시 상소 하였으나 허락되지 않았으며 선생 또한 병으로 되돌아오고자 하였으나 약을 보내왔다. 12월에 노루고기 꿩 귤 등을 하사하였다. 다시 상소하였으나 허락하지 않고 특명으로 다시 공조참의(工曹參議)를 제수 하니 또 다시 상소하였다. 그러자 비방하는 사람들은 "벼슬을 시키는데 언제나 특명으로 시킬 수 있겠는가" 하고 헐뜯었으며, 윤모는 공조참의가 된 다음에 성어의(聖御醫)가 될 것이라 하였다.

4월에 연달아 상소하고 마침내 공조참의가 체직되어 풀려날 수 있었다. 돌아와서 고산(孤山)에 머물렀다. 당시에 선생이 바다에 들어간 이후 비방이 그치지 않고 종적이 괴이하다느니 또는 많은 무기를 감추어 두고 있다느니 하여 매우 위태로움을 느끼고 남쪽으로 가지 못하고 고산으로 간 것이다. 고산은 서울 동쪽 3십리에 있다. 강가로서 서울에 가까이 있기 때문에 편리하고 경치가 아름다웠다. 젊어서 생각한 경세의 뜻을 품고, 누가 "어느 당(黨)이냐"고 물으면 "군자로서 무슨 당인가" 하였다.

6월에 국시(國是)에 대한 상소를 올렸으나 정원(政院)에서 버렸다. 이때 송준길(宋浚吉) 이단상(李端相) 등이 기축옥사(己丑獄死)의 여론(餘論)을 들고 나와서 정개청(鄭介淸) 등을 추가로 무고하였는데,

그의 손자 국헌(國憲)이 상소를 올려 원망을 소송하자 정원에서 버렸었다. 선생이 통론하여 국시를 문란케 한다는 9천여조의 상소를 올려, 정개청이 지은 『우득록(愚得錄)』을 간행할 것을 요청하였으나 정원(政院)에서 또다시 버렸다.

1659년 효종 10년 기해 73세

고산에 있었다. 정월에 진사 정유악(鄭維岳)에게 답서를 보내고 「격물물격설(格物物格說)」을 지었다. 2월에 판서 정세규(鄭世規)에게 편지를 주었다. "호남의 안방준이 일찍이 오신전(五臣傳)을 지었는데 곤재(困齋)·동암(東巖)형제·류몽정(柳夢井)·조대중(曺大中) 등이었다. 그런데 곤재는 더 많은 무고를 입었다"는 내용이었다. 동고(東皐) 율곡(栗谷) 두 선생의 『문집』을 보고 감회에 쌓였다. 정유악(鄭維岳)에게 별폭의 편지를 보냈다.

5월에 효종이 승하하고 현종이 즉위하였다. 곡하고 대궐 앞에서 상복을 입고 고산으로 돌아왔다. 첨지를 명하고 간산(看山)의 명이 내리자, 산릉(山陵)에 관한 의견을 초(草)하여 올렸다. 7월에 총호사(摠護使) 심지원(沈之源)에게 글을 보냈다. 그 때 산릉을 수원으로 결정하였으나 선생은 기뻐하지 않았는데 반드시 수원으로 하겠다면 백성들을 옮기고 생업을 전과같이 하도록 해주어야 한다는 것과 좌향(坐向) 등에 관한 내용의 편지였다. 그 때 임금의 생각도 수원이 좋다고 하여 공사를 진행하였으나 반대하는 의견이 많아서 건원릉(乾元陵: 태조의 능. 지금의 양주군 구리면 인창리 동구릉) 경내로 하자는 의견이 있었다.

이때 갑자기 건원릉을 간산(看山)하라는 명이 있었다. 그러나 선생은 몸이 불편하여 명을 이행할 수 없었다. 선생은 임금의 특명으로 수원을 살펴보고 수원은 절대로 불가함을 말하여 건원릉으로 하기로 결정되었는데, 대간에서 건원릉을 살피라는 임금의 명을 어겼다는 잘못을 상소하여 파직하고 추국할 것을 청하였다.

1660년 현종 1년 경자 74세

왕명을 받들어 입성하였다. 이때 임금이 아파서 선생을 불러 약에 대하여 상의하고자 한 것이다. 도제조(都提調) 이상경(李相景)이 말하기를 "이분과 약을 상의한 일로 중론이 있었으나 개의하지 않는다"고 하였다. 곧 병으로 고산에 돌아왔다.

4월에 상소하여 방례(邦禮)에 대하여 논하였으나 삼수(三水) 땅으로 귀양가 안치되었다. 그 때 기해년에 효종의 상을 당하자 장열대비(莊烈大妃: 인조의 계비)가 효종을 위해 몇 년 복(服)을 입어야 하는가에 대한 논란이 있었다. 송시열 송준길 등은 체이부정설(體而不正說: 몸은 아버지를 계승하고 있지만 적자나 장자가 아니면 3년복을 입지 않는다는 설)을 내세워 1년복을 입어야 한다고 하였다. 선생은 상소를 올려 "종통을 잇는 아들은 정통으로 여겨야 하는 것이며, 하물며 말세로서 국가의 왕통을 걱정하는 이때에 기년복은 부당하며, 효종은 왕통의 정통이니 3년복을 입어야 한다"고 주장했었다. 부제학 유계(兪棨)·부교리 안후열(安後說)·부수찬 심세정(沈世鼎) 등이 임금에게 "윤선도의 말은 신하로서 차마 입에 담을 수 없는 것으로 무슨 화가 이를지 알 수 없으니 죄를 청한다"고 하여 삼수로 귀양을 가게 된 것이다. 양주의 정각에서 비를 만나고 시를 썼다. 포천에 이르러 조용주(趙龍洲)와 시를 화답하였다.

5월에 홍원(洪原)에 이르고 「육변문(六變文)」을 지었다. 관기(官妓)가 그 어머니 시축(詩軸)을 들고 왔는데 그 어머니는 선생이 경원으로 귀양을 가있을 때 시를 주었던 사람이었다. 이에 그 때로부터 지금까지 서로 다르게 변해버린 여섯 가지를 들어 글을 지은 것이다. 왕대비전에서 표리(表裏)를 보내왔고 대왕대비전에서도 표리를 보내왔다. 모두 서울에서 직접 보냈으므로 황송하게 여겼다. 유배지에 도착했다. 겨울에 예설(禮說) 두 편을 지었다. 적장자(嫡長子)의 상복은 필연인 것이며 왕통은 소중하니 체이부정설(體而不正說)은 해당되지 않고 적장자의 복을 입어야 마땅하다는 것이다. 필선(弼善) 정뢰경(鄭雷卿)의 「신도비명(神道碑銘)」을 지었다.

1661년 현종 2년 신축 75세

정월에 서회(敍懷)를 읊은 글을 지었다. 4월에 북청으로 이배를 명하였다가 다시 거두어 들였다. 6월에 위리안치 되었다. 이때 송준길이 등대하고 박세모(朴世模)가 말하기를 "윤선도의 말은 참혹하여 비교할 바가 없으니 더욱 벌을 주어야 한다"하고, 송준길은 "이 사람은 우리를 죽이려하였으니 더 청죄(請罪) 할 수는 없다"고 하였다. 유계(兪棨)가 죄를 더할 것을 청하자 "임금은 더 멀리 귀양을 보내는 것이 어떻겠는가"하고 묻자 영상(領相) 정태화(鄭太和)가 경흥(慶興)이 최북단이라고 했다. 유계가 경흥은 멀다가 하나 삼수보다 좋은 곳이니 그 자리에 두자고 하여, 임금은 위리안치를 명했다. 집으로 편지를 보내서 자식들을 훈계하였다. 수신(修身)·근행(謹行)·적선(積善)·행인(行人)을 제일로 힘쓰도록 하였다.

1662년 현종 3년 임인 76세

3월에 위리(圍籬)에서 풀렸다. 4월에 삼사(三司: 홍문관 사헌비 사간원)에서 인견을 허락받는 자리에서 윤모는 8십이 다되었는데 위리안치는 보기 흉하다고 하였다. 이에 임금이 상의하여 위리를 푼 것이다. 아들 인미(仁美)가 과거에 합격하였다. 거처를 읍으로부터 화원(花原)으로 옮겼다. 관아에서 오리(五里)쯤 떨어졌는데 땅이 넓었다. 몇 칸 집을 짓고 느릅나무 껍질로 지붕을 덮었는데 이는 그 지방의 풍속이었다. 거처하는 집을 '자득와(自得窩)'라 하고 학동들이 공부하는 집을 '독경재(篤敬齋)'라 하였다.

1663년 현종 4년 계묘 73세

삼수(三水)에 있었다.

1664년 현종 5년 갑진 78세

삼수에 있었다. 9월에 조용주(趙龍洲)에게 답서를 보냈다.

1665년 현종 6년 을사 79세

광양으로 이배(移配)되었다. 정월 초하루에 흰 무지개가 해를 가리고 2월에 혜성이 나타났다. 이에 구언을 청하니 유생 성대경(成大經)이 상소하고 또 가뭄이 들어 이배(移配)를 명하게 된 것이다.

1666년　현종 7년 병오 80세

광양에 있었다. 7월에 금산군(錦山君) 성윤(誠胤)의 「신도비명」을 썼다. 판관 조실구(曺實久)의 「신도비명」을 썼다. 봉사(奉事) 백홍제(白弘悌)의 「묘갈명」을 썼다. 겸재(謙齋) 하홍도(河弘度)의 만사를 썼다. 겸재는 지리산 아래 살던 처사였는데, 선생과 같은 예설(禮說)을 말하였다.

1667년　현종 8년 정미 81세

유생 이석복(李碩馥)이 상소하여 7월에 특명으로 방환되었다. 8월에 해남으로 와서 9월에 부용동으로 돌아갔다.

1669년　현종 10년 기유 83세

8월에 아들 예미(禮美)가 죽었다.

1670년　현종 11년 신해 84세

6월 부용동 낙서재(樂書齋)에서 별세하였다. 문소동(聞簫洞) 옛터에 장사지냈다.

1671년　현종 12년 임자

명령으로 벼슬이 회복되었다.

1675년　숙종 1년 을묘

2월에 이조판서를 추증하였다. 2년 후에 시호를 충헌(忠憲)이라 하였고, 3년 후인 경오에 서원(書院)을 건립하였다.

청파 신이강 靑坡 辛二剛

청파(靑坡) 신이강(辛二剛 1601~1661)은 자는 유숙(柔叔) 호는 청파 이름은 이강 본관은 영월(寧越)이다. 고려조 때 시중 중석(仲碩)과 판밀직사(判密直事) 렴(廉), 조선조에 한성부윤 희(喜)와 운봉현감 사보(思寶) 그리고 사헌부 감찰 맹문(孟文) 등이 이름난 조상이다. 고조 이중(以中)은 고부 훈도(訓導)를 지냈고 처음으로 옥과에서 살기 시작했다. 증조 만종(萬鍾)은 통정대부이며 조부는 정협(廷協)이다. 아버지는 희직(希稷)으로 승사랑(承仕郎)인데 군자감 봉사(君資監奉事)였고, 어머니는 평산 신씨(平山申氏) 경지(景祉)의 딸이다.

1601년 선조 34년 신축

1월 14일 옥과 율리에서 출생했다. 선생이 태어나던 날 부친 봉사공이 용이 오르는 꿈을 꾸었기 때문에 아명을 변룡(變龍)이라 하였다.

1602년 선조 35년 임인 2세

모친을 여의고 조부모 밑에서 자랐다. 선생은 어릴 때 운학(雲壑) 조평(趙平)과 우산(牛山) 안방준(安邦俊)의 문하에서 수업하였고 커서는 산림에 은거하여 학문을 궁구하고 후진을 가르치면서 살았다.

1635년 인조 13년 을해 35세

부친의 상을 당하자 슬픔을 다하고 초상의 예절과 3년 시묘를 지성으로 행하였다.

1636년 인조 14년 병자 36세

12월에 병자호란이 일어나고 다음 정축년 1월 인조가 삼전도에서 청에게 항복하는 사건이 일어나자 선생은 마침내 책을 덮고 강학을 중지했다. 이 후 구도의 뜻을 다시 결심하고 『대학』·『중용』과 여러 성리서를 탐구하여 옛날 성현의 마음을 다스리는 법을 연구하였다. 그리하여 『천인일리(天人一理)』라는 책을 저술했다. 선생의 학행이 드러나자 조정에서 효우로써 관직에 임용하려 하였으나 극력 사양하였다. 선생은 청나라의 숭덕 연호를 끝내 쓰지 않았다.

1661년 현종 2년 신축 61세

7월 27일 고향 집에서 세상을 떠났다. 9월 20일 설산의 건좌원에 안장되었다. 『청파유집(青坡遺集)』이 간행되어 세상에 전한다.

반계 류형원 磻溪 柳馨遠

반계(磻溪) 류형원(柳馨遠 1622~1673)은 자가 덕부(德夫) 호는 반계 이름은 형원이다. 관향은 문화(文化)로 관(寬)의 후손이다. 고조 충록(忠祿)은 종사랑(從仕郞)이었으며, 증조는 현령 위(渭)이고, 할아버지는 성민(成民)인데 참판(參判)에 추증되었다. 아버지는 흠(欽)인데 시강원 설서(說書)였고, 어머니는 여주 이씨 참찬 지완(志完)의 딸이다.

1622년 광해군 14년 임술

1월 21일 서울 소정릉동(小貞陵洞) 큰외숙 태호(太湖) 이원진(李元鎭)의 집에서 출생하였다. 눈이 빛나고 등에 일곱 개의 검은 점이 있었다.

1623년 인조 원년 계미 2세

아버지의 상을 당하였다.

1626년 인조 4년 병인 5세

학문을 닦기 시작하였다. 외숙 이원진(李元鎭)과 고모부 동명(東溟) 김세렴(金世濂)에게 배웠는데 한 번 암송하면 잊지 않았으며 바둑 장기 등의 잡기에도 능하였다.

1628년 인조 6년 무진 7세

『서경(書經)』을 읽었다.

1636년 인조 14년 병자 15세

병자호란을 당하여 할아버지 내외와 고모 외숙모와 함께 원주로 피난했다. 일행이 도적을 만나서 당황하였으나 선생이 도적을 꾸짖어서 돌려보냈다.

1637년 **인조 15년 정축 16세**

난리가 평정되자 선영에 성묘하고 할아버지가 계신 부안 등지를 왕래하였다.

1639년 **인조 17년 기묘 18세**

풍산 심씨(豊山沈氏) 철산부원군(鐵山府院君) 항(閎)의 딸과 결혼하였다.

1643년 **인조 21년 계미 22세**

여주 백양동(白羊洞)으로 이사하였다. 겨울에 동명(東溟)선생을 함흥으로 방문하였다.

1644년 **인조 22년 갑신 23세**

명나라가 망하였다. 할머니 이부인(李夫人)이 돌아가셨다.

1646년 **인조 24년 병술 25세**

동명(東溟) 선생이 돌아가셨다. 겨울에 『이자시전(李子時傳)』을 지었다.

1648년 **인조 26년 무사 27세**

봄에 영남을 유람하였으며, 4월에 어머니 이부인(李夫人)의 상을 당하였다.

1651년 **효종 2년 신묘 30세**

정시(庭試)에 합격하였다. 5월에 할아버지 참판공이 돌아가셨다.

1652년 **효종 3년 임진 31세**

『정음지남(正音指南)』을 지었다. 『반계수록(磻溪隧錄)』을 처음 짓기 시작했다.

1653년 **효종 4년 계사 32세**

상복을 벗고 겨울에 전북 부안의 우반동(愚磻洞)으로 이사하였다.

1654년 **효종 5년 갑오 33세**

진사시험에 합격했다. 3인에 2등이었다. 마을에 잡신을 모시는 사당이 있었는데 이를 허물었다.

1656년　효종 7년 병신 35세

박자진(朴自振)과 더불어 동국지지(東國地志)에 대하여 논하였다.

1664년　현종 5년 갑진 43세

『동방문(東方文)』을 찬집하였다.

1665년　현종 6년 을사 44세

동국사 강목조례를 편성하였다. 여름에 감사 민유중(閔維重)에게 편지를 보내서 구황을 베풀 방안과 제방을 쌓는 일을 논했다.

1667년　현종 8년 정미 46세

중국 사람이 태풍에 밀려오자 이들과 대화를 나누었다. 『주자찬요(朱子纂要)』를 썼다. 김동명(金東溟)의 「행장」을 지었다.

1668년　현종 9년 무신 47세

허미수(許眉叟)를 찾아갔으며 동명 선생의 묘소를 참배하고 부안으로 돌아갔다.

1670년　현종 11년 기유 49세

『반계수록』이 완성되었다.

1671년　현종 12년 신미 50세

친구인 백우(伯虞) 정동익(鄭東益)이 『반계수록』에 대해 질문하자 답을 보냈다. 향음주례(鄕飮酒禮) 절목을 제정하였다.

1673년　현종 14년 계축 52세

우반동의 집에서 운명하였다. 죽산(竹山) 용천정(湧泉鼎) 배산(排山) 선영에 안장하였다.

1693년　숙종 19년 계유

호남의 유생들이 부안의 동림에 서원을 건립하였다.

1741년　영조 17년 신유

승지 양득중(梁得中)이 상소하여 『반계수록』을 임금이 직접 보도록 요청하였다.

1746년 영조 22년 병인

유신 홍계희(洪啓禧)에게 명하여 선생의 본전(本傳)을 짓게 하였다.

1752년 영조 28년 임신

전라감사 이성중(李成中)이 선생의 증직을 청하는 장계를 올렸다.

1753년 영조 29년 계유

통훈대부 사헌부 집의(通訓大夫司憲府執義) 겸 세자시강원 진선(世子侍講院進善)에 추증되었다.

1770년 영조 46년 경인

통정대부 호조참의(通政大夫戶曹參議) 겸 세자시강원 찬선(世子侍講院贊善)에 추증되었다. 이 해에 『반계수록』이 영남 감영에서 간행되고 다섯 사고(史庫)와 홍문관에 나누어 소장되었다.

송암 기정익 松巖 奇挺翼

송암(松巖) 기정익(奇挺翼 1627~1690)은 자가 자량(子亮) 호는 송암 이름은 정익 본관은 행주이다. 정무공(貞武公) 건(虔)이 학문과 절의로 단종·세종 때 이름이 높았다. 고조 효간(孝諫)은 하서 김인후의 수제자이며 복재(服齋) 기준(奇遵)의 종손이고 고봉 기대승의 사촌조카이다. 아버지 진탁(震鐸)은 진사이고, 어머니는 금성 나씨(錦城羅氏) 사헌부 감찰(司憲府監察) 무춘(茂春)의 딸이다.

1627년 인조 5년 정묘

7월 11일 장성에서 출생했다. 선생은 어려서부터 영특하였고 학문에 정진하여 경전에 널리 통하였으며 천문·지리·복서·의약에도 모두 조예가 깊었다. 젊어서는 과거에 뜻을 두었으나 부모님이 돌아가시고부터는 과거공부를 단념하고 학문에만 힘썼다.

1681년 숙종 7년 신유 55세

천거로 제릉참봉(齊陵參奉)이 제수되고 다시 효릉참봉이 제수되었으나 모두 나아가지 않았다. 선생은 한때 장성에서 영광으로 이거했다가 다시 장성으로 돌아왔는데 송암은 그의 집 뒷산 이름이다.

1690년 숙종 16년 경오 64세

12월 25일 집에서 세상을 떠났다 뒤에 장성의 추산에 있는 정무공 서원에 배향되었다. 유고로 『송암선생문집』 4권이 있다.

손재 박광일 遜齋 朴光一

손재(遜齋) 박광일(朴光一 1655~1723)은 자가 사원(士元) 호는 손재 이름은 광일 본관은 평양(平陽)이다. 선생은 고려조 때 검교 참판 의정부사를 지낸 가흥(可興)의 후손이며, 집현전 대제학을 지낸 평양부원군 문숙공(文肅公) 석명(錫命)의 10세손이다. 석명의 후손 이공(而恭)이 창신교위(彰信校尉)로 광주에 은둔한 뒤 자손이 그곳에서 대대로 살아 왔다. 고조 언침(彦琛)은 호가 만취당인데 제봉 고경명의 문하에서 수학하여 학행이 높았다. 증조 진정(震挺)은 충의위(忠義衛)이며 할아버지는 수림(遂林)이다. 아버지 우헌(寓軒) 상현(尙玄)은 사헌부 장령에 추증되었는데 일찍이 우암 송시열과 종유했으며, 어머니 장택 고씨는 처사 부민(傅敏)의 딸이다.

1655년 효종 6년 을미

9월 12일 광주 진곡리에서 태어났다.

1661년 현종 2년 신축 7세

아버지 우헌공 곁에서 독서에 열중하니 아버지가 기특히 여겼다.

1671년 현종 12년 신해 17세

『근사록(近思錄)』·『역학계몽(易學啓蒙)』·『태극도』·『정몽(正蒙)』 등의 책을 보고 깊이 깨달았기 때문에 모든 사람들이 탄복하였다.

1677년 숙종 3년 정사 23세

아버지의 명에 따라 우암 송시열에게 제자되기를 청했다. 그리하여 오래 전부터 의문이 있던 『대학』의 격치설(格致說)과 『중용』의 미발설(未發說) 등의 구절을 질의하여 학문이 진취했다. 박중회(朴重繪)는 선생의 친척 조카이다. 함께 송시열의 문하에서 학문을 토론하고 우의를 쌓았다.

1689년 숙종 15년 기사 35세

사화가 일어나 스승 우암이 제주로 유배될 때 안여해(安汝諧)·박중회(朴重繪) 등과 배종(陪從)하였고, 우암이 다시 서울로 불려 올라가다가 정읍에서 사사될 때 선생은 수암(遂庵) 권상하(權尙夏)·김만준(金萬埈) 등과 찾아뵙고 고별했다.

1693년 숙종 19년 계유 39세

아버지 우헌공이 위독하게 되자 손가락을 잘라 피를 받아 먹여 수일을 연명시켰고, 상을 당하자 예법대로 장례를 치루고 슬픔을 다했다.

1695년 숙종 21년 을해 41세

상복을 벗고 동지들에게 "못난 내가 아버지와 스승을 모두 여의고 가르침을 다시 받을 수 없으니 더욱 못나게 되었다"고 말하고 날마다 분발하여 존심양성(存心養性)에 힘을 기울였다.

1699년 숙종 25년 을묘 45세

삼연(三淵) 김창흡(金昌翕)이 "사람의 지(知)는 심지(心知)와 지지(智知)가 있어 서로 같지 않다"고 한 말을 가지고 와서 질문하는 사람이 있었다. 선생은 "인물지성(人物之性)이 다르다"는 입장에서 풀이해 주었다.

1701년 숙종 27년 신사 47세

유일(遺逸)로 천거되어 내시교관(內侍敎官)을 제수했으나 나가지 않았다. 이 해 겨울에 어머니 고씨부인이 위독하자 선생이 손가락을 자르고 피를 받아 먹여 병이 나았다.

1702년 숙종 28년 임오 48세

다시 익위사 시직(翊衛司侍直)을 제수하자 명을 어길 수 없어 일단 복명했다가 사퇴하고 돌아오려 했으나 서울에 이르러 체직되었다. 선생은 서울에 머무는 동안 농암(農巖) 김창협(金昌協)을 찾아가 학문을 강론하면서 지냈다.

1705년 숙종 31년 을유 51세

어머니 고씨가 세상을 떠나자 치상의 예를 법대로 마치고 3년 동안 시묘를 지성으로 행하였다.

1711년 숙종 37년 신묘 57세

집을 지리산 문수동으로 옮기고 아우 광선(光善)과 함께 지내면서 문인 제자들과 경전을 강하고 풍월을 읊으며 유유자적했다.

1713년 숙종 39년 계사 59세

왕자 사부를 제수했으나 병을 내세워 나아가지 않았다.

1714년 숙종 40년 갑오 60세

지리산으로 들어간지 4년 만에 환경에 적응하지 못하여 할 수 없이 광주 고향집으로 돌아왔다.

1715년 숙종 51년 을미 61세

호남의 학자들이 '하늘은 사람과 동물에게 균등한 이치를 주었으므로 금수에게도 오상(五常: 仁義禮智信)이 있다'는 논란을 벌였다. 그 때 선생의 아우 참봉 광원(光元)이 강릉에 있으면서 이 문제를 편지로 질문했으므로 인물(人物)의 성(性)은 같지 않다는 답장을 보내주었다.

1717년 숙종 43년 정유 63세

시강원 자의(諮議)에 제수되니 선생은 자신의 허명 때문에 성은을 그르치게 되었다고 여러 번 상소하였다. 상소가 들어가기 전에 종부시(宗簿寺) 주부(主簿)로 제수되었지만 나아가지 않았다.

1720년 숙종 46년 경자 66세

숙종이 승하한 뒤로 다시 부르지 않았다.

1722년 경종 2년 임인 68세

겨울에 장암(丈巖) 정호(鄭澔)가 관북의 귀양지로부터 지도(智島)로 옮겨올 때 선생의 집 앞을 지나게 되었다. 그 때 선생이 정호의 숙소에 나아가 경서를 논하면서 날이 새는 줄도 몰랐다.

1723년 경종 3년 계묘 69세

아첨하는 신하들이 임금의 측근에서 간신들이 무고하여 도봉(道峯)을 문묘에서 훼철하게 하자, 선생은 동방문물이 오랑캐로 변한다고 한탄했다. 이 해 겨울 양암(良巖) 이희조(李喜朝)가 낭주(朗州)의 유배지로부터 관서로 옮겨갈 때 선생이 찾아가 만났다. 양암이 세상의 화가 자신을 괴롭히고 있다고 말하자 인생의 기구한 운명은 하늘의 뜻이라고 대답하였다.

그 뒤 병이 생겼다. 12월 신미일에 병이 심하여졌으나 오히려 정신을 잃지 않았고, 가족들이 울기 시작하자 조용히 하라고 일렀다. 다음 날 임신에 숨을 거두었다. 정광산(淨光山) 동록(東麓)에 안장하였다. 저서에 『손재집』 8권 3책이 있다.

백야당 박광원 白野堂 朴光元

백야당(白野堂) 박광원(朴光元 1659~1741)은 자가 사선(士善) 호는 백야당 이름은 광원 본관은 평양이다. 선생의 선대는 영규(英規)가 원조(遠祖)이고, 고려조 때 검교 의정부사(檢校議政府事)를 지낸 가흥(可興)과 조선조에 들어와 집현전 학사와 대제학을 지낸 석명(錫命)이 이름있는 조상이다. 석명의 후손 이공(而恭)이 창신교위(彰信校尉)를 지내고 광주에 내려온 뒤 자손이 대대로 그곳에서 살아왔다. 고조 언침(彦琛)은 제봉(霽峯) 고경명의 문하에서 수학하여 학행이 높았다. 증조는 진정(震挺), 조부는 수림(遂林)으로 덕이 있었으나 벼슬에 나아가지 않았다. 아버지 상현(尙玄)은 호가 우헌(寓軒)으로 성리학에 조예가 깊었고 송시열과 교유하였다. 호남 관찰사 김만길(金萬吉)이 조정에 천거하여 사헌부 장령을 증직했다. 어머니 장흥 고씨(長興高氏)는 처사 부민(傅敏)의 딸이다.

1659년 효종 10세 을해

12월 3일 광주 진곡리(眞谷里)에서 출생하였다. 선생은 어렸을 때 형 손재(遜齋) 박광일(朴光一)과 아버지 우헌공(寓軒公) 밑에서 글을 배우기 시작하였다.

1666년 현종 7년 병오 8세

『소학』 등 여러 학문을 닦아 어른을 공경하고 예절을 잘 지켜 우헌공의 사랑과 촉망을 받았다.

1677년 숙종 3년 정사 19세

형 손재공(遜齋公)을 따라 우암 송시열의 문하에 가서 수학했다. 선생은 그곳에서 수암(遂庵) 권상하(權尙夏)와 양암(良庵) 이희조(李喜朝)

등을 만나 학행이 날로 진취했다.

1693년 숙종 19년 계유 35세
부친 우헌공의 상을 당하자 형 손재와 함께 초상의 예법을 『주자가례』대로 집행하고 3년의 시묘를 지성으로 행하였다.

1699년 숙종 25년 기묘 41세
생원시에 1등으로 합격했다.

1705년 숙종 31년 을유 47세
어머니 장흥 고씨의 상을 당하자 매우 슬퍼하였으며 제사의 예절을 지성으로 행하였다.

1712년 숙종 38년 임진 54세
유일(遺逸)로 경기전 참봉이 제수되어 부임하고 이어 강릉참봉으로 옮겼다가 다시 승진하여 종묘봉사(宗廟奉事)에 제수되었다.

1720년 숙종 46년 경자 62세
금부도사로 승진되었다.

1721년 경종 1년 신축 63세
12월에 조정에서 김창집(金昌集) 등 대산 4명을 유배시켰고, 이듬 해에 다시 옥사가 일어나자 의금부 도사의 벼슬을 버리고 귀향했다.

1725년 영조 1년 을사 67세
이조정랑을 제수하였고 청암찰방으로 옮겼다.

1738년 영조 14년 무오 80세
80세가 되자 수직으로 첨지중추부사를 제수받았다.

1741년 영조 17년 신유 83세
7월 13일 녹동(鹿洞) 백야정사(白野精舍)에서 별세하였다. 선생의 호는 당호의 편액에 말미암은 것이다. 10월 12일 장성 하청산(夏淸山) 북쪽 해좌(亥坐) 기슭에 안장했다.

삼족당 위세보　三足堂 魏世寶

삼족당(三足堂) 위세보(魏世寶 1669~1707)는 자가 국미(國美) 호는 삼족당 이름은 세보 본관은 장흥(長興)이다. 신라 중엽에 중국에서 건너와 벼슬을 한 경(鏡)이 시조이다. 고조는 곤(鯤)이요, 증조는 덕후(德厚)인데 음직(蔭職)으로 제용감 판관(濟用監判官)을 지냈고, 조부인 정열(廷烈)은 무관(武官)으로 현감(縣監)을 지냈다. 아버지는 통덕랑(通德郞)을 지낸 동식(東寔)이요, 어머니는 영광 김씨(靈光金氏) 광원(光遠)의 딸이다.

1669년　현종 10년 기유

4월 14일 회주(懷州) 계춘동(桂春洞) 집에서 출생하였다. 어렸을 때의 이름은 재징(再徵)이다.

1671년　현종 12년 신해 3세

글을 가르침에 스스로 그 뜻을 이해하였다.

1673년　현종 14년 계축 5세

7월 5일에 동생 춘담공(春潭公)이 출생하였다. 어렸을 때 이름은 차징(次徵)이다.

1685년　숙종 11년 을축 17세

본부(本府)의 군수가 선생의 재주가 뛰어나다는 소문을 듣고 불러서 자기가 보는 앞에서 시험 삼아 시를 짓고 매학도(梅鶴圖)와 포도 그림 두 족자를 그리도록 하였다. 군수는 시와 그림을 보고 선생의 재주가 비상함을 크게 칭찬하고 상을 내렸다.

1686년　숙종 12년 병인 18세

어머니 김씨의 상을 당하였다. 상을 치룰 때 여러 사람이 모인 곳에는 가지 않았고 말을 함부로 하지 않았다. 여름에 무학동(舞鶴洞)에 장사하였다.

1689년 숙종 14년 무진 20세
영광 김씨 정길(鼎吉)의 딸을 부인으로 맞아들였다.

1690년 숙종 16년 경오 22세
큰딸 순강(順康)이 태어났다.

1693년 숙종 19년 계유 25세
둘째 딸 순정(順貞)이 태어났다.

1696년 숙종 22년 병자 28세
2월 11일에 아들 명초(命初)가 태어났다.

1698년 숙종 24년 무인 30세
정월 5일에 부인 김씨가 세상을 떠났다. 3월에 계춘동(桂春洞) 뒷산 신좌원(申坐原)에 장사하였다.

1699년 숙종 25년 기묘 31세
수원 백씨 명시(命蓍)의 딸을 부인으로 맞아들였다.

1700년 숙종 26년 경진 32세
셋째 딸 순희(順熙)가 태어났다.

1702년 숙종 28년 신사 34세
넷째 딸 말희(末熙)가 태어났다. 8월 19일에 아들 명초가 요절하였다.

1704년 숙종 30년 을유 36세
12월 8일에 둘째 아들 태평(太平)이 태어났다.

1705년 숙종 31년 을유 37세
3월에 살던 집을 다시 지었다.

1707년 숙종 33년 정해 39세
가을에 요양차 장천재(長川齋)에 있다가 겨울에 삼족당(三足堂)으로 돌아왔다.
12월 2일에 별세하였다. 이 해에 어머니의 묘를 다전동(茶田洞) 정좌원(丁坐原)으로 이장하였다. 임종할 때에 다음과 같은 시를 남겼다. "누가 일렀는가 뜻을 이룬다고. 40세 인생이 애통스럽게도 이름이 없네. 가련타 시 짓는 혼 어느 곳에 돌아가리. 피눈물로 봄 동산엔 풀도 나지 않으리."

1708년 숙종 34년 무자

봄에 송현(松峴) 기좌원(己坐原)에 장사하였다. 8월 13일에 할아버지 학생공(學生公)이 별세하였는데 향년 69세였다. 겨울에 다전동에 장사하였다. 부인 백씨가 전염병을 피해 아들 태평을 데리고 송현촌(松峴村)으로 갔다.

1715년 숙종 41년 을미

부인 백씨가 장녀를 해남 사인(士人) 성은창(成殷昌)에게 시집보냈다.

1716년 숙종 42년 병신

부인 백씨가 둘째 딸을 강진 사인(士人) 김희(金禧)에게 시집보냈다.

1722년 경종 2년 임인

겨울에 춘담공이 기르던 딸을 흥양(興陽) 사인(士人) 송도항(宋道恒)에게 시집보냈다.

1723년 경종 3년 계묘

가을에 둘째 아들 태평(太平)이 관례(冠禮)를 올리고 점을 쳐서 이름을 문덕(文德)이라 하였다.

1725년 영조 원년 을사

2월 8일에 문덕이 평해(平海) 오일삼(吳日三)의 딸을 부인으로 맞아들였다.

1727년 영조 3년 정미

5월 15일에 장손 독추(禿鶖)가 출생하였다. 춘담공이 매우 사랑하여 항상 안고 다녔다.

1734년 영조 10년 갑인

4월 6일에 둘째 손자 관돌(冠乭)이 태어났다.

1740년　영조 16년 경신

10월에 문덕이 진사(進士) 복시(覆試)에 합격하였다.

1741년　영조 17년 신유

12월 12일에 춘담공이 별세하였다.

1742년　영조 18년 임술

2월에 송현동(松峴洞) 삼족당(三足堂)의 묘 아래에 장사하였다.

1743년　영조 19년 계해

3월에 장손 독추가 관례(冠禮)를 올리고 점을 쳐서 이름을 백규(伯珪)라 하였다.

1744년　영조 20년 갑자

4월 27일에 백규가 김해(金海) 김시성(金始聲)의 딸을 부인으로 맞아들였다.

해금 오달운 海錦 吳達運

해금(海錦) 오달운(吳達運 1700~1747)은 자는 백통(伯通) 호는 해금 이름은 달운 본관은 동복(同福)이니 문헌공(文獻公) 대승(大陞)의 후손이다. 선생의 7대조 빈(彬)이 상소를 올려 간사한 신하를 탄핵하다가 해남으로 귀양을 가게 되어 자손이 이곳에서 살게 되었다. 고조는 홍적(弘績), 증조는 명승(名勝), 조부는 필주(弼周)이다. 아버지는 포암(圃庵) 시탁(始擢)이요, 어머니는 풍천 최씨(豊川崔氏) 남극(南極)의 딸이다.

1700년 숙종 26년 경진

3월 13일 해남 청계면(淸溪面, 지금의 계곡면) 흑석산 아래 용지리(龍池里) 집에서 태어났다. 선생은 말을 배우기 시작하면서 문자를 터득하였다. 마을의 감나무 열매 속에 검은 점이 있어 마을 사람들이 이상히 여겼는데, 선생이 이 감나무 속에 돌이 박혀 있을 것이라고 말했다. 그 감나무를 잘라 쪼개어 보니 과연 선생의 말처럼 돌이 박혀 있었으므로 사람들이 신동이라고 불렀다.

1705년 숙종 31년 을유 6세

어머니가 세상을 떠나자 식음을 전폐하고 몸을 가누지 못하였으므로 아버지 포암공이 위로하고 달래어 억지로 음식을 먹였다.

1709년 숙종 35년 기축 10세

선생은 문장과 학문이 일취월장하여 사람들이 깜짝 놀랄 시문을 지어 인근에 명성이 자자했다. 찰방(察訪)을 지낸 김순형(金舜衡)이 찾아와 그 재능을 기특히 여겨 데리고 가서 공부를 가르쳤다.

1727년 **영조 3년 정미 28세**

전라도사(全羅都事) 최숙정(崔淑淨)의 묘비를 지었다.

1732년 **영조 8년 임자 33세**

나주로 이사하여 서당을 세우고 후진들을 계도하자 소문을 듣고 찾아온 선비들이 문전성시를 이루었다.

1735년 **영조 11년 을묘 36세**

아들 석현(錫鉉)이 태어났다.

1740년 **영조 16년 경신 41세**

과거장에 나아가 감시(監試)에서 두번 장원하였고, 다음 동당시(東堂試)의 논(論), 책(策)에서도 모두 장원에 올랐으며, 마침내 대과(大科)의 회시(會試)에서도 장원을 하니 1년에 5장원이라는 명성을 온 나라에 떨치게 되었다. 이같은 예는 이율곡(李栗谷) 선생 이후 처음 있는 일이었다. 과거에 합격한 뒤 삼당(三黨)에서 모두 자기들의 파당으로 들어오기를 바랐으나 선생은 반드시 색목을 없애고 파당을 짓는 마음을 버리기로 하여 삼색(三色)을 따지지 않고 어진 이와 교유하였다. 「문균부(問均賦)」와 「공명서기예악론(孔明庶幾禮樂論)」을 지었다.

1741년 **영조 17년 신유 42세**

과거급제의 영광을 안고 돌아온 뒤, 아버지의 병환으로 한 해 동안 체류해 있다가 이 해 8월에 비로소 서울로 올라갔다.

1743년 **영조 19년 계해 44세**

4월에 아버지 포암공의 상을 당했다. 선생은 아침저녁으로 전(奠)을 드리고 난 여가에 옛날 배웠던 글들을 다시 연구하여 『인역(人易)』 한 편을 지었다. 45개의 괘(卦)와 540개의 효(爻)를 얻어 거기에다 인의(仁義)의 설을 붙여 계사(繫辭)를 만들어 놓고 스스로 『태현경(太玄經)』과 『홍범(洪範)』의 두 글에다 비유하였다. 도괘(圖卦)와 효사(爻辭)는 초고에서 미처 수정하지 못했는데 해가 오래됨에 따라 반이나 유실되어 완전한 글을 이루지 못했다.

1745년 영조 21년 을축 46세

겨울에 「무위당서(無爲堂序)」를 썼다.

1746년 영조 22년 병인 47세

9월에 오수도 찰방(獒樹道察訪)에 제수되어 남원 임지에 부임하였다. 선생은 관직에는 직위의 고하가 없다고 하면서 우마(郵馬)를 철저히 관리하였다.

1747년 영조 23년 정묘 48세

6월에 도회(都會)의 시험관으로 나갔다가 더위에 열병이 생기고 평소 지병인 관격승기증이 악화되었다. 7월 1일에 관아에서 돌연 운명하니 선생을 아는 모든 사람들이 애통해 했다. 선생의 문하생과 친구들이 치상하여 옛집으로 반장했다가, 10월에 나주군 지량면(知良面) 가척동(加尺洞) 임좌원에 장사지냈다.

1760년 영조 36년 경진

부인 의성 김씨(義城金氏)가 세상을 떠났다. 김씨는 첨추(僉樞) 익항(益恒)의 딸로서 1남 1녀를 두었다.

1828년 순조 28년 무자

후손 인언(璘彦)이 선생의 『문집』을 발간하여 배포하였다. 5월에 유성주(兪星柱)가 지은 「묘갈명」이 완성되었다.

여암 신경준 旅庵 申景濬

여암(旅庵) 신경준(申景濬 1712~1781)은 자는 순민(舜民) 호는 여암(旅庵) 이름은 경준 본관은 고령(高靈)이다. 고려조 때 검교(檢校) 성용(成用)이 시조이다. 전주부윤 귀래정(歸來亭) 말주(末舟)는 조선조 세조 때 좌명공신 영의정 신숙주의 아우로 순창의 남산에 귀래정을 짓고 여생을 보냈는데 이조참판에 증직되었다. 고조 극순(克淳)은 참봉이고, 증조 운(澐)은 집의랑(執義郞)을 추증받았다. 할아버지 선영(善泳)은 음보(蔭補)로 찰방을 지냈고 이조참의에 추증되었는데 모두 문행이 있었다. 아버지 뢰(淶)는 가학을 계승하여 벼슬하지 않고 글씨를 잘 썼다. 어머니 한산 이씨는 진사 의홍(儀鴻)의 딸로 정숙 단정하여 부덕을 모두 구비했다.

1712년 숙종 38년 임진

4월 15일 남산의 본집에서 출생했는데 부친의 꿈에 커다란 붉은 호랑이 한 마리가 하늘로부터 내려왔는데 한 노인이 '이것은 북극성의 정령이니 그대의 집에 반드시 기이한 자식을 얻을 것이다'고 했다. 선생은 태어난지 8, 9월에 벽에 있는 문자를 알아보았다.

1715년 숙종 41년 을미 4세

『천자문』을 배워 그 뜻을 이해하고 쓰기도 했다.

1716년 숙종 42년 병신 5세

『시경』을 배워 그 뜻을 모두 해득하였다.

1718년 숙종 44년 무술 7세

농악대의 용 깃발을 보고 부(賦)를 지었는데 그해 곡식이 잘되니 마을 사람들이 모두 기이하게 여겼다.

1719년 숙종 45년 기해 8세
서울에서 학문을 익혔다.

1720년 숙종 46년 경자 9세
700여리 떨어진 고향의 부모를 생각하여 비사곡(悲思曲) 3수를 지어 높은 곳에 올라 부르니 그 소리를 듣고 슬퍼하지 않는 이가 없었다.

1726년 영조 2년 병오 15세
문장이 이미 성취되니 큰 뜻을 품고 성현의 경전에 잠심하여 성명(性命)의 근원을 궁구하고, 구류(九流)와 제자백가서 그리고 천문·지리·성률·의약·복서 등을 두루 섭렵하였고, 역대의 헌장(憲章)·해외의 기이한 책 등도 독파하여 그 깊은 뜻을 해득했다.

1737년 영조 13년 정사 26세
부친상을 당하자 『가례』대로 상례를 치렀다.

1738년 영조 14년 무오 27세
소사로 이사하여 그 곳에서 『소사문답(素沙問答)』을 지었다.

1741년 영조 17년 신유 30세
다시 직산(稷山)으로 이사하고 그곳에서 『직서(稷書)』를 지었는데 그 내용은 사물을 보고 깨달은 바의 이치를 서술한 것으로서 그의 해박한 지식을 나타낸 것이었다.

1744년 영조 20년 갑자 33세
순창 본가로 돌아왔다. 이때 과거에 응시하려 했으나 지리산에 유람갔다가 때를 놓치고 말았다.

1748년 영조 24년 임진 37세
모친상을 당하여 예법을 지켜 송종지절(送終之節)을 잘 끝마쳤다.

1754년 영조 30년 갑술 43세
증광향시에 응시하여 을과에 급제했는데, 당시 고시관 홍양호(洪良浩)가 지명인사임을 알게 되었다. 그 해 회시에 응시하여 급제하니 홍양호가 선생을 서울 집으로 찾아보고 서로 교유하게 되었다. 선생은 승문원 기주(記注)가 되었다.

1757년 영조 33년 정축 46세
휘릉별검(徽陵別檢)이 되고 성균관 전적으로 승진했다가 예조 병조의 낭관으로 옮겼다.

1762년 영조 38년 임오 51세
봄에 서산군수가 되었는데 마침 대기근이 들자 관곡을 풀어 군민을 구제하고 소금과 곡식을 교역케하니 군내가 흡족해하였고 곧 3일 동안 비가 내리니 백성들이 뛰며 기뻐했다.

1763년 영조 39년 계미 52세
내직으로 들어가게 되자 군민들이 눈물로 전송했다. 그 해 충청도사가 되어 과거시험을 관장했다.

1764년 영조 40년 갑신 53세
장령이 되고, 그 해 겨울 장연(長淵)현감이 되어 나가면서 민은시(民隱詩)를 지어 임금에게 올리니 임금이 그 문사를 보고 극찬했다. 선생은 장연에 부임하자 간인을 물리치고 군교를 시켜 산적을 없애는데 힘써 치적을 올렸다.

1765년 영조 41년 을유 54세
사간원 헌납이 되었다가 통례(通禮)를 제수받았다.

1767년 영조 43년 저해 56세
사간으로 승진했는데 마침 간관들 때문에 연천으로 유배되었다가 곧 사면되어 돌아왔다.

1769년 영조 45년 을축 58세
종부시정(宗簿寺正)이 되어 강릉의 선원각을 수리하라는 명을 받았다. 일이 끝나자 고향집에 돌아갔는데 영상 홍봉한이 임금에게 추천하여 『여지편람』을 감수케 하였다.

1770년 영조 46년 경인 59세

장악원(掌樂院) 악정 겸 비랑(備郎)에 선임되고 『문헌비고』를 편찬하는데 선생이 「여지고(輿地考)」를 담당했다. 그 공로로 통정으로 특별 승진하여 동부승지가 되었다가 곧 병조참지로 옮겼다. 또 팔도지도를 감수케 하여 그 지도가 이루어지니 임금이 벽에 걸어놓고 선생의 학문과 재주가 많음을 칭찬했다. 그 뒤 다시 승지를 제수하고 늦게 만난 것을 아쉬워했다.

1771년 영조 47년 신묘 60세

다시 승지가 되고 곧 북청부사가 되어 그 지방에 부임하여 우수한 백성을 향교에 모아 놓고 『예기』의 향음주례 등을 가르쳤다.

1774년 영조 50년 갑오 63세

여름 제주목사로 옮겨 1개월 만에 치적을 올렸다.

1776년 영조 52년 병신 65세

영조가 승하하자 고기를 먹지 않았고 영조와 관련된 말이 있게 되면 눈물을 흘렸다.

1780년 정조 4년 경자 69세

세 번이나 승선에 제수되었으나 나가지 않고 사양하는 상소를 올렸다.

1781년 정조 5년 신축 70세

5월 20일 갑자기 두 아들을 불러놓고 평생사를 자세히 말했다. 다음 날 손님과 바둑을 두다가 현기증을 느끼고 자리에 누운 뒤 세상을 떠났다. 이해 7월에 마을 뒤 반룡강(盤龍崗)에 장사 지냈다.

1842년 헌종 8년 임인

8월 순창 장산원 유좌원에 부인 광주 이씨와 합장했다.

목산 이기경 木山 李基敬

목산(木山) 이기경(李基敬 1713~1787)은 자가 백심(伯心) 호는 목산 이름은 기경 본관은 전의(全義)이다. 선대는 고려조 때 정당문학(政堂文學)을 지낸 언충(彦沖)과 역시 정당문학(政堂文學)을 지낸 언충(彦沖)의 아들 광기(光起) 등이 이름난 조상이고, 조선조에 들어와 문과에 급제하고 장령을 지낸 후광(厚光)이 5대조가 된다. 증조는 국헌(國憲)이고 조부는 지억(祉億)인데 진사이다. 아버지 익열(翊烈)은 공릉참봉(恭陵參奉)을 지냈고, 어머니는 나주 오씨(羅州吳氏) 대성(大成)의 딸이다.

1713년 숙종 39년 계사
1월 10일 나주 도림의 외가에서 출생했다.

1717년 숙종 43년 정유 5세
글을 배우기 시작했다.

1726년 영조 2년 병오 14세
문행으로 이름이 났다.

1734년 영조 10년 갑인 22세
12월에 삭령 최씨(朔寧崔氏)와 결혼하였다.

1735년 영조 11년 을묘 23세
2월에 증광별시 초시에 합격했다. 같은 달에 도암(陶庵) 이재(李縡) 선생의 문하에 나가 수학하기 시작했다.

1737년 영조 13년 정사 25세
9월에 생원초시에서 1등으로 합격했다.

1738년 영조 14년 무오 26세

2월에 진사 회시에서 3등으로 합격했다.

1739년 영조 15년 기미 27세

9월에 문과 정시(庭試)에서 갑과 장원을 하였다. 그해 10월에 전적이 되었고 11월에 예조정랑으로 옮겼다.

1745년 영조 21년 을축 33세

3월에 예조좌랑이 되었다.

1746년 영조 22년 병인 34세

윤 3월에 병조좌랑이 되고 4월에 춘추관 겸사(兼史)가 되었다. 동월 병조좌랑으로 승직되고 7월에 종묘대제에 당하집례(堂下執禮)로 차출되었다. 동월 춘당대(春塘臺) 관무재(觀武才)에 참시관(參試官)으로 장전(帳殿)에 입시했다. 그리고 유생정시(儒生庭試)에 시위(侍衛)로 장전에 입시했다. 8월에 태천현감(泰川縣監)이 되었다.

1747년 영조 23년 정묘 35세

9월에 가도사(假都事) 수검(搜檢)으로 의주에 가서 유배되어온 이태중(李台重)을 방문했다.

1748년 영조 24년 무진 36세

3월에 사간원 정언에 옮기고 동월에 가도사 수검으로 의주에 갔다. 11월에 사헌부 지평이 되었는데, 올린 상소가 너무 과격하다 하여 영조의 뜻에 거슬렸다. 그리하여 벼슬이 삭탈되고 향리로 쫓겨났다가 해남으로 유배되었다.

1749년 영조 25년 을사 37세

11월에 『구심록(求心錄)』을 수정했고, 12월에 세손 탄생의 경사로 사면되었다.

1751년 영조 27년 신미 39세

7월에 익산 사천리로 유배되었다.

1752년 영조 28년 임신 40세

12월에 직첩을 돌려주었다.

1753년 영조 29년 계유 41세

7월에 정언에 제수되고 동년 11월에 지평이 제수되었으며 12월에 이조좌랑에 제수되었다.

1754년 영조 30년 갑술 42세

5월에 이조정랑에 제수되고 7월에 사간원 헌납에 제수되었다. 8월에 사헌부 장령에 제수되고 9월에 호군(護軍)의 소임을 맡았다. 동월 장악원정에 제수되고 12월에 사간원 사간이 되었다.

1755년 영조 31년 을해 43세

4월에 성균관 사성이 되고 5월에 시강원 필선(弼善)이 되었다. 7월에 동지사 서장관이 되었고 『음빙행정력(飮氷行程曆)』을 썼다. 8월에 시강원 보덕으로 승진했다가 사복시정에 제수되었고 11월 복명하고 연경에 갔다.

1756년 영조 32년 병자 44세

2월에 연경에서 귀국하였고 윤 9월에 사간이 되었으며 10월에 필선이 되었다.

1757년 영조 33년 정축 45세

2월에 사헌부 집의로 옮겼고 8월에 안변부사로 나갔다. 9월에 문과중시(重試)에 갑과 장원으로 선발되었고 이 달 통정대부 승정원 우부승지가 되었다.

1758년 영조 34년 무인 46세

12월에 좌부승지로 승직되었고, 같은 달에 효소전(孝昭殿)·휘령전(徽寧殿) 집사(諸執事)들의 진배관(進排官)을 적간(摘奸)하라는 어명을 받았으며 다시 우부승지로 좌천되었다.

1759년 영조 35년 기묘 47세

1월에 병으로 사임하였다가 2월에 호조참의가 되었다. 7월에 강원감사가 되고 11월에 의주부윤으로 옮겼다.

1762년 영조 38년 임오 50세

4월에 형조참의가 되고 윤 5월에 대사간이 되었다. 6월에 승지가 되었고 7월에 충청도감사로 나갔다가 8월에 황해도감사로 옮겼다.

1764년 영조 40년 갑신 52세

3월에 대사간으로 내직에 들어왔고 4월에 다시 강계부사로 나갔다가 6월에 청송부사로 옮겼다.

1765년 영조 41년 을유 53세

9월에 대사간으로 다시 들어왔다.

1767년 영조 43년 정해 55세

병으로 사직하고 고향인 전주에 내려와 생활했다. 11월 부인 최씨가 세상을 떠났다.

1768년 영조 44년 무자 56세

2월에 동래부사가 되었고 8월에 가선대부 동지중추부사가 되었다.

1769년 영조 45년 기축 57세

5월에 대사간으로 내직에 들어왔다.

1770년 영조 46년 경인 58세

3월에 한성좌윤이 되었고 윤 5월에 다시 대사간이 되었다.

1771년 영조 47년 신묘 59세

3월에 안성군수로 나갔고 4월에 한성우윤으로 전임되었다. 같은 달에 임금이 쓴 『유곤록(裕昆錄)』의 내용에 위배되는 상소 때문에 흑산도로 유배되었다.

1772년 영조 48년 임진 60세

2월에 특사 되었다.

1774년 영조 50년 갑오 62세

6월에 사직(司直)이 되었다.

1776년 영조 52년 병신 64세

2월에 동지중추부사가 되었다. 3월에 영조가 승하하자 치상 후 벼슬을 그만두고 전주로 내려왔다.

1778년 정조 2년 무술 66세

4월에 대사헌 김화진(金華鎭)의 상소로 무고함을 당했다.

1779년 정조 3년 을해 67세

1월에 옥당 이태영(李泰永)의 상소로 무고함을 당하여 이성현으로 유배되었다.

1780년 정조 4년 경자 68세

2월에 조부와 증조부의 묘지문을 지었다.

1781년 정조 5년 신축 69세

『이정유서(二程遺書)』를 뽑아서 초록하였고 『해상전방(海上戰方)』을 썼다. 『주서요류(朱書要類)』를 교정하고 『종계절목(宗契節目)』을 지었다.

1785년 정조 9년 을사 73세

『도암예설(陶庵禮說)』을 수정하였다.

1786년 정조 10년 병오 74세

5월 문효세자(文孝世子)가 요절했다는 소식을 듣고 관문(館門) 밖에서 성복하고 곡하는 반열에 참석했다.

1787년 정조 11년 정미 75세

3월 아들 덕감(德鑑)을 보내어 위원(渭原)에 유배되어 있는 아우 정기를 찾아보게 하였다. 12월에 이성(利城)의 적소에서 세상을 떠났다.

1788년 정조 12년

3월에 태인 상두산(象頭山) 임좌원(壬坐原)에 안장했다.

존재 위백규 存齋 魏伯珪

존재(存齋) 위백규(魏伯珪 1727～1798)는 자가 자화(子華) 호는 존재 이름은 백규 관향은 장흥이다. 고려조의 충렬공(忠烈公) 계정(繼廷)이 시조이다. 고조는 정열(廷烈)인데 현감이요, 증조는 동식(東寔)이며, 할아버지는 삼족당(三足堂) 세보(世寶)인데 모두 학문과 시에 능하고 글씨를 잘 써서 세상이 삼절(三絕)이라 일컬었다. 아버지 춘곡(春谷: 또는 詠而) 문덕(文德)은 진사로서 문행이 높아 사우(士友)들이 존경하였으며, 어머니는 평해 오씨(平海吳氏) 사인(舍人) 일삼(日三)의 딸이다.

1727년 영조 3년 정미

5월 15일 장흥의 계춘동 본집에서 출생하였다. 나이가 들면서 언어를 빠르게 익혔다.

1729년 영조 5년 기유 3세

작은 할아버지 춘담공(春潭公)에게 천자문을 배웠는데 깨달음이 빨라 몇 달 만에 모두 깨우쳤다.

1731년 영조 7년 신해 5세

사랑의 벽 위에 할아버지 삼족당공(三足堂公)의 초서와 시를 써 붙였는데 이를 춘담공(春潭公)이 가르치자 곧 그 뜻을 알았다.

1732년 영조 8년 임자 6세

비로소 『소학』을 배웠는데 곧잘 해석하였고 전주(轉注)와 반절법(反切法) 등도 접하는 대로 이해하였다. 이때 천연두가 유행하여 아버지 영이재공(詠而齋公)이 천연두를 앓아 매우 위독하여 집안에서 돌볼 겨를이 없었으나 선생은 동생과 더불어 다른 방에 누워서 동생의 울음을 달랬다.

1733년 **영조 9년 계축 7세**

이웃집 가족들이 싸우는 것을 보고, "착하지 않으면 인간이 아니요 효도하지 않으면 사람의 자식이 아니다"라는 아홉 글자를 써서 간직하였으며 손바닥에도 썼다.

1734년 **영조 10년 갑인 8세**

집안의 노복이 남이 쌓아놓은 나무를 도적질해오자 어른이 볼까 두려워 곧 중문(中門)을 가렸다. 일찍이 이웃사람이 가운데 사랑에 소를 매어 놓았는데 춘담공이 밤에 지나다가 소와 부딪쳐 가슴에 상처를 입자, 선생이 말하기를 "치료에 힘쓸 뿐 남에게 말하지 말라"고 하였다. 가끔 마을에서 굿을 벌이거나 광대 잡패가 들어와 동네사람들이 떠들썩해도 선생은 홀로 집에 있을 뿐 관심을 보이지 않았다.

겨울에 『주역총목』을 보고 영이재공(詠而齋公)에게 가르쳐 줄 것을 청하였는데 커다란 요점만 듣고도 기쁨에 넘쳐서 하도(河圖) 낙서(洛書) 선천 후천설을 알고 괘를 그렸다.

1735년 **영조 11년 을묘 9세**

『공자가어(孔子家語)』에 공자의 상이 있는 것을 보고 이를 벽에 걸어놓고 글을 읽을 때마다 절하였다. 『서경(書經)』의 '기삼백(朞三百)'의 주(註)를 모조리 이해하였는데, 이로부터 비록 어른이라도 기삼백을 말하려는 사람은 모두 선생에게 물었다.

1736년 **영조 12년 병진 10세**

좌우에 글씨를 써놓기를 '옛날의 인(仁)은 사랑이었으나 오늘의 인(仁)은 교만한 얼굴빛이다. 옛날의 의(義)는 마땅함이었는데 지금의 의란 고집 센 반항이다. 옛날의 의 예(禮)는 공경함이었는데 지금의 예(禮)란 거짓 꾸밈이다. 옛날의 지(知)는 앎이었는데 지금의 지(知)는 속임수이다'고 하였다. 그리고 남자로서 필요한 학문은 저버릴 수 없다 하고 남자로서의 학문은 오로지 마음으로만 다하는 것은 불가하다고 하였다. 그리하여 천문(天文)·지리(地理)·복서(卜筮)·율력(律曆)·의상(醫相)·도불(道佛)·병도(兵韜)·산수(算數) 등의 책들도 널리 읽지 않음이 없었다. 이러한 책들을 한번 보면 뜻을 깨달았으며 하나씩 읽고 외우는 것이 아니라 의미를 터득하여 그 이치를 연역하고 추리해서 스스로 익혔다. 『예학(禮學)』과 『가례(家禮)』 『상례비요(喪禮備要)』 등에 더욱 관심이 깊어서 스스로 대의를 파악하였고, 또한 공장(工匠)이나 백기(百技)에 능하였지만 과학 한 가지만을 전문으로 하지는 않았다.

1738년 영조 14년 무오 12세

좌우명을 지었다. "남을 보기보다는 오히려 자기를 보고, 남의 말을 듣기보다는 차라리 자신의 말을 듣자"고 했다.

비로소 『주역』을 읽기 시작했다. 그러나 강독에 힘쓰지 않고 뜻을 찾고 깨달아 완전히 이해하는 경지에 이르고자 하였다. 만물이 모두 나에게 갖추어 있다는 뜻을 생각하고 『중용도(中庸圖)』를 만들었으며 『논어』·『맹자』 가운데 요긴한 말들을 좌우에 써서 걸었다.

1739년 영조 15년 기미 13세

사서(四書)를 읽기 시작했는데 깊이 생각하고 완색하며 구와 절을 해독하고, 언제나 주자의 설(說)을 대하면 곡진하게 그 말을 묘사하는 것이 춤추듯 하였으며 경문 자체를 다스리는데 뜻을 두지 않았다.

1740년 영조 16년 경신 14세

영이재공(詠而齋公)이 과거에 합격하였다. 이때부터 평소의 살림에 관심을 두지 않았다.

1741년 영조 17년 신유 15세

과거 공부를 준비하기 시작하였다. 과거의 부(賦)를 연습했는데 사람들이 모두 그 문장의 뛰어남을 칭찬하였다. 12월에 춘담공(春潭公)이 세상을 떠나자 선생은 치상과 제사를 도왔다.

1742년 영조 18년 임술 16세

경서(經書)보다 기이한 책들을 좋아하였다. 그러나 그러한 책이 매우 드물었기 때문에 구하지 못하면 빌어 보기도 했다. 특히 칠서(七書)와 역사서에 대하여 관심이 많고 해박하였다.

1743년 영조 19년 계해 17세
3월에 관례(冠禮)를 올렸다. 이때부터 장천정사(長川精舍)에서 독서하기 시작했다. 연배와 형으로 섬기는 학동들이 와서 함께 강론과 토론을 했다.

1744년 영조 20년 갑자 18세
여름에 영암 구평촌(九坪村)에 사는 김시성(金始聲)의 딸과 결혼했다.

1746년 영조 22년 병인 20세
부(賦)를 지었으나 과거준비와는 달리하였다. 평소에 "과거에 급제하는 것은 하늘에 달려있으니 나에게 있는 것을 다할 뿐이라"고 하였다.

1747년 영조 23년 정묘 21세
제자백가의 학문을 다시 섭렵하였다. 그리고 하나의 재주에 그치는 것을 부끄러워했다. 천문·지리·복서·의약·골상(骨相)에 이르기까지 신인(神人)이 아니면 결코 통할 수 없는 문제를 깨달았지만 실용에 쓰지는 않았으며, 『주역』의 근본 이치를 깨닫고 즐거워하였다.

1748년 영조 24년 무진 22세
장천정사에서 학생들을 가르치기 시작하였다. 어린이에게는 『소학』과 『격몽요결(擊蒙要訣)』을, 어른에게는 『상례비요(喪禮備要)』를 가르쳤는데 학사의 규정은 율곡 선생의 것을 따랐다.

1750년 영조 26년 경오 24세
장흥현감 이진의(李鎭儀)가 재질과 학문이 높음을 들어 추천하였다.

1751년 영조 27년 신미 25세
봄에 병계(屛溪) 윤봉구(尹鳳九) 선생을 찾아가서 예를 올리고 학문을 배웠는데 『대학』·『중용』의 가르침을 받고 돌아왔다. 가을에 또 다른 사문(師門)을 찾아 뵙고 경의(經義)의 의심난 곳을 물어보고 돌아왔다. 9월에 딸을 낳았다.

1754년 영조 30년 갑술 28세

봄에 증광시(增廣試) 동당시(東堂試)에 합격하였다. 돌아오는 길에 스승을 찾아뵙고 역총(易總)과 기형(璣衡)에 대하여 질문하였다. 7월에 아들 도급(道及)이 태어났다.

1756년 영조 31년 을해 29세

집안의 자제들이 학문을 닦지 못한 것을 안타까워하여 마을의 친척 노인들과 함께 규정을 마련하고, 8세 이상은 집안 동생 백침(伯琛)의 별채에 모이도록 하여 가르치고 가난한 사람은 밤에 배우게 하였다. 자질이 둔한 사람은 육갑(六甲) 같은 것을 가르치고 차차로 『사략(史略)』이나 『상례비요(喪禮備要)』·『통감(通鑑)』 같은 것을 가르쳤다. 그리고 『대학』·『맹자』도 가르치면서 덕을 쌓고 실천하게 하였는데 이를 기초로 해서 양정학숙(養正學塾)이 이루어졌다.

1757년 영조 33년 정축 31세

가을에 덕산(德山)에 가서 『대학차의(大學箚義)』에 대하여 문답하였다. 이때 조정에서 과거가 있었는데 병계 선생을 찾아뵈었으나 집안이 가난하여 오래 머물지 못했다. 시폐(時弊) 십조(十條)를 지어서 병계 선생에게 보이니 병계 선생은 "이는 조정에 통고해 줄만한 내용이지만 초야 선비의 말이라 무익하게 여길 것이다. 그러나 그 방법을 진술하는 것은 좋은 일이다"라고 하였다.

1758년 영조 34년 무인 32세

『환영지(寰瀛誌)』를 지었다. 뒤에 보증하였다.

1759년 영조 35년 기묘 33세

봄에 과거를 보러 갔다. 돌아오는 길에 병계 선생을 찾아뵙고 『정몽(正蒙)』과 『의례문답(儀禮問答)』에 대하여 토론하였다. 5월에 별시 초시(初試)에 합격하였다. 윤 6월에 회시(會試)에 응시하려 하였으나 날이 더워서 더위병을 앓게 되어 그만두었다. 『고금(古今)을 편찬하였다. 경전의 전편 또는 일부 가운데 몸과 마음에 가장 절실한 것을 정서하여 잘 꾸며 간직하고 마음이 안정되지 않을 때는 소리 내어 읊었는데 이를 『고금』이라 하였다. 『정현신보(政絃新譜)』를 지었다.

1760년 영조 36년 경진 34세

장천재(長川齋)에 있었다. 가을에 병계 선생을 찾아뵙고 돌아오는 길에 안동제(安東濟)를 방문하고 돌아왔다.

1761년 영조 37년 신사 35세

겨울에 스승을 찾아뵙고 인물성(人物性)의 같고 다름에 대하여 토론하고 시 한 구절을 지어 드렸다. 스승이 답사를 써주었는데 "본성의 선함이 하늘에서 내림을 알거늘 그대는 어찌 기질에서 편(偏) 불편(不偏)을 말하는가? 학문이란 본성 공부가 가장 큰 것이니 남이 열 번을 하면 그대는 천 번을 하라"하였다.

1763년 영조 39년 계미 37세

가을에 증광 동당시(東堂試)에 장원으로 합격하였다. 넷째 동생 백순(伯純)도 함께 합격했다. 오는 길에 스승을 찾아뵙고 경사차의(經史箚義)에 대한 문답이 있었는데 스승이 '존존재(存存齋)'라는 세 글자의 편액을 써주었다.

1764년 영조 40년 갑신 38세

서울에 머물렀다. 종장시(終場試)에 합격하고 남한산 옥정사에 유숙했다.

1765년 영조 41년 을유 39세

봄에 성균관에 있었다. 생원 복시(覆試)에 합격하였다. 스승을 찾아뵙고 도솔암(兜率庵)과 옥룡사(玉龍寺)를 경유하여 돌아왔다.

1767년 영조 43년 정해 41세

다산초당(茶山草堂)을 건립하였다. 12월에 스승 병계 선생이 세상을 떠났다.

1768년 영조 44년 무자 42세

큰아들 도립(道立)이 낙안 잣고개 김옥(金沃)의 딸과 결혼하였다. 12월에 스승의 제사에 참석하였다. 선생은 일찍부터 과거보다는 산수 간에 소요하기를 좋아하였는데, 가까이 있는 사람은 아무도 알아주는 사람이 없었으나 스승과는 의기가 맞아 항상 따랐다. 그러나 스승의 집이 너무 멀고 가난하였기 때문에 늘 더욱 그리워하는 정을 품고 있었다가 이제 스승이 돌아가자 마음이 울적하여 시로써 자위하고 고향에 와서는 밭갈이하며 책을 보고 쉬는 시간에는 나무 밑에서 학문을 가르쳤다. 『향약』·『소학』 등을 써서 실천하여 풍습이 바르게 되고 예학에 더욱 밝았다. 이를 싫어하는 사람이 그를 말렸으나 그치지 않았다.

1769년 영조 45년 을축 43세

집안에서 사시회(四時會)를 거행하였다. 봄 여름 가을 겨울마다 다섯 형제와 권속들이 집안에 모이고 윗자리에 부모님을 모시고 차례로 부녀 손녀까지 서쪽에 서서 잔을 올리고 가르침을 들었다. 그리고 술을 올리고 노복들은 뜰에서 하례했는데 집안에 화기가 넘쳤다.

1772년 영조 48년 임진 46세

겨울에 어버이의 명으로 증광 동당시에 응시하였는데 시관이 꼭 합격할 것이라고 칭하였다.

1776년 영조 52년 병신 50세

영조가 승하하였다.

1777년 정조 원년 정유 51세

지난해 상처(喪妻)한 도급(道及)이 재취(再娶)하였다. 보성 박곡(亳谷) 조명동(曺命東)의 딸이다.

1778년 정조 2년 임진 52세

7월에 덕산에 가서 스승의 아들을 만나고, 윤고령(尹高靈)과 남포의 위홍조(魏弘祖)를 찾아보고 임피, 만경을 거쳐 돌아왔다.

1781년 정조 5년 신축 55세

어머니 오씨의 상을 당하였다. 다산동(茶山洞) 할머니 백씨의 묘 아래에 안장하였다. 『사성록(思誠錄)』 전편을 완성하였다. 어머니의 따뜻하고 검약한 예절과 몸을 다하여 안명(安命)하는 실상을 자손에 가르치고자 한 것이다. 영이재공(詠而齋公)은 심기가 더욱 쇠약하고 몸져누웠으므로 선생은 한 순간도 곁을 떠나지 않았다.

1782년 정조 6년 임인 56세
5월에 상복을 벗었다. 상중에는 몸가짐을 단정히 하고 슬픔을 다하고 예절대로 실천하였다.

1783년 정조 7년 계묘 57세
막내동생이 죽었다.

1784년 정조 8년 갑진 58세
아버지 영이재공(詠而齋公)의 상을 당하였다. 여름에 『사성록(思誠錄)』을 또 편찬하여 아버지의 행실을 기록하고 배우도록 하였다. 겨울에 다산정사를 옮겨 세웠다.

1787년 정조 11년 정미 61세
봄에 하상사(河上舍) 성도(聖圖)를 다시 그림으로 그렸으며 『환영지(寰瀛誌)』를 판각하였다. 5월에 조양 여동생의 상을 당하였다. 겨울에 「자회가(自悔歌)」 100여구를 지었는데 이것은 부모님께 봉양을 다하지 못한 후회를 실토한 것으로서 어버이 섬기는 도를 기록한 것이다.

1788년 정조 12년 무신 62세
2월에 향사례(鄕射禮)를 다산정사에 행하였다. 정사의 중수와 낙성을 겸한 것이다. 11월에 장손자 영의가 태어나고 둘째아들의 손자 영한이 태어났다.

1791년 정조 15년 신해 65세
4월에 셋째동생과 만호(萬戶) 조충배(趙忠培)와 함께 배를 타고 금당도 등을 돌면서 아름다운 경치를 즐기고 『금당도기(金堂島記)』를 썼다. 겨울에 『정현신보(政絃新譜)』를 썼다. 이때부터 겨울에는 『사서차의(四書箚義)』와 「격물설(格物說)」을 지었다.

1792년 정조 16년 병자 66세

7월에 폭풍이 불어와 모두 휩쓸고 가서 읍재(邑宰)를 위하여 방략을 썼는데 매우 자세하였다. 이에 읍재가 기뻐하고 시행하였는데 그 내용은 뒷날 병진년에 『문집』과 함께 내각에 보관되었다.

1794년 정조 18년 갑인 68세

8월에 폭풍이 또 불어와서 여섯 읍을 휩쓸었다. 조정에서는 검교(檢校) 서영보(徐榮輔)를 위유사(慰諭使)로 임명하고 백성들을 위로하기로 하여 그가 내려왔다. 와보니 이미 선생이 지은 책을 읍재가 보고 있는지라 그가 이를 보고 조정에 보고하였다. 가을에 「난설(難說)」을 짓고 노인의 어려움 70여조를 서술하였다.

1795년 정조 19년 을묘 69세

11월에 임금이 멀리 있는 인재를 등용하겠다는 뜻으로 특별히 선생을 군직(軍職) 부사용(副司勇)에 임명했다. 본도 도신(道臣)에게 명하여 『환영지(寰瀛誌)』를 올려 보내라 하여 궤짝에 담아 밤을 새워 보냈다. 12월에 『환영지』 몇 권을 본관(本官)에 보내려 했으나 병으로 소명에 응하지 못하고 본관으로 하여금 그 뜻을 전하게 하였다. 다시 12월 23일에 임금이 선생에게 봄을 기다려 병이 낫거든 『환영지』와 그 밖의 저술들을 찾아서 보내도록 하였다.

1796년 정조 20년 병진 70세

정월 6일 본관에서 궤짝을 갖추어 모든 『문집』을 올려 보냈다. 1월 21일에 선공감(繕工監) 부봉사(副奉事)에 제수한다는 명령이 본도로부터 하달되었다. 2월 2일에 임금의 명을 받고 곧 올라가지 않자 하교하기를 "때에 맞게 등대하지 않으면 엄하게 다스릴 것이라" 하였다. 9일에 또 하교가 있었는데 "위백규는 임금의 부름을 받고 꼼짝도 안하니 병이 들었음인가 아직 추워서 그러한가 매우 답답하니 빨리 올라오도록 하라"고 하였다. 할 수 없이 16일에 둘째아들 도급(道及), 조카 도전(道佺)과 함께 올라가서 3월 3일에 입경하여 7일에 임금을 뵈었다. 그리고 「만언봉사(萬言封事)」를 올렸는데, 뜻을 세우고 학문을 밝혀, 어진사람을 가려서 천거할 것 등이었다. 처음 태인 현감에 발탁되었으나 그곳은 고향과 멀다고 하여 옥과 현감에 제수되어 같은 달 20일에 부임하였다.

4월에 태학생들이 선생의 「만언봉사」 내용 중에 태학생을 배척하는 말이 있다고 하여 약간의 소란이 있었다. 임지에 이르러 향약을 행하고 세금을 줄이고 승려의 폐단을 제거하고 고기잡는 날을 따로 정하여 고기가 살 수 있도록 하고, 위에 청하여 은어를 진상하는 폐단을 없애고 유기장이, 철공 등을 관에 거주시켜 일하는 사람에게 5분의 4를 주도록 하였다. 관아에 사색(四色)을 물리치고 군정(軍丁) 기비(妓婢)에 이르기까지 자질구레한 폐단을 모두 없애버렸다. 군인은 훈련을 시키고 공청을 수리하고 학문을 권장하고 법률을 정비하니 고을이 새로워졌다.

1797년 정조 21년 71세

2월에 중풍을 앓게 되었다. 오른쪽을 움직일 수가 없고 음식과 기거가 모두 불편하였다 여러 번 사직서를 올렸으나 관찰사가 듣지 않았다. 윤 6월에 오랜 병으로 직능을 감당할 수 없다는 보고가 있자 임금이 말하기를 "위백규 질병과 관계가 없이 오히려 포상을 하여야 한다"고 하였다. 윤 6월 16일 장원서 별제(掌苑署別提)를 제수하였다. 10월 6일에 이조(吏曹)에서 아뢰기를 "새로 제수한 장원서 별제 위백규는 부임할 시간이 이미 오래되었는데도 숙배(肅拜)하지 않으니 예에 따라서 다른 사람으로 바꾸면 어떻겠느냐"고 하였다. 임금은 선생의 인품을 애석해 하였으나 병세가 다시 회복할 가망이 없으므로 12월 보름이 지나서 다른 사람으로 교체하였다.

1798년 정조 22년 무오 72세

11월 21일 병이 악화되어 집에서 세상을 떠났다.

1799년 정조 23년 기미

2월 6일 다산동 작은 할아버지 춘담공 묘역 안의 임좌원(壬坐原)에 장사지냈다. 이 해 12월에 죽천정사(竹川精舍)에 배향되었다.

이재 황윤석 頤齋 黃胤錫

이재(頤齋) 황윤석(黃胤錫 1729~1791)은 자가 영수(永叟) 호는 이재 또는 실재(實齋), 이름은 윤석 관향은 평해(平海)이다. 고려보국 공신 평해군 숙경(淑卿)이 현조이고, 조선조에 들어와 제용감 첨정(濟用監僉正)을 지낸 처중(處中)이 서울에서 호남의 홍덕으로 옮겨 살았다. 고조는 처사 종혁(宗爀)이고, 증조는 취은(醉隱) 세기(世基)이며, 조부는 산촌(山村) 또는 재만(載萬)이다. 아버지는 만은(晩隱) 전(廛)이며, 어머니는 도광 김씨(道光金氏)이다.

1729년 영조 5년 기유

4월 28일 홍덕현 귀수동(현 고창군 성내면 구수동) 본집에서 출생했다.

1733년 영조 9년 계축 5세

만은공(晩隱公)이 집을 비울 때가 많았으므로 할머니 김씨에게 글자를 배우기 시작했다.

1734년 영조 10년 갑인 6세

시 짓는 법을 배우고 어려운 곳이 있으면 같은 마을의 훈장 백시덕(白時德)에게 물었다.

1735년 영조 11년 을묘 7세

『소학』을 배웠고 이어 경전에 몰두했다.

1738년 영조 14년 무오 10세

문장에 능했고 이때부터 일기를 쓰기 시작하여 별세하기 이틀 전까지 평생 동안 계속 기록하였다.

1742년 영조 18년 임술 14세

묵당(默堂) 백시명(白時明)·수촌(壽村) 백시덕(白時德) 등에게 글을 배웠다. 그 때 선생은 이기상수(理氣象數)와 자학(字學)에 관심을 갖기 시작했다.

1746년 영조 22년 병인 18세

여호(藜湖) 박필주(朴弼周)에게 사사하려 했으나 그만두었다. 8월 정읍의 이언복(李彦復)의 집에서 자명종을 보았는데 이를 주제로 『윤종기(輪鐘記)』를 쓰게 되었다.

1748년 영조 24년 무신 20세

창원 정씨(昌原丁氏) 원혁(遠爀)의 딸과 결혼했다.

1749년 영조 25년 기사 21세

10월에 남원의 처가에 머물면서 정구(丁垢)와 함께 '사람의 성(性)과 동물의 성(性)이 같은가 다른가'를 논란한 호락심성동이(湖洛心性同異)에 관하여 논했다.

1754년 영조 30년 갑술 26세

3월에 금산(錦山) 동당시(東堂試)에 참석했다가 의단(義壇)과 의총(義塚)을 살펴보고 시를 지었다.

1756년 영조 32년 병자 28세

미호(美湖) 김원행(金元行)의 문하에 들어갔다. 학문의 규모와 인성(人性)과 물성(物性)이 같은가 다른가에 대한 심성지변(心性之辨)을 물었다.

1758년 영조 34년 무인 30세

전주의 병계(屛溪) 윤봉구(尹鳳九)의 문하에 들어가 수학했다.

1759년 영조 35년 기묘 31세

진사 복시(覆試)에 합격하고 아우 주석(胄錫)과 함께 미호 선생에게 가서 『대학』을 읽었다.

1760년 영조 36년 병신 32세

1월에 장성에 유배되어 있던 정신재(靜愼齋) 김시찬(金時粲)을 만나

보고 음양의 변화를 논하였고 겨울에 백양사에서 『주역』을 읽었다.

1762년 영조 38년 임오 34세
정신재와 『주역』·성상(星象)·일식 등에 관하여 논의했다.

1763년 영조 39년 계미 35세
음양의 변화와 사상(四象) 팔괘(八卦)의 설에 대하여 정신재와 다시 논했다.

1764년 영조 40년 갑신 36세
2월 정신재가 유배에서 풀려 북으로 돌아가게 되자 송별하면서 전주에 도착했는데, 거기서 목산(木山) 이기경(李基敬)을 만나 호락심성이기(湖洛心性理氣)의 변을 논했다. 그리고 다시 미호 김원행을 찾아가 『대학』을 강의받았고 동문들과 석실서원(石室書院)에서 『중용』을 강론했다. 또 장성에 유배되어 있는 정경순(鄭景淳)을 찾아가 『주역(周易)』, 제가(諸家)의 오례삼전(五禮三傳) 등과 한당(漢唐) 이하의 문장과 시를 논했다.

1765년 영조 41년 을유 37세
김수(金璲)와 학문을 논하고 안형옥(安衡玉)과 심성이기설을 논했으며, 양백수(楊白水)에게 정약용(丁若鏞)의 저서인 『경세유포(經世遺表)』에 대한 의문점을 질문하고 『예기』에 대한 의문점을 질문하고 『예기』에 관한 저서를 썼다.

1766년 영조 42년 병술 38세
스승 김원행을 뵙고 "도학에 힘쓰고 사장을 짓는 일은 바라는 바가 아니다"는 훈계를 들었다. 4월에 이지덕(李知德)·서명응(徐命膺)과 함께 역상(易象)·역학(曆學)·범수(範數)·자서(字書) 등을 논했다. 7월에 장릉참봉(莊陵參奉)이 되었고 김원행의 부탁으로 김민적(金民積) 『혼벽당유고(混闢堂遺稿)』를 교정했다.

1767년 영조 43년 정해 39세
정경순을 찾아가 당시 민생을 구제하기 위하여 구시책(救時策)을 논하고 천문과 역법에 대한 지식을 논했다.

1768년 영조 44년 무자 40세

6월 의영고(義盈庫) 봉사(奉事)에 제수되었다. 8월에 정지순을 방문했는데 그의 성명이수(性命理數)의 근원과 건상제서(乾象諸書)에 대한 질문을 받고 대답했다. 또 윤창정(尹昌鼎)과 당시 서양에서 전래된 마테오리치의 지도설(地圖說)을 논했다.

1769년 영조 45년 기축 41세

3월에 김원행을 찾아가 『대학장구』와 『중용혹문』 등을 질문했다. 5월에 김용겸(金用謙)과 함께 『중용』의 비은(費隱)·『가례』의 늑백설(勒帛說)·역범(曆範)·율력(律曆)·전병(田兵)·관직·산수·음악 등에 대하여 논의했다. 6월에 사포서 직장(司圃署直長)으로 승진했다가 곧 종부시 직장(宗簿寺直長)으로 전직했다.

1770년 영조 46년 경인 42세

1월에 제조 정존겸(鄭存謙)이 『문헌비고(文獻備考)』를 편집할 때 선생이 음악 부분을 맡아 협조했다. 또한 평소에 연구하였던 율려(律呂)와 문자에 대한 연구업적도 가져올 것을 부탁받았다. 또한 『삼국사』·『고려사』·『동국통감』·『사략』 등의 요긴한 내용도 첨가할 것을 제의받았다. 2월에 홍계희(洪啓禧)·김용겸(金用謙) 등과 『주자대전』을 교정했으며 영조의 명을 받아 신경준과 경복궁에 입시하여 예조판서 한광회(韓光會)와 함께 어첩을 작성하여 무주 적상산에 봉안했다. 이때 아담샬[湯若望]의 역법이 들어와서 이를 교정하였는데 임금은 이에 대하여 자세히 묻고 대신들에게 선생에 대한 질문을 하여 관심을 표명하였다. 선생은 또한 외세의 침략에 대비해야 할 방법을 논한 『방비책』을 지었다.

1772년 영조 48년 임진 44세

7월 스승 김원행이 죽었다는 부음을 듣고 관아에서 북향곡배하고 백건(白巾)을 쓰고 질대(絰帶)하여 상복을 입었다.

1774년 영조 50년 갑오 46세

기언정(奇彦鼎)과 백성을 구제하는 구시책을 논하고 심정진(沈定鎭)

과 경의(經義)·복서(卜筮)·율력(律曆)·성위(星緯)·병진(兵陣) 등을 논하였다. 또 염영서(廉永瑞)를 시켜 자명종의 일종인 윤종(輪鐘)을 제작하였다.

1775년 영조 51년 을미 47세

『동국여지승람예인(東國輿地勝覽例引)을 썼고 도량형을 고증하여 「곡석설(斛石說)」을 썼다.

1776년 영조 52년 병신 48세

1월에 익위사(翊衛司) 익찬(翊贊)에 제수되었으나 곧 그만두었다.

1778년 정조 2년 무술 50세

1월에 사복시(司僕寺) 주부(主簿)에 제수되고 3월에 동부도사 사례(事隷)로 옮겼는데 사퇴하였다. 선생은 당시까지 인성과 물성이 같고 다른 것에 대한 시비가 되어왔던 호론(湖論)과 낙론(洛論)의 견해를 종합하여 「호락이학시말기(湖洛二學始末記)」를 지었다. 12월에 장릉령(長陵令)으로 전근되었다. 장릉은 인렬왕후(仁烈王后)의 능으로 9일이 제사이기 때문에 제사에 참여하고 돌아왔다.

1779년 정조 3년 기해 51세

김용겸과 『주자유집(朱子遺集)』을 교정했다. 8월에 귀향할 것을 결심하고 있었는데 목천현감에 제수되었다. 선생은 김광한과 주자의 지행제두설(知行齊頭說)과 왕양명(王陽明)의 지행합일설(知行合一說)을 논하였다 10월에 목천에 부임하여 수령들이 설치한 미신적인 신의(神衣) 등을 모두 불사르고 향교에 훈장을 두어 『소학』을 강하게 했다. 또 향약을 가지고 효도(孝道)·우애(友愛)·화목(和睦) 등의 여섯 조목을 백성에게 권장했다.

1781년 정조 5년 신축 53세

면앙정 송순의 「행장」을 지었다. 10월에 모친이 병상에 눕자 의대를 풀지 않고 병을 간호하고 약을 구하고 끓이면서 몸이 쇠하도록 정성을 다했다. 12월에 모친이 세상을 떠나니 상례의 절차를 예제대로 하였고 여묘 3년을 극진히 하였다.

1784년　정조 10년 병오 58세

4월에 전생서(典牲署) 주부(主簿)가 되었고 6월에 전의현감에 제수되었다. 선생은 높은 선비의 웃옷에 관한 「심의회통신제(深衣會通新制)」를 지었고 조선 역대왕의 선원전에 관한 「본조조종진전사실변(本朝祖宗眞殿事實辨)」을 지었다. 또 『문헌비고』와 이태조의 영정이 안치된 「경기전사실변(慶基殿事實辨)」을 지었다.

1788년　정조 12년 무신 60세

복식제도인 「부인회두제도설(婦人會頭制度說)」을 지었고 10월에 고암서원(考巖書院)의 강장(講長)을 위촉받았으나 사양했다.

1790년　정조 14년 경술 62세

소강절(邵康節)의 역서(易書)에 관한 「소자황극경세서 사상체용성음괘수도해(邵子皇極經世書 四象體用聲音卦數圖解)」를 지었다.

1791년　정조 15년 신해 63세

돈의 무게에 관한 『전화경중설(錢貨輕重說)』을 썼고 4월 2일 김상집(金尙集)과 대학·역학·서법(筮法)·병가·성력·삼식율려론(三式律呂論) 등을 강론했다. 15일 수필일기를 끝냈고 가묘를 참배하였으며 17일 만은재(晩隱齋)의 서편 별실에서 운명하였다. 6월에 고부 후리(厚里)의 선영하(先塋下)에 안장되었다.

이밖에도 연대를 알 수 없는 것으로 중국어의 연구 『화음방언자의해(華音方言字義解)』와 한글 연구서인 『자모변(字母辨)이 있다. 저서에 힘쓰지는 않았지만 해박한 학식으로 많은 업적을 남겼으니, 이수(理數)에 관한 것과 『산뢰집고(山雷雜攷)』·『자지록(資知錄)』·『역대운어(歷代韻語)』·『성씨운휘(姓氏韻彙)』·『성리대전주해(性理大典註解)』·『구경차록(九經箚錄)』·『군서정변(群書訂辨)』·『상위지요(象緯指要)』·『여지승람증수기례(輿地勝覽增修記例)』·『황극경세서(皇極經世書)』·『사상체용성음괘수도해(四象體用聲音卦數圖解)』·『국조상례보편후(國朝喪禮補編後)』·『화음방언자의해(華音方言字義解)』·『자의혼와변(字義混訛辨)』·『해동이적보(海東異蹟補)』·『소학강의(小學講義)』 등이 각각 몇 권 또는 몇 십 권으로 이루어져 있으며 최근 발견된 선생의 난고(亂稿) 몇 십 권까지 합해 본다면 선생의 저술은 아직까지 정확한 내용이 밝혀지지 않고 있는 것이다.

귀락와 유광천 歸樂窩 柳匡天

귀락와 류광천(柳匡天 1732～1799)은 자는 군필(君弼) 호는 귀락와 이름은 광천 본관은 문화(文化)이다. 문화 류씨는 고려조의 차달(車達)이 비조(鼻祖)이며, 차달 이후 성간(成澗)에 이르러 훈로가 있어 서산(瑞山)에 봉해져서 서산을 관향으로 삼았다. 조선조에 대사간(大司諫)을 지낸 미대(美大)는 호남으로 내려와 살았는데 그 후 대대로 이곳에서 살게 되었다. 그후 임진난 때 김천일(金千鎰)과 함께 의병을 일으켰다가 진주에서 순절하여 호조판서(戶曹判書)를 증직받고, 충의(忠毅)의 시호를 받은 휘진(彙進)이 6세조이며, 고조는 일휴정(日休亭) 요한(燿漢)인데 음사(蔭仕)로 선교랑(宣敎郞)이었다. 증조 나옹(懶翁) 익서(益瑞)는 과거를 단념하고 학문에만 힘썼으며, 할아버지는 지채(之采)인데 생원이다. 아버지 양기당(兩棄堂) 휘소(輝韶)는 역시 생원이며, 어머니는 함풍 이씨(咸豐李氏) 생원 숙빈(淑馪)의 딸이다.

1732년　영조 8년 임자

광주 오호리(梧湖里) 집에서 태어났다. 이곳은 어머니의 친가였다.

1738년　영조 14년 무오 7세

비로소 학업을 시작했는데 재기가 있고 영리하였다.

1739년　영조 15년 기미 8세

글을 짓기 시작했다. 흰 눈이 내렸는데 "백설이 광야를 덮었으니 뭇 새들은 무엇을 먹나"라고 하자 어른들이 경탄하였다.

1746년　영조 22년 병인 15세

『논어(論語)』·『맹자(孟子)』 등 사서(四書)와 삼경(三經)을 읽었으며, 울산 김씨 기조(基祖)의 딸과 결혼했다. 겨울에 『사기(史記)』와 한문

(韓文: 韓愈의 글)을 읽었다. 경전의 뜻과 대책(對策)을 짓는데 뛰어난 재주가 있어서 과거에 적합한 소양을 타고 났었다.

1748년 영조 24년 무진 17세

『상서(尙書)』를 읽었다. '기삼백(朞三百)'의 주(註)를 스스로 자득하였다.

1750년 영조 26년 경오 19세

경의(經義)를 밝히는 공부를 시작하였다. 부인이, "명경(明經)은 과거의 빠른 길이라고 하는데 여기에 뜻을 둘 생각이 없느냐"고 하자 친구들과 경문(經文)을 외우기 시작했다. 아들 동식(東植)이 태어났다.

1752년 영조 28년 임신 21세

봄에 이태세(李台世)·정사량(鄭士良)·이시회(李時晦)와 함께 절에서 공부하였다. 여름에 현(縣)에 나아가 공부하였다. 그 때 김시영(金時煐)이 현감으로 와서 공부할 것을 권하여 두 달 만에 부(賦) 60여 편을 짓고 가을에 능주의 향시에 나갔으나 늦게 제출하여 합격하지 못했다.

1753년 영조 29년 계유 22세

부친상을 당하였다 슬픔을 다 하였으며 독산(禿山) 선영 해좌(亥坐)에 장사지냈다.

1755년 영조 32년 을해 24세

상복을 벗고 백방산(栢芳山) 아래 사촌(社村)으로 이사하였다. 아버지가 이곳을 살만한 곳이라고 하였기 때문에 그 뜻을 따른 것이다. 여름에 승보시(陞補試: 成均館 大司成이 四學의 유생을 모아서 12일 동안 보였던 初試)에서 일등을 하였다.

1756년 영조 33년 병자 25세

여름에 장사량(鄭士良)·이태세(李台世)·이시회(李時晦) 등과 함께 월봉서원(月峰書院)에서 공부하였다. 가을에 서울에서 과거를 보았으나 뜻을 이루지 못했다.

1758년 영조 34년 무인 27세

가을에 남평·창평 두 곳의 향시에 참석했다.

1759년 영조 35년 기묘 28세

4월에 아들 동환(東煥)이 태어났다. 5월에 동당시(東堂試)에 참석하고 7월에 별시(別試) 갑과(甲科)에 합격하였다. 합격자를 발표할 때, 교리(校理) 심이지(沈履之)가 동료에게 "이 사람은 호남의 인재인데 13살 때부터 문장에 능했다"라고 말하며 장안에 이름이 알려졌다. 미호(美湖) 김원행(金元行)을 찾아보고 9월에 돌아왔다. 정언(正言) 기언관(奇彦觀)·송사(松沙) 고도천(高道川)이 과거의 합격을 축하하는 잔치에 참석하고 시를 주었다.

1760년 영조 36년 경진 29세

봄에 승문원 부정자(副正字)가 되었다. 3월에 미호(美湖) 선생을 찾아갔다. 『우암집(尤庵集)』을 읽다가 의심난 곳이 있어서 물으러 간 것이다. 5월에 연경사절(燕京使節)의 문사(文查)를 자문하려 승문원에 입직했다.

1761년 영조 37년 신사 30세

4월에 청주서(廳注書)로 입시했다. 갑자기 입시했는데 모두들 청주서(廳注書)가 누구인가 묻고 임금은 자못 서울사람과 같다고 했다. 9월에 혜릉 별검(惠陵: 景宗妃 端懿王后의 陵)을 제수받았다. 친우들과 시를 짓고 선생이 「발문」을 썼다. 6월에 의정부(議政府) 한학강(漢學講)에 참석했다.

1763년 영조 39년 계미 32세

2월에 상현궁시(上弦弓矢)를 하사받았다. 임금이 건원릉(乾元陵: 태조릉)에 행차하였다가 본릉(本陵)에 이르렀는데, 선생이 정자각(丁字閣)을 열고 안내하자 임금은 "이 능관(陵官)은 일찍이 주서를 지낸 호남사람인데 자못 깨끗하고 현명하다"하고 상현궁시(上弦弓矢)를 하사하였다.

1764년 영조 40년 갑신 33세

2월에 임금이 본릉에 행차하고 봉심하였다. 궁시(弓矢)를 주었다. 6월에 전적(典籍)이 되었다가 예조좌랑(禮曹佐郎)이 되었다. 8월에 병조좌랑(兵曹佐郎) 부의(副擬)가 되었다. 9월에 평안도 도사(平安道都事) 겸 춘추차하(春秋差下)가 되었다. 10월 겸사(兼史)로 석강(夕講)에 입시했다. 11월에 남귀(南歸)하였다.

1766년 영조 42년 병술 35세

중시(重試)를 보기위해 서울로 갔다.

1768년 영조 44년 무자 37세

어머니 이씨의 상을 당하여 담양 용천동에 장사지냈다.

1770년 영조 46년 경인 39세

3월에 상복을 벗고 11월에 상경하여 성균관에 있었다.

1771년 영조 47년 신묘 40세

10월에 천연두를 앓았다. 천연두를 피하여 여관에 머물렀는데 갑자기 증세가 나타났다. 선생은 "죽고 사는 것이 천명(天命)인데 불혹(不惑)의 나이에 무슨 마음의 동요가 있겠는가"하고 태연하였다.

1772년 영조 48년 임진 41세

서울에 있었다. 병을 앓은 다음 귀향하고자 했으나 남이 싫어하고 바람을 쏘이지 않기 위해서였다.

1773년 영조 49년 계사 42세

정월에 고향으로 돌아왔다. 2월에 사간원 정언(司諫院正言)으로 소명이 있었으나 지방관을 통해서 병을 이유로 체직을 청했다. 전주에 이르렀을 때 바람을 쏘여 갑자기 어지럼병이 나자 진정을 올렸는데 이미 체직되었다. 가을에 광주의 조적(糶糴: 쌀을 매매하는 일)의 실상에 대한 상소를 올렸다. 그 때 나주에 제민창(濟民倉)을 새로 만들었는데 광주와 나주는 강을 세 곳이나 건너야 하기 때문에 운송할 때 광주사람들이 고생이 많았으므로 이를 민망히 여겨 변통을 말한 것이다.

1774년 **영조 50년 갑오 43세**

헌납 임희우(任希雨)의 무고를 당하였다. 임희우는 호남 시관(試官)으로 뇌물을 받았는데, 선생을 미워하여 오다가 지평(持平) 김양근(金養根)을 공격하는 장계에서 선생을 무고한 것이다.

1775년 **영조 51년 을미 44세**

정언을 제수하였으나 상소를 올려 사양하였다. 4월 탕춘대(湯春臺)에서 놀았다. 8월에 이조정랑(吏曹正郞)을 제수받았다. 9월에 아마(兒馬: 하급관리에게 조그만 공이 있을 때 주는 말의 한 가지)를 하사 받았다. 왕세손이 태묘(太廟)를 구경했는데 선생이 안내하여 받은 것이다. 성환찰방(成歡察訪)이 되었다. 성환은 삼남(三南)으로 가는 교통의 요충지인데 선생은 일을 잘 처리하였다. 12월에 귀향했다.

1776년 **영조 52년 병신 45세**

2월에 다시 돌아와서 청양(青陽)의 증광시(增廣試)와 청산(青山)의 동당시(東堂試)에 모두 부시관(副試官)으로 참석했다. 3월에 영조가 승하하고 정조가 왕위에 올랐다. 7월에 상경하여 곡반에 참석하였다.

1777년 **정조 1년 정유 46세**

2월 서산(瑞山)의 증광 동당시(增廣東堂試)를 시행하였다. 송곡서원을 봉심하였다. 송곡서원은 선조 금헌(琴軒) 저정(樗亭) 두 분을 모신 곳이다. 「척심루기(滌心樓記)」를 썼다. 7월에 청안(淸安) 동당시(東堂試)를 시행하였다. 충주 공도회(公道會: 觀察使나 留守가 자기 고을에서 베푼 小科시험)의 상시관(上試官)으로 참석하고 단양에서 뱃놀이를 하였다. 단양은 산수가 아름다웠는데 일찍이 보고 싶은 곳이었다.

1778년 **정조 2년 무술 47세**

임기가 만료되어 고향에 돌아왔다. 고봉(高峰) 기대승(奇大升)을 경현서원(景賢書院)에 배향하는 일로 상소하였다. 이 서원은 본래 한훤당(寒暄堂)·일두(一蠹)·정암(靜菴)·회재(晦齋)·퇴계(退溪) 다섯 분을 모신 서원인데 고봉 선생을 추가로 배향하고자 함이었다.

1779년 정조 3년 기해 48세

기국진(奇國鎭)·이시회(李時晦)와 함께 도봉산에 오르고 도봉서원(道峯書院)을 참배했다. 도봉서원은 조광조를 배향한 서원이다. 7월에 함경판관(咸鏡判官)에 제수되었다. 27일에 출발하여 다음달 20일에 도착했다. 8월에 종성부사(鍾城府使) 임관주(任觀周)와 함께 길주(吉州)에서 시험을 시행하였다. 12월에 핍박을 받고 물러났다. 정치가 조리가 없고 형벌이 엄혹하다는 것이다. 함흥에 오니 부사 이명식(李命植)이 말하기를 유순한 사람이 무슨 형벌을 함부로 했다는 말인가 하고 웃었다.

1781년 정조 5년 신축 50세

집을 '귀락와(歸樂窩)'라 명명했다. 선생은 비록 벼슬에 있었으나 마음은 산수 간을 떠나지 않았다. "이 이름이 나의 뜻이라" 했는데, 이때 이를 글로 기록하고 시로서 노래하는 사람이 많았다. 4월에 손자가 태어났다. 가을에 부풍(扶風) 봉래(蓬來)로 단풍 구경을 갔다.

1783년 정조 7년 계묘 52세

9월에 대동찰방(大同察訪)을 제수하였다. 선생은 오랫동안 그만 두고 있었던 터라 뜻이 없었는데 하는 수 없이 부임했다. 10월에 단군묘(檀君墓)·기자릉(箕子陵)·홍범사(洪範祠) 등을 돌아보았다.

1784년 정조 8년 갑진 53세

정월에 감사(監司) 이성원(李性源)과 대동강에서 뱃놀이 하였다. 2월에 순안관사(順安官事)를 겸하였다. 4월에 순안(順安) 시사(試事)를 맡았다. 7월 책례(冊禮) 주청사(奏請使)로 김익(金熤)과 부사(副使) 윤사국(尹師國)이 지나가는데 상대역으로 참석했다. 통군정(統軍亭)에 올라서 시를 썼다. 8월에 순변사가 영변에 도착하여 시사(試士)가 있었는데 여기에 참석하고 약산을 구경하였다. 10월에 동지사(冬至使) 판부사(判府事)·이휘지(李徽之) 부사(副使) 강세황(姜世晃)을 압록강변에 나아가 맞이하였다.

1785년 정조 9년 을사 54세

순사(巡使)를 따라 여러 고을을 순방하고 성천(成川) 강선루(降仙樓)에서 시사(試士)에 참석했다. 3월에 사은사 일행을 영접하였다. 영도회(營都會) 시사(試士)에 참석했다. 7월에 사헌부(司憲府) 장령(掌令)을 제수하였다.

1786년 정조 10년 병오 55세

둘째 아들 동환(東煥)이 생원시험에 합격했다. 5월에 왕세자가 죽어 곡반에 참석했다. 12월에 봉상시정(奉常寺正)이 되었다.

1787년 정조 11년 정미 56세

헌납을 제수했는데 먼저 징계가 무질서함을 성토하는 글을 올렸다. 이전에 김상철(金尙喆) 부자(父子)가 죄를 입었는데 그 죄가 집행되지 않아서 10조를 올린 것이다. 내용은 성학(聖學)에 힘쓰고 덕성(德性)을 기를 것, 경술(經術)을 숭상하고 인재를 키울 것, 인재를 공정히 선발하여 오래 임용할 것, 검박을 숭상하고 사치를 없앨 것 등 열 가지이다 3월에 다시 사직을 청하면서 팔조소(八條疏)를 올렸다. 그 때 태학생이 성토의 상소를 윤허하지 않아 권당(倦堂: 책을 덮고 공부하지 않는 것)하겠다고 하자 임금이 입교를 권고했기 때문에 팔조를 올린 것이다. 4월에 붕당책(朋黨策)을 지어 올렸다. 임금이 붕당의 폐단을 깨닫고 이에 대한 대책을 물어 지은 것이다. 먼저 황극(皇極)을 세우고 충(忠)과 역(逆)을 구분하여 상벌을 분명히 하라는 것 등이었다. 헌납, 장령을 제수하였으나 병으로 체직을 구하는 상소를 올리면서 네 가지를 건의 하였다. 관제(官制)를 변통하여 문(文)과 무(武)를 교체하여 임명하고, 곡식에 대한 세금의 정책을 쇄신하여 백성들을 구제하고, 청렴한 벼슬아치를 장려하고 탐관을 제거할 것, 호남의 조운세(漕運稅)는 토지세(土地稅)로 대처할 것 등이었다.

1788년 정조 12년 무신 57세

헌납을 제수하여 외직으로 순체(順遞)시켰다. 장악원정(掌樂院正)을 제수하였다. 춘당대에서 문신(文臣)과 제생(諸生)이 과시(課試)에 응제(應製)하였는데 협률랑(協律郎)으로 주악을 연주하였다. 장악원 습악(習樂)의 책임을 맡았다. 26일간 습악(習樂)을 열었다. 4월에 다시 헌납이 되었는데 23일에 조강(朝講)에 입시하였다. 『중용(中庸)』의 '공자(孔子)는 요순(堯舜)을 조술(祖述) 하시고…'에 대한 강(講)을 하였다. 강이 끝나자 임금은 "유광천은 어디 사람인가" 하고 물었다. 홍인호(洪仁浩)가 광주사람이라고 하자 "서울에서 살고 있는가"라고 다시 물으니 선생이 여저(旅邸)에 머물고 있다고 대답하였다. 5월에 파직을 당하였다. 영의정(領議政) 김치인(金致仁)이 말하기를 "이달에 일식이 있었는데 구식(救蝕)할 때 양사(兩司)가 참석해야 하는데 사간원에서는 한 사람도 참석하지 않았으니 간원을 파직해야 한다"고 하여 윤허된 것이다. 7월에 헌납이 되었는데 체직의 계(啓)를 올렸으나 허락되지 않았다. 9월 육세조(六世祖: 號는 晩翠, 이름은 彙進)께서 호남 유생의 상소로 인하여 증직을 받는 영광을 입었다. 임진란 때에 김천일(金千鎰)과 함께 진주에서 순절했는데 포상되지 못하다가 호남유생 한홍덕(韓洪德) 등 130여명의 상소가 있어서 자헌대부 호조판서(資憲大夫戶曹判書)를 증직받은 것이다. 개성 경력(開城經歷)을 제수하였다. 개성은 궁마(弓馬)를 숭상했는데 아직 과거가 없어서 선생이 부(府)에 이르러 과시(課試)를 베풀었다.

1789년 정조 13년 기유 58세

성균관(成均館)의 대제(大祭)와 송악(松岳)의 별제(別祭)에 참석하였다. 11월에 진안대군(晉安大君: 태종의 큰아들)의 묘제(墓祭) 참석하였다.

1790년 정조 14년 경술 59세

헌납을 제수하자 체직을 상소하였으나 뜻을 이루지 못했다. 2월에 고향에 돌아왔는데 다시 헌납을 제수하자 다시 상소를 올렸다. 4월에 다시 헌납을 제수하였다. 9월에 노촌(老村)으로 이사하였다. 귀락와(歸樂窩)를 지었다. 계산(鷄山) 아래 운연구곡(雲淵九曲) 그윽한 곳을 돌아보고 만년의 정처(定處)로 결정한 것이다. 경렬사(景烈祠)에 네분(柳泗·高仲英 등 네 사람)을 추가하여 배향하기로 하고 예조(禮曹)에 글을 올렸다. 아버지 양기당(兩棄堂)의 「행록(行錄)」을 썼다.

1791년 정조 15년 신해 60세

11월에 상경하자 12월에 헌납을 제수하였다. 12월에 삼사(三司)가 흉적의 죄를 곧 용서한 것을 성토하는 복합 상소를 올렸다. 그 때 상철(尙喆)의 죄를 씻어주라고 하는 명(命)이 있어서 상소한 것이다.

1792년 정조 16년 임자 61세

육세조(六世祖) 휘진(彙進)에게 시호가 내렸다. 호남 유생 이경집(李敬集) 등 152명이 상소하여 시호를 요청하자 충의(忠毅)라는 시호가 내린 것이다. 헌납에서 체직되어 군자감정(軍資監正)이 되었다가 다시 헌납이 되었다. 양사(兩司)가 연합하여 류성한(柳星漢)·윤구종(尹九宗) 두 사람을 벌하라는 상소를 올렸다. 6월에 집의가 되었다. 호남이 천재로 인하여 연달아 흉년이 들게 되자 그 실상을 말하고 그 책임이 지방관에 있지 않다는 사실을 임금에게 상주(上奏) 하였다. 그 때 병충해와 풍우가 심하였는데 임금의 물음에 답한 것이다. 체직을 상소하였으나 9월에 집의(執義)를 제수하였다. 5일에 파직을 시켰다가 22일에 다시 서용(敍用)한 것이다. 10월에 사직을 상소하면서 비당(備堂: 備邊司의 속칭으로 군무에 관한 사무를 맡아보던 곳)의 죄를 구(救)하였다. 그 때 윤영희(尹永僖)의 일로 비변사의 서유린(徐有隣)이 김문순(金文淳)·오재순(吳載淳)을 헐뜯고 배척하여 서로 다투게 되자 아울러 파직되었는데 삼사(三司)에서 아무 말도 없었으므로 선생이 이들을 구하는 상소를 올린 것이다.

10월 20일 장악원정(掌樂院正)을 제수하였다. 12월에 춘당대(春堂臺)의 시험에 협률랑(協律郞)으로 아악을 연주하였다. 곧 우부승지(右副承旨)가 되었다. 21일 임금을 모신 자리에서 임금의 따뜻한 말씀이 있었다. "집안의 벼슬은 어떠했는가" "충의공(忠毅公)의 연시(延

諡)는 없었는가" "서울에서 살 것인가" "하서(河西) 김인후(金麟厚)의 『문집』은 어떻게 되었는가" 등을 묻고 격려하였다. 병조참지(兵曹參知)를 제수하였다.

1793년 정조 17년 계유 62세

1월에 동부승지(同副承旨)를 제수하였다. 20일에 바뀌고 2월 1일에 고향에 성묘하러 내려왔다. 9월에 어머니 이부인(李夫人)의 행록(行錄)을 저술하였다. 12월에 서울로 와서 고교리(高校理)의 집을 함께 사용하였다.

1794년 정조 18년 갑인 63세

대비전(大妃殿) 50년, 혜경궁(惠慶宮) 60년의 하례에 참석하였다.

1795년 정조 19년 을묘 64세

동부승지(同副承旨)를 제수하였다. 7월 1일에 입시(入侍)하여 임금의 격려를 받았다. "동부승지는 몇 살인가" "어디에 살고 있는가" "산수는 좋은가, 취미는 무엇인가" "김인후에게 준 묵죽(墨竹: 仁宗이 자신의 師傅였던 河西에게 그려준 것)은 어디에 보관하고 있는가" 등을 물었다. 4일에 희정당(熙政堂)에 입시하였다. 임금이 "승지는 누구인가"하고 묻자 선생은 동부승지라고 답하였다. 임금이 참석해도 좋다고 하여 선생은 수정(修正)의 일을 하였다. 6일에 성정각(誠正閣)에 입시하여 성균관의 시사(試士)에 대한 명(命)을 받들었다. 비를 맞고 나와서 예문관(藝文館) 제학(提學) 민종현(閔鍾顯) 등과 함께 태학에 나아가 명륜당 시사(試士)를 주관하였다.

12월에 동부승지로서 중봉(衆峰) 조헌(趙憲)의 사당에 치제(致祭)하였다. 임금은 중봉의 사당이 있는 진산과 선생의 고향이 얼마나 되는지 묻고 집에 다녀오도록 하라고 하였으나 선생은 "복명(復命)이 급하므로 그럴 수 없다"고 하였다.

1796년 정조 20년 병진 65세

정월에 대궐에 돌아와 복명하였다. 동부승지 겸 약방 제조(藥房提調)를 명받았다. 6월에 명을 받고 입시했다. 임금이 "김하서(金河西)

를 문묘에 배향하는 일이 왜 늦어지는가" 묻고 하서의 서원과 그가 살던 곳에 대하여 물었다. 7월에 우부승지(右副承旨)가 되었다. 29일에 입시하여 또 다시 따뜻한 격려를 받았다. "류휘진(柳彙進)의 순절은 촉석강(矗石江)에 있었던 일인가" "김천일과 함께였는가"라고 자세히 물었다.

7월에 평산부사(平山府使)를 제수하였다. 8월에 입시하자 임금은 평산과 서울의 거리가 얼마나 되는지를 묻고 충의공(忠毅公)의 연시(延諡)에 대하여 관심을 보였다. 다시 임소(任所)에 도착하였다. 평산은 서해안에 있고 중국과 통하는 길에 있어서 인심이 사나웠으나 선생은 교화를 부지런하게 하여 인심이 일신되었다. 16일 명을 받고 삼태사(三太師: 申崇謙 등을 모신 祠堂)에 치제(致祭)하였다. 17일 해주 관영(海州官營)에 갔다. 22일 임금의 생일에 축하의 글을 올렸다. 순과(旬課: 열흘마다 보는 課試)를 베풀었다. 이전에는 무관(武官)이 다스렸기 때문에 그런 일이 없었으나 선생이 베푼 것이다. 10월에 사판(祀版)이 관아에 도착했다. 군병(軍兵)을 검열하였다. 「간이재기(簡易齋記)」를 썼다. 동헌에 기(記)가 없어서 선생이 쓴 것이다. 11월에 하서(河西) 선생을 문묘에 배향하는 반교문(頒教文)을 맞이하였다. 평소 하서(河西) 선생을 존경했는데 경향의 유생들이 상소하여 배향의 은혜를 입은 것이다.

1797년 정조 21년 정사 66세

3우러 12일에 선생을 붙잡아 들이라는 명령이 내렸다. 지난달 군사를 검열 할 때 두 곳의 관영(官營)에 있는 집사(執事)가 참석했는데 보병 다섯 명이 없어져서 병사(兵使)가 장계를 올려 금부에서 붙잡아 오라는 것이었다. 15일 금부에 붙들렸다가 용서를 받고 방환(放還) 되었다. 4월 충의공(忠毅公) 연시(延諡)의 일로 고향에 돌아왔다. 선영에 참배하고 묘사(墓祀)를 올렸다. 연시(延諡)의 예(禮)를 행하고 분황(焚黃: 죽은 후 벼슬을 받았을 때 告하고 그 副本을 불태우는 의식)을 거행하였다. 윤 6월에 해직되어 고향에 돌아왔다.

1798년 정조 22년 무오 67세

6월에 동부승지를 제수하고 밖에 있도록 하였다. 임금의 경의조문(經義條文)을 지었다. 『주역(周易)』·『상서(尙書)』·『모시(毛詩)』·『춘추(春秋)』·『논어(論語)』·『맹자(孟子)』·『대학(大學)』·『중용(中庸)』·음양(陰陽)·상수(象數)·길흉(吉凶) 등 모든 경법(經法)을 선악에 따라 성인(聖人)이 상벌(賞罰)하였던 예(例)를 조문(條文)으로 정리한 62조이다. 임금이 직접 지으려고 전국의 유생을 뽑았는데 아들 동환(東煥)이 선발된 것이다. 이에 선생이 깊이 연구하여 지었다. 7월에 백양사(白羊寺)에 가서 『호남절의록(湖南節義錄)』을 교정하였다. 9월에 『주서집략(朱書輯略)』의 「발문(跋文)」을 썼다. 오란(五亂)에 절의한 7백여 집안의 내역과 사실을 기록하여 정리하고 선생이 발문을 쓴 것이다.

1799년 정조 23년 기미 68세

정월 19일에 풍병(風病)으로 별세하였다. 평산에서 돌아온 이후 풍병이 있었는데 이때에 이르러 약이 무효였다. 조정에서 부음을 듣고 부의(賻儀)하였다. 군(郡) 북쪽 오동촌(梧桐村) 간좌(艮坐)에 장사지냈다.

1805년 순조 5년 을축

「묘갈명」이 완성되었다. 이조판서(吏曹判書) 이조원(李祖源)이 썼다.

1933년 계유

「행장」이 이루어졌다. 정기(鄭琦)가 썼다. 이 해에 『문집』이 완성되었다. 『문집』이 탈고되지 못하고 상자 속에 보관되어 오다가 후손이 잃어버릴 것을 염려하여 간행한 것이다.

무민재 문취광 无悶齋 文就光

무민재(无悶齋) 문취광(文就光 1752~1835)은 자는 명진(明進) 호는 무민재 이름은 취광(就光) 관향은 남평으로 남평백(南平伯)을 지낸 다성(多省)의 후손이다. 10대조 판서공(判書公) 문온(文蘊) 때에 능주에서 장흥군 부평면 임리로 이사하였고, 8대조 봉사공(奉事公) 문현(文賢)이 기묘사화 후 부산면 춘정리로 옮겼다. 6대조 풍암공(楓庵公) 위세(緯世)가 임진왜란과 정유재란에서 왜적을 평정한 뒤에 다시 옛 고향에 돌아와서 그곳에서 자손들이 대대로 거주하였다. 고조는 치욱(致郁)인데 첨추(僉樞)로서 형조참의(刑曹參議)를 추증받았으며, 증조 상효(尙虓)는 지중추(知中樞)였고, 할아버지는 수호군(壽護軍) 천경(天經)이다. 아버지 농암(聾巖) 덕우(德遇)는 수직(壽職)으로 통정대부가 되었고, 어머니는 경주 이씨 사인(士人) 세관(世爟)의 딸이다.

1752년 영조 28년 임신

장흥군 유치면 늑용리 집에서 출생하였다.

1757년 영조 33년 정축 6세

비로소 학업을 시작하였다. 능히 구두(句讀)를 알았으므로 아버지 동추공(同樞公)이 매우 사랑하였다.

1759년 영조 35년 기묘 8세

큰아버지 경학재공(耕學齋公)에게 『소학』을 배웠는데 여러 번 읽고 가르쳐주지도 않아도 스스로 문의(文義)를 깨우쳤다. 경학재공이 늘 사람들에게 "이 아이가 반드시 우리 가문을 빛낼 것이다"라고 하였다.

1762년 영조 38년 임오 11세

유치면 건천동으로 이사하였다. 이때 아버지 동추공이 산수의 조용함을 좋아하였기 때문에 거처를 옮긴 것이다.

1763년 영조 39년 계미 12세

양정재(養正齋)에서 독서하였다. 이때 아버지 동추공이 건천의 서봉 아래에 서실을 세우고 편액(扁額)하여 '양정(養正)'이라 하였다. 정심양성(正心養性)의 뜻을 취한 것이며 자손들의 학업에 쓰이도록 하기 위해서였다.

1769년 영조 45년 기축 18세

보성 선씨를 부인으로 맞아들였다. 사인(士人) 선성표(宣聖豹)의 딸이다.

1770년 영조 46년 경인 19세

8월에 안동정사(安東精舍)로 가서 대산(大山) 이선생(李先生)을 뵙고 머물면서 수학하고 겨울에 돌아왔다.

1771년 영조 47년 신묘 20세

봄에 안동정사(安東精舍)로 가서 이대산(李大山) 선생을 뵙고 머물면서 몇 달 동안 배우고 돌아왔다. 가을에 아버지 동추공의 명으로 서울로 유학하여 훌륭한 선비들과 더불어 시문(詩文)을 주고받았다.

1772년 영조 48년 임진 21세

봄에 서울에서 돌아와 아버지를 뵈었다. 안동정사(安東精舍)로 가서 이선생(李先生)을 뵙고 몇 달 동안 수학하고 돌아왔다.

1773년 영조 49년 계사 22세

8월에 부친의 명으로 본도(本道)에 가서 향시(鄕試)에 합격하였다.

1775년 영조 51년 을미 24세

귀담정사(龜潭精舍)로 가서 이선생을 뵈었다. 집이 가난하고 부친이 연로하였기 때문에 오래 머물지 못하고 몇 달 동안 수학하고 돌아왔다.

1776년 영조 52년 병신 25세

3월에 국상(國喪)을 당하였다. 이때 영조대왕이 승하하였으므로 관청에 들어가 곡하는 대열에 참가하였다. 7월에 또 관청에 들어가 국장(國葬)을 곡하는 대열에 참여했다.

1777년 정조 원년 정유 26세

큰아들 달범(達範)이 출생하였다. 나중에 중형의 양자로 들여보냈다. 3월에 관청에 들어가 소상(小祥)의 곡하는 반열에 참가하였다. 선생은 과거공부에 뜻이 없었으나 가을에 부친의 명으로 서울에 가 시험에 응시한 것은 각별히 부친을 기쁘게 해드리려는 뜻에서였다.

1778년 정조 2년 무술 27세

3월에 관청에 들어가 대상(大祥)을 곡하는 반열에 참여하였다. 8월에 상경하여 몇 달을 머물렀다.

1779년 정조 3년 기해 28세

서울에 머물다가 10월에 돌아와 아버지를 뵈었다.

1780년 정조 4년 경자 29세

7월에 둘째 달행(達行)이 출생하였다. 9월에 상경하였다.

1781년 정조 5년 신축 30세

서울에 머물다가 봄에 돌아와 아버지를 뵈었다.

1783년 정조 7년 계묘 32세

정월에 차녀가 출생하였다. 뒤에 문화 류씨 명기(柳明基)에게 출가하였다. 명기는 하정(夏亭) 류관(柳寬)의 후손이다.

1784년 정조 8년 갑진 33세

9월에 월천사를 편액하는 일로 상경하였다. 숙종 28년(1702)에 호남의 유생들이 삼우당(三憂堂)과 풍암(楓庵) 두 선생의 도학과 공덕을 추모하여 월천(月川)에 사우(祠宇)를 세우고 제사를 지내왔었다. 이때 선생이 사액을 청하는 일로 태학생과 경기도 학상서원의 통문을 함께 발송하기 위해 올라간 것이다.

1785년　정조 9년 을사 34세

2월에 월천사(月川祠)를 중수(重修)하고 8월에 은전(恩典)을 받았다. 이에 앞서 영조 10년(1734)에 사림들이 삼우당(三宇堂)과 풍암(楓庵) 두 선생의 서원을 월천(月川)에 건립하였다. 충청도와 경상도 그리고 전라도 삼도(三道)의 유생들이 복합상소(伏閤上疏)를 하자, 특별히 관리를 파견하여 제사를 지내고 강성사(江城祠)의 편액을 받는 은전을 입었다. 사액(賜額) 고유(告由) 축문은 홍문관(洪文官) 대제학(大提學) 황경원(黃景源)이 지었고 글씨는 채제공(蔡濟恭)이 썼다.

1786년　정조 10년 병오 35세

5월에 셋째 달화(達華)가 출생하였다.

1787년　정조 11년 정미 36세

2월에 영호남의 벼슬아치들이 도천서원(道川書院)의 옛 편액을 복원하도록 요청하였다. 이에 앞서 태종대왕이 삼우당(三宇堂) 선생의 충효와 도학을 기려 강성군(江城君)에 봉하고, 충선공(忠宣公)이라는 시호를 추증하여 단성현(丹城縣) 동쪽 도천(道川) 위 정태리(靜台里)에 사당을 건립하고 도천(道川)이라는 편액을 하사하였는데, 임란의 병화(兵火)를 당하여 무너져 버렸다. 그 후 21년 임자(1612)에 중건하였으나 편액을 복원하지 못했으므로 특별히 편액을 복원하는 은전을 입고자 한 것이다. 강성사(江城寺) 도기(圖記)를 한성판윤(漢城判尹) 강세황(姜世晃)에게 청탁하였다. 이 해에 강성사에 관계된 일로 번암(樊巖) 채제공에게 글을 올렸다.

1788년　정조 12년 무신 37세

2월에 사당의 일로 승지 유항주에게 편지를 하였다.

1789년　정조 13년 기유 38세

2월에 사당의 일로 번암에게 글을 올리고, 9월에는 유항주에게 편지를 하였다.

1790년　정조 14년 경술 39세

5월에 사당의 일로 번암에게 글을 올렸다. 6월에 넷째 달효(達孝)가 출생하였다.

1791년 정조 15년 신해 40세

5월에 부친 동추공의 상을 당하였다. 동추공의 병환이 깊어짐에 선생은 의관을 벗지 않았으며 약을 다릴 때에는 반드시 먼저 맛을 보았고 밤에는 이슬을 맞으며 기도하고 몸소 병간호를 하다가 아버지가 돌아가심에 기절하였다가 소생하였다. 장례와 제사의 절차는 엄격히 『가례(家禮)』를 따랐다. 7월에 건천(乾川) 외청룡(外靑龍)에 장사지냈다. 3년 동안 거친 음식만 먹으니 몸이 수척하여 뼈가 앙상하게 드러났고 곡을 할 때에는 매우 슬퍼함이 항상 처음 돌아가셨을 때와 같았다. 비록 바람이 불고 눈이 오고 장마가 지더라도 반드시 하루에 세 번씩 가서 산소를 살피고 청소하였다. 기제사(朞祭祀)를 지낼 때에는 살아 계신 것 같이 정성을 갖추어 극진히 모셨다.

1792년 정조 16년 임자 41세

8월에 번암에게 글을 올렸다.

1793년 정조 17년 계축 42세

복(服)을 벗었다. 매일 아침저녁으로 가묘를 배알하고 혼정신성(昏定晨省)의 예를 극진히 하였다. 어머니에게 식사를 드릴 때에도 반드시 먼저 맛을 보아 뜨겁고 차가움을 알맞게 하여 드렸다.

1794년 정조 18년 갑인 43세

3월에 승지 권엄(權𥗫)에게 편지를 하였고, 9월에 판서 강세황에게 편지를 하였다. 같은 달에 서울에 가서 초시(初試)에 합격하자 많은 사대부들이 축하하는 시를 지어 증정하였다.

1795년 정조 19년 을묘 44세

2월에 번암 채제공에게 글을 올렸다.

1798년 정조 22년 무오 47세

정조가 풍암(楓庵) 선생을 참판(參判)에 추증하였다. 이때에 호남의 유생들이 주문(奏文)을 올려서 이 명이 있게 되었다.

1800년 정조 24년 경신 49세

6월에 국상(國喪)을 당하였다. 이때 정조대왕이 승하하였으므로 관청에 들어가 상복을 입고 곡하는 대열에 참여하였다.

1801년 순조 원년 신유 50세

6월에 관청에 들어가 소상(小祥)을 곡하는 대열에 참가하였다.

1803년 순조 3년 계해 52세

9월에 단성(丹城)에 가서 선조 삼우당선생의 묘를 배알하고, 조정에서 발급한 위패와 사산(四山)의 터와 제각·제위토·산답(山畓) 등을 두루 보았다.

1804년 순조 4년 갑자 53세

4월에 어머니가 숙부인(淑夫人)이 되는 은지(恩旨)를 입었다. 이때 어머니의 연세가 90에 이르렀는데 마침 임금의 명으로 이 은혜를 입었다. 서울의 많은 사대부들이 시를 지어 축하해 주었다. 이 해에 선조 만은공(晩隱公)의 「행장」을 목사(牧使) 한산(韓山) 이지채(李趾采)에게 청탁하였다.

1805년 순조 5년 을축 54세

정월에 국상(國喪)을 당하였다. 이때 정순왕후 김씨가 승하하였으므로 관청에 들어가 상복을 입고 곡하는 대열에 참여하였다.

1806년 순조 6년 병인 55세

9월에 모친상을 당하였다. 장례와 제사의 절차는 엄격하게 『가례』를 따라 행하였다. 11월에 유치면 건천동 동내촌의 오른쪽 산기슭 임좌원(壬坐原)에 장사지냈다. 3년 동안 거친 음식만을 먹고 곡을 할 때에 매우 슬퍼함이 항상 처음 돌아가셨을 때와 같았다. 늙어 몸이 쇠약함에도 조금도 나태함이 없이 성묘의 절차를 부친상과 똑같이 하였다.

1808년 순조 8년 무진 57세

11월에 복(服)을 마쳤다.

1809년 순조 9년 기사 58세

2월에 친족인 휘광·달관·경덕 등과 함께 삼우당 선조의 묘갈(墓碣)을 다시 세우기로 하고, 대제학(大提學) 강한(江漢) 황경원(黃景源)에게 「묘갈명」을 청탁하였다.

1810년 순조 10년 경오 59세

양정재(養正齋)의 곁에 정사(精舍)를 짓고, 자신의 호(號)를 무민(无悶)이라 하였다. 이는 '세상에 은둔하여 근심이 없다'는 뜻으로 자기의 지조를 담은 것이다. 운림(雲林)과 천석(泉石)이 어우러진 조용하고 후미진 곳에 정사를 짓고 책과 밝은 창문과 비자나무를 벗을 삼아 한가하게 지내면서 '수방심(收放心)' 세 글자를 주된 근본으로 삼고 『심경』·『근사록』 등의 책을 손에서 놓지 않았다. 부모가 돌아가신 뒤부터는 문을 닫고 벼슬길에 나아가려는 뜻을 끊었다. 혹 주위의 벗들이 벼슬을 권하면 눈물을 흘리면서 "과거(科擧)를 구하는 것은 다만 부모를 영화롭게 하기 위함인데, 이제 어버이가 계시지 아니한데 누구를 위하여 벼슬을 하겠는가?"라고 말하였다.

1811년 순조 11년 신미 60세

정사에 머물렀다.

1812년 순조 12년 임신 61세

10월에 둘째형 채광(采光)의 상을 당하였다.

1815년 순조 15년 을해 64세

4월에 막내형 예광(禮光)의 상을 당하였다.

1816년 순조 16년 병자 65세

『풍암선생문집』의 서문을 판서 이헌경(李獻慶)에게 청탁하였다.

1817년 순조 17년 정축 66세

6월에 풍암 선생의 묘지명을 대제학 강한 황경원에게 청탁하고, 또 「행장」은 영의정 번암 채제공에게 청탁하였다.

1818년 순조 18년 무인 67세

『삼우당선생문집』을 간행하고 『연보』를 수정하였다. 당시에 글이 여기저기 흩어져 있어 친족인 계항(桂恒)과 함께 사료와 제현의 문자를 널리 수집하여 『문집』을 완성하였다. 『문집』의 서문을 안동 김희순(金羲淳)에게 청탁하였다. 강성사(江城祠) 「대비재기(大庇齋記)」를 정언(正言) 윤규범(尹奎範)에게 청탁하였다.

1819년 순조 19년 기묘 68세

『풍암선생문집』을 간행하였다. 풍암 선생의 글이 상자에 보관되어 음을 항상 한탄하다가 비로소 경상도 하동군 화재(花齋)에서 간행하고 기사(記事)를 매우 상세하게 적어 놓았다.

1821년 순조 21년 신사 70세

3월에 국상(國喪)을 당하였다. 이때 순조왕후 김씨가 승하하였다. 관청에 들어가 곡하는 반열에 참여하였다.

1822년 순조 22년 임오 71세

3월에 관청에 들어가 소상(小祥)을 곡하는 반열에 참여하였다.

1823년 순조 23년 계미 72세

정월에 맏형 정광(正光)의 상을 당하였다. 예제(禮制)를 극진히 행하였고 더욱 형제의 죽음으로 인한 고통을 금치 못하였다.

1826년 순조 26년 병술 75세

4월에 부인 선씨의 상을 당하였다. 6월에 장흥군 유치면 내삼리 뒷기슭 유좌원(酉坐原)에 장사지냈다.

1827년

족보의 「발문(跋文)」을 지었다. 당시 경기도 안성에서 족보를 수정하였는데 거듭 문중에서 부탁하므로 글을 지어 주었다.

1831년 순조 31년 신묘 80세

정월에 둘째아들 달행이 죽었다.

1832년 순조 32년 임진 81세

문중 사람들과 함께 선조 충선공의 신도비를 건립하였다. 족손 계항이 강화에서 비석을 채석하였으나 운반하지 못하고 죽자 그의 아들 병렬이 운반하여 왔다. 이에 선생이 문중 사람들에게 글을 띄워 일을 돕게 하였다.

1834년 순조 34년 신오 83세

11월에 국상을 당하였다. 이때 순조대왕이 승하하였다. 연로하여 곡하는 반열에는 참여하지 못하고 다만 망곡(望哭)의 예(禮)만 행하였다.

1835년 헌종 원년 을미 84세

정월 9일에 집에서 운명하였다. 병이 깊어짐에 자제들을 돌아보고 이르기를 "'매우 두려워하고 삼가 깊은 연못에 임하듯이 하고 얇은 얼음을 밟듯이 하라' 하니, 이는 증자(曾子)께서 남기신 훈계이다. 내 나이 80을 넘어 집에서 죽을 수 있게 되었으니 온전히 돌아가는 도를 얻은 것이다"하고 조용히 생을 마쳤다. 3월 26일에 유치면 내삼리 뒷기슭 유좌원에 부인과 합봉하여 장사지내었다.

1893년 고종 30년 계사

마을에 정려(旌閭)를 세워 표창하고 동몽교관(童蒙敎官)을 추증하였다. 전라도 유생 진사 이창우(李昌祐)와 박만원(朴晩源), 유학(幼學) 조대진(曺大振) 등이 선생의 효행을 상소하여 요청함에 이 명이 있었다.

1902년 광무 6년 임인

묘갈이 완성되었다. 증손 맹헌(孟獻)과 맹화(孟華), 맹성(孟性)이 비를 세웠다. 종사랑(從仕郞) 장릉참봉 이충호(李忠鎬)가 「묘갈명」을 지었다.

다산 정약용 茶山 丁若鏞

다산(茶山) 정약용(丁若鏞 1763~1835)은 자가 미용(美庸) 또는 송보(頌甫) 호는 사암(俟菴) 또는 다산 당호는 여유(與猶) 이름은 약용 본관은 압해이다. 그의 선세는 압해로부터 시작되었으나 고려말부터는 배천(白川)에 살았고, 조선조 이후 벼슬에 나아가면서부터 한양에서 살았다. 병조참의 시윤(時潤)에 이르러 경기도 광주 초부면 마현리로 옮겨 살게 되었는데, 이 분이 다산의 7세조(七世祖)가 된다. 고조부는 도태(道泰), 증조부는 항신(恒愼), 조부는 지해(志諧)이다. 아버지는 재원(載遠)인데 음사(蔭仕)로서 진주목사를 지냈으며, 어머니는 숙부인 해남 윤씨이다.

1763년 영조 38년 임오

6월 16일 사시(巳時)에 광주 초부면 마현리(지금의 양주군 와부면 능내리)에서 출생하였는데 어릴 때의 자(字)는 귀농(歸農)이라 하였다.

1764년 영조 39년 계미 2세

천연두를 앓았다. 그의 술회에 따르면 이때의 병으로 약간의 흉터가 남았다고 한다.

1767년 영조 43년 정해 6세

아버지가 연천의 임소에 계셨으므로 그 곳에서 공부를 시작하였다. 덕성스러운 모습이 관후하여 학문의 정미함은 이때부터 비롯된 것이다.

1768년 영조 44년 무자 7세

비로소 오언시를 짓자 아버지가 기특하게 여겼다. 천연두의 상처가 거의 없었으나 오른쪽 눈썹 끝에 세 개의 반점이 있었으므로 삼미자(三眉子)라고 스스로 이름하고 『삼미집』이라는 저술을 남기기도 하였다. 이 책은 열 살 전후에 이루어진 작품이다.

1770년 영조 46년 경인 9세
할머니 윤씨의 상을 당하였다. 윤씨는 해남 윤고산 선생의 후손이다. 고산의 증손 윤두서는 호가 공재(恭齋)로서 선생의 외증조가 된다.

1771년 영조 47년 신묘 10세
경사(經史)를 배웠다. 이때는 아버지가 벼슬에 있지 아니하고 집에 있으면서 선생을 가르쳤는데 영리하여 학문을 독촉하지 않아도 열심히 공부하였다.

1776년 영조 52년 병신 15세
풍산 홍씨 승지 화보(和輔)의 딸과 결혼하였다.

1777년 정조 원년 정유 16세
이때 처음으로 성호(星湖) 이익(李瀷)의 글을 읽기 시작하였다. 그 당시에는 후학들이 성호의 영향을 받지 않는 사람이 없었는데 선생 또한 이를 준칙처럼 생각하였으며, 스스로 성호의 영향을 받은 바가 많았다고 하였다.

1778년 정조 2년 무술 17세
아버지가 화순의 임소에 계셨으므로 아버지를 따라서 화순의 동림사에서 독서하였다.

1780년 정조 4년 경자 19세
아버지가 예천의 임소에 계셨으므로 예천으로 근친하고 반학정에서 독서하였다. 다시 아버지가 광주(廣州)로 돌아왔으므로 마현에서 글을 읽었다.

1783년 정조 7년 계묘 22년
4월에 세자 책봉을 기념하는 증광시 초시에 합격하였는데 임금이 나이와 성명을 물었다. 여름에 성균관에 들었다. 회현방(會賢坊)에 이주하였다. 9월에 큰아들 학연(學淵)이 태어났다.

1784년 정조 8년 갑진 23세

향사례(鄉射禮)를 행하였다. 여름에 『중용강의』를 임금에게 진강하였다. 태학에 있을 때 임금이 『중용』 팔십여조(八十餘條)와 사칠이기지변(四七理氣之辨)에서 퇴계와 율곡의 다른 점을 물었는데 다른 생도들은 퇴계의 이발지설(理發之說)이 옳다 하고 선생은 율곡의 설이 막힘이 없다고 하여 비방이 일어났다. 임금은 도승지 김상집에게 말하기를 선생의 견해가 가히 유속을 파탈할여 귀함이 있다고 칭찬하였다. 9월에 정시(庭試) 초시(初試)에 합격 하였다.

1786년 정조 10년 병오 25세

2월 별시 초시에 합격하였다. 7월에는 둘째 아들 학유(學游)가 출생하였다. 8월에 초시에 합격하였다는 통문을 받고 춘당대에서 임금을 만났는데 임금은 선생의 작품이 숙종조 문인들의 글에 뒤지지 않는다고 하였다.

1789년 정조 13년 기유 28세

봄에 임금이 희정당(熙政堂)에서 여러 신하들에게 『대학』을 강하도록 하여 이를 강의하였다. 이때 진강(進講)한 『대학』을 정리한 것이 희정당 『대학강의』이다. 6월 가주서(假注書)에 제수되었다. 12월에 셋째 아들이 태어났으나 신해에 요절하였다.

1790년 정조 14년 경술 29세

2월에 한림회권(翰林會圈)에 피선(被選)되었다. 체제공이 우상(右相)으로서 주권(主圈)이 되었다. 조그마한 잘못을 저질러 3월 8일에 임금의 명으로 해미현(海美縣)에 유배당했는데 13일 도착하였다가 19일에 용서를 받고 풀려났다. 5월에 예문관 검열이 되고, 5월 5일에 용양위(龍驤衛) 부사과(副司果)에 올랐다. 7월에 사간원 정언, 9월에 사헌부 지평으로서 무과(武科) 감대(監臺)에 나아갔다. 12월에 임금의 친시(親試)에 입격하고 칭찬을 받았다.

1791년 정조 15년 신유 30세

5월에 사간원 정언이 되고, 10월에 사간원 지평이 되었다. 12월에 또한 친시(親試)에 입격하고 『시경(詩經)』 팔백여조를 진강하였다. 임금이 말하기를 "무릇 백가의 견해를 인용하고 그 출전이 무궁하니 평소의 온축이 무궁하지 않다면 어찌 이러할 수 있겠는가?" 하였는데 『홍제전서』에 이러한 기록을 따온 것이 2백여 군데가 있다. 겨울에 호남의 권(權)·윤(尹)의 옥사가 일어났다. 목만중(睦萬中)·이기경(李基慶)·홍낙안(洪樂安) 등이 공모하여 사류(士類)들을 제거하려고 한 것이다. 당시에 선비 열 가운데 7, 8명은 서학에 관심을 가지고 있었고 선생 또한 이벽(李蘗)에게 처음으로 서교(西教)에 대한 이야기를 들은 일이 있었다. 특히 성호(星湖)의 학문을 사숙했던 학자들은 거의가 서학에 관심을 갖지 않은 사람이 없었다.

1792년 정조 16년 임자 31세

3월에 홍문관록(弘文館錄)에 선발되고, 도당회권(都堂會圈)에 선발되었다. 이어 홍문관 수찬이 되었다. 4월에 아버지 진주공이 진주의 임소에서 별세하였다. 5월에 충주에 반장하였다. 임금의 명을 받들어 겨울에 수원성에 대한 제도를 완성하여 올렸다.

1794년 정조 18년 갑인 33세

상복을 벗었다. 7월에 성균관 직강이 되고, 10월에 홍문관 교리, 홍문관 수찬이 되었다. 10월에 입시하여 경기 암행어사의 명을 받고 11월 15일에 복명하였다. 12월에 홍문과 부교리가 되었다.

1795년 정조 19년 을묘 34세

사간원 사간, 통정대부 동부승지에 차례로 승진되었다. 2월에 병조참의가 되었다. 우부승지가 되고 7월에 금정도 찰방으로 외직에 보임되었다. 12월에 용양위 부사직으로 체직되었다.

1796년 정조 20년 병진 35세

10월에 규영부(奎瀛府) 교서(校書)를 임명 받았다. 같은 달에 화성의 여러 궁실의 상량문과 오경백편과 팔자백선(八子百選)의 제목을 써서 바쳤다.

1797년 **정조 21년 정사 36세**

춘추경전(春秋經傳)의 교정을 명받았다. 교서관의 『춘추좌씨전』의 교정을 명받았다. 왕명을 받고 대독관으로 희정당(熙政堂)에 입시하였다. 6월에 좌부승지에 제수되었으나 사직서를 올려 사양하고, 그로 인하여 소회를 진정하였다. 윤 6월에 곡산부사(谷山府使)로 나아갔다 겨울에 『마과회통(麻科會通)』이 완성되었다. 마과회통이란 홍역을 치료하는 방법이다. 당시에 많은 사람들이 홍역을 앓다가 일찍 죽는 것을 보고 이 책을 쓴 것인데 모두 20권이다.

1798년 **정조 22년 무오 37세**

4월에 『사기찬주(史記纂註)』를 바쳤다. 그 전에 사기영선(史記英選)의 주해를 김이교(金履喬) 등에게 찬주(纂註)하도록 하였으나 소략한 바가 많아서 다시 쓰도록 한 것이다. 겨울에 소미(小米)의 세를 돈으로 갹출할 것을 건의하여 윤허를 얻었다.

1799년 **정조 23년 기미 38세**

4월에 병조참지가 되고 또한 동부승지로 바뀌었으며, 부호군이 되었다가 형조참의에 제수되었다. 신덕왕후(神德王后) 강씨의 본궁에 관한 일을 진정하고 비석을 세울 것을 윤허 받았다. 곡산에서 5리 떨어진 곳에 신덕왕후의 본궁이 있다는 사실이 밝혀져서 그 유허에 비석을 세우기로 한 것이다. 6월에 대간에서 상소가 있어서 체직하기를 바라는 상소를 올렸다. 4월에 아들 농장이 태어났다.

1800년 **정조 24년 경신 39세**

크게 결심하고 고향에 돌아가 농사에 힘쓰기로 작정하였다. 그 당시에 선생은 날로 세상이 위험하여지고 있다는 사실을 깨닫고 처자를 데리고 배를 타고 내려가 여러 날을 시골에 있었다. 임금이 이 사실을 듣고 다시 불렀기 때문에 하는 수 없이 다시 상경했다. 6월에 정조가 승하하였다. 선생은 홍화문 앞에서 이와 같은 소식을 듣고 여러 신하들과 함께 통곡하고 슬픔을 가누지 못하였다. 겨울에 졸곡(卒哭)하고 고향에 돌아와서 삭망(朔望)으로 곡반(哭班)에 임하였다. 이 해에 『문헌비고간오(文獻備考刊誤)』가 완성되었다.

1801년 순조 원년 신유 40세

2월 8일 사간원의 장계로 인하여 새벽에 잡혀 옥에 갇히게 되었다. 앞서 이유수(李儒修) 윤지눌(尹持訥) 등이 책롱(冊籠)의 일을 보고했는데 그 때 선생은 서울에 있었다. 이른바 책롱이란 5, 6명의 문서를 섞은 것인데 그 속에 선생의 집안에서 나온 것으로 보이는 서학에 연루된 서찰이 들어 있었던 사건을 말한다. 22일에 옥에서 나와 경상도 장기로 유배되었다. 선생이 옥에 있을 때 언어가 명백하고 인증(引証)이 공정하여 찬탄하지 않는 사람이 없었다. 이때 선생의 형인 손암공(巽菴公)은 하루 전에 옥에 들어와서 전라도 신지도로 유배되었다.

3월에 장기에 도착하여 정신이 회복되자 『기해방례변(己亥邦禮辨)』·『이아(爾雅)』 등의 저술을 남겼으나 옥중에서 원고를 잃어버리고 말았다. 여름에 백언시(百諺詩)가 이루어졌다. 10월에 다시 체포되어 옥에 갇혔다. 이때 둘째형인 손암(巽菴) 선생도 함께 잡혀오게 되었다. 이때 황사영이 잡혀오고 홍(洪)과 이(李)의 무리들이 모든 수단을 동원하여 선생을 협박하고 국문할 것을 청하여 다시 문초를 받은 것이다. 이때 이치훈·이관기·이학규 등이 함께 잡혀왔는데 위관(委官)이 흉서(凶書)를 보여주며 협박하고 서서(西書) 한 글자라도 본 사람은 살아날 길이 없었다. 대신들 가운데 문서 속에서 『예기』·『이아』 등의 저술을 본 사람들은 서학자들과 교통함이 없음을 알고 임금께 무죄를 주장하였다. 대비가 무고함을 살펴서 11월에 선생은 전라도 강진현으로 유배되고 손암공은 흑산도로 유배되었다. 출옥하여 귀양길을 지나는데 형제는 모두 족쇄가 채워지고 나주의 율정점(栗亭店)에 이르러 한 사람은 서쪽으로 한 사람은 남쪽으로 헤어지게 되었다. 흑산보(黑山堡)는 나주의 서남해 바다 가운데 있고 강진의 바닷길과는 서로 접하여 있다.

1802년　순조 2년 임술 41세

큰아들 학연(學淵)이 근친하러 왔다. 이해 겨울에 아들 농장(農牂)이 죽었다는 비보가 전해졌다. 집에 보낸 편지에서 아들에 대한 애틋한 마음을 나타내었다.

1803년　순조 3년 계해 42세

봄에 『단궁잠오(檀弓箴誤)』가 완성되었다. 단궁 두 편은 『예기』가운데서 특히 의리가 정미하였던 까닭으로 매우 좋아했는데 그 잠(箴)을 완성한 것이다. 여름에 『조전고(弔奠考)』가 완성되었다. 모두 23칙(則)이다. 겨울에 『예전상의(禮箋喪儀)』가 분명하게 이루어졌다. 모두 17권이다. 선생이 적소에서 선비들을 모아 밤낮으로 상례 상복 등의 제도를 연구하여 주석하고 옛 전적을 널리 고증하여 완성한 것이다.

1804년　순조 4년 갑오 43세

봄에 『아학편훈(兒學編訓)』이 완성되었다.

1805년　순조 5년 을축 44세

『정체전중변(正體傳重辨)』이 완성되었다. 다른 이름으로는 『기해방례변(己亥邦禮辨)』인데 3권이다. 이는 적서와 왕통에 대한 구분을 확실히 하기 위하여 그 내역과 사례 등을 밝힌 것이다. 겨울에 학연이 근친하러 왔다. 이 해 겨울 보은산방에서 『주역』 가르치기를 밤낮으로 계속했는데 의심난 부분에 대한 질문을 모두 기록하여 53칙에 이르렀으며 이를 『승암문답(僧菴問答)』이라 이름하였다.

1807년　순조 7년 정묘 46세

5월에 장손 대림(大林)이 출생하였다. 7월에 조카 학초(學樵)의 부음을 들었다. 학초는 중형 손암공의 아들이다. 겨울에 『예전상구정(禮箋喪具訂)』이 완성되었다. 이는 상구의 도구가 잘못된 점을 정정한 것이다.

1808년　순조 8년 무진 47세

봄에 다산으로 거처를 옮겼다. 다산은 강진현 남쪽 만덕사의 서쪽

처사 윤단(尹慱)의 산정이다. 다산으로 옮긴 다음 대를 쌓고 연못을 뚫고 꽃나무를 줄잡아 심고 물을 끌어서 폭포를 만들고, 동서의 두 암자에 천여 권의 장서를 쌓고 스스로 책을 읽고 즐겼으며, 석벽에 정석(丁石)이라는 두 글자를 새겼다. 이때 여러 생도들에게 『주역』의 추이(推移)와 효변(爻變)의 학문을 가르치고 여러 생도들의 질문을 모아 『다산문답』을 만들었으며, 또한 다산 『제생증언』을 썼다. 봄에는 둘째 아들 학유가 근친하러 왔다. 여름에 집안에 훈계하는 글을 보냈다. 겨울에 『제례고정(祭禮考定)』이 완성되었다. 사대부들의 제법이 경(經)의 근본정신을 잃어가고 있기 때문에 이를 완성한 것이다. 겨울에 『주역사전(周易四箋)』이 완성되었다. 강진에서 처음으로 『주역』을 읽고 완성한 것이 갑자본이며 이때에 완성한 것은 무진본이라 하였다. 『독역요지(讀易要旨)』 18칙을 짓고 『역례비석(易例比釋)』을 기술하였다.

1809년 순조 9년 기사 48세

봄에 『예전상복상(禮箋喪服商)』이 완성되었다. 이미 상구(喪具)를 개정하였고 또한 상복의 상도(商度)가 제도와 합할 것을 취하여 복상(服喪)의 제도를 상복상(喪服商)이라 이름한 것이다. 가을에 『시경강의산록(詩經講義刪錄)』이 이루어졌다.

1810년 순조 10년 경오 49세

봄에 『시경강의보(詩經講義補)』가 완성되었다. 『시경강의』 12권은 이미 편차가 완성되었고 그 나머지의 부족한 부분을 보충한 것이다. 봄에 『관례작의(冠禮酌儀)』가 완성되었다. 옛 관례는 번거롭고 당시 사람들이 지키기가 어려워서 의례의 가례를 참작하여 새롭게 만든 것이다. 『가례작의(家禮酌儀)』가 완성되었다. 옛 예와 『주자가례』 등을 올바로 하여 완성한 것이다. 봄에 집에 훈계의 글을 보냈다. 여름과 가을에도 같은 글을 보냈다. 중형 손암공에게 글을 보냈다. 9월에 큰아들 학연이 진정을 호소하여 방면의 은혜를 입었다. 그러나 대간의 계(啓)가 방환에 이르지 못하였다. 겨울에 『소학주관(小學珠串)』이 완성되었다.

1811년　순조 11년 신미 50세

봄에 『아방강역고(我邦疆域考)』가 완성되었다. 겨울에 『예전상기별(禮箋喪期別)』이 완성되었다. 상기(喪期)의 제의(諸義)를 소별(疏別)에 따라서 밝힌 것이다.

1812년　순조 12년 임신 51세

봄에 계부(季父) 가정공(稼亭公)의 부음을 접하였다. 가정공의 「행장」을 편찬하였다. 봄에 『민보의(民堡議)』가 완성되었다. 그 때 홍경래 등이 정주에서 반란을 일으키자 총의(總義), 택지(擇地), 보원(堡垣), 수어(守禦) 등의 순서로 세 권을 써서 『민보의』라 하였다. 겨울에 『춘추고징(春秋考徵)』이 완성되었다. 춘추는 육예(六藝)의 하나이니 옛날의 이른바 좌사(左史)이다. 왕도가 행하여지려면 그 한마디의 말과 행동이 모두가 가히 경(經)으로 하여야 하는 까닭으로 『서경』과 더불어 『춘추』는 육경에 들어있다. 그러한 점에서 『춘추고징』을 지은 것이다.

1813년　순조 13년 계유 52세

겨울에 『논어고금주(論語古今註)』가 완성되었다. 이 책은 자료를 여러 해 동안 수집한 것으로 모두 40권이다. 이광화·윤동 등이 참여하였는데 원의총괄(原義總括)이 175칙(則)이고, 『춘추삼전(春秋三傳)』과 『국어』 등에 실려있는 공자의 말을 수집, 한 편의 책으로 만들어 춘추성언수(春秋聖言蒐)라 하여 한 편으로 부속시켰다.

1814년　순조 14년 갑술 53세

여름에 『맹자요의(孟子要義)』가 완성되었다. 가을에 『대학공의(大學公義)』가 완성되었다. 겨울에 이여홍에게 학문사변의 공효를 답하는 편지를 보냈다.

1815년　순조 15년 을해 54세

봄에 『심경밀험(心經密驗)』·『소학지언(小學枝言)』 두 책이 완성되었다.

1816년 순조 16년 병자 55세

봄에 『악서고존(樂書孤存)』이 완성되었다. 육예의 학문은 진시황의 명에 의해 모두 불타 없어졌는데 다섯은 다시 일어났으나 오직 『악서』는 그러하지 못하였다. 그리하여 다른 경문에서 산견된 것을 모아 악에 관한 이론을 정리한 것이다. 여름에 집으로 글을 보냈다. 6월에 손암공(巽菴公)의 부음을 접하였다. 박재굉(朴載宏)을 보내서 나주로 운구하였다. 집에 보낸 글에서 6월 6일에 세상을 떴다고 기록하였다. 손암공(巽菴公)의 묘지명을 편찬하였다.

1817년 순조 17년 정축 56세

가을에 『상의절요(喪儀節要)』가 완성되었다. 모두 6편이다. 『방례초본(邦禮草本)』을 기초하였으나 완성하지 못했다. 이 편은 또한 경세유표(經世遺表)』라고도 불린다. 경세란 관제·군현제·전제·부역·시장·창고·군제 등을 당시의 쓰임에 구애받지 않고 기강을 바로 하여 나라를 새롭게 하려는 뜻이다.

1818년 순조 18년 무인 57세

『목민심서』가 완성되었다. 「율기」·「봉공」·「애민」을 세 기틀로 하고 이·호·예·병·형·공(吏·戶·禮·兵·刑·工)을 육전(六典)으로 해서 모두 48권이다. 여름에 『국조전례고(國朝典禮考)』가 완성되었다. 가을에 이태순(李泰淳)의 상소로 9월에 유배에서 풀려나게 되었는데 9월에 다산을 떠나 14일에 열수의 고향집에 도착하였다.

1819년 순조 19년 기묘 58세

여름에 『흠흠심서(欽欽心書)』가 완성되었다. 흠흠이란 형법지이다. 『아언각비(雅言覺非)』가 완성되었다. 아언각비란 올바른 말의 뜻을 바로 표현하고 올바로 깨닫는다는 말이다.

1820년 순조 20년 경진 59세

윤정언의 「묘지명」을 지었다.

1821년 순조 21년 신사 60세

봄에 『사대고례산보(事大考例刪補)』가 완성되었다. 9월에 큰형 진사공의 상을 당하였다. 진사공의 묘지명을 편찬하였다.

1822년 순조 22년 임오 61세

선생의 회갑이었다. 육경(六經) 사서(四書)의 학문과 경제 실용의 글을 마쳤으니 천하의 능사가 다 끝났다. 천인 성명(天人性命)의 근원에 달함과 생사를 추탈(推脫)하는 근본은 다시 마음 쓸 필요가 없게 되었다. 그리하여 「자찬묘지명」을 짓는다 하고 자신의 「묘지명」을 썼다. 경오년(1810년) 가을 아들 학연이 격쟁(擊錚)하여 아버지의 억울함을 호소하자 형조판서 김계락(金啓洛)이 상소하여 임금의 재가를 청하였으나 갑술년 여름에 정계(停啓)되고, 무인년(1818년) 여름에 응교 이태순(李泰淳)이 상소하였으나 대간에 정계되어 뜻을 이루지 못했으니 국조이래 없었던 일이었다. 상신 남철구(南轍咎)와 판의금 김희순(金羲淳)이 이에 다시 발의하여 선생이 고향에 돌아온 것은 가경(嘉慶) 무인 9월 보름이었다. 기묘년(1819년) 봄에는 배를 타고 충주에 성묘하고 가을에 용문산에 놀러갔으며, 경진년(1820년) 봄에는 춘천 청평 등지를 유람하고 가을에는 용문산을 유람하여 산수간에 노니는 것으로 끝냈다.

이때 선생은 회고하기를 "돌이켜 생각해보니 어려서 학문에 뜻을 두었는데 20년 동안을 세상 길에 뒤섞여서 선왕의 대도가 있는지를 모르게 되었다. 이제 비로소 한가한 겨를을 얻어서 기쁜 마음으로 육경사서(六經四書)를 깊이 연구하고, 무릇 한위(漢魏)이래로 명청(明淸)에 이르기까지 경전을 보완한 유설(儒說)들을 널리 수집하고 고증하여 잘못된 것들을 취사하고 하나의 이론을 세웠다"고 하였다. 또한 자신의 학문을 다음과 같이 정리했다. "『모시강의(毛詩講義)』 20권을 시작으로 별도의 강의보 3권과 『매씨상서평』 9권, 『상서고훈』 6권, 『상서지원록』 7권, 『상례사전』 50권, 『상례외편』 12권, 『사례가식』 9권, 『악서고존』 12권, 『주역사전』 24권, 『역학서언』 12권, 『춘추고징』 12권, 『논어고금주』 40권, 『맹자요의』 9권, 『중용자잠』 3권, 『중용 강의보』 6권, 『대학공의』 3권, 『희정당 대학강의록』 1권, 『소학보잔』 1권, 『심경밀험』 1권 등 경집 총 232권이었으니 바야흐로 늙어가는 줄도 몰랐다. 어찌 하늘이 내려준 복이 아니었겠는가? 또한 지은 시가 18권인데 산정(刪定) 하여 6권이고 잡문이 전편 36권 후편 24권이며 또한 잡찬문목(雜纂門目)이 각기 다르니 『경세유표』 49권은 아직 끝나지 않았고 『목민심서』 49권, 『흠흠신서』 30권, 『아방비어고我邦備禦考』 30권도 완성되지 않았으며, 『아방강역고』 10권, 『전례고』 2권, 『대동수경』 2권, 『소학곤주』 3권, 『아언각비』 3권, 『마과회통』 12권, 『의령』 1권 총 『문집』은 260여권이다. 육경사서(六經四書)로써 수기(修己)하고 일표이서(一表二書)로써 천하국가를 다스리게 하니 이에 본말(本末)이 갖추어진 것이다. 그러나 알아주는 자는 이미 적고 헐뜯는 자는 많으니, 만약에 천명이 허락하여 주시지 않는다면 비록 단번에 불태워도 여한이 없다. 나는 건륭 임오에 태어나서 지금 도광 임오가 되었으니 한 갑자 60년이요 모두 죄와 후회의 날들이었다. 일생을 결론짓고 오늘부터 천명을 돌아보고 여생을 마치며 집 뒤 자좌(子坐)의 언덕에 묻힐 묘지명을 쓰노라"
윤지눌의 「묘지명」을 지었다. 이유수의 「묘지명」을 지었다.

1834년 순조 34년 계미 73세

『상서고훈 지원록』을 개수하여 모두 21권이 되었다. 가을에 『매씨서평』을 개정하였다. 이 책은 경오년에 완성되었는데 이때에 개수되었으며 한 권이 보태어졌으니 모두 10권이다. 11월에 조정의 소명을 받고 12일에 출발하여 다음날 새벽에 동문 가까이 이르렀으나 임금의 환후가 점점 나빠져서 백관과 함께 홍화문에서 곡하고 다음날 돌아왔다.

1836년 헌종 2년 병신 75세

2월 22일 진시에 열수가의 본집에서 숨을 거두었다. 이 날 가족과 친척들이 모두 집에 모였다. 4일에 약한 병세가 있었는데 21일에는 현저히 호전되는 기미가 있었다. 선생은 임종을 깨달았으며 22일 담담하게 숨을 거두었다. 이 날 새벽 큰 바람이 일었다. 그전 회갑

날에 조그마한 첩자 하나를 만들었는데 치상에 관한 의절을 유언한 것이었다. 거기에는 반드시 상의절요(喪儀節要)에 따라 장사할 것과 일생동안 예를 공부한 것은 예(禮)에는 근거가 있으니 함부로 하지 않으려는데 있다고 하였으며, 살아서 뜻을 봉양하지 않고 죽어서 뜻을 지키지 않는다면 모두 불효라 하였다. 그리고 여러 가지의 뒷처리에 관한 부탁이 있었다. 숨이 끊어지면 새옷을 입힐 것, 그날 목욕시키고 염습을 할 것, 겉옷 아래의 중간 옷은 명주나 면으로 할 것 등이었다. 4월 1일 집 뒤 동산에 장사지냈다. 이는 유명에 따른 것인데 곧 여유당 뒤 광주 초부방 마현리 자좌의 언덕이다.

규남 하백원 圭南 河百源

규남(圭南) 하백원(河百源 1781~1844)은 자가 치행(穉行) 호는 규남 또는 사촌산인(沙村散人) 이름은 백원 본관은 진주이다. 고려조에 사직(司直)을 지낸 진(珍)이 시조이다. 고조는 반학(伴鶴) 성구(聖龜)인데 송시열에게 배웠고, 증조부는 병암처사(屛巖處士) 영청(永淸)인데 김원행(金元行)의 문인이며, 할아버지는 정철(廷喆)인데 학문과 인격을 깊이 쌓은 분이다. 아버지는 진성(鎭星)이며, 어머니는 장택 고씨(長澤高氏) 위겸(撝謙)의 딸이다.

1781년 정조 5년 신축

1월 11일 전남 화순의 복천(福川: 동복) 야사(野沙)촌에서 장남으로 태어났다. 선생은 어려서부터 용모와 재질이 뛰어났고 글을 좋아하였다.

1786년 정조 10년 병오 6세

봉선화를 읊은 시구를 지어 어른들을 놀라게 했다.

1793년 정조 16년 임자 13세

사서(四書)를 모두 읽고 문장을 잘 지어 많은 사람들을 놀라게 하였다.

1796년 정조 19년 병진 16세

문사가 숙성하고 박문광열(博聞廣閱)하여 고금의 진리를 꿰뚫었다.

1799년 정조 22년 기미 19세

부친이 세상을 떠나면서 성담(性潭) 송환기(宋煥箕)의 문하에 가서 공부하도록 당부하였다. 그리하여 상제 3년을 마치고 성담 문하에 나아가 수학하면서 경전과 예학을 공부하여 스승의 인정을 받았으며 장래 대성하리라 촉망받았다.

1803년 순조 3년 계해 23세

증광시(增廣試)가 개설되자 주위의 권유로 응시하여 진사시에 급제하였다.

1807년 순조 7년 정묘 27세

스승인 성담(性潭)선생이 세상을 떠나게 되자 그 뒤부터는 스스로 학문에 힘썼고 평소에 섬기던 운평(雲坪) 송능상(宋能相)이 무고를 당하여 벼슬에서 쫓겨나자 선생이 이를 변명하는 글을 지어 지식인들 사이에 널리 알렸다. 이로 인하여 조정 대신들이 다시 의논하게 되어 벼슬을 다시 되찾는 은전을 얻게 되었다.

1810년 순조 10년 경오 30세

물의 역학(力學)을 이용하여 자승거(自升車: 지금의 양수기)를 발명하여 제작하였다.

1811년 순조 11년 신미 31세

할머니 이씨의 상을 당하였다. 그 때 우리나라 지도인 동국지도를 제작하고 천문도를 그렸다. 또 계영배(戒盈杯: 가득차면 저절로 기울어지는 그릇)·방적기(紡績機) 등을 연구 제작하고 홍대용(洪大容)·나경적(羅景績) 등이 제작한 자명종의 미비점을 보완하였다.

1813년 순조 13년 계유 33세

어머니 고씨의 상을 당하여 『주자가례』대로 복상하였다. 탈복후 관직에 나가지 않고 노주(老洲) 오희상(吳熙常)·연천(淵泉) 홍석주(洪奭周)·복원재(復元齋) 유성주(兪星柱) 등과 종유하면서 학문에 정진했다. 선생은 증광시에 급제한 후 30년 동안 벼슬길에 나가지 않고 학문연구에 정진하여 유가의 경전과 자집(子集)은 물론이요 백가서에 이르기까지 널리 밝게 통하고, 도 가학(家學)인 실학을 이어받아 실용적인 연구에 몰두했다.

1831년 순조 31년 신묘 51세

명경(明經)과 덕행으로 관찰사의 천거를 받았다.

1834년 순조 34년 갑오 54세

학문과 재주로 천거되어 창릉참봉(昌陵參奉)에 임명되자 비로소 벼슬길에 나갔다.

1836년 헌종 2년 병신 56세

금부도사가 되었다.

1837년 헌종 3년 정유 57세

순릉직장(順陵直長)으로 옮겼다.

1838년 헌종 4년 무술 58세

사옹원 주부(司饔院主簿)가 되었다가 형조좌랑으로 승진했다.

1840년 헌종 6년 경자 60세

종묘령(宗廟令)이 되었다가 경기전령(京畿殿令)으로 옮겼다.

1841년 헌종 7년 신축 61세

석성(石城)현감을 제수받아 선정을 베푸니 순찰사 김영순(金英淳)이 그 사실을 알고 포상했다. 당시 지방의 토호 윤씨들이 힘이 있어서 토지의 경계를 함부로 침범하다가 선생의 강력한 조치로 그러한 횡포를 부리지 못하게 되었다.

1842년 헌종 8년 임인 62세

어사 정세기(鄭世基)가 내려왔는데 그는 윤씨의 인척이었으므로 그들의 무고를 받아 도리어 선생이 보령현으로 유배되었다. 그러나 유배지에서도 흔들리지 않고 학문에 힘썼기 때문에 원근의 인사들이 찾아와 칭찬하고 글을 배웠다.

1843년 헌종 9년 계묘 63세

특사로 석방되고 임금이 사헌부 지평으로 불렀으나 신병 때문에 나아가지 않고 고향집에 돌아왔다.

1844년 헌종 10년 갑신

6월에 병이 더하여 8월 17일 고향집에서 세상을 떠났다. 『문집』 7권 3책이 간행되어 전한다.

노사 기정진 蘆沙 奇正鎭

노사(蘆沙) 기정진(奇正鎭 1798~1879)은 자는 대중(大中) 호는 노사 시호는 문간공(文簡公) 이름은 정진 본관은 행주이다. 조상인 건(虔)은 세종·문종조의 명신으로서 청백리에 녹선(錄選)되었고, 건의 증손 원(遠)은 복재(服齋) 준(遵)의 중형으로 복재가 기묘사화로 화를 당하자 호남으로 퇴거하였다. 증조는 사복시정(司僕寺正)을 증직받은 종상(宗相)이며, 조부는 이조참의(吏曹參議)를 증직받은 태량(泰良)이다. 아버지는 이조참판(吏曹參判)을 증직받은 재우(在祐)요, 어머니 정부인(貞夫人) 안동 권씨(安東權氏)는 덕언(德彦)의 딸이다.

1798년 정조 22년 무오

6월 3일 을미 유시에 순창군(淳昌郡) 복흥면(福興面) 구수동(九水洞) 집에서 출생하였다. 아버지 참판공이 금빛 얼굴의 대인(大人)이 한 사내아이를 안아다 주는 꿈을 꾸고 선생을 낳았으므로 어렸을 적의 이름을 금사(金賜)라 했다.

1800년 정조 24년 경신 3세

총명하고 장중하여 거인(巨人)의 기상이 있었다. 겨우 걷기를 배울 때부터 이미 성격이 안정되고 차분하였다. 어느 날 나막신이 진흙 속에 끼여 꼼짝할 수 없었으나 선생은 표정이 조금도 변함이 없었으므로 어른들이 기특하게 여겼다.

1801년 순조 원년 신유 4세

겨우 말을 익힐 나이에 제법 많은 글자를 알았다. 그리하여 배움을 청하였으나 참판공은 선생의 몸이 수척하고 병이 많다 하여 허락하지 않았다.

1802년 순조 2년 임술 5세

비로소 배우기 시작했다. 『효경(孝經)』과 『격몽요결(擊蒙要訣)』 등 여러 책을 통달하였고, 한 번 보면 잊지 않았으며 문리가 날로 진보하여 능히 문장을 지을 수 있었다.

1803년 순조 3년 계해 6세

6월에 천연두를 앓고 난 후 왼쪽 눈이 안보이게 되었다. 증세가 아주 심하였지만, 앓는 소리를 입 밖에 내지 않아 부모의 마음을 안심시켰다.

1804년 순조 4년 갑자 7세

『소학』을 배우가 나서 경전과 제자백가서(諸子百家書)를 보기 시작했다. 이때에 선생은 맷돌을 보고 "하늘이 움직이고 땅은 고요한 이치를 나는 맷돌에서 보았네"라는 시구를 읊었다. 지나가던 손님이 시를 지으라고 하자, "선비는 마땅히 먼저 기량(器量)으로 알 것이오, 어질고 우둔함은 시에 있지 않으리라"는 시구로 응수하였다. 또 하서(河西) 선생의 '영천시(詠天詩)'를 차운하여 "하늘은 푸르고 푸르러서 다시 검푸르며, 끝없이 높고 가없이 넓다네. 인간의 선악에 따라 과보는 신속히 베풀어지나니, 지극한 이치 밝고 빛나 문득 이어진 듯하구나"라고 하였는데, 위의 시들은 모두 세상 사람들의 입에 오르내렸다.

1805년 순조 5년 을축 8세

정월부터 『통감강목』을 보기 시작하여 6월에 끝마쳤다. 이때부터 경사(經史)와 제자백가서에 어려워하거나 막힘이 없어, 물이 흐르듯 환히 깨닫고 응답하였다. 9월에 여러 어른들을 따라 내장산에 올랐다. 이 때 시를 읊기를 "인지(仁智)의 즐거움을 찾으려고 어린 나이로 여기까지 걸어 올랐네. 같은 맥이 중간에 흩어지더니 여러 물줄기들 끝내 다시 이어지는구나. 우두커니 불타는 듯한 단풍잎을 보고 있노라니 문득 국화도 타는 듯 피었네. 수고로이 이 육체의 노예가 되기보단 돌아가 본성을 기르는 게 나으리라"고 하였다. 이를 듣고 어른들은 "만수일본(萬殊一本)의 오묘한 이치를 마음으로 환히 깨우친 자가 아니면 이러한 시구를 지을 수 없다"고 가상히 여겼다. 이때부터 명성이 크게 알려져 사방의 선비들이 그를 만나보기 위하여 날마다 문 앞을 메웠다. 선생의 말을 들은 사람은 감복하였다. 어른들도 함부로 이름을 부르지 않았으며 "생지(生知)의 기상이 있다"고 했다.

학자들의 성리(性理)에 대한 물음에 답하였다. "천리(天理)는 물성(物性)이니 성(性)이란 곧 리(理)이다. 리(理)는 본래 성이 없고 성이 곧 리(理)를 갖추는 것이다. 동자들은 무지하여 그 까닭을 알지 못한다." 또 학자들의 격치(格致)에 대한 물음에 답하였다. "마음이 사물을 향해 도달하는 것을 격물(格物)이라 하고, 마음이 사물을 알게 되는 것을 치지(致知)라 하니, 격물과 치지는 하나이지 둘이 아니다. 내가 선격후지(先格後知)라고도 하고 선지후격(先知後格)이라고도 하는 것은 특별히 『대학』 제목의 뜻을 해석한 것일 뿐, 격물과 치지를 두 가지로 나누어서 말한 것이 아니다"고 했다.

1806년 순조 6년 병인 9세

춘추사전(春秋四傳)을 여섯 달 만에 다 읽었다. 6월에 아버지 참판공이 병을 앓았다. 선생은 밤낮을 가리지 않고 곁에서 모시며 몇 달을 하루같이 걱정스런 모습으로 병을 간호하니 사람들이 감탄하였다.

1807년 순조 7년 정묘 10세

『대학연의(大學衍義)』를 다 읽었다.

1808년 순조 8년 무진 11세

순창군수에게 답장을 보내 만나보자는 청을 사양하였다. 군수가 선생의 명성을 듣고 서신을 보내 맞아들이려 했었다.

1809년 순조 9년 기사 12세

솔바위(松巖)에 대하여 시를 지었다. 바위는 장성 열리곡(悅理谷) 선생의 5세조 송암공의 유거(遺居)에 있는데, 바위 전면에는 '송암'이란 큰 글자가 새겨져 있다.

1810년 순조 10년 경오 13세

2월에 고향인 장성을 찾아갔다. 3월에 책을 끼고 백암사(白巖寺)에 들어갔다. 경전과 제자백가서를 책상 위에 놓고 단정히 앉아 깊이 음미하였으며 종일토록 정좌하였다.

1811년 순조 11년 신미 14세

울산 김씨를 부인으로 맞이하였다. 부인은 진사 의휴(宜休)의 딸인데 하서 김인후 선생의 후손이다. 여력(餘力)으로 글씨를 익혔다.

1813년 순조 13년 계유 16세

선생은 일찍이 "나이 15, 6세 때에는 문장을 이루리라 스스로 기약했었으나 20세 이후에는 이를 단념하였다"고 말했다.

1815년 순조 15년 을해 18세

5월 15일에 아버지 참판공의 상을 당하고, 17일에는 정부인의 상을 당했다. 정부인 권씨는 덕언(德彦)의 딸이다. 9월에 구수동 앞산에 합장하였다. 10월에 가산을 정리하여 장성 하남으로 돌아왔는데 이는 아버지의 유언을 따른 것이다.

1817년 순조 17년 정축 20세

부모님의 복을 벗고 맥동(麥洞)으로 이사하였다.

1819년 순조 19년 기묘 22세

5월에 아들 만연(晩衍)이 태어났다.

1820년 순조 20년 경진 23세

가을에 남암사(南庵寺)에서 독서하였다.

1821년 순조 21년 신사 24세

가을에 관암(觀庵)에서 독서하였다.

1822년 순조 22년 임오 25세

봄에 남쪽 월출산에 유람갔다.

1825년 순조 25년 을유 28세

오촌(鰲村)을 지나가다 강재(剛齋) 송치규(宋穉圭)에게 인사하였다.

1826년 순조 26년 병술 29세

가을에 관암에서 독서하였다.

1827년 순조 27년 정해 30세

봄에 영남지방을 유람하였는데 두류산으로부터 수승대(搜勝臺)까지 구경하고 돌아왔다. 딸이 태어났다. 뒤에 정씨 댁으로 출가했다.

1828년 순조 28년 무자 31세

매곡(梅谷)으로 이사하였다. 가을에 향시(鄕試)에 응시하였다.

1830년 순조 30년 경인 33세

가을에 향시에 응시하였다.

1831년 순조 21년 신묘 34세

봄에 사마시에서 장원으로 뽑혔다.

1832년 순조 32년 임진 35세

강릉(康陵) 참봉을 제수받았으나 부임하지 않았다.

1833년 순조 33년 계사 36세

증광문과 초시에 응시하였다.

1834년 순조 34년 갑오 37세

다시 가산을 정리하여 하남으로 돌아왔다. 겨울에 재능이 출중하다 하여 조정에 추천되었다.

1835년 헌종 원년 을미 38세

다시 현릉(顯陵) 참봉에 제수되었으나 부임하지 않았다. 가을에 선운(禪雲)·해불(海佛)·연실(蓮實) 등지를 유람하였다.

1836년 헌종 2년 병신 39세

12월에 오동에다 집을 샀으나 이사하지는 못했다.

1837년 헌종 3년 정유 40세

유일(遺逸)로 천거되었다. 사옹원 주부(司饔院主簿)를 제수받았으나 부임하지 않았다. 봄에 오지리(梧枝里)로 이사하였고 조금 있다가 여의동(如意洞)으로 이사하였다. 8월에 입재공(立齋公)의 상을 당해 곡하고 「행장」을 지었다. 공은 선생과 도계(道契)가 가장 깊었다. 공의 병이 위독하였을 때 날마다 찾아가 도와주었고, 세상을 떠나자 몹시 애통해 했다.

1838년 헌종 4년 무술 41세

10월에 부모님의 묘를 북이면 추산으로 옮겼다.

1841년 헌종 7년 신축 44세

4월에 용성(龍城)으로부터 덕유산, 가야산, 저굴산, 방장산을 두루 구경하고 돌아왔다. 10월에 부모님 묘를 광주 서석산(瑞石山)북쪽 기슭으로 이장하였다.

1842년 헌종 8년 임인 45세

전살사 별제(典設司別提)를 제수받고 부임한지 6일만에 사표를 제출하였다. 탁곡(卓谷)으로 이사하였다. 평안도 도사(平安道都寺)를 제수받았으나 부임하지 않았다.

1843년 헌종 9년 계묘 46세

여름에 남암사에서 피서하면서 『납량사의(納凉私議)』 초고를 작성하였다. 광주(光州) 조철영(趙澈永)에게 답장을 보내 『해동계고신편(海東稽古新編)』의 범례에 대하여 토론하였다.

1845년 헌종 11년 을사 48세

「정자설(定字說)」을 지었다. 제자 이봉섭이 "태극도설에 '성인정지(聖人定之)'란 '정(定)'자가 자기자신을 정함인가 타인까지 정함인가"를 묻자 선생은 『정자설』을 지어 일깨워 주었다. 『우기(偶記)』를 지어 사단칠정을 논변하였다.

1847년 헌종 13년 정미 50세

시랑(侍郎) 이응진(李應辰)의 서신에 답하여 인물성동이(人物性同異)와 심기체질(心氣體質)에 대하여 토론하였다.

1848년 헌종 14년 무진 51세

중동(中洞)으로 집을 옮겼다.

1850년 철종 원년 경술 53세

본 고을의 「문묘 상량문(文廟上樑文)」을 지었다.

1851년 철종 2년 신해 54세

8월에 부인 김씨가 별세하여 나주군 봉산에 장사를 지냈다.

1852년 철종 3년 임자 55세

권우인(權宇仁)의 편지에 답하여 이기(理氣)를 논하였다.

1853년 철종 4년 계축 56세

「이통설(理通說)」을 지었다. 12월에 하사리 새집으로 이사하였다.

1854년 철종 5년 갑인 57세

당시의 재상이 선생을 조정에 천거하였다.

1856년 철종 7년 병진 59세

조모(趙某)의 『산서록(山西錄)』 서문을 지어 붕당의 시비를 변론하였다.

1857년 철종 8년 정사 60세

3월에 무장현감을 제수받았으나 부임하지 않았다. 제수된 후 조정에서 빨리 부임할 것을 재촉하였으나 사양하는 글을 올려 받지 않고, 순찰사 영에 세 번 사양하는 글을 올리자 순찰사가 계장(啓狀)을 올려 체직되었다. 체직된 뒤에 무장의 향리가 두 달의 녹봉을 가져왔으나 받지 않았다.

1858년 철종 9년 무오 61세

회갑을 맞았다. 지난 선달 그믐에는 시를 지어 부모를 뜻대로 봉양하지 못함을 슬퍼하였다. 선생은 생일에는 슬퍼하였고 한 달을 즐기지 않았다. 10월에 부인의 묘를 서쪽 갑좌원으로 옮기고 죽은 뒤 이곳에 합장하라고 명했다.

1859년 철종 10년 기미 62세

봄에 시산군(詩山郡), 금마군(金馬郡) 등지를 유람하였는데 나귀 한 필과 시종 한 명, 뒤에 따르는 사람 5, 6명이었다.

1861년　철종 12년 신유 64세

3월에 사헌부 장령(司憲府掌令)에 제수되었다가 얼마 후 체직(遞職)되었다. 시기하는 사람들이 거상(居喪) 중이라고 무고했다. 갈전(葛田)으로 이사하였다.

1862년　철종 13년 임술 65세

2월에 하사리 옛 집으로 돌아왔다. 삼정책(三政策)의 상소를 올리려다 실행하지 못하였다. 삼남(三南)에 민요가 일어나자 조정의 세 가지 정책에 대하여 널리 구언하였다. 선생은 개연히 봉사(封事)를 초하였으나, 이름을 써야 한다는 말을 듣고 마침내 초고를 불사르라고 했다.

1864년　고종 원년 갑자 67세

2월에 사헌부 장령을 제수받았다가 체직되었다. 6월에 군자감정(軍資監正)에 제수되었다가 다시 사헌부 지평(司憲府持平)을 제수받았다. 9월에 또 지평을 제수받았다. 12월에 사헌부 집의(執義)에 제수되었다가 체직되었다.

1866년　고종 3년 병인 69세

6월에 집의(執義)를 제수받았다. 7월에 6조로 된 상소를 올렸다. 이때 서양 오랑캐가 침범하자, 화친하자는 의논이 있어 이 말을 듣고 상소문을 올려 간사한 오랑캐의 정상을 말하고 방비할 계책을 말하였으며, 말미에서 또 안으로 덕을 닦는 것이 밖으로 오랑캐를 물리치는 근본이 된다고 하였다. 8월에 호조참의(戶曹參議)를 제수하였다. 10월에 가선대부(嘉善大夫)의 품계에 올리고 동지돈령부사(同知敦寧府事)를 제수하였으나 상소를 올려 사양했다. 11월에 3세(世)를 추증했다. 공조참판(工曹參判)을 제수하고 이어서 경연 특진관(經筵特進官)에 부촉되었다.

1867년　고종 4년 정묘 70세

2월에 어머니 묘를 오좌원(午坐原)으로 옮기고 천표(阡表)를 지었다. 문인들이 초상화를 그리자고 청했으나 얼굴이 추하다고 사양했다.

1874년　고종 11년 갑술 77세

『납량사의(納凉私議)』 몇 문단을 고쳤다. 「노사설(蘆沙說)」을 지었다.

1875년　고종 12년 을해 78세

겨울에 고진원(古珍原) 창리(倉里)로 이사했다.

1876년　고종 13년 병자 79세

정월에 아들 만연을 잃었다. 2월에 호조참판을 제수받았다. 풍현증(風眩症)으로 몇 개월을 앓다가 나았다. 시종에게 붓과 벼루를 문밖으로 내놓으라고 명하였다. 이 때 왜구가 경기 해안에 배를 정박시키고 수호(修好)의 논의를 청하므로 붓과 벼루를 문밖으로 내놓으라고 한 것이다.

1877년　고종 14년 정축 80세

봄에 가의대부(嘉義大夫)의 품계를 더하였다. 이는 노인을 우대하는 전례였다.

1879년　고종 16년 기묘 82세

정월에 병이 위급한 지경에 이르렀으나 몇 달 만에 다시 회복되었다. 『납량사의(納凉私議)』와 『외필(猥筆)』을 문인에게 보여 주었다. 12월 21일에 병환이 생겨 29일 별세하였다.

1880년　고종 17년 경진

2월 15일 황산(凰山) 갑좌원에 장사를 지냈다. 복을 입은 문인이 백여 명이었다. 4월에 조정에서 예관을 보내 제사를 드렸다.

1882년　고종 19년 임오

『문집』이 이루어졌다.

1890년　고종 27년 경인

『답문유편(答問類編)』이 이루어졌다.

1892년　고종 29년 임진

「행장」이 만들어졌다. 문인 조성가(趙性家)가 찬술했다.

1901년 고종 38년 신축

신도비문이 만들어졌다. 참판 최익현(崔益鉉)이 찬술했다.

1902년 고종 39년 임인

『문집』과 『답문유편』이 간행되었다.

1906년 고종 43년 병오

5월에 「묘갈명」이 만들어졌다. 문인 정재규(鄭載圭)가 찬술했다.

1910년 순종 4년 경술

조정으로부터 '문간(文簡)'이라는 시호를 받았다.

1927년 정묘

고산서원(高山書院)이 완성되고 선생을 배향했다.

사애 민주현 沙厓 閔冑顯

사애(沙厓) 민주현(閔冑顯 1808~1882)은 자는 치교(稚敎) 호는 사애 이름은 주현(冑顯) 본관은 여흥(驪興)이다. 고려시대에 평장사(平章事)를 지낸 문경공(文景公) 영모(令謨)가 이름난 조상이다. 조선조에 참의(參議)를 지낸 의암(義庵) 회참(懷參)이 사육신(死六臣) 사건으로 서울 집에 돌아가지 않고 능주(綾州)의 월곡(月谷)에 집을 짓고 살았다. 증조 제익(濟益)은 사복시정(司僕寺正)에 추증되었으며, 할아버지 상동(相東)은 좌승지(左承旨)에 추증되었다. 아버지 백희(百熺)는 호조참판(戶曹參判)을 추증받았으며 어머니는 울산 김씨 방엽(邦燁)의 딸인데, 하서 김인후의 후손이다. 삼대(三代)가 추증된 것은 모두 선생의 귀함에 말미암은 것이다.

1808년 순조 8년 무진

4월 20일 동복현 사평리 집에서 태어났다. 이에 앞서 어머니 김씨가 꿈에서 용을 보고서 임신하였다. 막 태어났을 때 용모가 빼어나 사람들이 모두 기이하게 여겼다.

1813년 순조 13년 계유 6세

큰형이 글을 읽음에 곁에서 들어보고 암송하여 이해한 것이 많았다. 이에 이르러 학문을 청하였으나 아버지 참판공이 나이가 어리다고 허락하지 않았다.

1814년 순조 14년 갑술 7세

비로소 학문을 시작하였다. 참판공에게서 『십구사략(十九史略)』을 받아 읽다가 서계(書契)에 이르러 그 이전의 연대와 나라의 수도를 상고할 수 없었다. 급히 묻기를 "연대와 도읍지를 상고할 수 없는데 어떻게 천황(天皇)과 지황(地皇)이 18,000년인지를 알며 인황(人皇)이 45,000년인가를 알 수 있습니까?라고 하였다. 참판공이 마음속으로 매우 기이하게 여겨 책을 모두 읽고 암송하여 보라 하니 한 자도 틀림이 없었다.

1818년 순조 18년 무인 11세

하루는 책을 읽으며 때가 지나도 밥을 먹지 않았다. 어머니가 "배가 고프지 않느냐?"고 묻자, "책을 끝까지 다 읽지 않아서 그치고 싶지 않습니다"라고 대답하였다.

1819년 순조 19년 기묘 12세

여름에 시문(時文)을 과제로 정하였다. 각고의 노력으로 공부를 하여 체제가 날로 갖추어졌다. 작은 아버지가 보고 기이하게 여겨 말하기를 "지은 글들에 힘이 있고 재간과 도량이 있으니, 이 아이는 반드시 우리 가문을 빛낼 것이다"라고 하였다.

1820년 순조 20년 경진 13세

여름에 주렴계(周濂溪)와 이정(二程)의 태극음양론과 장횡거(張橫渠)의 「동명(東銘)」·「서명(西銘)」을 보고 그 뜻풀이를 하였다.

1821년 순조 21년 신사 14세

여름에 『골동집(汨董集)』을 초록하였다. 당·송·원·명 그리고 우리나라의 제가(諸家)의 시 중에서 뜻에 맞는 것을 골라 정성스럽게 베껴 써서 한 권의 책을 만들고 『골동집』이라 이름하였다.

1823년 순조 23년 계미 16세

겨울에 『시전』을 읽었다.

1825년 순조 25년 을유 18세

겨울에 『주역』을 읽었다.

1826년 순조 26년 병술 19세

12월에 관례(冠禮)를 행하였다.

1827년 순조 27년 정해 20세

정월에 제주 양씨(濟州梁氏) 호영(灝永)의 딸을 부인으로 맞아들였다. 학포(學圃) 양팽손(梁彭孫)의 후손이다.

1828년 순조 28년 무자 21세

사월헌(沙月軒)과 교채와(咬菜窩) 두 분 모두가 문장으로 세상에 이름을 떨쳤으나 끝내 초야에 묻히니, 참판공은 가벌(家閥)이 중도에 쇠퇴하는 것을 몹시 두려워하여 선생에게 과거공부에 힘쓰라고 하였다. 선생은 힘써 그 뜻을 받들어 일과를 정하여 정밀히 공부하고 항상 『심경(心經)』·『근사록(近思錄)』·『성리대전(性理大全)』 같은 책을 취하여 잠심강구(潛心講究) 하였다.

1831년 순조 31년 신묘 24세

여름에 조계암(曹溪庵)에서 독서하였다.

1834년 순조 34년 갑오 27세

11월에 순조대왕이 승하하시니 현정(縣庭)에 들어가 애도하였다.

1835년 헌종 원년 을미 28세

봄에 영봉사(靈鳳寺)에서 독서하였다.

1836년 헌종 2년 병신 29세

8월에 구례에 가서 향시에 응시하여 형과 함께 합격하였다.

1837년 헌종 3년 정유 30세

2월에 예부(禮部)에 응시하였으나 합격하지 못했다. 회덕(懷德) 오촌(鰲村)으로 가서 강재(剛齋) 송치규(宋穉圭)를 배알했다. 우산(牛山) 송매정(松梅亭)으로 가서 오봉(五峯) 안수록(安壽祿)을 뵙고 이틀 밤을 유숙하며 학문을 배우고 돌아왔다. 딸이 태어났다.

1838년 헌종 4년 무술 31세

봄에 강재선생 궤연(几筵)에 가서 곡하였다. 학문을 더 배울 수 없음을 한스럽게 여겨 만사와 제문을 지었다.

1840년　헌종 6년 경자 33세

9월에 나주(羅州)에 가서 여력재(餘力齋) 장헌주(張憲周)를 만나 수일 동안 학문을 배우고 돌아왔다. 장공이 매우 기특하게 여겨 늘 벗들에게 말하기를 "우리 고을에서 어린 나이에 학문의 깊이가 민주현보다 뛰어난 이가 없다"라고 하였다. 후에 글을 보내 "그대의 뛰어난 자태로 독실한 공부에 힘쓰면 장차 큰 가치가 있으리라"하고, 또 「사애기(沙厓記)」를 저술하여 평소의 정을 남김없이 토로하였다. 조부 증조부 이상 선대의 유적을 수집하였다.

1841년　헌종 7년 신축 34세

3월에 노량진을 지나면서 사육신묘(死六臣墓)와 민절서원(愍節書院) 그리고 사충서원(四忠書院)을 참배하였다. 4월에 계룡산을 등반하였다. 고제림(高濟琳)·박원응(朴源應)과 함께 표충서원(表忠書院)과 충현서원(忠賢書院)을 차례로 방문하고, 이어서 비로봉과 연천봉을 등반하였다. 또 속리산으로 향하여 자지대(紫芝臺)와 백운대(白雲臺)를 찾아서 두루 유람하고 돌아왔다.

1842년　헌종 8년 임인 35세

4월에 아버지 참판공의 상을 당하였다. 아버지의 죽음을 슬퍼하여 거의 몸을 가누지 못하였다. 6월에 보성의 대원산 강남동 임좌원에 장사지냈다.

1843년　헌종 9년 계묘 36세

『가례증해(家禮增解)』를 읽고 상례(喪禮)와 의례(疑禮)를 깊이 사색했다.

1844년　헌종 10년 갑진 37세

참판공의 「가장(家狀)」을 지었다. 조금이라도 사실과 다를까 근심하였고, 화려하기 보다는 질박하고 번쇄하지 않게 간략히 썼다. 규남(圭南) 하백원(河百源)의 부음을 들었다. 하공은 문학과 경륜을 겸비하였으나 재주가 부족하여 군읍(郡邑)에서 시험 삼아 일하였으나 품은 뜻을 펴지 못하고 마침내 세상을 떠났다. 선생이 깊이 슬퍼하여 만가(挽歌)를 지었다.

1845년 헌종 11년 을사 38세
정월에 아들 부(埠)가 출생하였다.

1846년 헌종 12년 병오 39세
2월에 장성의 탁곡(卓谷)에서 노사 기정진 선생을 배알하였다. 필암서원(筆巖書院)에 가서 배알하고 곧 백양사(白羊寺) 운문암(雲門庵)으로 향하였다. 3월에 기노사(奇蘆沙) 선생에게 24운(韻)을 올렸다. 겨울에 대원사(大原寺)에서 독서하였다.

1847년 헌종 13년 정미 40세
거처하는 방을 편액하여 '과헌(果軒)'이라 이름하였다. 선생이 우연히 『대기(戴記: 『예기』의 다른 이름)』의 "장차 선한 일을 하여 반드시 부모의 이름을 날리게 해야한다"라는 문장을 읽고, 돌아가신 부모에 효도를 다하지 못한 한탄을 금할 수 없어 마침내 '과(果)'라는 글자로 편액하여 자신을 경계하고 성찰하였다. 3월에 노호(鷺湖)에 가서 매산(梅山) 홍직필(洪直弼) 선생을 뵙고 집지(執贄)하였다.

1848년 헌종 14년 무신 41세
정월에 매산(梅山) 선생의 편지를 받았다. 4월에 매산 선생을 찾아가 뵙고 훈서(訓書)를 받았다. 화양동(華陽洞)과 선유동(仙遊洞)을 차례로 방문하였다. 가을에 모후산(母后山)의 유마사(維摩寺), 조계산(曺溪山)의 선암사(仙巖寺)와 송광사(松廣寺)를 유람하였다. 광양에 갔다가 귀양와 있는 김상공(金相公) 흥근(興根)에게 인사하고 유람하였다.

1849년 헌종 15년 기유 42세
4월에 매산 선생의 편지를 받았다. 5월에 어머니의 상을 당하였다. 상례(喪禮)와 장례(葬禮)는 매우 엄격하게 예제(禮制)를 준수하였다. 6월에 동복(同福) 남면(南面) 도림등(桃林嶝)에 장사지냈다. 뒤에 능주(綾州) 한천면(寒泉面) 가천리(佳泉里) 서쪽 기슭 경좌원(庚坐院)으로 이장하였다. 헌종대왕이 승하하시니 애도하였다.

1850년 철종 원년 경술 43세

4월에 매산 선생을 뵙고 위로하는 상소[慰疏]를 올렸다.

1851년 철종 2년 신해 44세

8월에 교채와공(咬菜窩公)의 상을 당하였다. 윤 8월에 흥양(興陽)에 가서 교채와공의 장지(葬地)를 정하고 돌아왔다. 10월에 경과정시(慶科廷試)의 문과(文科) 병과(丙科)에 합격했다. 임금이 친히 춘당대(春塘臺)에 나와 선비들에게 시험을 보였다. 독권관(讀卷官) 김경선(金景善)이 처음에 9월로 시험일을 정하였는데 선생은 기년복을 벗기 전이어서 시험보러 가지 않으려 하였다. 그런데 곧이어 시험일이 10월로 늦춰지니 마침 양례(襄禮)가 끝난 뒤였다.

새로이 임금의 은전을 받고 홍선생을 찾아 뵈었다. 홍선생이 가르쳐 이르기를 "그대가 처음으로 벼슬을 하니 이는 곧 임금을 섬기는 관직에 나아가는 날이다. 이제부터 더욱 열심히 경전을 읽어 후일에 쓰일 바탕을 닦아야 한다"라고 하였다.

1852년 철종 3년 임자 45세

7월 임시직으로 승문원 부정자(承文院 副正字)를 맡았다. 같은 달 매산 선생의 부음을 받았다. 신위(神位)를 설치하여 통곡하고 9개월 동안 복을 입었다. 9월 초하루 제문을 지어가지고 매산 선생의 궤연에 가서 곡하였다. 장단(長湍) 대덕산에 가서 선조 문인공(文仁公)의 묘에 성묘하였다.

1853년 철종 4년 계축 46세

고흥에서 교채와공의 묘소에 성묘하고 곧 팔영산(八影山)에 올라 술을 마시고 의분에 복받쳐 한탄하다가 한가하게 흐르는 운해(雲海)를 보고 세상에 대한 근심을 풀었다. 참판공의 묘지명을 오봉(五峯) 안공(安公)에게 청탁하였다.

유봉서(兪鳳棲)에게 편지를 보내 명덕(明德)과 이기(理氣)를 논변하였다. 유공(兪公)과 왕복한 두 번째 답서에서 간략히 말하기를 "보내온 글 가운데 '인의(仁義)란 결코 기(氣)와 섞이지 않은 것이니, 다만 리(理)를 얻은 것'이라는 것은 매우 좋습니다. 그러나 '인(仁)이 이미 리(理)'라고 한다면 덕 또한 리(理)라고 하지 않을 수 없을 것입니다"하고 또 " '명(明)은 기(氣)에 속하고, 덕(德)은 리(理)에 속한다'는 여덟 글자는 율곡이 말한 심과 성을 합하여 말하는 요지를 깊이 이해한 듯 하지만 잘못되었다고 할 것입니다"고 하였다.

8월에 춘추관(春秋館) 기사관(記事官)을 겸임하였다. 영평(永平) 금수정(金水亭)에 놀러갔다. 농암(農巖)을 구경하고 농암 선생을 생각하며 시를 지었다. 사암(思庵) 박선생을 제사지내는 옥병서원(玉屛書院)을 첨배(瞻拜)하였다. 선생은 선현의 묘와 사당을 지나갈 때에는 먼 길을 개의치 않고 반드시 찾아가서 숭모하는 마음을 폈다.

1854년 **철종 5년 갑인 47세**

3월에 사위 박원좌(朴源佐)를 맞아들였다. 눌재(訥齋) 선생의 후손으로 치휴(穉休)의 아들이나. 함열(咸悅)의 유남(柳南)과 벽오(碧梧) 두 정자를 유람하였다. 익산(益山)에 있는 고도(古都) 금마(金馬)를 돌아 본 후 익산(益山)의 황종림(黃鐘林)·함열(咸悅)의 민치서(閔致序)·참봉(參奉) 김수환(金秀煥) 등을 차례로 방문하고 함께 모여 시가(詩歌)를 읊었다. 9월에 서석산(瑞石山)을 여행하였다. 10월에 조경묘별검(肇慶廟別檢)을 제수받았다. 묘당은 전주부(全州府)에 있었다.

1855년 **철종 6년 을묘 48세**

봄에 한벽당(寒碧堂)·만경대(萬景臺)·옥류동(玉流洞)을 두루 여행하였다. 겨울에 주자서(朱子書)를 과제로 설정하여 읽었다.

1856년 **철종 7년 병진 49세**

「완산가(完山歌)」를 지었다. 완산은 풍성하고 넉넉한 고장으로 산수가 수려하여 훌륭한 인물이 많이 배출되었고 풍속이 화사하였다. 선생이 이를 나열하여 가사를 만들고 끝에다 벼슬길에 나아가고 용기있게 물러나는[士進勇退] 뜻을 곁들여서 한글로 번역하여 완성하였다. 완산 사람들은 지금도 전송(傳誦)하고 있다. 선사(先師)의 유고(遺稿)를 교정하였다. 12월에 성균관 전적(成均館典籍)을 제수하고 조경묘령(肇慶廟令)으로 다시 제수했으나 나아가지 않았다.

1857년 철종 8년 정사 50세

8월에 순종왕후가 승하하였다. 현정(縣庭)에 들어가 애도하였다. 제문을 지어가지고 홍오곡(洪鰲谷)의 영연(靈筵)에 가서 곡했다. 11월에 사간원(司諫院) 정언(正言)을 제수받았다.

1858년 철종 9년 무오 51세

2월에 아들 부(埠)가 박눌재(朴訥齋) 선생의 후손인 만휴(萬休)의 딸과 혼례를 올렸다. 3월에 형조(刑曹) 좌랑(佐郞)을 제수받았다. 11월에 사헌부(司憲府) 장령(掌令)을 제수받았다.

1859년 철종 10년 기미 52세

2월에 문신(文臣) 겸 선전관(宣傳官)을 제수받았다. 3월에 백운산(白雲山)으로부터 두류산(頭流山), 섬진강을 거슬러 돌아왔다. 4월에 다시 정언(正言)을 제수받았다. 송석정(松石亭)과 천태사(天台寺)를 유람하였다. 제문을 지어 봉서(鳳棲) 유공(兪公)의 영연(靈筵)에 가서 곡하였다.

1860년 철종 11년 경신 53세

봄에 다시 두류산을 유람하고 반야봉(般若峯)을 등반하였다. 4월에 연곡원(淵谷院)에 가서 민경은(閔景殷)을 배알하고 보림사(寶林寺)와 천관산(天冠山)을 거쳐 돌아왔다. 연곡원은 장흥에 있는데 부사(府使)인 민경은이 다시 방문하여 줄 것을 청하므로 가서 사례하고 함께 유람하였다. 9월에 손자 대호(大鎬)가 출생하였다.

1861년 철종 12년 신유 54세

3월에 승지(承旨) 민치상(閔致庠)·승지(承旨) 유만원(兪晩源)·상사(上舍) 민치두(閔致斗)와 함께 정언(正言) 오천(浯泉) 김민수(金民秀)를 방문하였는데 민승지가 주연을 베풀었다. 5월에 사간원(司諫院) 헌납(獻納)을 제수하였다. 6월에 사헌부(司憲府) 집의(執義)를 제수했다. 도연명의 『귀거래사(歸去來辭)』에 화답하였다. 세상이 어지러워 서로 경쟁하곡 다투느라 벼슬길이 매우 험난하였으므로 개연(慨然)

히 물러날 뜻을 품고 사(辭)를 지었다. 가을에 월출산(月出山)에 올랐다. 하인 한 사람과 나귀 한 마리, 따르는 몇 사람을 거느렸을 뿐 관리의 화려한 차림을 하지 않았다.

1862년 철종 13년 임술 55세

임대정(臨對亭)을 완성하였다. 이 곳은 고반(考槃) 남언기(南彦紀)가 낚싯대를 드리웠던 대(臺)의 옛 터이다. 지세가 높고 가파르며 앞이 넓게 틔였고 또 대나무 숲과 천석(泉石)이 뛰어났다. 정자를 지어 늙으면 자연으로 돌아갈 계획을 세우고, 주렴계(周濂溪)의 '종조임수대려산(終朝臨水對廬山)'의 구절에서 '임대' 두 글자를 따와 편액(扁額)하였다.

6월에 삼정책(三政策)을 올렸다. 이 해에 삼남(三南)지방에 백성들의 소요가 있어 임금이 진정·군정·환곡의 삼정책(三政策)을 구하였다. 선생이 바로잡아 구제할 방책을 조목 조목 열거하였는데 그 말이 매우 적절하였다. 유신(儒臣)을 자주 접하여 성정(性情)의 학문과 치평(治平)으 방법을 강구할 것을 간절히 당부하는 것으로 글을 맺었다. 7월 기망(既望: 음력으로 매달 16일)에 적벽(赤壁)을 유람하였다. 8월에 박응지가 찾아와 금환(金環)·토금(土金) 그리고 통명산(通明山)을 다녀왔다.

1863년 철종 14년 계해 56세

3월에 광주에 가서 박경세(朴景世)·기현도(奇現道)·박군양(朴君養) 등과 함께 용강(龍江)에서 유람하고, 강을 건너 내려가 어등산(魚登山)에 올랐다. 사복시정(司僕寺正)을 제수받았다. 12월에 철종대왕이 승하하시니 현정(縣庭)에 들어가 애도하였다.

1864년 고종 원년 갑자 57세

정월에 철종대왕의 대상(大喪)에 가서 곡하였고, 집의(執義)를 제수받았다. 5월에 봉상시정(奉常寺正)을 제수받았다. 6월에 임금이 내린 말 한필을 공경하여 받았다. 이 때 임금이 몸소 효문전(孝文殿)에서 탄신(誕辰) 작헌례(酌獻禮)를 행할 때에 선생이 태상(太常)의 전례대로 전사관(典祀官)을 맡았다. 임금의 부름을 받고 대궐에 들어가니 이 은혜가 있었다. 7월 갑진에 다시 집의(執義)를 제수받았다. 상소하여 성학(聖學)에 힘쓰고 나라의 예를 바로잡을 것을 요청하였다. 병진에 사간원(司諫院) 사간(司諫)을 제수받았다. 8월 기묘에 문관 무관을 뽑는 참시관(參試官)으로 한성부(漢城府)에 갔다가 무관을 뽑는 시관(試官)으로 참석하기 위해 빈청(賓廳)에 나아갔다. 봉원사(奉元寺)에서 천연정(天然亭)까지 연꽃을 구경하였다. 9월에 남한산성(南漢山城) 서장대(西將臺)에 올라 현절사(顯節祠)를 참배하였다. 12월에 병조 정랑(兵曹正郎)을 제수받고 임금이 하사한 엽약(獵藥)과 찬물(饌物)을 공경히 받았다.

1865년 고종 2년 을축 58세

정월에 다시 사간(司諫)을 제수받았다. 상차(上箚)하여 김시연(金始淵)을 방면한 것이 잘못임을 논하니, 임금이 그것이 잘못되었다는 비답을 내려 체차(遞差)하였다. 3월에 부여를 거쳐 경치가 뛰어난 곳을 두루 유람하였다. 4월에 손자 긍호(肯鎬)가 출생하였다. 스승의 유집(遺集)을 편차하는 일을 동문(同門)의 여러 사람들에게 묻고 의논하였다. 9월에 금산(錦山) 종용사(從容祠)를 방문하고 감회를 시로 읊었다. 단양에 가 사인암(舍人巖)과 상선암(上仙巖)을 방문하였다. 무주(茂朱) 적상산성(赤裳山城)과 다른 여러 경치 좋은 곳을 유람하였다. 이 때 『철종대왕 실록』이 완성되었는데 동지춘추(同知春秋) 경원(經園) 민공(閔公)이 이를 적상산성에 봉안하였기 때문이었다. 선생은 고향으로 오면서 단풍구경을 하고 덕유산에 들러 백련암과 수승대를 방문하였다.

1866년 고종 3년 병인 59세

3월에 선조의 묘비를 행선치(行船峙)와 오도곡(吾道谷)에 세웠다. 9월에 양이(洋夷)를 배척하는 상소를 올렸다. 이 때 선생은 병이 들어 집에 있었는데 양이가 도읍에까지 잠입해 들어와도 이들을 쫓아내지 못한다는 소식을 듣고 밤낮으로 근심하였다. 이에 오랑캐들의 간악함을 진술하고 군사를 양성하여 대비하는 완급의 대책을 적어 현도(縣道)를 통해 올려 보냈다.

1867년 고종 4년 정묘 60세

정월에 다시 집의를 제수받았다. 2월에 맏형 서남공(瑞南公)이 사마 생원시(司馬生員試)에 합격하였다.

1868년 고종 5년 무진 61세

정월에 통정(通政)으로 승진하였고 용양위(龍驤衛) 부호군(副護軍)을 겸임하였다. 7월에 돈령부(敦寧府) 도정(都正)을 제수받았다.

1869년 고종 6년 기사 62세

정월에 동관왕묘(東關王廟)에 가서 축문을 지었다. 2월에 병조 참의를 제수받았다. 융무대(隆武臺)에서 말을 타고 시험 삼아 활을 쏘았다. 다음날 동쪽 교외에서 열병(閱兵)하였다. 3월에 삼가 수궁(守宮)의 은혜를 입었다. 이 때 임금이 동쪽에 있는 일곱 왕릉으로 행차하였다가 환궁한 후에 사찬(賜饌)하였다. 단오에 임금이 하사한 송별의 부채[送別箑]를 공경히 받았다. 가을에 하향하는 길에 충주 사창(社倉)에 들러 선조 문경공(文景公)의 묘단(墓壇)을 살피고 절하였다.

1870년 고종 7년 경오 63세

정월 계미에 고향에서 잘 지내다가 특별히 한성부(漢城府) 우윤(右尹)을 제수받고 가선대부(嘉善大夫)로 진급하였다. 신묘에 용양위 호군(龍驤衛護軍)을 맡았다. 계묘에 도총부(都摠府) 부총관(副摠管)을 제수받았다. 3월에 상경하여 임금께 절하고 사은(謝恩)하였다. 특별히 그림과 말을 하사하였으나 사양하지 않고 받지 않았다. 칭찬하여 내린 상이었는데 의(義)를 감당할 수 없어 사양하였다.

8월 갑인에 승정원(承政院) 좌승지(左承旨) 겸 경연 참찬관(經筵參贊官) 춘추관(春秋館) 수찬관(修撰官)을 제수받았다. 을묘에 임금에게 글을 강론하기 위해 대궐에 들어가 임금을 모시고 있었다. 임금이 "맹자가 '오패(五覇)는 빌어서 했다'는데 무엇을 빌었다는 것인가"라고 물으시니, 선생이 다음처럼 대답하였다. "인위적으로 하는 바가 없어도 모든 것이 이루어지는 것이 왕도(王道)이며, 인위적으로 하여 이루어지는 것이 패도(霸道)입니다. 본 마음은 오패이면서도 겉으로는 요순(堯舜)인척 하는 것과 몸으로는 오패와 같이 행하면서도 입으로는 탕무(湯武)를 말하니 이는 이름을 노략질하여 취하는 것입니다. 맹자께서 성선(性善)을 말씀하실 때마다 반드시 요순을 칭하셨으니 오패도 요순이 될 수 있겠지만 이욕에 빠져, 요순이 본성대로 행하며 탕무가 닦고 익혀 본성을 회복하는 것처럼 하지 못하니, 이는 이름을 빌렸을 뿐입니다. 맹자께서는 이러한 사실을 잘 아셨기 때문에 '이름을 빌린지 오래되었건만 본성을 회복할 줄 모르니, 어떻게 그것이 그른지를 알겠는가?'라고 한 것입니다." 강론이 끝나자 임금이 술을 하사하였다.

1871년 고종 8년 신미 64세

신묘에 경연(經筵) 특진관(特進官)을 맡았다. 임인에 경서를 강론하였다. 임금이 묻기를 "『논어』에 임금이 먹을 것을 내려 주시면 반드시 자리를 바르게 하고 먼저 맛을 본다고 한 것은 무슨 뜻인가?"라고 하자, 선생이 다음과 같이 대답하였다. "자리가 바르지 않으면 앉지 않는 것은 성인의 일입니다. 임금이 먹을 것을 내려 주시기 전에도 그 자리가 진실로 바르게 되어야 합니다. 임금이 음식을 내려 주시면 곧 맛을 보는 것은 공경하고 삼가함의 지극함이요, 혹 그 자리가 바르지 않으면 다시 바르게 고치고자 하는 것은 조두(俎豆)의 예(禮)입니다. 태묘(太廟)에 들어가 매번 물은 것은 공자가 예를 공경한 것이요, 육마(六馬)의 수는 쉽게 알 수 있지만 수를 헤아린 다음에 대답한 것은 석경(石慶)이 공경하고 삼가한 것입니다."

「진보작명(進寶酌銘)」을 지었다.

양이(洋夷)가 침범하여 배를 정박시켰다. 이때에 중군(中軍) 어재연(魚在淵) 등이 정족산성(鼎足山城)에서 전사하여 도읍에 물의를 일으켜 떠들썩하였다. 시골에서 올라온 관리들이 풍문을 듣고 도망한 자가 많았으나 선생은 의연하게 동요하지 않았다. 7월에 동지춘추관사(同知春秋館事)를 제수받았다. 8월에 계전(桂田)으로 가서 상서(尙書) 신응조(申應朝)의 산정시회(山亭詩會)에 참여했다. 음력 9월

9일(重九)에 술을 가지고 북산(北山)에 올랐다. 19일에 후중양(後重陽)을 맞아 자각동(紫閣洞)의 홍엽정(紅葉亭)에 모였다. 11월에 병조참판(兵曹參判)을 제수받았다.

1872년 고종 9년 임신 65세

정월에 선산(先山)의 일로 임금에게 삼가 글을 올리고 자리를 외람되게 찾이하는 죄를 빌어 체직이 허락되었다. 공주를 지나면서 명강리(明岡里)의 고산(鼓山) 임헌회(任憲晦)를 방문하였다. 고산과는 동문의 옛 친구로 이 때에 비로소 먼길을 찾아와 이틀 밤을 묵으며 서로의 학문을 이야기하고 토론하였다.

「백리경(百里鏡)」과 「태평책(太平策)」을 저술하였다. 「백리경」에는 7조목이 있는데 농상(農桑)·호구(戶口)·학교(學校)·전부(田賦)·병제(兵制)·공거(貢擧)·전선(銓選)이다. 또 「태평책」에는 12조목이 있는데 왕통고사(王通故事)를 모방한 것이다. 갑오동학란 때에 유실되어 절반만 남아 있고 원집(原集)에는 실려있지 않다.

고산 임공과 중화설(中和說)과 이기설(理氣說)을 주고 받았다. 간략하게 말하면 "중화(中和)는 곧 성정(性情)이다. 성(性)은 리(理)가 되고 정(情)은 기(氣)가 된다는 것은 이미 선유(先儒)의 정론인데, 이제 어떤 사람이 중화가 모두 리(理)에 속한다고 말하는 따위는 결국 분명하게 깨닫지 못한 것이다." 고산이 답하기를 "화(和)란 발(發)하여서 중절(中節)한 것이다. 발(發)하였으면 곧 기(氣)요, 중절(中節)하였으면 기(氣)가 리(理)에 합해진 것이다. 『중용(中庸)』은 도(道)를 밝힌 책인데 화(和)는 오로지 리(理)와 합치한다고 말한다면, 리(理)로 화(和)를 이해해도 또한 불가할 이유가 없다. 그런데 이미 미발(未發)에 대해서 말하자면 미발(未發)은 성(性)이요 이발(已發)은 정(情)이다. 그러므로 화자(和字)의 영역은 결국 기(氣)이다. 그러므로 마땅히 기(氣) 위에서 리(理)를 보아야 할 것이다"라고 하였다. 4월에 고산 임공의 서신을 받았다. 5월에 공조참판(工曹參判)을 제수받았다.

1873년 고종 10년 계유 66세

4월에 동지돈녕부사(同知敦寧府事)를 제수받았다. 만지산(蔓芝山) 재사(齋舍)에서 「가승(家乘)」을 간행하였다. 윤 6월에 동춘추관(同春秋館)를 제수받았다. 7월에 맏형 생원공(生員公)의 상을 당하였다. 어려서부터 우애가 돈독하였는데 만년에 할반(割半)의 고통이 심하였다. 아들 부(埠)를 임고산(任鼓山) 선생에게 보내 수학(受學)하게 하였다.

1874년 고종 11년 갑술 67세

11월에 우승지(右承旨) 겸 옛 관직 그대로를 제수받았다.

1875년 고종 12년 을해 68세

2월에 예조참판(禮曹參判)에 첫 번째로 낙점을 받았다. 4월에 손자 용호(龍鎬)가 출생하였다. 이 때 선비의 풍속이 무너지고 염치가 사라져 오직 서로 경쟁하고 다투는 일에만 몰두하니 많은 병폐가 생겨났다. 선생이 이를 매우 통탄하고 애석하게 여겼다. 이를 바로잡기 위해서는 주·부·군·현(州府郡縣)이 각각 수를 정하여 책을 만들고 면접을 하여 인재를 뽑아야 한다는 방책을 밝혀 현도(縣道)로 올려 보냈다.

1876년 고종 13년 병자 69세

5월에 왜선(倭船)이 기해(畿海)에 들어와 화해와 통상을 요청하자 조정에서 이를 허락하였다. 「사상금조(沙上琴操)」를 지었다. 선생이 세상의 변해가는 모습과 시국을 한스럽게 여겨 옛 사람의 시 구절을 취하여 평소에 타지 않던 거문고 가락에 맞춰 금조(琴操)를 지었다. 2월에 아들 부(埠)가 사마생원시(司馬生員試)에 합격하였다. 여름에 가뭄의 피해가 커서 사람들은 살림살이에 필요한 물건들을 구할 길이 없었고 그 대책도 없었다. 항상 가정과 나라의 이러한 사정을 생각하고 밤낮으로 근심하고 탄식하여 거의 병이 들 정도였다. 1월에 조정에서 쌀과 고기, 세의(歲儀)를 도신(道臣)을 통해 보내왔다.

1877년 고종 14년 정축 70세

군직(軍職)과 반록(頒祿)을 사양하였다. 봄에 재종증조(再從曾祖) 충장공(忠壯公)의 실적(實蹟)을 간행하였다. 6월에 부인 양씨의 상을 당하였다. 부인은 순후하고 덕이 있어 무슨 일이든 마음대로 함이 없이 한결같이 남편의 뜻을 따랐다. 부인의 「묘지(墓誌)」를 지었다. 11월에 아들 부의 상을 당했다. 「묘지(墓誌)」를 지었다.

1878년 고종 15년 무인 71세

가의대부(嘉義大夫) 동지의금부사(同知義禁府事)로 승급하였는데, 이는 노인을 우대하는 법식이었다. 5월에 철인왕후가 승하하자 현정(縣庭)에 들어가 애도하였다.

1879년 고종 1년 기묘 72세

『방원도(倣原道)』를 저술하였다. 이학래(李鶴來)가 말하되, "『방원도』 일편(一篇)은 문로(門路: 학문상의 길)가 정대(正大)하고 사의(辭意)가 준엄하여 사문(斯文)의 위정척사(衛正斥邪)에 공로가 있으니 세도를 위해 다행한 일"이라고 했다. 3월에 능주의 평촌으로 거처를 옮겼다.

1880년 고종 17년 경진 73세

정월에 기노사 선생의 부음을 들었다.

1881년 고종 18년 신사 74세

겨울에 병세가 위독해졌다.

1882년 고종 19년 임오 75세

정월 6일 계사에 평촌의 집에서 운명하였다. 3월 신축에 동복현(同福縣) 외남면(外南面) 화산(花山) 묘좌원(卯坐原)에 장사지냈다.

1890년 고종 27년 경인

묘갈(墓碣)이 완성되었다.

1895년 고종 32년 을미

「행장」이 완성되었다.

1897년　광무 원년 정유

「묘지(墓誌)」가 완성되었다.

1933년　계유

『문집』이 중간(重刊)되었다.

석전 이최선 石田 李最善

석전(石田) 이최선(李最善 1825~1883)은 자가 낙유(樂裕) 호는 석전경인(石田耕人) 이름은 최선 본관은 전주이다. 양녕대군의 손자요 추성(秋城: 담양의 옛이름)군수를 지낸 서세(緖世)가 처음 담양으로 들어와 대대로 유학에 힘쓰며 살아왔다. 고조는 동근(東根)이고, 증조는 정로(定魯)이다. 조부는 효효당(囂囂堂) 세용(世容)이고 아버지는 규형(奎亨)이니 모두 시골에서 안빈낙도하며 살았으며, 어머니는 상산 김씨(商山金氏) 문기(文基)의 딸이다.

1825년 순조 25년 을유

4월 17일 담양의 장전(長田: 현재의 담양군 창평면 장화리)에서 출생했다.

1827년 순조 27년 정해 3세

문자를 읽을 줄 알았다.

1829년 순조 29년 기축 5세

시구(詩句)를 지을 줄 알아 어른들이 운자(韻字)를 부르면 곧 응답하여 지었다.

1837년 헌종 3년 정유 13세

경사에 널리 통하여 알고 과거 시험장에 출입했다.

1839년 헌종 5년 기해 15세

관례를 치루고 장성의 노사 기정진 문하에서 수업했으며 이후 40년 동안 정성으로 사사했다.

1841년 헌종 7년 신축 17세

모친의 상을 당하여 상제대로 3년을 마쳤다.

1851년　철종 2년 신해 27세

부친의 상을 당하여 3년간 상제의 절차를 『가례』에 따라 행하고 3년을 시묘했다.

1859년　철종 13년 임술 38세

삼남지방에 민요(民擾)가 일어나자 「삼정책」을 지어 올렸으나 담양부사에 의하여 기각되고 조정에는 올리지 못했다. 이 「삼정책」의 내용을 노사 선생이 보고 칭찬했다.

1866년　고종 3년 병인 42세

서양 오랑캐가 강화도를 함락하자 의병을 일으키니 여러 고을에서 호응했다. 거의(擧義) 사실을 종친부에 알렸으나 이미 오랑캐가 물러 가버렸으므로 이를 통분히 여겼다. 선생은 다시 대원군을 만나 몇 가지 충고를 진언하고 고향에 돌아왔다.

1870년　고종 7년 경오 46세

개성에 가서 포은 정몽주 선생의 사당을 참배하였다.

1871년　고종 8년 신미 47세

경복궁 근정전에서 열린 종친회에 참석했다.

1874년　고종 11년 갑술 50세

왕세자의 탄생을 축하하기 위하여 열린 증광시에 응시했다가 낙방한 뒤 한강을 건너면서 차고 있던 은장도와 옥거울을 물속에 던지며 다시는 이 강을 건너지 않겠다고 맹세했다.

1882년　고종 19년 임오 58세

임오군란이 발생하자 조정에 있는 삼종형(三從兄) 준선(駿善)에게 '떳떳하게 조정에서 물러나라'고 편지를 써 보냈다.

1883년　고종 20년 계미 59세

11울 23일 고향집에서 별세하였다.

1888년　고종 25년 무자

12월에 대곡면 비서동 자좌원(子坐原)에 안장했다.

덕암 나도규 德巖 羅燾圭

덕암(德巖) 나도규(羅燾圭 1826~1885)는 자가 치문(致文) 호는 덕암 이름은 도규 본관은 나주이다. 선생의 선대는 고려조 때 감문위(監門衛) 상장군(上將軍) 부(富)가 비조(鼻祖)이고, 진(璡)이 공조전서(工曹典書)로 유명한 조상이다. 조선조에 들어와서는 일손(逸孫)이 기묘명현으로 좌승지(左承旨)에 추증되었다. 고조는 재옥(在沃)이며, 증조는 필은(弼殷)으로 호가 수약재(守約齋)이다. 할아버지는 석증(錫曾)이며 아버지는 희집(禧集), 어머니는 전주 이씨 현임(鉉臨)의 딸이다.

1826년 순조 26년 병술

11월 4일 광주 계촌면(桂村面) 내동리(內洞里) 집에서 출생하였다. 선생은 어려서부터 덕기(德器)가 비범하였고 글 읽기를 좋아하여 일찍이 문리를 터득했다.

1841년 헌종 7년 신축 16세

부친의 상을 당하자 처상의 예를 『주자가례』대로 거행하고 3년 시묘도 어른처럼 행했다. 선생이 성장하자 노사 기정진의 문하에 나아가 제자되기를 청하고 경전과 제자(諸子)의 글을 널리 배웠으며 예학에도 연구가 깊었다.

1851년 철종 2년 신해 26세

「항검자설(恒儉字說)」을 지었다.

1852년 철종 3년 임자 27세

「촌자설(村字說)」을 지었다.

1853년 철종 4년 계축 28세

「심학도설(心學圖說)」을 지었다.

1879년 고종 16년 을묘 54세

12월에 스승 기정진의 상을 당하자 통유문(通諭文)과 집상제문(執喪諸文)을 주관하였는데 조금의 착오도 없이 처리하여 당시 유림의 칭송을 받았다. 「성기잠(誠幾箴)」을 지었다.

1883년 고종 20년 계미 58세

「자경사(自警辭)」를 지었다.

1885년 고종 22년 을유 60세

3월 27일 만년에 옮겨 살았던 고내상(古內廂) 도산촌(道山村)에서 세상을 떠났다. 봉황산(鳳凰山) 덕암(德岩) 아래 살았으므로 호를 덕암이라 했다. 같은 해 9월에 복룡산(伏龍山) 간좌언덕에 장사지냈다가 6년이 지난 1890년 경인 윤 2월에 석정(石亭) 옛집 근처에 이장했다.

신호 김록휴 莘湖 金祿休

신호(莘湖) 김록휴(金祿休 1827~1899)는 자가 치경(穉敬) 호는 신호 이름은 록휴 본관은 울산이다. 선생의 선대는 신라 왕자 학성군 덕지(德摯)가 시조이고, 후손인 온(穩)이 정직(正直)으로서 밀양부사를 지냈다. 밀양공이 세상을 떠나자 부인 민시가 아들 셋을 거느리고 장성으로 내려와 살았는데 밀양공의 5세손이 인후(麟厚)로서 하서 선생이다. 하서선생은 홍문관 부수찬을 지냈고 영의정에 추증되었으며 시호는 문정이다. 증조는 백현(伯賢)이고, 조부는 홍조(弘祖)로 진사이다. 아버지 방묵(邦默) 또한 진사이며, 어머니는 전의 이시 정권(貞權)의 딸이다.

1827년 순조 27년 정해

3월 12일 장성 월평리 본가에서 출생했다. 어려서부터 성품이 장중하고 목소리가 우렁찼으며 아이들과 놀이를 하지 않고 하루내 책을 읽으며 지냈다.

1842년 헌종 7년 신축 16세

향시(鄕試)에 합격했다. 그 해 겨울에 모친상을 당하여 예법에 따라 장사지냈고 상복을 벗게 되자 책을 싸들고 산방에 들어가 학문에 열중했다.

1846년 헌종 11년 을사 20세

하사(下沙)에 있는 노사 기정진의 문하에 나아가 집지하고 수학하게 되었는데 그 때부터 집을 신촌(莘村)으로 옮겨 살았다. 선생은 경전을 정독하며 학문을 궁구하고, 생각하고 체험한 바를 실천하기에 힘쓰니 스승의 촉망은 물론 동문의 기대를 모았다.

1877년 고종 13년 병자 51세

조정에서 학행으로 선공가감역(繕工假監役)을 제수했으나 나아갈 뜻이 없었다. 그리고 화창한 봄이나 청명한 가을에 두 서너 친우들과 명승을 탐방하여 글을 쓰고 『유산(遊山)』이라는 책을 짓기도 하였다. 선생이 교류한 선비는 월고(月皐) 조성가(趙性家)·소산(素山) 이응진(李應辰)·중암(重庵) 김평묵(金平默) 등인데 당시 유명한 선비들이다.

1899년 고종 36년 기해 73세

12월 4일에 세상을 떠났다. 다음 해 장성부 남쪽 월암촌(月巖村) 뒷산 갑좌의 언덕에 장사지냈다. 부인은 연일정씨(延日鄭氏) 재영(在瑩)의 딸이다. 저서에 『신호집(莘湖集)』이 있다.

동오 조의곤 東塢 曺毅坤

동오(東塢) 조의곤(曺毅坤 1832～1893)은 자는 사홍(士弘) 호는 동오(東塢) 이름은 의곤 본관은 창령(昌寧)이다. 신라 진평왕 때 창성군(昌城君)에 봉해진 계룡(繼龍)이 창령 조씨의 시조이다. 고조는 통덕랑(通德郎) 수량(守亮), 증조는 영화(永華), 조부는 계성(啓聖)이다. 아버지는 현위(炫瑋)요, 어머니는 죽산 안씨(竹山安氏) 광영(光暎)의 딸이다.

1832년　순조 32년 임진

5월 6일 임자에 검암리(儉巖里) 집에서 태어났다. 자질이 청수했고 기품이 총명했으며 효성이 지극하여 잠시도 부모의 곁을 떠나지 않았다. 어린 나이로 오천(鰲川) 고공(高公)에게 나아가 수학하였는데 독서를 좋아하여 열심히 가르칠 필요가 없었고 행동거지가 신중하여 대인의 기상이 있었다.

1847년　헌종 13년 정미 16세

노사 선생을 뵙고 집지(執贄)하였다. 이때부터 과거공부를 단념하고 위기지학(爲己之學)에 몰두하여 경서(經書)와 제자백가를 널리 연구하기 시작했다.

1852년　철종 3년 임자 21세

3월에 아들 석휴(錫休)를 낳았다.

1868년　고종 5년 무진 37세

겨울에 노사 선생을 모시고 관암(觀庵)에서 유숙하면서 시를 지었다.

1870년　고종 7년 경오 39세

노사 선생에게 문안편지를 올렸다. 노사 선생이 「동오기(東塢記)」를 지어주었다.

1871년 고종 8년 신미 40세

겨울에 사상(沙上)에서 공부하다가 부모님을 뵈러 집으로 돌아왔다.

1873년 고종 10년 계유 42세

5월 9일에 손자 덕승(德承)이 태어났다. 6월 5일에 어머니의 상을 당했다.

1875년 고종 12년 을해 44세

송사(松沙) 기우만(奇宇萬)에게 편지를 보냈다.

1876년 고종 13년 병자 45세

겨울에 담대헌(澹對軒)에서 노사 선생을 모시고 지냈다. 어느 날 밤 노사 선생이 일어나서 염세(厭世)의 노래를 불렀다. 선생이 안으로 들어가 노사 선생과 대화를 나눴는데 노사 선생이 이 노래는 나의 명사(命詞)라고 말하자 비통해 하였다.

1877년 고종 14년 정축 46세

아버지의 병이 위독해지자 얼굴빛이 근심으로 가득하고 똑바로 걷지도 못했다. 약을 달이고 죽을 끓이는 일이나 요강을 비우고 옷을 세탁하는 일 따위를 몸소 하였다. 8월 19일에 아버지의 상을 당했다.

1879년 고종 16년 기묘 48세

노사 선생에게 편지를 올렸다. 12월 29일에 노사 선생의 부음을 듣고 염빈(殮殯)에서 묘소를 쓰는 일까지 정성을 다해 도왔다.

1880년 고종 17년 경진 49세

3월 24일에 노사 선생의 죽음을 슬퍼하는 제문(祭文)을 지었다.

1881년 고종 18년 신사 51세

오천(鰲川) 선생이 세상을 뜨자 오천 고선생문(鰲川高先生文)을 지어 어릴 적 스승의 죽음을 슬퍼했다.

1883년 고종 20년 계미 52세

11월에 상사(上舍) 이최선(李最善)의 부음을 들었다.

1885년 고종 22년 을유 54세

월고(月皐) 조성가(趙性家)에게 답장을 보냈다.

1886년 고종 23년 병술 55세

도적이 크게 들끓어 온 나라가 매우 소란하자 특별히 「지도론(止盜論)」을 지어 해결방안을 제시했다.

1888년 고종 25년 무자 57세

남파(南坡) 이희석(李僖錫)에게 편지를 보냈다.

1891년 고종 28년 신묘 60세

사설(邪說)이 함부로 난무하자 밤낮으로 걱정하였고 사람을 만나면 먼저 올바름을 붙잡아 세워야 한다는 의리를 말하였다.

1892년 고종 29년 임진 61세

12월 29일에 동문과 함께 노사 선생의 고택에서 제사를 모시다가 병이 생겼다. 아들 석휴(錫休)가 이 소식을 듣고 달려와 돌아가기를 청하자 "나는 선생의 댁에서 죽어도 유감이 없다"고 말했다.

1893년 고종 30년 계사 62세

정월 22일 인시에 석정(石汀)의 집에서 운명했다. 3월 15일에 장성부 북쪽 북일면(北一面) 금량동(金良洞) 선영 왼편 임좌원에 장사지냈다.

1899년 광무 3년 기해

아들 석휴가 삼산재(三山齋)에서 『동오집(東塢集)』을 간행했다. 송사(松沙) 기우만(奇宇萬)이 교정을 보았다.

일신 정의림 日新 鄭義林

일신(日新) 정의림(鄭義林 1845~1910)은 자가 계방(季方) 호는 일신 이름은 의림 본관은 광산(光山)이다. 시조는 고려조 때 찬성을 지낸 호(扈)이며, 조선조에 이르러 감사(監司) 인진(麟晉)이 처음 벼슬하였고, 응교(應教) 웅(熊)과 절도사 응규(應奎), 사직 연(演)이 이름난 조상이다. 후에 찬(纘)이 금성으로 내려와 살면서 유행(儒行)이 높았고 이로부터 남쪽에 살게 되었다. 증조는 채(埰)인데 낭주(朗州)로 옮겨갔고, 할아버지는 가석(加錫)인데 금릉으로 가서 살았다. 아버지는 제현(濟玄)인데 할아버지와 아버지가 다 수직(壽職)으로 통정이 되었다. 두 분이 모두 교육에 힘썼고 어머니는 진원 박씨 치성(致聖)의 딸로서 정숙한 예법이 있었다.

1845년 헌종 11년 을사

11월에 화순군 능주 대덕리의 집에서 태어났다. 어머니 박씨의 꿈에 달이 품속으로 안겼으며 한 노인이 나타나 "나는 규성(奎星)의 정령이다"라고 말하고 방안으로 들어왔다. 이러한 까닭으로 선생의 첫 이름은 종규(鐘奎)였다. 어려서부터 총명하였으며 옆에서 『소학』을 읽는 소리가 나자 이를 듣고 곧 외웠다.

1849년 헌종 15년 기유 5세

이웃에 사는 늙은이가 장난으로 "너 고기를 먹었구나"라고 하자 고개를 끄덕이고 고기를 가져다 드렸다.

1850년 철종 1년 경술 6세

정원에서 감을 수확하였는데 좋은 것을 골라 남에게 주고 나쁜 것은 자신이 가졌다.

1851년 철종 2년 신해 7세

형편이 어려워 굶는 사람을 보고 집으로 데려와 밥을 먹였다.

1852년 철종 3년 임자 8세

아버지와 함께 밖에 나갔다가 오는 길에 소나기를 만나게 되었는데 뛰지 않고 계속 천천히 걸어왔다.

1853년 고종 5년 무진 24세

노사 기정진 선생을 찾아가서 스승으로 모실 것을 원하여 집지하고, 당시에 노사 선생의 문하에서 공부하고 있던 대곡(大谷) 김석구(金錫龜)·애산(艾山) 정재규(鄭載圭) 등과 교유하여 세칭 삼군자(三君子)라는 칭호를 얻게 되었다.

1889년 고종 26년 계묘 45세

스승인 기정진의 『문집』을 편찬하고 간행하는데 참여했다. 이 때 경상도의 유림들이 노사 선생의 논문인 「외필(猥筆)」과 「납량사의(納凉私議)」를 비판하자 "해와 달 같은 노사 선생의 학문을 비판한다고 무슨 손상이 있겠는가"하며 배척하였다.

1905년 고종 43년 을사 61세

을사보호조약이 체결되었다는 소식을 듣고 울분을 못이겨 상소문을 올리려 하였는데 조정에서 접수하지 않는다는 소식을 듣고 불태웠다.

1909년 순종 3년 기유 65세

선생은 당시를 하늘이 꺼지고 땅이 뒤집히는 난세라고 걱정하고 이제 죽을 수밖에 없다고 하자, 제자들이 사진이라도 찍어두고자 했으나 불쌍한 모습이 차라리 곤충이나 물고기와 다를 바 없다고 거절하였다.

1910년 순종 4년 경술 66세

10월 10일 병석에서 임종을 맞이하면서 "내가 죽은 후에도 가르침을 잊지 말라"고 제자들에게 당부하고 눈을 감았다. 선생의 저서와 『문집』이 전해온다.

송사 기우만 松沙 奇宇萬

송사(松沙) 기우만(奇宇萬 1864~1916)의 자는 회일(會一) 호는 송사 이름은 우만 본관은 행주(幸州)이다. 고조는 태량(泰良), 증조는 재우(在祐), 조부는 정진(正鎭 호는 蘆沙, 시호는 文簡公)이다. 아버지는 오서(鰲西) 만연(晩衍)이요, 어머니는 연안 이씨(延安李氏) 시성(蓍成)의 딸이다.

1846년 헌종 12년 병오

8월 17일 해시에 장성부(長城府) 탁곡(卓谷)의 집에서 태어났다. 할아버지 노사 선생이 여의동(如意洞)에서 탁곡으로 옮겨와 살았다. 어머니 이씨가 죽순이 방에서 생겨나와 곧장 집을 뚫고 하늘까지 다다른 꿈을 꾸고 나서 아이를 갖게 되었다. 선생은 태어나면서부터 기상이 뛰어나고 모습이 빼어나 노사 선생이 보고 기이하게 여겼다.

1850년 철종 원년 경술 5세

능히 글을 지었다.

1851년 철종 2년 신해 6세

외할아버지 시성이 선생의 영리함을 귀여워했다.

1852년 철종 3년 임자 7세

두 형[宇夔와 宇蕃]을 따라 조석으로 문안 인사를 하고 음식 봉양하기를 게을리 하지 않으니 마치 어른과 같은 면이 있었다.

1853년 철종 4년 계축 8세

여름에 고문(古文)을 읽었다. 12월에 노사 선생을 모시고 하사리(下沙里)로 이사했다.

1854년 철종 5년 갑인 9세

어머니 병을 간호했다. 어머니가 병이 나자 선생은 매우 걱정하는 모습으로 온종일 애를 태웠다. 어머니가 "너의 글 읽는 소리를 들으면 내 병을 잊을 수 있으련만" 하자, 선생은 『삼국지』를 언문으로 바꿔 읽어드려 어머니의 마음을 위로했다. 선생은 엄동설한에도 온전한 옷을 걸치지 못했고 솜옷이나 버선도 없었으며 집에는 심부름꾼도 없었다. 빈객을 응접하는 일에 몸소 하지 않음이 없었으며 한 번도 싫어하고 괴로워하는 기색을 보이지 않았다.

1855년 철종 6년 을묘 10세

『사자서(四子書)』를 읽었다.

1858년 철종 9년 무오 13세

『자치통감(資治通鑑)』과 『주자강목(朱子綱目)』을 보았다.

1859년 철종 10년 기미 14세

『심경(心經)』을 읽었다.

1861년 철종 12년 신유 16세

『주역』·『예기』·『춘추』 등 여러 경전을 읽었다. 노사 선생을 모시고 갈전(葛田)으로 이사했다.

1862년 철종 13년 임술 17세

2월 하사리 옛집으로 돌아왔다. 5월 부인 삭령 최씨(朔寧崔氏)를 맞이하였는데 학생 인석(麟錫)의 딸이다.

1863년 철종 14년 계해 18세

여름에 남원의 제암서숙(濟巖書塾)에서 일과를 정해 공부했다. 선생의 처할아버지 최정익(崔挺翼)은 평소 과거시험 공부에 일가견이 있어서 많은 선비를 공부시키고 있었는데, 노사 선생이 "오늘날 선비는 몸을 일으켜 임금을 섬기는 것을 과거로부터 시작하니, 시문(時文: 과거공부에 쓰이는 문장) 또한 익히지 않을 수 없다"고 하자, 선생이 명을 받들어 몇 달을 배우고 돌아왔다. 가을에 『좌전』을 읽었다. 겨울에 노사 선생을 모시고 침수정(枕漱亭)에서 거처했다. 12

월에 철종대왕이 승하하자 노사 선생을 모시고 정자 뒤 산에 올라 애도를 표했다.

1866년 고종 3년 병인 21세

가을에 병인양요(丙寅洋擾)가 일어났다. 서양의 오랑캐가 강화도를 침범하자 온 나라가 크게 놀라 서울을 버리자는 의론이 일어났다. 이에 노사 선생이 상소하여 대의를 밝히고 아울러 방어의 계책도 진술하였으나 걱정이 되어 잠을 이루지 못하고 밤에 일어나 긴 한숨을 쉬니, 선생이 그럴 때마다 사방의 동정을 살펴 아뢰어 그 마음을 위로하기를 극진히 하고 노사 선생이 주무시기를 기다린 뒤 물러났다.

1867년 고종 4년 정묘 22세

5월에 큰형의 상을 당했다.

1869년 고종 6년 기사 24세

여름에 추산정(秋山亭)에 모여 강론했는데 동지로 모인 자가 몇 십 명이었다. 10월에 승보복시(陞補覆試)에 응시했다.

1870년 고종 7년 경오 25세

봄에 사마시(司馬試)에 합격했다. 여름에 『주역』을 강론했다.

1871년 고종 8년 신미 26세

봄에 『사자서』를 다시 읽었다.

1872년 고종 9년 임신 27세

9월에 작은형의 상을 당했다. 선생은 거듭 두 형의 상을 당하였는데 책상이나 방석 등 앉거나 일어서는 곳마다 항상 눈물자국이 있었다. 어린 조카들을 더욱 돈독하게 보살펴 주었다.

1874년 고종 11년 갑술 29세

봄에 고양(高陽)에 있는 선조의 묘에 성묘했다. 가을에 경과 동당시(慶科東堂試)에 응시했다.

1875년 고종 12년 을해 30세

겨울에 옛 진원의 창촌(創村)으로 이사했다가 조금 후 월송(月松)으로 옮겼는데 이는 노사 선생의 명을 따른 것이다.

1876년 고종 13년 병자 31세

정월에 아버지 오서공(鰲西公)의 상을 당했다. 2월에 고진성봉(古珍城峰)의 벌판에 장사지냈다.

1877년 고종 14년 정축 32세

봄에 흉년을 구제했다. 그 때 흉년이 들고 전염병이 번져 마을 사람들이 대부분 밥을 못 먹었는데, 선생은 집안 어른을 봉양하는 틈을 타서 백방으로 먹을 것을 마련하여 그들을 구원하니, 이에 힘입어 온전히 살아난 자가 매우 많았다.

1878년 고종 15년 무인 33세

4월에 복을 벗었다. 어사의 장계로 천거되었다. 어사가 와서 노사 선생을 배알할 때, 송사 선생은 마침 가문 논에다 물을 대고 돌아왔는데 어사가 선생을 뵙기를 청하였다. 어사가 물러나와 다른 사람에게 "소문은 과장된 것이 아니었다"고 말했다. 결국 어사가 몸소 밭 갈고 부모님을 봉양한다고 장계를 올리자, 임금은 "이 사람은 과연 전 참판 기아무개의 손자로다"하였다. 5월에 철인(哲仁) 왕후가 승하하니 노사 선생을 모시고 산에 올라 애도를 표했다.

월송리에 '담대헌(澹對軒)'을 세웠다. 노사 선생이 연로하여 오랫동안 부모님 묘소에 성묘가지 못하였다. 이에 선생이 명을 받아 이 담대헌을 세웠는데 서석산과 마주하니, 노사 선생이 몹시 기뻐하면서 "평생 내 뜻에 맞는 일이 적었는데 늘그막에 이 한 가지 일은 뜻하지 않게 합당했다."하고 '담대헌'이라 이름하였다.

1879년 고종 16년 기묘 34세

정월에 대곡(大谷) 김석구(金錫龜)·노백헌(老柏軒) 정재규(鄭載圭)·일신(日新) 정의림(鄭毅林)과 「납량사의(納凉私議)」와 「외필(猥筆)」을 강론했다. 12월에 노사 선생이 담대헌에서 작고했다. 큰집 조카

춘도(春度)가 어린 나이에 할아버지 상을 당하게 되지 선생이 일을 도와 처리했다.

1880년 고종 17년 경진 35세

2월 계해에 노사 선생을 영광의 황산(凰山)에 장사지냈다. 선생은 곡읍(哭泣)하는 사이에도 안으로 상사(喪事)를 단속하고 밖으로 빈객을 맞이하느라 여러 가지 일이 번잡했으나, 각각 방편을 따라 돌아가셔서부터 장사에 이르기까지 예의가 질서 있고 크고 작은 일에 빠진 것이 없어 사방에서 조문을 다녀간 사람들이 모두 칭찬하였다. 나주에 예관 백시흡(白時洽)이 다른 사람에게 "초야에 이와 같은 인재가 있건만 등용하기 어려우니 이를 어찌하랴"라고 말했다. 아들 낙도(洛度)가 태어났다.

1881년 고종 18년 신사 36세

여름에 노사 선생의 『유집』을 편집하였다.

1882년 고종 19년 임오 37세

정월에 막내 동생 우업(宇業)의 상을 당했다. 4월에 서자(庶子) 숙도(淑度)가 태어났다. 6월에 임오군란이 일어났다는 소식을 들었다. 이에 앞서 조정이 대신의 건의를 수용하여 왜양(倭洋)과 외교관계를 맺어 양서(洋書)를 구입하고 서교(西教)를 멋대로 보급하고 삼군부(三軍府)를 혁파하고 기무아문(機務衙門)을 신설했다. 선생이 듣고 다음과 같이 크게 탄식하였다. "중국이 망하자 한 가닥 중화의 맥이 우리나라에 붙어 동화(東華)가 된지 삼백년이 되었다. 이제 또 우리나라가 멸망으로 치달으니 춘추존양(春秋存養)의 대의는 사군자(士君子)의 마음에 있을 뿐이다.

이 때 오영(五營)의 군사가 난을 일으키자 중궁(中宮)은 자리를 피하고 청나라 장군이 대원군을 잡아 북쪽으로 갔다. 서양과 일본이 통상을 요구하고 군민(軍民)이 서로 난리를 일으키니 나라정세가 위급하게 되었다. 선생은 비록 초야에서 분수를 지켜 당세에 뜻이 없었으나, 시국을 말할 때면 울분이 얼굴에 나타났다. 8월에 익릉

참봉(翼陵參奉)에 제수되었으나 나아가지 않았다. 대신 김병학이 경명행수(經明行修)한 인물로 조정에 천거하여 이 하명이 있었다.

1883년 고종 20년 계미 38세

봄에 노사 선생의 『유집』을 인쇄하였다. 11월에 나주의 초지리로 옮겨가 살았다. 석전(石田) 이최선(李最善)의 죽음을 곡하였다. 장사할 때 제문을 지어 치제(致祭)하였다. 뒤에 「행장」을 지었다.

1884년 고종 21년 갑신 39세

7월에 의제(衣制)를 변경하라는 명령을 들었다. 조정이 외교를 개통하면서부터 나라의 옛 제도를 크게 바꾸고자 했는데, 늘어진 소매옷을 금하여 간편함을 추구한다는 명을 내리자 온 나라가 바람에 휩쓸리듯 따랐다. 선생은 "임금의 명령이라도 따르지 않을 것이 있다"하고 끝내 새로 만들어진 옷을 입지 않았다. 12월에 중암(重庵) 김평묵(金平默)이 내방했다. 김공은 이화서(李華西) 선생의 수제자로 유배지에서 풀려 돌아가다가 노사 선생의 유적지를 두루 살펴보고 선생과 더불어 강론했다.

1885년 고종 22년 을유 40세

2월에 합천 삼가(三嘉)의 물계(勿溪)에 살던 정노백(鄭老柏)을 방문했다. 선생이 노백의 집에 이르렀을 때 마침 양식이 떨어지니 모셨던 사람이 떠나가기를 청하였다. 선생은 "내 멀리서 찾아왔는데 먹을 것 때문에 조급히 떠나겠는가?"하고, 여러 날을 머무르면서 강론을 그치지 않았다. 단성(丹城)의 신안정사(新安精舍)에 모여 강론하였는데 모인 사람이 수백 명이었다.

진주의 월횡(月橫)에 살고 있던 조월고(趙月皐)를 방문했다. 이 여행에 계남(溪南) 최숙민과 명호(明湖) 권운환이 함께 했다. 8월에 김대곡(金大谷)의 죽음에 곡하였다. 김공의 장례는 가난하여 예를 갖출 수 없었고 장사지낼 땅도 없었다. 선생은 곧장 땅을 주어 장사를 지내게 했고, 제물을 갖추게 했으며 반우(返虞) 때에는 글을 지어 제사를 지냈다. 뒤에 정노백·정일신(鄭日新)·산석(山石) 김현옥(金顯

玉)과 더불어 그의 유집을 교정 간행할 때 밭을 팔아 그 비용을 댔고 또 그의 「행장」을 지었다.

1886년 고종 23년 병술 41세

7월에 어머니 이씨의 상을 당했다. 9월에 어머니를 순창 대각산(大角山) 경좌원에 장사지냈다.

1888년 고종 25년 무자 43세

10월에 복을 벗었다. 「구유설(狗乳說)」을 지었다. 집에 두 마리의 개가 있었는데 동시에 젖을 먹였다. 한 마리의 어미개가 죽자 새끼들이 슬피 울어 보는 이의 마음을 측은케 하였다. 다른 한 마리의 어미개가 새끼들을 여덟 개의 젖꼭지 아래로 끌어들여 젖을 나누어 먹였다. 그러나 여덟 개의 젖꼭지로는 열 마리 새끼를 충분히 먹일 수 없자 선후를 나누어 고르게 먹였는데 빠진 새끼가 없었다. 집안 사람들이 이를 선생에게 말씀드렸다. 선생이 가서 보고는 "이 어미개는 끝까지 젖을 먹여 키울 수 있을 것이다. 사람이나 동물이 태어날 때 과연 오상(五常)을 함께 부여받아 이처럼 그 본심을 잃지 않은 것이 아닐까. 그런데 가장 영명하다는 사람이 자식과 아버지가 재물을 달리하고 형제가 나누기에 인색하니 개만도 못하다"하고 이 설을 지었다. 겨울에 여러 동지들과 더불어 월강(月講)을 열었다.

1889년 고종 26년 기축 44세

가을에 능주에 갔다. 능주는 정암(靜庵) 조선생이 사약을 받은 땅으로 유풍이 사라지지 않았고 선비들이 추향(趨向)할 바를 알았다. 또 선생의 어머니 고향이기도 했으므로 평일에 능주 사람에게 예를 더해 대우했다. 그 때 정일신(鄭日新)이 사도(師道)를 강의하자 학도들이 매우 많이 모여들었는데 선생이 친히 가서 무릎을 꿇고 단정히 앉아 수일 동안 청강하였다.

1890년 고종 27년 경인 45세

노사 선생의 『답문유편(答問類編)』이 완성되었다. 노백·산석 등 여러 사람이 노사 선생의 친구 또는 문인들과 문답한 것을 모아 분류하고 편정(編訂)해 놓았는데 선생이 이를 인쇄하여 배포하였다. 8월에 향음주례(鄕飮酒禮)를 행하였다.

1891년 고종 28년 신묘 46세

정암 선생의 『문집』을 교정하고, 유미암(柳眉巖) 선생의 묘비 「음기(陰記)」를 지었다.

1892년 고종 29년 임진 47세

가을에 동복의 물염(勿染)과 적벽(赤壁)을 유람하고 다시 순천 송광사에 들렀다.

1893년 고종 30년 계사 48세

정월에 동오(東嗚) 조의곤(趙毅坤)의 죽음에 곡하였다. 11월에 옛 진원의 중흥동으로 다시 와서 살았다.

1894년 고종 31년 갑오 49세

봄에 동학란이 일어났다. 고부사람 전봉준(全琫準)이 난을 일으켜 포학한 무리를 이끌고 수령을 죽이고 마을을 침략하였으나 선생이 사는 곳은 서로 경계하여 들어오지 않았다. 이 때 피난 가던 수많은 사람들이 매일 선생에게 의지하고자 찾아들었다. 또 비적의 한 두목이 선생을 회유하여 척양척왜(斥洋斥倭)를 도모하자고 했을 때는 역천존망(逆天存亡)의 의리로 깨우치기도 했다. 12월에 향회(鄕會)를 열어 왕의 군대에 식량을 원조하고 비적(匪賊: 동학도)을 소탕하는 일을 논했다. 교리 기양연(奇陽衍)·군수 기양연(奇亮衍)·교리 김진호(金鎭祜) 등 여러 사람이 참석하였고, 선생은 군사에게 먹일 소고기와 양식을 선봉소(先鋒所)에 전달했다.

1895년 고종 32년 을미 50세

안찰사 이도재(李道宰)에게 답장을 보냈다. 이공은 조령(朝令)으로 비적을 토멸하고자 편지를 보낸 선생에게 대책을 물었다. 영재(寧齋) 이건창(李建昌)이 내방했다. 이공은 일찍이 언사(言事)로 인해 임금의 뜻을 거슬러 보성으로 귀양을 갔다가 풀려나 돌아가면서 노사 선생의 유적지를 찾아보러 선생을 방문했다. 시를 남겨 깊이 경모하는 뜻을 나타냈다. 윤 5월에 나주 평적비(羅州平賊碑)의 글을 지었다. 7월에 남평으로 가서 도천(道川)에 사는 문인 홍규식(洪奎植)을 방문했다.

8월에 나라의 변란 소식을 들었다. 19일에 밤에 역신들이 왜병을 끌어들여 대궐을 침범하니 중궁 민씨는 곤령각(坤寧閣)에서 시해당했다. 선생은 이를 듣고 북쪽을 바라보며 애통해 하면서 짚자리를 깔고 창을 베게 삼아 원수를 갚을 뜻을 품었다. 겨울에 비로소 곤전(坤殿)의 승하를 알렸고 조금 지나서 또 단발령이 내려오므로, 열읍에 통고하여 다 같이 임금에게 간절히 호소해보자는 의리로 일깨웠다. 개화를 사칭한 간신들이 외구(外寇)를 끌어들여 모후를 시해하고 임금을 협박하여 머리를 깎아버리자 대소 신료들도 사민(士民)들로 하여금 이를 따르게 했다. 선생은 분개하여 "사군자(士君子)가 이 망극한 때를 당하여 어찌 편안히 좌시할 수 있겠는가?"하고 열읍에 통고문을 발송하여 대의로서 깨우친 것이다. 또 상소하여 원수를 갚고 적을 토멸시키며, 단발령을 폐기하고 옛 제도를 회복하자고 요청했다. 당시 간신들이 집회를 일체 금지시키자 사기가 떨어져 임금에게 호소할 길이 막혀버렸다. 선생은 "유사(儒士)가 홀로 상소를 올리는 것은 비록 파격적이지만, 사안이 종사의 대계에 관계되고 사람과 짐승으로 갈리는 커다란 관건이므로 거기에 얽매일 수 없다"하고 심혈을 기우려 상소문을 작성한 것이다.

1896년 고종 33년 병신 51세

정월에 의병을 일으켜 왕사(王事)를 돕기 위해 격문을 띄워 의병을 모집했다. 상소는 이미 올렸으나 역신(逆臣)의 방해로 임금에게 전달되지 못했다. 곧장 의병을 일으켜 왕사를 돕고자 했지만 의병을 자기 마음대로 일으킬 수 없음이 고민이었다. 그 때 의암(毅菴) 유인석(柳麟錫)이 애통한 조서를 받들고서 기내(畿內)에서 의병을 일으키면서 띄운 격문이 도착했다. 선생은 곧 분연히 일어나 열읍에 격문을 띄워 의병을 모집, 북상하여 충성하고자 하는 계획을 세웠다. 2월에 장성향교의 명륜당에 들어가 열읍과 경영(京營) 그리고 완영(完營: 전라감영)에 유시(諭示)했다. 의병을 이끌고 나주로 갔다. 선생은 나주 사람들이 지난 갑오전쟁을 거치면서 병사(兵事)를 익혔고 또 대부분 의기(義氣)가 있어 의지할 만 하다고 여겼고, 옛날 임진왜란 때에는 건재 김천일이 의병을 일으킨 곳임을 중시하여 200여명의 의유(義儒)를 이끌고 간 것이다. 상소를 올려 의병을 일으켰음을 아뢰었다. 또 열읍에 통유(通諭)했다. 그 뒤 광산관(光山館)으로 옮겨 주둔했다. 선생은 광산의 지리가 일을 도모하기에 참으로 적합하다고 판단하여 먼저 글을 지어 광산의 여러 장사에게 알리고 이때에 옮겨 주둔한 것이다. 조정에서 선유사를 파견하여 해산을 종용하자 통곡하며 의병을 파했다. 이 달 27일에 선유사 신기선(申箕善)이 왕명을 받들고 전주에 내려와 지방관을 시켜 유지(諭旨)를 전파케 하였다. 3월에 상소를 올려 진정(陳情)했다. 선생은 단신으로 대궐에 나아가 생사(生死)의 하명을 기다리고자 했으나 길이 막혀 뜻을 펼 수 없게 되자 상소를 올려 진정한 것이다. 5월에 전일의 세 상소문을 계속해서 올렸다. 이전의 상소문이 임금께 전달되지 못하고 시사는 날로 더럽혀지자, 선생은 성총(聖聰)을 개발하고 막힌 마음이 회복되기를 간절하게 소망하여 계속 상소를 올려 조그마한 정성을 아뢴 것이다. 9월에 삼산재(三山齋)가 완성되었다. 선생은 집에 거쳐하며 봉양을 받는 것을 달갑게 여기지 않아 집 뒤 삼성산(三聖山) 꼭대기에다 집을 세웠다. 「삼산구곡(三山九曲)」과 「가훼악부(嘉卉樂府)」 각각 10절이 있다. 12월에 아산(鵝山) 박원영(朴源永)의 죽음을 곡했다.

1897년 고종 34년 기유 52세

봄에 학자들이 모여들었다. 선생은 교유를 끊고 사람을 접촉하지 않았지만, 원근(遠近) 학생들이 날마다 들끓어 수용할 수 없었다. 선생은 "나는 대의를 저버린 몸이니 어찌 얼굴을 들고 스승노릇을 할 수 있겠는가?"하고 누차 사양하여 보내 버리려고 했으나 그럴 수 없어 「삼산과정잠(三山課程箴)」을 지어 규율로 삼게 했다.

10월 인산(因山) 때 삼성산에 올라가 망곡례(望哭禮)를 행하고 춘추의 의리에 근거하여 탈복하지 않았다. 직지사(直指使) 이승욱(李承旭)이 내려와 유지를 전했다. 임금께서 조정의 신하에게 "전 참봉 기우만은 지금 어떻게 지내는가?"라고 묻자, "연전에 의병을 일으켰다가 그 뜻을 펴지 못해 다시는 처자의 봉양을 받지 않고 깊은 산중에 틀어박혀 생을 마칠 계획"이라고 대답하였다. 그 때 임금께서 이승욱을 보내 호남을 몰래 방문케 하고 온정이 깃든 유지를 전하게 하니 직지사가 친히 찾아와 전달한 것이다. 변호암(卞壺巖) 선생의 「묘갈명」을 지었다.

1898년 고종 35년 무술 53세

10월에 노사 선생의 『문집』을 다시 간행했다.

1899년 고종 36년

삼산재 북쪽에다 단을 설치하고 선성(先聖)과 선사(先師)에게 석채(釋菜)를 올렸다. 가을에 복재(服齋) 선생의 『문집』을 교정 간행했다. 복재 선생은 선생의 방조(旁祖)인데, 유문이 오랫동안 상자 속에 보관되어 오다가 이 때 선생이 편차 교정하여 간행한 것이다. 12월에 신호(莘湖) 김록휴(金祿休)의 죽음을 곡했다.

1900년 고종 37년 경자 55세

7월에 중추원 의관(中樞院議官)에 제수되고 주임관(奏任官)에 서품되었으나 부임하지 않았다. 이는 참정 신기선의 천거로 이루어졌다. 윤 8월에 오서공을 담양 동암사(東巖寺) 오른쪽 산기슭 간좌원에 다시 장사지냈다.

1901년 고종 38년 신축 56세

봄에 정암 선생의 적려비각(謫廬碑閣) 중수 상량문을 지었다. 4월에 악양정(岳陽亭) 석채(釋菜) 축문을 지었다. 노사 선생의 문집간행소를 단성의 신안정사에다 설치했다. 앞서 세 차례의 간행은 모두 활자로 이루어졌는데, 이에 이르러 의론을 모아 목판인쇄를 했는데 정노백이 이 일을 주관하였다. 영호남의 선비가 모두 기꺼이 기부금을 내서 몇 달 만에 작업을 완료했다. 아울러 『답문유편』도 간행했다. 11월에 면암(勉菴) 최공을 배알하고 노사 선생의 「신도비명」을 청했다.

1902년 고종 39년 임인 57세

4월에 영남에서 통문이 왔다. 영남사람 최동민(崔東敏)·권봉희(權鳳熙)같은 무리들이 「외필」 가운데 주기(主氣)를 비판한 말을 세간 유학자들이 율곡을 배척한 것으로 여겨, 잇달아 임금께 상소하여 목판을 불사르기를 호소하자 영호남의 여러 유학자가 열읍에 통고하고 성토하려 했다. 선생은 "슬프다! 세상이 변했구나. 내 결코 그들과 변론하지 않으리라 이 도(道)가 굴절되면 모든 것이 함께 굴절되고 도가 펼쳐지면 함께 펼쳐지는 것은 하늘의 정한 이치이니, 어찌 그럴 날이 없겠는가?"라고 했다. 그들은 사방에 종용하고 태학에까지 통문을 하였으나 목적을 달성할 수 없었으므로 결국 그치게 되었다.

당시에 이른바 「납량사의의목(納凉私議疑目)」과 「외필변(猥筆辨)」을 지어 사방에 전파시켜 물의를 일으키는 자가 있었다. 어떤 사람이 "선생께서는 어찌하여 글을 지어 변론하지 않습니까?"라고 묻자, 선생은 "이는 문인이 알아서 할 것이다"고 했다. 뒤에 정노백(鄭老栢)이 지은 양변(兩辨)과 변무문(辨誣文)을 보고 "이 글이 이미 완벽하게 변론해 냈다"고 했다.

1903년 고종 40년 계묘 58세

11월에 명헌왕후가 승하하자 삼성산에 올라 애도를 표했다.

1904년 고종 41년 갑진 59세

8월에 경부(京府)에다 소청(疏廳)을 설치했다는 소식을 들었다. 조정이 산림천택(山林川澤)의 개간할 권리를 왜인에게 이양하자, 서울의 사대부가 소청을 설치하여 사방 유사(儒士)를 불러 모아 상소 투쟁을 하려 했으나 여러 군(郡)이 호응하지 않았다. 선생은 "인심의 쇠퇴가 온통 이 지경에 이르렀단 말인가? 소청을 설치하여 상소로 투쟁하는 데서 그래도 선왕조가 배양한 기풍을 볼 수 있다. 비록 반드시 유익하지 못하다 하더라도 의리를 굳건히 부여잡아 천하 후세에 떳떳이 할 말을 남길 수 있건만, 무익하다고 여겨 좌시하는 것은 도대체 무슨 마음인가?"라 말하고 기재(奇宰)를 보내 참여하게 했다. 11월에 광주 주흥동(朱興洞)으로 이사했다.

1905년 고종 42년 을사 60세

정월에 도약정(道約正)의 임명을 사양했다. 관찰사 이도재가 향약을 설치하고 선생을 도약정으로 임명하려 했으나, 선생은 정신이 어둡다는 이유로 응하지 않았다. 이관찰사에게 답장을 보냈다. 이공이 편지를 보내 백성의 고통과 시국상황과 구제방법에 관해 논한데 대해 선생이 변론한 것이다. 10월에 5조약이 체결되었다는 소식을 듣고 상소를 올려 5적을 목벨 것을 요청했다. 21일 밤에 왜적의 괴수 이등박문이 군사를 풀어 궁궐을 에워싸고 5조약을 억지로 체결하였다. 임금은 굳세게 반대했으나 이지용·이완용·박제순·권중현·이근택 같은 무리들이 멋대로 조인을 허가했다. 선생은 이 소식을 듣고 분연히 "옛부터 망한 나라를 많았으나, 어찌 한 조각의 종이 때문에 앉아서 온 나라를 잃은 적이 있었던가? 곧장 달려가 따져 묻다가 길거리에서 죽을 계책을 세워야 하나, 우선 생각을 돌려 한 번 진언하여 비답을 받은 뒤에 도모함이 옳을 것이다."하고 곧 상소문을 작성했다. 강재(講齋)를 헐어버렸다. 가을에 여러 제자들이 추진하여 한천(寒泉)에다 강재를 세웠다. 그 작업을 마치자마자 변보(變報)가 날아드니 선생은 "나라가 이미 무너졌는데 사실(私室)을 두어 뭐하겠는가?"라 하고 헐어버릴 것을 명했다. 정노백에게 답장을 보냈다. 최면암·정노백이 노성(魯城)의 궐리사(闕里祠)에서 강화를 개최하고 노백이 선생에게 편지를 보냈다. 만수당(晩睡堂) 김영철(金榮喆)에게 보낸 편지에서 시국을 논했다.

1906년 고종 43년 병오 61세

정월에 여러 고을의 사민(士民)과 관리들에게 통고하고 여러 군의 사우(士友)들을 곡성으로 집합시켰으나 일이 또 순조롭지 못했다.

정노백과 선생이 상의한 계책은 대강 이렇다. "오늘날 사기는 꺾여져 다시는 만회할 여지가 없고 일본 군대는 요지를 점거하여 손쓸 틈이 없지만 한 가지 방책은 남아 있다. 만일 천, 만인이 연명으로 상소하여 한편으로 우리 군주에게 명을 청하여 멋대로 나라를 넘겨준 난적들을 죽이고 또 한편으로 공함(公函)을 열강에 보내 원통함을 호소하여 멋대로 나라를 취한 일본을 성토하면 피흘리는 전쟁을 치르지 않아도 국가를 보존할 수 있을 지도 모른다."

여름에 서해(西海)로 나갔다가 곧 돌아왔다. 당시 선생을 압송해 오라는 밀지가 있었는데 관찰사 이공이 얼버무려 버렸다. 선생은 이 말을 듣고 "만일 압송되어 올라갔더라면 한 번 궁궐에 나아가 한 마디하고 죽었으련만. 이는 내 평생의 소원인데 얼버무려 버리다니 어찌 내 마음을 알겠는가?" 마침내 서쪽으로 압수(鴨水)를 건너 대방(大邦: 중국)에 호소하고자 서해 바닷가에 이르렀을 때 다시 압송해오라는 명이 있어서 돌아와 기다렸다.

10월에 광주경무서에 수감되어 심문을 받았다. 16일에 경무관에 체포되어 이튿날 경무서에 압송되었다. 경무관이 당 아래에 서서 심문을 받으라고 하자, 선생은 호통을 쳐서 꾸짖고 곧장 당으로 올라가 신을 신은 채로 기둥에 기대어 다리를 뻗고 앉았다.

경무관: 공의 성명은 백낙구(白洛九, 당시 의병활동을 하다가 체포된 사람)의 자백에서 나왔는데 과연 공이 시켰는가?

선생: 우리나라와 너희 나라는 10세의 원수이다. 임진, 정유의 일은 말할 것도 없고 을미사변은 너희의 소행이니, 조선의 신민으로 누군들 너희들의 살을 씹어 먹고 너희들의 표피를 깔고 자고 싶지 않겠느냐? 나는 의병을 부득이 해산하고 입산하여 토굴에서 살아왔고 지금껏 백립(白笠)을 쓰고 다니면서 와신상담해 왔다. 백낙구가 창의(倡義)한 것은 먼저 내 마음을 알아차린 것이지만 의대병소(義大兵小)하여 일거에 일을 그르친 것이다. 사람은 비록 죽지만 정의는 죽지 않으며 나라는 망하지만 정의는 망하지 않나니 그의 기개와 절조는 참으로 권장할 만하다.

20일에 심문을 받았다. 선생이 "언어가 통하지 않으니 글로써 말을 대신해도 좋겠는가?"라고 하자 경무관이 지묵(紙墨)을 내주었다. 선생은 다음처럼 써 보였다. "손에는 비록 짧은 칼 한 자루 없지만 가슴 속엔 만 개의 갑옷이 들어 있다. 살아서는 이씨의 신하요 죽어서는 이씨의 귀신이 되리라."

1907년 **순종 원년 정미 62세**

녹천(鹿川) 고광순(高光洵)·성암(省菴) 김상기(金相璣)·금포(錦圃) 이항선(李恒善)이 내방했다. 왕년에 선생이 제공(諸公)과 의병을 일으키기로 의론을 확정하였는데, 제공이 순천에서 낭패를 본 뒤 찾아와 복수하여 수치를 씻을 계책을 물었다.

3월에 영광 경무서에 수감되어 심문을 받았다. 12일의 심문내용을 보면,

경무관: 요사이 모사가 발각되었다. 그들이 기산림(奇山林: 선생을 말함)이 시켰다고 하는데 과연 그러한 일이 있는가?

선생: 5적을 누군들 죽이고 싶지 않겠는가? 내 거사한 여러 사람과 모사는 함께 하지 못했으나 마음은 같다.

경무관: 그들의 위품(位品)이 어떠한데 이처럼 경멸하는가?

선생: 군주를 팔고 나라를 판 역적은 개나 돼지처럼 죽여 마땅하다. 그들은 차마 하지 못하는 마음[不忍之心]도 없으니 개나 돼지보다도 못하다.

17일에 광주경무서로 압송되었다. 길을 떠나려 할 때 군(郡)의 인사가 가마를 갖추어 타기를 청했으나 선생은 사양했다. 사창(社倉)을 지낼 때는 시장 사람들이 모두 그를 위해 철시했다. 25일에 심문을 받았다. 경무관의 심문이 대개 영광에서의 심문과 같았으나 교활한 속임수를 반복해서 늘어놓은 것은 더욱 심했다. 선생은 을사 5적의 사면을 받을 수 없는 죄를 극언했다.

28일에 경부(京府)로 압송되었다. 선생이 길에 오를 때 왜인이 말을 갖추어 타기를 청했으나 거절했다. 당시 원근에서 찾아온 수 백 명이 모두 선생을 걱정하여 울면서 차마 떠나지 못했다. 선생은 태연

하게 말하고 웃으면서 좌우의 사람들에게 돌아가도록 했다. 영산포에 이르러 날이 어두워지면서 비바람과 우레가 일어나니 그들은 모두 놀라 선생을 공손히 대우했다. 4월 1일에 목포경무서에 수감되었다. 5일에 경옥(京獄)에 수감되고 9일에 심문을 받았다. 20일에 출옥했다. 22일에 길을 떠났는데 윤선화차(輪船火車)를 타는 것은 내 뜻이 아니다 하고 걸어갔다. 정산(定山) 장구동(長龜洞)에 이르러 면암 최공의 죽음을 곡했다.

1909년 **순종 3년 기유 64세**

『호남의사열전(湖南義士列傳)』을 지었다. 당시 의병이 사방에서 일어나 모두 패하자, 시배(時輩)가 포악한 적으로 지목하고 사람들은 대부분 그 일을 말하기를 꺼려했으나, 선생은 "저들이 포략(暴掠)하다고 거짓 이름을 붙인 것은 말할 것이 못된다. 만약 그들이 진충보국(盡忠輔國)하고 강상과 윤리를 일으켜 세우려 했다면, 일은 비록 이루지 못했다 하더라도 후일에까지 전해야만 한다"하고 진실한 내용을 수집하여 전기를 짓고 기타 의절(義絶)에 관한 것이라면 한 마디 말과 한 가지 일이라도 들은 대로 기록해 두었다.

1910년 **순종 4년 경술 65세**

6월에 노사 선생의 역명지전(易名之典)이 내려왔다. 지난 경자년 겨울에 노사 선생의 작시(爵諡)에 관한 일로 대신이 경연에서 아뢰어 자헌대부(資憲大夫)를 추증하고 문간(文簡)이란 시호를 내렸으나 마침 국가에 거리낀 일이 있어 시행하지 못했다. 이때에 이르러 명이 내려오니 문인 이광수(李光秀)가 서울에서 받들고 왔다. 7월에 나라가 망했다는 소식을 들었다. 선생은 실성한 사람처럼 통곡하여 마치 살고 싶은 생각이 없는 것처럼 보였다. 여러 날 침식을 폐하다가 폐양자(蔽陽子: 패랭이)를 쓰고 천인(賤人)으로 자처했다. 마을 뒤대 숲 속에다 토굴을 파 몸을 숨기고 그림자도 보이지 않으려 했다. 10월에 정일신의 부음을 받고 설위(設位)하여 곡했다. 제문을 지어 제사를 드렸고 또 「행장」을 지었다.

1911년 신해 66세

2월에 정노백의 부음을 받고 설위하여 곡했다. 장례 때에 제문을 지어 제사를 드렸고 뒤에 또 「묘갈명」을 지었다. 3월에 남원 사촌(沙村)으로 이사했다. 그 때 조사(朝士)로부터 향리의 유사(儒士)와 기로(耆老) 중에서 조금이라도 인망이 있는 사람이면 모두 은사금을 내렸는데 선생은 이를 피한 것이다. 학보(學報)를 불살랐다. 신학문이 날로 성하여 이른바 학보가 오면 보는 대로 불살랐다.

1912년 임자 67년

나장음(羅長吟) 선생의 『문집』「서문」을 썼다. 중암(重庵) 김공의 별집(別集) 발문을 지었다. 김공의 유문을 간행한지 여러 해가 지났으나, 호남의 선비 중 해상(海上: 진도의 유배지)에서 공에게 배운 자들이 또 빠진 글을 수습하여 별집을 만들어 선생에게 교정을 봐주기를 청했다.

1913년 계축 68세

12월에 부인 최씨가 세상을 떠났다. 마을 왼편 덕만(德巒)에다 장사를 지냈다.

1914년 갑인 69세

여름에 양학포(梁學圃) 선생의 묘지명을 지었다. 향산(響山) 이만도(李晩燾)의 「묘갈명」을 지었다.

1915년 을묘 70세

정월에 오서공의 묘비 「음기(陰記)」를 지었다. 3월에 노사 선생의 신주를 옮겨 봉안했다. 종질(宗姪) 춘도(春度)가 타향에서 왕래하다가 이때에 이르러 선생의 명을 따라 사촌으로 이사했다. 온갖 일들을 선생이 스스로 도맡았다. 8월에 현기증을 앓았다.

1916년 병진 71세

2월에 설사병을 앓았다. 선생은 평소에도 설사증이 있었는데 이때 이르러 더욱 심했다. 5월에 토사곽란(吐瀉癨亂)을 앓았다. 10월에 병이 위독해졌다. 초상화를 그렸다. 문인이 누차 청했으나 허락하지 않았다. 이때에 아들 낙도(洛度)가 몰래 두 장을 모사하여 간직했다.

28일에 갑자에 집에서 숨을 거두었다. 12월 2일에 정유에 마을 왼편 덕만(德巒) 갑자원에다 장사를 지냈다. 명정에다 "조선징사 송사기선생지구(朝鮮徵士松沙奇先生之柩)"라 썼다. 문인으로 가마(加麻)한 사람이 백여 명이었다.

1920년 경신

10월 7일 무인에 순창 무이산(武夷山) 부해원(負亥原)으로 옮겨 장사를 지냈다. 부인 최씨를 왼쪽에다 부장했다.

1928년 무진

고산서원(高山書院)에 배향했다. 지난 병인년(1926년)에 사림이 고산서원을 건립하여 노사 선생을 제향했는데 이때에 선생을 여기에 배향한 것이다.

1930년 경오

『문집』 총 52권이 완성되었다.

1933년 계유

문인 양회갑(梁會甲)이 쓴 「행장」이 이루어졌다.

1934년 갑술

고강영당(高岡影堂)이 완성되었다. 문인 양회갑이 영정 일본(一本)을 간직했는데 이 때에 능주 초방리(草坊里)에다 영당을 세우고 을유년에 사림과 더불어 봉안했다. 그 후 을미년에 노사 선생의 신주를 봉안하고 선생을 배향했다. 영정은 북쪽 벽의 동편 감실(龕室)에 봉안했다. 이 외에도 선생을 제사지내는 곳은 무안의 평산(平山), 순창의 무양(武陽), 곡성의 무산(武山), 장성의 서림(書林) 등 여러 사우가 있다.

1983년 무인

문인 이광수가 지은 「묘갈명」이 이루어졌다.

1947년 정해

여름에 담대헌에서 「연보」와 「행장」을 활자로 인출했다.

1960년 경자

『문인록(文人錄)』이 이루어졌다.

1974년 갑인

문인 여창현(呂昌鉉)이 지은 「묘갈명」이 이루어졌다. 후학 홍석희(洪錫憙)가 지은 「묘표」가 이루어졌다. 후학 변시연(邊時淵)이 지은 묘갈명 「추기(追記)」가 이루어졌다.

1979년 기미

『문집』의 『습유(拾遺)』와 「연보」의 증보가 이루어지고, 『만제록(挽祭錄)』을 간행하였다.

후석 오준선 後石 吳駿善

후석(後石) 오준선(吳駿善 1851~1931)은 자는 덕행 호는 후석 이름은 준선 본관은 나주이다. 자치(自治)는 세조에 이시애(李施愛)의 난리를 평정한 공로로 병조참판(兵曹參判)이 되고 나성군(羅城君)에 봉해졌으며 이조판서(吏曹判書)에 추증되고 시호는 양평(襄平)이다. 고조는 양원(養源), 증조는 상규(相奎)인데 효도와 우애가 깊었다. 조부는 걸(杰)인데 역시 효행이 있었으며, 송사(松沙) 기우만(奇宇萬)이 지은 묘갈이 있다. 아버지는 항규(恒圭) 호는 금사(錦沙)이며, 어머니는 순천 박시 기현(基鉉)의 딸이다. 생부는 하규(夏圭)인데 양부의 동생이고, 생모(生母)는 나씨(羅氏)이다.

1851년 철종 2년 신해

도림리(道林里) 집에서 태어났다. 몸가짐이 달랐었는데 할머니 나씨 부인이 말하기를 "행보가 단정하니 올바른 인물이 될 것이며 장수할 것"이라 하였다.

1858년 철종 9년 무오 8세

학문을 닦기 시작했다. 할아버지의 양례(襄禮)에 축문을 잘 읽었으며 옛 글을 하루에 몇 백 줄씩 외웠다. 아버지 금사공(錦沙公)에게 엄한 교육을 받았다. 오태규(吳泰圭)에게 『심경』과 『근사록』을 배웠는데 스승이 매우 칭찬하였고 "어머니의 부덕(婦德)으로 네가 태어났다"고 하였다.

1868년 고종 5년 무진 18세

노사 기정진 선생을 찾아가서 제자가 되기를 청하였다. 노사 선생은 "너의 집안이 평소에 문헌(文獻) 명가(名家)임을 알고 있으니 열심히 학문을 갈고 닦으라"고 훈계하였다. 이때부터 더욱 학문에 힘쓰게 되었다.

1869년 고종 6년 기사 19세

광양 등지에서 민란이 일어나 군사들이 움직이고 매우 시끄러웠다. 그때 부친이 서울에 계셔서 마을 사람들이 허둥지둥하였으나 선생은 태연자약하였다. 난리가 안정되자 사람들은 선생더러 평온하고 안정된 도량을 갖추었다고 하였다.

1872년 고종 9년 임신 22세

부친의 병세가 위중하여 밤낮으로 쉼이 없이 간호하였다. 마침내 돌아가시자 3년 동안 술과 고기를 입에 대지 않고, 상복을 풀지 않았다. 삼형제가 함께 우애를 돈독하게 했는데 가운데 동생이 어려서 병들어 죽고 막내 동생까지 잃게 되자 매우 슬퍼했다. 두 제부(第婦)까지 연이어 죽자 정성을 다해 장례를 치렀다.

1874년 고종 11년 갑술 24세

전재(全齋) 임헌회(任憲晦) 선생을 찾아갔다. 전재 선생은 매우 칭찬하고 글로 격려했으며, 송근수(宋近洙) 선생을 또 찾아뵈었는데 선생의 기량에 탄복하였다.

1890년 고종 27년 경인 40세

송사 선생과 함께 매월 초하루에 강회(講會)를 개최하였다. 이때부터 많은 선비들이 모여들어 활기찬 기풍을 이루게 되었다. 이 때 건재(健齋) 김천일(金千鎰) 선생의 『문집』이 아직 정리되지 않은 채로 있었다. 선생은 건재의 절의를 숭상했을 뿐 아니라 호남이 건재(健齋)의 은혜를 입었는데도 『문집』이 정리되지 못함을 안타깝게 생각하고 여러 선비들과 상의하여 『문집』을 간행하였다.

1892년 고종 29년 임진 42세

생부의 상(喪)을 당하였는데 예의 바르게 장례를 모셨다.

1894년 고종 31년 갑오 44세

동학란이 일어나 민심이 크게 흔들렸는데 선생은 동지를 규합하여 향약을 힘써 행하고 선악을 구별하여 상벌을 분명히 하니 사설이 종식되고 부화뇌동하는 사람이 줄게 되었다. 동학도들에 의해 여러 고을이 연달아 무너지고 벼슬아치들이 많이 희생되어 양호(兩湖) 이남은 그 기세를 꺾을 수가 없었다. 그때 관찰사 민종렬(閔鍾烈)이 이에 대항하여 애를 쓰는 것을 보고 선생이 협조하였다. 의연하게 올바름을 지키고 반역과 순종, 올바름과 잘못을 구별하여 동학에 물들지 않은 자를 확실하게 가리니, 형세는 호전되었지만 많은 재물과 가산을 탕진하게 되었다.

1895년 고종 32년 을미 45세

생모의 상을 당하였다. 8월에 왜구가 궁궐을 침입하여 황후를 시해한 을미사변이 일어났다. 대가(大駕)가 피난하고 이어 단발령이 내려졌다. 이에 선생은 울분을 참지 못하고 침식을 끊었다. 이듬해 송사(松沙) 선생이 의병을 일으켰다는 소식을 듣고도 참가하지 못하고 있었는데 선유사(宣諭使)가 내려와서 해산을 종용하니 선비들의 사기가 떨어지게 되었다. 이에 선생은 향약을 실천하고 풍속을 진작시키려 애썼다. 많은 사람들이 여기에 감화되었다.

1900년 광무 4년 경자 50세

연재(淵齋) 송병선(宋秉璿) 선생을 찾아가서 담론하였다. 학문과 고전에 대하여 논했는데 매우 해박하였다. 또한 면암(勉庵) 최익현(崔益鉉) 선생을 방문했는데 면암은 "남쪽 선비의 명성은 일찍이 들었다. 이렇게 만난 것이 기연이다"하고 10여일을 머물게 했다.

1902년 광주 6년 임인 52세

노사 선생의 『문집』을 영남 단성(丹城)에서 간행했다. 영남의 유생들이 노사 선생의 성리설이 율곡설과 배치된다고 하여 노사 선생을 공격하자, 선생은 노사 선생이 율곡 선생의 학설을 진실로 신봉하였기 때문에 일깨운 것이라고 변호하였다. "그대들은 우암(尤庵)이 선현의 문자는 한자도 고칠 수 없다고 한 점을 말하지만, 무릇 후현(後賢)으로서 선현의 문자가 전현(前賢)과 맞지 않는 점이 있으면 마땅히 확실하게 분석하여야 할 것이 아닌가"라고 했다.

1910년 **순종 4년 경술 60세**

어머니가 위독하자 간호에 열중하였으며, 마침내 별세하자 어린애처럼 슬퍼하고 거상에 빈틈이 없었다. 이 때 한일합방이 선포되었는데 선생은 울분을 참지 못하고 "5백년 사직이 하루아침에 오랑캐의 침략으로 무너지니 우리가 오랑캐가 되었다"고 통분하였다. 은사금(恩賜金)을 받지 말도록 여러 고을에 통문을 돌렸다.

1911년 **신해 61세**

5월에 헌병 세 사람에게 체포되었다. 선생은 어머니의 영전에 고하고 난와(難窩) 오계수(吳繼洙)와 함께 끌려갔다. 일본 헌병이 "왜 은사금을 거절하게 했는가"하고 묻자 선생은 성난 말로 "천황폐하란 나도 모르는 바이다. 의(義)에 맞지 않으면 지푸라기 하나라도 취해서는 안되는 법인데 하물며 불의의 돈을 받을 수 있겠는가"하였다. 선생의 태도가 의연하여 감히 범할 수 없자 그들은 협박하고 회유하였으나 10여 일 동안이나 더욱 위엄을 잃지 않으니 석방하였다. 6월에 장성 주재소에 또 체포되었다. 소위 반장이라는 사람이 회유하였으나 끝내 굽히지 않았다. 그들이 선생에게 "당신의 뜻이 그렇다면 왜 의를 위해 죽지 않는가"하자 선생은"나는 죽어야할 의가 없다. 만약 너희들이 죽인다면 나는 두려워하지 않을 것이다. 왜 위협만을 더 하느냐" 하였다.

1917년 **정사 67세**

봄에 정사(精舍)가 완성되었다. 그 곳에서 학문과 도의를 강론하고 늙어가는 줄 몰랐다. 봄 가을에 예회(禮會)를 갖고 제자들이 모여들었는데 몇 백 명에 이르렀다.

1918년 **무오 68세**

상황(上皇: 고종)이 승하하였다. 선생은 통곡하고 "나라가 이렇게 되었지만 우리 임금의 복(服)을 입지 않을 수 없다"하고 문생과 친지들을 모이게 하고 정사(精舍)에서 통곡하였다.

1919년 기미 69세

인산(因山)날이 정해지자 선생은 "역사에 유례없는 이 중차대한 날에 어떻게 앉아 있을 수 있겠는가" 하고, 동지들과 함께 다투어 애도의 깃발을 걸기로 하고 호남에서는 선생이 앞장서기로 했다. 선생은 말하기를 "예의에 의거할 수 없으니 어떤 방법으로라도 자기의 의사를 표시하자"고 하였다. 선생은 반혼(返魂) 후에도 곡(哭)하는 반열에 참석하였다.

1925년 을축 75세

병란에 불탔던 『송자대전』 목판을 복각하자는 논의가 있었다. 선생은 이 일이야말로 사문(斯文)을 다시 일으키는 계기라고 생각하여 백방으로 노력하였으나 뜻을 이루지 못하고 중풍으로 앓아눕게 되었다.

1931년 신미 81세

4월에 본집으로 돌아왔다. 6월에 병세가 위급하여 11일 밤에 손자에게 뒷일을 부탁하였다. 명정은 '조선유민 모(某)'로 쓰도록 하였다. 21일 집에서 세상을 떠났다. 용진정사(聳珍精舍) 동쪽 간좌원(艮坐原)에 장사했는데 두건과 띠를 두른 사람이 70여명이요 참석자가 4, 5천명이었다. 『문집』이 제자들에 의하여 간행되어 전해지고 있다.

현와 고광선 弦窩 高光善

현와(弦窩) 고광선(高光善 1855～1934)는 자가 원여(元汝) 호는 현와 이름은 광선 본관은 장흥이다. 선생의 시조는 고려조 때 군기감정(軍器監正)이었던 복림(福臨)이다. 조선조에 운(雲)이 문과 좌랑으로 기묘명현이었으며, 영(英)은 문과 부제학이다. 경명(敬命)은 제봉선생으로 시호가 충렬이고, 충렬공의 아들 종후(從厚)는 임피현감이니 모두 선생의 이름난 조상들이다. 고조 시풍(時豊)은 통덕랑(通德郎)이고, 증조는 공진(公鎭)이며, 조부는 제열(濟說)이다. 아버지는 호은(湖隱) 박주(璞柱)이며, 어머니는 행주 기씨(幸州奇氏) 우진(禹鎭)의 딸이다.

1855년 철종 6년 을묘

12월 23일 광주 복촌(復村) 집에서 출생했다. 모습이 민첩하고 단정했다.

1862년 철종 13년 임술 8세

아버지로부터 글을 배우기 시작했다. 송독(誦讀)에 능하여 칭찬을 받았다.

1864년 고종 1년 갑자 10세

모친상을 당하여 곡하고 슬퍼하기를 어른처럼 하였다. 세 살짜리 동생을 보살피고 계모 광산 김씨를 친모처럼 섬기니 종족과 마을 사람들이 칭송했다. 선생은 덕암(德巖) 나도규(羅燾圭) 문하에 나아가 제자 되기를 청하고 수학하면서 제자백가를 두루 섭렵하였다. 그리고 노사 기정진의 문하에도 출입하면서 천인성명(天人性命)의 깊은 뜻과 일용(日用)의 예절에 대하여 조금이라도 의심나는 곳이 있으면 부지런히 질문하여 깨우쳤으므로 노사 선생이 또한 기특하게 여기고 성실하게 지도하였다. 성격은 온유하였으나 옳지 않은 것을 보면 용감하게 고쳤으므로 노사 선생도 이를 장하게 여겼다. 부친상을 먼저 당하고 모친상을 당하게 되자 상례를 오로지 법대로 지켰으며 음식을 절제하고 슬픔을 다했다.

1934년 갑술 80세

이질에 걸려 신음하던 중 12월 25일 아침 일찍 일어나 목욕하고 새 옷을 갈아입었다. 자식들과 조카들이 본집으로 옮기고자 했으나 듣지 않고 다음날 현와정사(弦窩精舍)에서 운명하였다.

1935년 을해

1월 20일 정사의 남쪽 산록 사좌원(巳座原)에 안장했다.

춘강 고정주 春崗 高鼎柱

춘강(春崗) 고정주(高鼎柱 1863~1933)는 자는 보현(寶鉉) 호는 춘강 이름은 정주 관향은 장흥이다. 검교(檢校) 복림(福林)이 장택군(長澤君)에 봉해져 시조가 되었다. 기묘명현인 운(雲)은 조광조와 교유하였고, 그의 손자 경명(敬命)은 임진란에 창의(倡義) 하였다가 금산에서 순절한 제봉선생이다. 고조는 정겸(廷謙)이요 증조는 시영(時榮), 할아버지는 동진(東鎭)인데 호가 춘파(春坡)로서 중망이 높았다. 아버지 제승(濟升)은 감역(監役)이요, 감역공의 동생 제두(濟斗)는 호가 이봉(尼峰)인데 이 분이 선생의 생부이다. 어머니는 안동 권씨 상기(尙夔)의 딸이며 생모는 전주 이씨 태영(泰榮)의 딸이다.

1863년 철종 14년 계해

3월 4일에 창평(昌平) 삼천리(三川里) 집에서 태어났다.

1867년 고종 4년 정묘 5세

감역공(監役公)이 선생을 데려다 후사(後嗣)로 삼았다. 생부(生父)인 참봉공(參奉公)은 인륜(人倫)과 천륜(天倫)을 들어 거듭 훈계하였다. 어머니 공인(恭人) 권씨(權氏)가 친자식처럼 사랑하였다.

1868년 고종 5년 무진 6세

걸음걸이와 행동이 무거워 경솔하지 않았다. 감역공에게 글을 배우기 시작하였는데 그 총명함이 보통사람 보다 뛰어났다.

1870년 고종 7년 경오 8세

『효경』·『소학』 등의 책을 읽었는데 능히 문의(文義)를 이해하였고 또 효제(孝悌)가 백행의 근본임을 알았다. 감역공이 그 인물됨을 매우 중히 여기었다.

1875년 고종 12년 을해 13세
월정(月亭)에서 독서하였다.

1876년 고종 13년 병자 14세
월정에서 독서하였는데 문의(文義)의 어려운 곳에 이르면 밥 먹는 것조차 잊었고, 혹 시가를 읊고 글을 지을 때도 조금도 게으르지 않았다.

1877년 고종 14년 정축 15세
반남 박씨(潘南朴氏) 인양(寅陽)의 딸을 부인으로 맞아들였는데, 야천(冶川) 문강공(文康公) 소(紹)의 후예이다.

1880년 고종 17년 경진 18세
아들 광일(光馹)이 태어났다.

1881년 고종 18년 신사 19세
태사(太史) 한장석(韓章錫)을 찾아가 의(義)를 강론하고 예(禮)를 물었다.

1882년 고종 19년 임오 20세
아들 광준(光駿)이 태어났다.

1883년 고종 20년 계미 21세
이부(吏部) 성대영(成大泳)을 찾아가 난해한 문장을 강론하였다. 성공(成公)은 선생의 조예가 한공(韓公)과 이공(李公)에게 영향을 받아 놀라울 정도로 증진한 것을 보고 크게 칭찬하였다.

1884년 고종 21년 갑신 22세
10월에 복시(覆試)에 합격하였다.

1885년 고종 22년 을유 23세
2웡레 성균진사(成均進士)에 합격하였다.

1891년 고종 28년 신묘 29세
6월에 증광문과(增廣文科)에 발탁되었다. 이 해에 친동생 하주도 진사(進士)에 합격하여 같은 날 금의환향하니 사람들이 모두 영광스럽게 여겼다.

1893년　고종 30년 계사 31세

승문원(承文院) 부정자(副正字)를 제수받았다.

1894년　고종 32년 갑오 32세

10월에 주서(注書)를 제수받고 당호(堂戶)에서 근무하였다.

1895년　고종 32년 을미 33세

하루는 임금께서 "제봉(霽峰)이 몇 대조인가"라고 묻자 물음에 대답하여 아뢰니, 임금께서 마치 아버지가 자식을 대하는 듯한 미소를 지어 보였다.

1896년　건양 원년 병신 34세

정월 25일에 친어머니 이씨의 상을 당하였다.

1897년　광무 원년 정유 35세

아들 광일(光馹)이 효릉(孝陵) 참봉(參奉)을 제수받았다.

1898년　광무 2년 무술 36세

종묘축관(宗廟祝官)으로 선발되었다. 임금께서 선생의 축문 읽는 소리가 맑고 시원하다고 하였다.

1899년　광무 3년 기해 37세

4월에 임금이 불러 홍문관(弘文館) 시독(侍讀)을 제수하였다. 6월에 승훈랑(承訓郎)으로 승진하였다. 이 때 간사한 무리들이 임금의 명령을 도적질하였으나 조정의 신하들이 누구도 감히 성토하지 못하고 오히려 그들과 결탁하여 국사가 매우 위태로웠다. 선생이 상소하여 폐단을 구하는 근본과 경제를 살리는 근원을 극진하게 열거하였다. 그 말이 매우 간절하였으나 끝내 임금은 반성하지 못하였다.

1900년　광무 4년 경자 38세

3월 7일에 어머니의 상을 당하였다. 장례와 제례는 한결같이 주문공가례(朱文公家禮)를 따랐다.

1901년　광무 5년 신축 39세

아버지의 상을 당하였다. 장례와 모든 의례는 한결같이 모친상과 같이 하였고 더욱 슬퍼하고 애도하였다.

1903년 광무 7년 계묘 41세

아들 광준을 중국에 유학보냈다.

1904년 광무 8년 갑진 42세

7월에 무주사고(茂朱史庫)의 책들을 햇볕에 말리라는 명을 받았다.

1905년 광무 9년 을사 43세

2월에 홍문관 시독을 제수받았으나 나아가지 않았다. 3월에 임금이 불러 비서원랑(秘書院郎)을 제수하였고, 곧이어 비서감랑(秘書監郎) 겸 홍문관 시독을 제수받았다. 7월에 비서감랑 겸 예식원(禮式院) 상례(相禮)를 제수받았다. 매국노를 처벌 할 것을 상소했는데, 조병세(趙秉世)·민영규(閔泳奎)도 같은 날 상소하여 먼저 오적(五賊)을 베어 을사늑약을 파기할 것을 요청하였다. 정명섭(丁明燮)·홍우철(洪佑哲)·안용화(安鏞和)·이용태(李容泰)·박기양(朴箕陽)·김완수(金完秀)·박제황(朴齊璜)·이재극(李載克)·홍순형(洪淳馨)·이근수(李根秀)·이위래(李渭來)·강윤희(姜允熙)·최재학(崔在學)·이명상(李明翔)·이종태(李鐘泰)·윤두병(尹斗柄)·정홍석(鄭鴻錫)·신성균(申性均)·강원형(姜遠馨)·안병찬(安炳瓚) 등이 연이어 상소하였는데 모두 선생의 뜻과 같았다. 임금은 이 모든 상소를 전례에 따라 비답(批答)을 내렸다. 이때에 각국의 공사(公使)들은 모두 입을 다물고 수수방관(袖手傍觀)하니 나라를 팔아먹은 무리들은 더욱 세력이 강해져 멋대로 날뛰었다. 나라의 위태로움이 마치 커다란 집이 이미 기울어 나무기둥 하나로는 지탱할 수 없는 것과 같았으므로 선생은 스스로 고향에 돌아가 은둔하려는 뜻을 정하였다.

1906년 광무 10년 병오 44세

마침내 관직을 내놓고 고향으로 돌아왔다. 고향 마을의 뒤편 인산(仁山)에 터를 잡고 정자를 지어 '녹천정(綠泉亭)'이라고 이름을 붙였다. 소나무 아래 샘이 있고 샘 위에 정자가 있었기 때문이었다. 두건과 지팡이로 친척이나 손님, 벗들과 높은 곳에 올라 아래를 내려다보며 술을 마시고 흥겹게 노래하고 소요(逍遙)하면서 세상을 잊는 것으로 여생을 마치려고 계획하였다.

1907년 순종 원년 정미 45세

이 때 호남의 유생들이 서울에 모여 '호남학회(湖南學會)를 결성하고 선생을 회장으로 추대하였으나 선생이 거절하였다.

1908년 순종 2년 무신 46세

선생은 후학에게 힘써 학문에 나아가게 하고 영재를 가르치고 기르는 것을 자기의 책무로 삼아, 항상 "구차한 선비[苟儒]가 되지 말 것이며, 반드시 고금의 역사에 통하고 사리를 밝게 깨달아 시무(時務)를 연마한 뒤에 오늘에 쓰일 수 있어야 한다"고 하였다.

1910년 순종 4년 경술 48세

나라가 망하는 변란을 당하여 소리를 죽이고 눈물을 마시며 문을 닫고 거의 사람을 만나지 않았다. 두건을 쓰지 않고 빗질을 하지 않기로 맹세하였다.

1911년 신해 49세

육휴당(六休堂)이 완성되자 모든 집안일을 아들 광일(光馹)에게 맡기고 육휴당에서 한가하게 지냈다.

1918년 무오 56세

12월 21일에 고종 황제가 승하하시니 녹천정에 올라 북쪽을 바라보고 통곡하였다.

1919년 기미 57세

2월 3일에 고종 황제의 대장(大葬)에 따라가 만사(輓詞) 삼절(三節)을 지어 올렸다. 12월 소상(小祥)에는 병 때문에 참여하지 못하고 감회를 시로 지었다.

1920년 경신 58세

홍릉(洪陵)으로 천장(遷葬)할 때에 만장(輓章) 일절(一節)을 지었다.

1921년 신유 59세

친아버지 참봉공(參奉公)의 상을 당하였다.

1923년 계해 61세

선생이 항상 문중(門中)이 빈한하여 일을 함에 어려움이 많음을 걱정하였다. 이에 친동생인 진사 하주(厦柱)와 함께 각각 거액을 기부하고 또 여러 문중 사람들에게도 형편에 따라 기부하게 하여 이를 종계(宗契)에 합해 문중의 규모를 부유하게 하였다.

1925년 을축 63세

봄에 선친 감역공(監役公)의 묘각(墓閣)인 경첨재(敬瞻齋)가 완성되었다.

1926년 병인 64세

선생은 집에 거처할 때 가난한 선비처럼 청렴하고 검소하게 생활하여 부귀한 사람으로 자처하지 않으니 당시 논자들이 이를 칭찬하였다.

1928년 무진 66세

가을에 돌아가신 어머니 권씨의 묘각인 덕후재(德厚齋)가 완성되었다.

1931년 신미 69세

선생이 평소에 풍증(風症)이 많았는데 노년에 이르러 더욱 깊어져 행보가 경쾌하지 못하였고 늘 다른 사람의 부축을 받아야만 하였다.

1932년 임신 70세

6월 23일에 아들 광일의 상을 당하였고, 9월 2일에 숙부인(淑夫人) 권씨의 상을 당하였다.

1933년 계유 71세

8월 13일 숙환으로 육휴당에서 별세하였다. 병이 오래 계속되어 평상과 이부자리에 수년을 거처하였다. 기식(氣息)이 실처럼 가늘어도 정신은 오히려 맑았다. 집안사람에게 경계하기를 "절대로 가사의 길흉과 세상사의 얻고 잃음을 귓가에 들리게 하지 말라"고 했으니, 그의 평일에 존양성찰(存養省察)하는 공부의 돈독함을 여기에서 볼 수 있다. 같은 달 22일에 옥과 화면 조양리 계좌원에 장사지냈다.

1940년 경진

「행장」이 완성되었다.

1957년 정유

「묘갈명」이 완성되었다.

1958년 무술

『유집(遺集)』이 간행되었다.

석천 홍규식 石川 洪奎植

석천(石川) 홍규식(洪奎植 1871~1945)은 자가 문행(文行) 호는 석천(石川) 이름은 규식 관향은 풍산(豊山)이다. 시조는 고려 고종(高宗) 때 문과에 장원(壯元)한 국학직학(國學直學) 지경(之慶)이며, 고조(高祖)는 봉주(鳳周)인데 호는 석애(石崖)이며 문경공(文敬公) 미호(渼湖) 김선생의 문인이다. 증조 익진(翼鎭)은 호(號)가 남애(南崖)이며 역시 미호(渼湖)를 스승으로 섬겨 학문에 조예가 있었고 어전 별시(御前別試)에 합격하였다. 할아버지 우필(祐弼)은 어려서 노사 기정진의 문하에서 성리학(性理學)을 배웠다. 아버지 승구(承九)는 호가 국파(菊坡)인데 노사 선생의 문인이었으나 일찍 돌아가셨으며, 어머니 나주 나씨는 도백(燾伯)의 딸이다.

1871년 고종 8년 신미

3월 4일, 남평현(南平縣) 도천(道川) 본집에서 태어났는데 이 해 4월 미국 병함이 침범하여 덕진진무중군(德津鎭撫中軍) 어재연(魚在淵)이 힘써 싸우다 전사하였다.

1873년 고종 10년 계유 3세

문자를 알게 되었다.

1875년 고종 12년 을해 5세

비로소 서당에서 배우기 시작했는데 선생이 '천고일월명(天高日月明)'을 읽도록 하였다. 그런데 '명(明)'자에 이르러서는 읽으려 하지 않고 말하기를 "이것은 '일월(日月)'두 글자를 합한 것이요 한 글자가 아니다"하고 오랫동안 생각한 후 "해와 달의 광명을 합한 것이기 때문에 명(明)이다"고 하자 서당 선생이 매우 기특하게 여겼다.

1876년 고종 13년 병자 6세

『십팔사략(十八史略)』을 읽었다.

1877년 고종 14년 정축 7세

『효경』을 배웠다.

1878년 고종 15년 무인 8세

노사 선생께 『소학』을 배웠다. 이전에 선생의 돌아가신 아버지 국파공(菊坡公)과 생부 송주공(松洲公)이 모두 노사 선생을 스승으로 섬겼기 때문에 장성(長城)의 고산(高山)에 가서 노사 선생을 배알하니, 노사 선생이 그의 총명함을 사랑하고 가르치기 시작했다.

1879년 고종 16년 기묘 9세

정월에 송주공(松洲公)을 모시고 고산(高山)에 갔다. 노사 선생이 병환중이라는 소식을 듣고 송주공(松洲公)이 문병을 가게 되자 선생이 청하여 동행한 것이다. 12월 29일 노사 선생이 담대헌(澹對軒)에서 돌아가셨다.

1881년 고종 18년 신사 11세

이어서 『사자서(四子書)』를 배웠다.

1882년 고종 19년 임오 12세

송사(松沙) 기우만(奇宇萬) 선생에게 배웠으며 이때부터 일생을 스승으로 섬겼다.

1883년 고종 20년 계미 13세

이어서 삼경(三經)을 배웠다. 선생은 특히 『역경(易經)』을 좋아하여 만년에 이르러서도 오히려 손에서 놓지 않고 매일 「계사(繫辭)」 상하편을 읽었다.

1885년 고종 22년 을유 15세

송주공(松洲公)의 병이 해를 넘겼는데도 약효가 없자 선생이 백방으로 구호하였다.

1886년 고종 23년 병술 16세

3월 30일 송주공(松洲公)이 별세하자 4월에 장군봉(將軍峯) 석애(石崖) 선생의 묘 왼쪽 언덕에다 장사지냈다. 7월 24일 대부인 나씨가 별세하였다. 29일 생모 박씨가 별세하였다. 그 때 남쪽 지방에 크게 전염병이 돌아 선생의 문하에 죽은 사람이 십여 명이었다. 나부인을 주봉 뒷산에다 임시로 장사지냈다. 박부인을 장군봉(將軍峯) 송주공(松洲公)의 묘 왼쪽에 모셨다. 12월 부인 이씨를 맞이하였다. 부인은 함평 백헌(百憲)의 딸이다. 이 해 겨울 전염병이 그쳐 송사(松沙) 선생이 위문하였는데 집안에 아내가 없어서 제사를 받들어 모시기가 어려웠기 때문에 결혼할 것을 명하니 집안에서 의논하여 상중이지만 혼인한 것이다.

1888년 고종 25년 술자 18세

10월에 복(服)을 벗었다. 11월에 보성으로 이사해서 살았다. 이해 남쪽 지방에 커다란 가뭄이 들어 굶어 죽은 사람이 들에 가득하였으나, 오직 보성에만 풍년이 들어서 여러 읍의 가난한 사람들이 많이 가서 살았다.

1889년 고종 26년 기축 19세

10월 옛 집에 돌아왔다. 이때부터 낮에는 농사를 짓고 밤에는 반드시 책을 보고 의심스럽고 모르는 것이 있으면 기록해서 스승에게 질문하였다.

1891냔 고종 28년 신묘 21세

3월 장녀가 태어났다. 후에 사인(士人) 박승지(朴勝址)에게 시집갔다.

1892년 고종 29년 임신 22세

2월 송사(松沙) 선생을 찾아갔다. 경문(經文)의 의심스럽고 모르는 곳은 기록해서 뵙고 질문하였다.

1893년 고종 30년 계사 23세

3월 난와(難窩) 오계수(吳繼洙) 선생을 가서 뵙고 고허왕상(孤虛旺相: 병법 및 술법가들이 천시(天時)의 길흉을 따지는 방법)의 뜻을 들었다.

1894년 고종 31년 갑오 24세

3월에 동학당이 봉기하였는데 산곡(山谷)으로 난을 피하여 화를 면하였다. 이 때 동학의 무리들은 주문을 외우고 간사한 것을 말하고 불러서 당을 모았는데, 선비들도 많이 물들었지만 선생의 마을 사람들은 한 사람도 물들지 않았다. 통정호군(通政護軍)에 제수되었으나 나아가지 않았다.

1895년 고종 32년 을미 25세

정월에 송사(松沙) 선생이 내방(來訪)하여 병란 중에도 흔들림 없이 독서하는 것을 듣고 기뻐하여 글을 주었다.

1896년 고종 33년 병신 26세

정월에 각 도에서 의병이 일어나 송사(松沙) 선생을 따라 거의(擧義)하였다. 2월에 여러 의사(義士)들과 더불어 병사를 해산시키고 향리로 돌아왔다. 의병을 일으킨 것은 단발령을 철회시키고 적을 토벌하는 것을 명분으로 하였는데, 이 때 조정에서 단발령을 거둬들이고 선유사(宣諭使) 신기선(申箕善)을 보내 전유(傳諭)하였기 때문이다.

1897년 고종 34년 정유 27세

10월 국장(國葬)을 시행함에 마을 뒤 명산(明山)에 올라 망곡례(望哭禮)를 행하였다. 능(陵)이 정하여지지 않아 담재를 지낸 다음 달에 국장을 시행했다.

1899년 고종 36년 기해 29세

3월 삼산단(三山壇) 석채(釋菜)에 참석하였다. 송사(松沙) 선생이 삼산단(三山壇)을 설치하여 공자·안자·증자·자사·맹자에게 석채(釋菜)하고, 송조(宋朝) 사현(四賢)으로 배식례(配食禮)를 마친 다음 섬돌사이에 허위(虛位)를 설치하여 노사 선생 영정을 배향하였다. 이것은 주자(朱子)를 연평(延平)에 배향시킨 선례를 모방한 것이다. 제자들이 부지런히 뛰어다니며 일을 보고 선생도 또한 참여하였다.

1900년 고종 37녀 경자 30세

10월 송주공(松洲公)과 박부인을 장군봉(將軍峯) 석애(石崖) 선생의 묘 남쪽 갑좌원으로 이장하였다.

1901년 고종 38년 신축 31세
7월 복희(復憙)가 태어났다.

1902년 고종 39년 임인 23세
3월 송사 선생에게 글을 보냈다.

1903년 고종 40년 계묘 33세
11월에 효정성황후(孝定成皇后)가 서거(逝去)하였다는 소식을 듣고 마을사람과 더불어 마을 뒤 명산(明山)에 올라 애도를 표하였다.

1904년 고종 41년 갑진 34세
정월에 아들 석희(錫憙)를 낳았다.

1905년 고종 42년 을사 35세
12월에 오적(五賊)이 을사보호조약(乙巳保護條約)에 조인하였다는 비보를 듣고, 분하고 원통해서 잠을 이루지 못하고 수일간 오열하였다.

1909년 순종 3년 기유 39세
2월 남평(南平) 문묘석전제(文廟釋奠祭)에 참석하여 『남평유안(南平儒案)』을 베꼈다. 문묘석전제(文廟釋奠祭)를 지낸 뒤, 비 때문에 머물면서 향교에 보관되어 있는 유안(儒案)을 봉심(奉審)하고 베껴다 집안에 간직했다. 10월에 삼녀가 태어났다. 후에 사인(士人) 김판석(金判錫)에게 시집갔다.

1910년 순종 4년 경술 40세
3월 송사 선생을 만났다. 시사(時事)를 논하면서 나라를 걱정하며 탄식하였다. 8월에 족제(族弟) 금산군수(錦山郡守) 범식(範植)이 순절하였다는 소식을 들었다. 범식(範植)은 예조판서 승목(承穆)의 아들이었다. 금산군수(錦山郡守)로서 나라잃은 비보를 듣고 통곡을 그치지 않다가 객사 앞의 나무에 목을 맨지 얼마 안되어 순국하니 선생이 부음을 듣고 위패를 설치하여 통곡하였다.

1913년　계축 43세

9월에 4녀가 태어났다. 뒤에 사인(士人) 최학종(崔學鍾)에게 시집갔다.

1916년　병진 46세

10월 장남 혼인식을 거행했다. 29일에 송사 선생이 전날 사호(沙湖)의 집에서 돌아가셨다는 소식을 들었다. 위패를 설치하여 통곡하며 매우 슬퍼하였다. 12월 2일에 송사 선생의 양례(襄禮)를 행하였다.

1918년　무오 48세

정월에 장손녀가 태어났다. 뒤에 사인(士人) 윤도림(尹道林)에게 시집갔다. 12월에 고종(高宗)이 갑자기 돌아가셨다는 소식을 들었다. 마을 사람들이 모두 영호정(詠護亭)에 모여 애도를 표하였다.

1919년　대한민국임시정부 원년 기미 49세

서력(西曆) 3월 1일 마을 사람들이 영호정(詠護亭)에 모여 망곡례(望哭禮)를 행하였다. 12월에 차남 석희(錫憙)의 결혼식을 거행하였다.

1921년　임정 3년 신유 51세

도동서원 통문(道東書院通文)에 답하였다. 문경공(文敬公) 한훤당(寒暄堂) 선생의 서손(庶孫) 국동(國東)이 종적(宗嫡)을 뺏으려고 도모하자 선생이 글을 띄워 성토하였다. 12월에 둘째 손녀가 태어났다. 뒤에 사인(士人) 윤만종(尹萬鍾)에게 시집갔다.

1924년　임정 6년 갑자 54세

8월에 손자 기후(起厚)가 태어났다. 복희(復憙)의 아들이다. 10월에 손자 기문(起文)이 태어났다. 석희(錫憙)의 아들이다.

1926년　임정 8년 병인 56세

담대헌(澹對軒)의 유회통문(儒會通文)에 답하였다. 담대헌은 노사 선생이 강론하던 집으로 사림이 옛 터에 담대헌을 중건(重建)하고, 또 사우(祠宇)를 세워 노사 선생을 배향할 것을 도모하였는데 고산서원이 그 곳이다.

1932년　임정 14년 임신 62세

중봉(重峯) 조(趙) 선생 『문집』을 간행하자는 통문에 답하였다. 2월

손자 기미(起美)가 태어났다. 석희의 아들이다.

1933년 임정 15년 계유 63세

봉양서원(鳳陽書院) 통문(通文)에 답하였다. 『중봉집(重峯集)』이 완성되었다는 통문이 있었다.

1937년 임정 19년 정축 67세

송주공(松洲公) 묘지(墓誌)가 완성되었다.

1939년 임정 21년 기묘 69세

12월 29일 모현단(慕賢壇)을 쌓았다. 이 날은 노사 선생 사후 60주년 기념일이었다. 선생이 경모(敬慕)의 염(念)을 금할 수 없어 마을 북쪽 외진 곳에다 단을 설치하여 노사 선생을 석채(釋菜)하고 송사 선생을 배향케 하였다.

1941년 임정 23년 신사 71세

2월 석희(石憙)의 처(妻)인 자부(子婦) 나씨가 죽었다.

1942년 임정 24년 임오 72세

10월에 부인 이씨가 별세하였다.

1945년 임정 27년 을유 75세

3월 5일 신시(辰時)에 운명하였다. 도천(道川) 본촌(本村) 뒤 경좌원(庚坐原)에서 장사지냈으며 부인을 부좌(祔左)했다.

1946년 임정 28년 병술

「행장」이 완성되었다. 외생질(外甥姪) 박인현(朴仁鉉)이 썼다.

1947년 임정 29년 정해

「모현단기(慕賢壇記)」가 완성되었다. 일재(逸齋) 정홍채(鄭泓采)가 썼다. 「묘지명」이 완성되었다. 족질(族姪) 시헌(時軒) 찬희(纘憙)가 썼다.

1948년 무자

「묘갈명」이 완성되었다. 성균관 박사(成均館博士) 옥산(玉山) 이광수(李光秀)가 썼다. 모현단비(慕賢壇碑)가 완성되었다. 오산(鰲山) 김도중(金度中)이 썼다.

1971년 신해

『유고(遺稿)』의 「서문」이 완성되었다. 지호(砥湖) 윤경혁(尹璟赫)·번계(樊溪) 김윤동(金潤東)이 썼다.

1972년 임자

『유고』의 「발문」이 완성되었다. 동초(東樵) 정철환(鄭喆煥)이 썼다.

1977년 정사

『유고』가 간행되었다.

흠재 조덕승　欽齋 曺悳承

흠재(欽齋) 조덕승(曺悳承 1873~1960)은 자는 백거(伯據) 호는 흠재 이름은 덕승 본관은 창령(昌寧)이다. 신라시대에 창성군(昌城君)에 봉해진 계룡(繼龍)이 창령 조씨의 시조가 되었다. 조선 초기에 보문각 대제학을 지낸 청간(淸澗) 서(庶)는 태조·태종 때에 문명을 날려 정산사(鼎山祠)에 배향되었다. 그 뒤에 침(琛)은 모양(牟陽: 고창의 옛이름)에 은거했고, 그 아들 인준(仁俊)은 참봉인데 벼슬에 나아가지 않았다. 고조는 계성(啓聖), 증조는 현위(炫瑋)이다. 조부 동오(東塢) 의곤(毅坤)은 노사 기정진의 제자이며 고산서원에 배양되었다. 아버지는 무우당(無憂堂) 석휴(錫休)요, 어머니는 탐진 안씨(耽津安氏) 기순(基舜)의 딸이다.

1873년　고종 10년 계유

5월 9일에 내정리(內鼎里) 집에서 태어났다. 선생은 안광이 샛별처럼 빛났고 재지(才智)가 영민했다.

1876년　고종 13년 병자 4세

어머니가 친정에 갈 때 품에 안은 채 가마를 타고 가는데 『천자문(千字文)』을 몇 번이나 암송하였다. 동오 선생(東塢先生)이 몹시 사랑하여 친히 가르쳤다.

1893년　고종 30년 계사 21세

정월 22일에 조부 동오 선생이 세상을 떠나자 마치 부모를 잃은 듯 비통해했다.

1894년　고종 31년 갑오 22세

4월 28일에 첫째 부인 전의 이씨(全義李氏)의 상을 당했다. 딸 하나를 두었다.

1895년 고종 32년 을미 23세

조부의 유언을 받들어 족숙 오암처사(梧巖處士) 석일(錫一)과 함께 송사 선생을 스승으로 섬겼다.

1897년 광무 원년 정유 25세

조부의 「묘갈명」을 면암 선생(勉庵先生)에게 청했다. 가는 길에 강경(江景) 영포대(影蒲臺)를 지나다가 시를 지었다. 면옹(勉翁)을 배알하니 면옹이 먼저 조부 동오의 사십제석운(四十除夕韻)을 읊고 나서 "내가 마음으로 사모하여 우러러 본지 오래였다네"라고 했다. 그리고 선생의 시를 보고 나서 "과연 그 할아버지의 그 손자로다"라고 크게 칭찬했다.

1899년 광무 3년 기해 27세

아버지 무우공(無憂公)이 삼산재(三山齋)에서 『동오집(東塢集)』을 간행했다. 송사 선생이 교정을 보면서 선생의 편차(編次)가 정밀하였음을 칭찬했다. 3월 7일에 둘째 부인 이천 서씨(利川徐氏)의 상을 당했다.

1904년 광무 8년 갑진 32세

진자앙(陳子昂)의 감우시(感遇詩)를 읽고 나서 24편의 장편시를 지었다.

1905년 광무 9년 을사 33세

셋째 부인 여주 이씨(驪州李氏)의 상을 당했다. 딸 하나를 두었다. 이어 넷째 부인 금녕 김씨(金寧金氏)를 맞아들여 삼남오녀를 두었다.

1906년 광무 10년 병오 34세

11월에 면암 선생이 적지인 대마도에서 순절했다는 소식을 듣고 통곡했다. 제문이 남아 있다.

1910년 융희 4년 경술 38세

경술국치를 당하여 탄식하고 "선비가 평일에 독서를 하는 것은 무엇을 위해서인가? 바로 신하는 충절을 위해 죽고 자식은 효도를 위해 죽어야 할 때이건만, 우리는 죽을 곳이 없으니 다만 분수를 지키며 깨끗이 지조를 지킬 뿐이다"하고 농사일에 온힘을 기울였다. 애산(艾山) 선생 정재규(鄭載圭)에게 편지를 올렸다.

1916년 병진 44세
송사 선생의 부음을 듣고 통곡했다. 제문이 남아 있다.

1920년 경신 48세
윤판서(尹判書) 용구(用求)에게 답장을 보냈다.

1922년 임술 50세
11월 21일에 아버지의 상을 당해 정례(情禮)가 극진하였다.

1924년 갑자 52세
조부 동오 선생이 고산사(高山祠)에 배향되었다.

1928년 무진 56세
12월 4일에 어머니의 상을 당했다.

1932년 임신 60세
7월 기망(旣望)에 「삼오당중건기(三吾堂重健記)」를 지었다.

1935년 을해 63세
옛 집이 있던 석정리(石汀里)에서 조금 떨어진 월산신장(月山新庄)에서 거처했다.

1955년 을미 83세
큰아들 병렬(秉烈)의 상을 당했다. 병렬은 사학(史學)에 조예가 깊어 『조선역사(朝鮮歷史)』를 저술했다.

1960년 경자 88세
10월에 병을 얻었고 12월 21일에 월산신장(月山新庄)의 집에서 운명했다. 검암리(儉巖里) 삼오당(三吾堂) 묘소 왼편 뒷산 기슭 계좌원에 장사를 지냈다.

1970년 경술
7월에 『흠재문고(欽齋文藁)』 3책이 간행되었다.

회봉 안규용 晦峰 安圭容

회봉(晦峰) 안규용(安圭容 1873~1959)은 자는 경삼(敬三) 호는 회봉 이름은 규용 본관은 죽산(竹山)인데 학자들이 죽곡선생(竹谷先生)이라 불렀다. 보성 우산에서 살았던 10대조 은봉(隱峰) 방준(邦俊)은 인조·효종조의 저명한 성리학자였다. 고조는 처집(處鏶), 증조는 속(涑), 조부는 율(栗), 아버지는 통정공(通政公) 풍환(豐煥)이요, 어머니 숙부인(淑夫人) 밀양 박씨(密陽朴氏)는 경수(景洙)의 딸이다.

1873년 고종 10년 계유

7월 28일 자시에 보성 복내 옥평리(玉坪里) 집에서 출생하였다. 선생은 이마가 넓었고 코가 우뚝했으며, 눈썹은 수려하고 눈은 밝았으며, 헌걸찬 키에 견배(肩背)가 꼿꼿하여 근엄한 유덕자의 기상이 있었다. 어려서부터 행동이 침착하고 점잖았으며, 함부로 말하거나 웃지 않았다.

1878년 고종 15년 무인 6세

어느 날 통정공을 따라 밖에 나가서 개미떼가 길 웅덩이에 표류하는 것을 보고 나뭇가지를 꺾어 구제하니, 이를 본 사람들이 사물을 구제하는 어진 마음이 있다고 칭찬했다.

1880년 고종 17년 경진 8세

원봉(圓峰)으로 이사하였다. 마을길이 저자거리와 관통해 있었는데, 선생은 항상 출입할 때 길을 우회하여 한 번도 가까이 가지 않았다.

1882년 고종 19년 임오 10세

조비 청주 한씨의 상을 당하였다. 반드시 아침저녁으로 드리는 궤전(饋奠)에 참석하였다.

1893년 고종 30년 계사 21세

「척동학변(斥東學辨)」을 지었다. 그 즈음 동비(東匪)가 함부로 날뛰니 선생은 매우 걱정한 나머지 글을 지어 배척하였다가 협박을 받았는데 화가 장차 어디에 이를지 예측할 수 없었지만 침착하여 의지가 꺾이지 않았다. 그들 중에 선생의 행동을 의롭게 여겨 애써 구하려는 자가 있어 화를 면할 수 없었다.

1894년 고종 31년 갑오 22세

여름에 옥평서당에서 글을 읽었다. 동문 수학생들은 모두 과거를 보기 위한 문장공부를 익혔지만, 선생은 홀로 오동나무 아래에 한 죽식(竹床)을 얽어놓고, 꼼짝하지 않고 앉아 독서하여 세속인이 숭상하는 것에 흔들리지 않으니, 뭇사람이 고아(古雅)하게 여겨 존경하였다. 항상 글을 읽을 적에 책상을 대하여 바르게 앉아, 처음에는 한 번 낭독하여 먼저 일장(一章)의 대지(大旨)를 이해한 뒤에, 또 서서히 읽어 내려가 반복해서 음미함으로써 한 자 한 구절도 그냥 어물쩍 넘어가는 일이 없었다. 혹 글이 난해한 부분이 있으면 억지로 해석하려고 하지 않고 잠시 밀쳐둔 다음, 간간히 음미하고 정밀하게 연구하여 마음으로 통하여 뜻이 풀이될 때를 기다렸다. 선생은 집이 가난하여 불을 밝힐 기름조차 잇기 어려웠는데, 통정공은 손수 관솔불을 잡아 밝게 비춰주었고, 선생은 더욱 각고의 노력으로 아버지의 지극한 뜻에 부응하였다.

1895년 고종 32년 을미 23세

10월에 큰아들 종연(鍾淵)이 태어났다. 겨울에 조정에서 단발령이 내렸다. 선생은 이 소식을 듣고 서사동지(書社同志)에게 "중화와 오랑캐의 구분은 오늘날 임금의 명령보다 엄정하니, 차라리 머리 없는 귀신이 될지언정 털 없는 사람이 될까보냐"라고 다짐하고서 길게 탄식했다. 11월에 정월파(鄭月波) 시림(時林)에게 편지를 드렸다.

1899년 고종 36년 기해 27세

9월에 둘째 아들 종선(鍾宣)이 태어났다.

1901년 고종 38년 신축 29세

3월에 문충공(文忠公) 연재(淵齋) 송선생(宋先生: 이름은 秉璿)을 원계(遠溪)로 가서 뵙고 스승으로 모셨다. 선생이 연재를 찾아간 까닭은 연재 집안과 선생 집안 간의 오랜 세의(世誼) 때문이었다. 즉 선생의 10대조인 문강공(文康公) 은봉과 우암(尤庵) 송문정공(宋文正公)의 아버지인 수옹(睡翁) 송경헌공(宋景憲公) 갑조(甲祚)는 막역한 친구 사이였다. 연재는 선생을 한 번 보고 함께 도를 추구해 나갈 수 있겠다고 허락하고서 『주문지결(朱門旨訣)』이란 책을 주었으며, 또 왕도를 존숭하고 패도를 물리치는 의리와 착한 것과 사특한 것의 분별, 그리고 난세를 구제하는 급선무와 출처의 대강을 열거하여 자세히 가르치고 이름을 규용(圭容)으로, 자를 경삼(敬三)으로 고쳐주었다. 원래의 이름은 규용(圭鏞)이요, 자는 회중(會中)이었다. 또 심석(心石) 송선생(宋先生: 이름은 秉珣, 연재의 아우)을 활산(活山)으로 가서 배알하니, 심석도 『학문삼요(學問三要)』란 책을 주며 힘써 공부할 것을 당부했다. 이어 석리(石里)로 가서 입재(立齋) 송상공(宋相公: 이름은 近洙, 연재의 삼촌)을 배알하고, 다시 연재를 모시고 임피(臨陂)의 낙영당 강회(樂英堂講會)와 서천(舒川)의 풍옥헌 음례(風玉軒飮禮)에 참석하였다.

1903년 고종 40년 계묘 31세

3월에 연재 선생을 배알하고 『근사속록(近思續錄)』 한 질을 받았다. 6월에 연재 선생에게 편지를 드렸다. 7월에 연재 선생의 답서를 받았다. 가을에 연재 선생을 배알하였다. 어느 날 선생은 문인 박원재(朴元在)에게 말했다. "당시 조용하고 한가한 틈을 타, 연재 선생을 여러 날 모시고 성현들이 서로 전수한 참된 진리와 요체를 들었다. 내가 절하고 물러나오던 날 선생은 '조심하고 삼가서 험한 파도 속에 뛰어들지 말라'는 말로 처세의 방법을 반복하여 깨우쳐 주었다. 그리고 마지막으로 '힘써 공부하라'고 격려하였으니, 그 감격과 은

의를 어찌 죽도록 잊을 수 있겠는가?”

1905년 고종 42년 을사 33세

9월에 면암(勉庵) 최선생(崔先生)을 정산(定山)으로 찾아가 배알하고 돌아와서 편지를 드렸다. 12월에 연재 선생이 순도(殉道)하였다. 이 달 30일에 고종을 알현하고 을사보호조약의 폐기와 5적의 처단을 요구하다가 일본헌병에 의해 기차로 대전에 강제로 이송되어 울분을 삭이지 못한 채, 석촌정사(石村精舍)에서 음독 자결했다.

1906년 고종 43년 병오 34세

2월에 연재 선생을 조곡(弔哭)하고 제문을 지었다. 12월에 심석 선생에게 편지를 드렸다.

1907년 순종 원년 정미 35세

6월에 안소산(安蘇山) 성환(成煥)에게 편지를 드렸다.

1908년 순종 2년 무신 36세

2월에 심석 선생에게 편지를 드렸다.

1909년 순종 3년 기유 37세

4월에 큰 아들 종연의 상을 당하였다.

1910년 순종 4년 경술 38세

만동묘(萬東廟)를 참배하고 적상산(赤裳山)에 올랐다. 선생은 옥사(屋社: 나라가 망함)를 당하여 의관과 서적을 모두 거둬다가 묶어서 다락에 얹어두고, 들과 밭, 초목 사이를 헤매며 슬프게 노래하고 큰소리로 신음하였다. 이윽고 만동묘 제사에 관한 일로 길을 떠나려 할 때 소산(蘇山) 안성환(安成煥)이 전별하는 글을 지어 울면서 보냈다. 선생은 무주를 지나다가 적성산에 올라 『국조선원(國朝璿源)』과 『국사(國史)』가 소장되어 있는 곳을 보고 종일토록 울었다. 선생은 처절한 마음을 달랠 길 없어 다시 활산(活山)으로 들어가 심석 선생을 배알하고, “한 조각 고통스런 마음을 쏟을 곳이 없어 조용히 명나라 마지막 황제인 신종과 의종의 영전에 슬피 호소하고 계곡 골짜기에서 남은 목숨을 마치려 합니다”라고 했다. 「전부사

(田父辭)」를 지었다.

1911년 신해 39세

8월에 심석 선생에게 편지를 드렸다. 9월에 심석 선생의 답서를 받았다.

1912년 임자 40세

3월에 심석 선생이 순도(殉道)하였다. 이 달 4일에 일본의 은사금(恩賜金) 회유와 경학원 강사 추천을 물리치고, 활산정사(活山精舍)에서 음독자결함으로서 죽음으로 일제에 항거하였다. 선생은 그 소식을 듣고 신위를 설치하여 곡하였으며 3개월 동안 복을 입었다. 제문이 남아 있다.

1916년 병진 44세

봄에 존화계 강회(尊華契講會)를 열었다. 낙재(樂齋)에서 강학하였다.

1917년 정사 45세

8월에 이교리(李校理) 종문(鍾文)에게 편지를 보냈다. 목미암(木美庵)의 향음주례(鄕飮酒禮)에 참석하였다.

1918년 무오 46세

고종이 승하하자 마을사람을 이끌고 뒷산에 올라 슬피 곡하고 복을 입었다.

1919년 기미 47세

윤 7월에 아버지 통정공의 상을 당하였다. 상·장·제·예(喪葬祭禮)를 한결같이 『주문공가례(朱文公家禮)』에 따랐다. 12월에 연침(燕寢)을 중건하였다.

1921년 신유 49세

6월에 윤판서(尹判書) 용구(用求)에게 편지를 드렸다. 겨울에 죽곡정사(竹谷精舍)를 짓고 강학을 시작하였다. 조천산(朝天山) 아래에 집을 짓고 강학하자 학도가 모여들어 『죽곡정사 강안(竹谷精舍講案)』을 준비하고 『죽곡정사 약속(竹谷精舍約束)』을 정립하였다.

1922년 임술 50세

5월에 「우계 중수실기(遇溪重修實記)」를 지었다. 여름에 「사설(士說)」·「사천설(事天說)」을 지었다. 9월에 능주 천태산(天台山)을 유람하였다. 천태산은 은봉 선생이 일찍이 유상(遊賞)했던 곳이다.

1923년 계해 51세

여름에 「명덕설(明德說)」·「구용구사설(九容九思說)」을 지었다. 12월에 송진사(宋進士) 철헌(哲憲)에게 답장을 보냈다. 7월에 『주문지결(朱門旨訣)』과 『동몽수지(童蒙須知)』, 『이자학칙(李子學則)』을 간행 배포하였다. 『이자학칙』은 선생이 율곡 선생의 「학교모범(學校模範)」과 「은병정사학규(隱屛精舍學規)」와 「약속(約束)」, 시학도제문(示學徒諸文)을 뽑아 손수 베껴 쓴 것이다.

1924년 갑자 52세

봄에 『향례합편(鄕禮合編)』을 죽곡정사에서 간행 배포하였다. 이날 향음주례를 행하여 서로 축하하였는데, 남쪽 고을의 선비들이 이 소문을 듣고 모인 사람이 300여명이 넘었다. 악공에게 명하여 뜰 가운데에서 음악을 연주하게 하고, 여러 문생들로 하여금 당상에서 '관저장(關雎章)'을 노래 불러 화답하게 하였다. 건복(巾服)이 제제(濟濟)하고 현송(絃誦)이 양양(洋洋)하여 공맹(孔孟)의 추로지향(鄒魯之鄕)과 방불하였다. 4월에 우계(遇溪)의 향음주례에 참석하였다. 「빙월정계안규약(氷月亭契案規約)」을 지었다. 여름에 친구·문인들과 더불어 용해(龍海)의 오봉산(五峰山)에 올랐다. 「애일설(愛日說)」을 지었다.

1925년 을축 53세

5월에 용재(庸齋) 정석채(鄭奭采)에게 편지를 보냈다. 여름에 「산목설(山木說)」을 지었다.

1926년 병인 54세

8울에 윤판서 용구에게 편지를 드렸다. 여름에 『인수변(人獸辨)』을 지었다.

1927년 정묘 55세
봄에 공자의 초상을 모시고 인근 고을의 사우를 모아 절하였다. 매월 초하루와 회강(會講) 때에 반드시 먼저 초상을 받들어 건 뒤, 우러러서 절하고 강론하는 자리를 만들었다.

1928년 무진 56세
여름에 「조수동군설(鳥獸同群說)」을 지었다.

1929년 기사 57세
7월에 석농(石農) 오진영(吳震泳)에게 편지를 보냈다.

1930년 경오 58세
여러 사우와 통명산(通明山)을 유람하고 화산(華山) 옥정암(玉井庵)에 이르러 함께 시를 읊었다. 11월에 어머니 숙부인 박씨의 상을 당하였다.

1931년 신미 59세
11월에 죽곡정사 답도산서원 통문(竹谷精舍答陶山書院通文)을 지었다.

1933년 계유 61세
선생의 회갑년이다. 회갑에 앞서 금강산 유람길에 번리(樊里)에 살았던 동강(東江) 김영한(金甯漢)을 방문하였다. 드디어 금강산의 이곳저곳 여러 명승지를 관람하며 산해(山海) 간에서 달포를 보냈다. 돌아오는 길에 개성으로 가서 포은영당(圃隱影堂)을 참배하고, 여강으로 향하여 대로사(大老祠)를 봉심하고 경모하는 뜻을 나타냈다. 2월에 「학산재사기사(鶴山齋舍記事)」를 지었다. 학산재사 낙성식에서 향음주례를 실습하였다. 또 「퇴계선생 만죽산 방집첩임본 중간발(退溪先生萬竹山房集帖臨本重刊跋)」을 지었다.

1934년 갑술 62세
봄에 왜인이 서당의 인가를 받으라고 독촉하였다. 8월에 문생들을 내보내고 표연히 두류산 속으로 들어가 버렸다. 이 때 선생의 둘째 아들 종선과 문인 박규현이 따랐는데, 선생은 문수동·연곡사·화개·불일암·세석평 등 여러 명승지를 두루 살펴보고 가장 깊은 계곡을 택하여 다시 문수동(文水洞)으로 들어가 서산(西山)의 꼭대기에 초려(草廬)를 얽었다. 집의 크기가 너무 작고 뜰이 매우 좁아 남은 땅이 없었다. 선생은 마치 살아서 무덤구덩이에 들어간 듯 자처하고 고요히 앉아 글을 읽었다. 겨를이 있는 날에는 건(巾)을 쓰고 통발을 메고 쑥을 캐거나 송엽을 따서 유유히 생을 마치려는 뜻이 있었다.

1935년 을해 63세

5월에 율계(栗溪) 정기(鄭琦)가 「서산초려기(西山草廬記)」를 지었다.

1936년 병자 64세

4월에 민참판(閔參判) 병승(丙承)에게 편지를 보냈다. 동강 김영한이 「죽곡정사기」를 지었다. 8월에 선생과 아들 종선이 구례경찰서에 구금되었다. 이는 문인 박규현이 모친을 뵈러 가다가 왜인 경찰에게 검색을 당했는데, 일기에 쓰인 말이 선생에게 연관되었기 때문이다. 9월에 광주경찰국으로 이감되었다. 선생은 전후 3개월 동안 여러 번 힐난과 협박을 받았지만 정신과 의지가 안정되어 말이 바르고 이치에 맞아 일경(日警)들도 오히려 선생을 공경히 대접하였다.

선생은 감옥 속에서도 바르게 손을 잡고 단정히 앉아 날마다 『중용』을 독송하여 초췌한 모습을 보이지 않으니, 감시자가 탄복하여 "참으로 대인답다"하고 때때로 음식을 드리기도 하였다.

1937년 정축 65세

봄에 두어 동지와 함께 천관산(天冠山)을 유람하였다. 출옥한 뒤 한층 비분강개한 마음을 이기지 못하여 친구·문인들과 함께 산수 간을 노닐면서 울분을 토로하였다.

1938년 무인 66세

봄에 필암원유(筆巖院儒)가 선생을 하서선생(河西先生) 『속집(續集)』 교정의 임원으로 추대하였다.

1940년 경진 68세

3월에 월출산(月出山)·팔영산(八影山)·여도(呂島) 등지를 유람하였다.

1941년 신사 69세

정월에 큰 며느리 양씨(梁氏)의 상을 당하였다. 양씨는 나이 16세에 과부가 되었으나 능히 대절(大節)을 지키고 시어버이를 잘 봉양하였으며, 왜적의 포상물을 단호히 거절하여 효(孝)·열(烈)을 몸소 실행해 보였다. 동강 김영한이 이를 기리기 위해 전(傳)을 지었다. 8월에 부인 창령 조씨(昌寧曺氏)의 상을 당하였다. 부인은 중추원 의관(中樞院議官) 희승(希丞)의 딸이요, 청강(淸江) 수성(守誠)의 후손이다.

1945년 을유 73세

때를 만난 무리들이 선생의 중망을 업고 뭔가를 해보자고 들먹거렸다. 선생은 "산골에 묻혀서 사는 늙고 병든 사람이 어찌 제공의 서열에 이름을 더럽힐 수 있겠는가? 만일 이 같은 일로 다시 번거롭게 한다면 나는 세상을 피하여 멀리 숨을 것이다"라고 거절했다.

1948년 무자 76세

9월에 「율곡 선생의 종손을 돕자는 발의문(竹谷精舍扶護石潭嗣孫發議文)」을 지었다.

1951년 신묘 79세

3월에 「죽천정기(竹川亭記)」를 지었다.

1952년 임진 80세

봄에 『문강공 우산선생 신도비 전말(文康公牛山先生神道碑顚末)』을 지었다. 일찍이 우암 송문정공이 지은 비문이 있었으나 『송자대전』에 빠졌기 때문에 세대가 점점 멀어짐에 따라 후인이 거짓작품이라고 의심하므로 다시 연재 송문충공에게 명(銘)을 청해 새겨 세웠다. 선생이 남몰래 마음으로 의심하여 수 십 년간 공사(公私) 문자를 널리 조사하니, 명백한 증거가 잇달아 나오므로 『신도비전말』 한 책을 기록하여 증거자료로 삼았다. 6월에 김승지 영한의 죽음을 곡하고 제문을 지었다.

1953년 계사 81세

여름에 『송서습유(宋書拾遺)』를 중간하였다. 『송서습유 중간 동지록』을 편찬했다. 8월에 「남강서원 중수기(南康書院重修記)」를 지었다.

1954년 갑오 82세

봄에 필암원유가 선생을 수임(首任)으로 추대하였다. 가을에 향사(享祀)에 참석하였다. 선생은 강규(講規)를 정하고 제생의 강(講)을 들었으며, 산앙계(山仰契)를 확대하여 향수(享需)를 넉넉하게 만들었다. 또 사액(祠額)을 우동(佑東)이라고 정하여 사우를 우동사(佑洞祠)라 불렀다. 선생이 작고한 뒤 3년 동안 수임을 교체하지 않았다.

1955년 을미 83세

9월에 둘째 며느리 정씨(鄭氏)의 상을 당하였다. 정씨는 경술국치를 당해 자결한 사헌부 지평 소송(小松) 정재건(鄭在健)의 손녀이다.

1956년 병신 84세

4월에 「우산선생 신도비 건립 고묘문(牛山先生神道碑建立告墓文)」을 지었다.

1958년 무술 86세

「문충공 연재 송선생 경모비기(文忠公淵齋宋先生景慕碑記)」를 지었다. 선생은 여러 사람과 의논하여 연재 선생이 고종 무술년에 월출산과 천관산 등 여러 명승지를 유람하고, 돌아가는 길에 학포(學圃)·은봉(隱峰) 두 선생의 유촉지인 쌍봉 매정과 보성 우산을 탐방한 사실을 기념하기 위해 죽수(竹樹)의 초방(草坊)에다 세웠다.

1959년 기해 87세

8월 19일 해시(亥時)에 낙재(樂齋)에서 숨을 거두었다. 9월 16일에 복내면 개기치(介岐峙) 임좌원에 장사지냈다. 북쪽으로 죽곡정사와 거리가 매우 가까웠다. 장례에 모인 사람이 몇 백 명, 복을 입은 사람이 몇 십 명, 흰 띠를 두른 친구가 약간명이었다.

1963년 계묘

4월에 문집인 『회봉유고(晦峰遺稿)』 5책과 『별집(別集)』 1책이 발간되었다.

1970년 경술

5월에 문인 정의현(鄭毅鉉)이 「행장」을 지었다.

1971년 신해

12월에 추연(秋淵) 권용현(權龍鉉)이 「묘갈명」을 지었다.

1974년 갑인

5월에 문인 박원재(朴元在)가 「묘표문」을 지었다. 7월에 부록 1책이 발간되었다.

1990년 경오

4월에 방장산 유촉비(方丈山遺觸碑)가 건립되었다. 문인 박하주(朴厦柱)가 짓고 썼다.

정재 양회갑 正齋 梁會甲

정재(正齋) 양회갑(梁會甲 1894~1961)은 자는 원숙(元淑) 호는 정재 이름은 회갑 관향은 제주로 양을나(梁乙那)의 후손이다. 여러 대를 지나 순(殉)이 바다를 건너와 신라 한림학사가 되고 한라군(漢拏君)에 봉해져 양씨의 성을 하사받았다. 학포(學圃) 양팽손(梁彭孫)은 기묘명현으로 절의가 높아서 이조판서(吏曹判書)를 증직받았고, 시호(諡號)는 혜강공(惠康公)이며 죽수서원(竹樹書院)에 배향되었다. 고조는 주진(柱震), 증조는 상룡(相龍)인데 월곡에서 초방으로 이사하였고, 할아버지 호묵(虎默)은 호가 소암(嘯巖)이다. 아버지 재덕(在德)의 호는 현재(弦齋)인데 연재(淵齋) 송선생의 문인이다. 어머니는 죽산 안씨 방준(邦俊)의 후손으로서 평환(平煥)의 딸이다.

1884년 고종 21년 갑신
3월 초방촌(草坊村)의 집에서 태어났다. 용모가 뛰어나고 성격이 온화하였다.

1889년 고종 26년 기축 6세
할아버지 소암공으로부터 천자문을 배우기 시작하였다. '상(霜)'자의 뜻을 묻자 아버지가 "이슬이 맺혀 서리가 되지 않는가"라고 답하니 "서리가 맺혀 얼음이 됩니까?"하였고, 곶감을 시로 읊되 '뚫린 구멍마다 대나무 마디요 열 가지 국화가 노랗다'고 하였다.

1892년 고종 29년 임진 9세
『사략』 한 권을 독파하고 문리가 거침이 없이 통했다.

1895년 고종 32년 을미 12세
할아버지 소암공의 상을 당하였다. 어른을 따라서 곡하고 전(奠)을 드리는 것을 어른처럼 하였다.

1898년 **광무 2년 무술 15세**

연재(淵齋) 선생이 월악산에 놀러가는 길에 남으로 지나자 아버지에게 요구하여 인사드리기를 청했다. 연재 선생이 한번 보고 칭찬하였다.

1903년 **광무 3년 계묘 20세**

일신(日新) 정선생이 『서경』의 뜻을 묻자 막힘이 없이 정확하게 대답하였다. 일신은 장래가 촉망된다고 칭찬했다. 향시(鄕試)의 강(講)에서 제일 빨랐고 또한 시를 지으면 언제나 으뜸이었다. 이때부터 홀로 학문에 힘써 경사자집(經史子集)에 통하게 되었다. 이 무렵에 신학문이 들어오기 시작했으나 선생은 이에 아랑곳하지 않고 도학에 전념했는데 가끔 의심나는 일이 있으면 월파(月波) 정선생에게 묻곤 하였다.

1905년 **광무 9년 을사 22세**

을사조약이 체결되자 연재 송선생이 자결하니 부친 현재공은 제자들과 함께 슬퍼하였으며, 또 그 문하에서 학문을 배우고자 했는데 뜻을 이루지 못하게 되어 더욱 가슴 아파했다. 선생은 처음에는 입신양명하고자 했으나 나라가 망하게 됨을 보고 격물치지와 성의정심의 공부로 시종하였다.

1913년 **계축 30세**

『심석집(心石集)』을 정서하였다. 심석 선생의 큰아들 후암(後庵)의 요청에 의한 것이다.

1914년 **갑인 31세**

부친의 명으로 심석 선생의 탈상에 조문하였다. 상서(尙書) 조종필(趙鍾弼) 선생을 뵙고 족보서문을 얘기한 뒤 심곡서원(深谷書院)에 봉심(奉審)하였다. 가을에 송사(松沙) 선생을 찾아가 학포(學圃) 선생「연보(年譜)」를 교정하여 줄 것을 부탁하고 송사 선생의 제자가 되기를 글로써 청했다.

1915년 을묘 32세

송사 선생의 문하에 가서 심성(心性)·이기(理氣) 등의 학문을 익혔다.

1916년 병진 33세

가을에 집에 들르기 위해 왔다가 송사 선생이 병환이 났다는 기별을 받고 가던 길에 운명했다는 소식을 들었다. 곧 장례준비를 했는데 호상인 식재(植齋) 기(奇)선생이 선생을 매우 칭찬했다.

1917년 정사 34세

송사 선생의 『문집』을 동문들과 함께 3년에 걸쳐 50책 분량을 필사했다.

1920년 경신 37세

송사 선생을 순창 무이산에 이장하는데 참석하였다.

1930년 경오 47세

선비들이 송사 선생의 『문집』 간행소를 설치하고 통문을 보내왔으므로 부친과 함께 가서 『문집』을 교감하고 간행하는 일에 참여했다.

1934년 갑술 51세

스승의 영당(影堂)을 마을 오른편 죽림정사에다 세웠다. 그 때는 일제시대였기 때문에 이런 건물을 허락하지 않았는데 선생이 강력하게 말하여 훼철될 뻔한 어려움을 극복하고 세운 것이다.

1938년 무인 55세

봄에 승지 김동강(金東江)을 서울에서 만나고 참판 민단운(閔丹雲)을 찾았는데 모두가 선조의 비문에 관한 일과 『문집』 간행의 일이었다.

1941년 신사 58세

문중의 여러 사람들과 협의하여 『학포집(學圃集)』을 간행하였다.

1943년 계미 60세

부친 현재공(弦齋公)의 상을 당하였다. 60세의 나이에도 상복을 벗는 일이 없었으며 술과 고기를 가까이 하지 않았다.

1945년 을유 62세

8·15해방이 되었다. 이 해 겨울에 스승의 영당에 제향하고 사당의 이름을 '고강사(高岡祠)'라 하였다.

1950년 경인 67세

6·25사변이 일어났다.

1954년 갑오 71세

아버지 현재공의 묘소를 이장했다.

1955년

노사 선생의 위패를 고강사(高岡祠)의 북벽에, 송사 선생의 위패를 남벽에 봉안하였다.

1956년 병신 73세

소암(嘯岩) 현재(弦齋) 양세(兩世)의 『문집』을 편찬하였다.

1961년 신축 78세

7월 본가에서 세상을 떠났다. 마을 오른편 묘좌원(卯坐原)에 장사하였다. 선생의 저술인 『문집』 8권 『풍천록(風泉錄)』 2책 『성학원류(聖學源流)』 10책이 전해오고 있다.